하버드대학 교수가 들려주는
위안부 문제의 진실:
태평양전쟁에서의 매춘 계약

Contracting for Sex in the Pacific War

존 마크 램자이어

하버드대학 교수가 들려주는
위안부 문제의 진실

태평양전쟁에서의 매춘 계약

John M. Ramseyer

미디어워치

차례 _____

일러두기

- Ramseyer를 한국에서는 '램지어'나 '램자이어'로 표기하고 있으나, 여기서는 직접 인용이 아닌 경우 '램자이어'로 통일했다. 저자는 자신의 이름을 '램자이어'에 가깝게 발음하고 있다.
- 본서는 개별적으로 출판된 논문의 모음집으로 논문 간에 일부 내용 중복이 있으나 손보지 않고 그대로 게재했다.
- 위안부 문제에 관한 램자이어 교수의 논문이 출판된 순서로 장을 구성하였다.
- 원문의 내용과 참고문헌 중 일부는 저자와 협의하여 표현과 내용을 다듬고 고쳐 번역했다.
- 원문의 밑줄과 이탤릭, 볼드, 슬래시 등은 가독성 등을 고려하여 적절하게 수정했다.
- 저자가 영문으로 기입한 일본어는 모두 원래의 일본어를 병기했다. 연구자의 이름이나 출처는 저자가 특별히 언급한 경우에 한해 한국어로 번역했다.
- 가독성을 위해 각 논문의 각주는 해당 논문 뒤에, 각 논문의 참고문헌은 모두 모아 책 말미에 수록했다.
- 도표가 아닌, 첨부된 사진과 캡션은 원 논문에 있는 것이 아니라 출판사가 참고용으로 덧붙인 것이다.
- 요시다 켄지吉田賢司는 저자 머리말과 부록 A, 부록 B의 번역 작업 및 본문 참고문헌의 영문 표기, 일본어 발음 풀어쓰기 작업에서, 그리고 최인섭이 논문 제1장, 제2장, 제3장, 제5장과 부록 D의 초벌 번역 작업에서 큰 도움을 주었다.

[편집자주]
(1) 378페이지의 사진과 관련하여서 기존 설명에 일부 오류가 있어서 이에 대해서는 해당 페이지에 스티커를 덧대서 새로운 내용으로 대체하였습니다.
(2) 399페이지의 역주 내용은 여기서 정정합니다. 학생 회로부터 해임 요구에 시달려 실제로 해임까지 이르게 된 학자는 이유진 교수가 아니라 정안기 교수입니다.

조지 오웰George Orwell은 "자유가 의미하는 바가 있다면, 그것은 사람들에게 그들이 듣고 싶어 하지 않는 것도 말할 수 있는 권리다"라고 말한 바 있습니다.

다른 사람들이 허용한 범위에서만 발언할 수 있는 것은 자유가 아니며, 다른 사람들이 듣기 싫어하는 발언 역시 할 수 있는 권리가 보장되지 않는다면 자유민주주의는 번성할 수 없습니다. 다른 사람들, 즉 권력을 가진 자들이 반대하는 입장도 개진할 수 있는 권리가 우리에게 주어질 때, 비로소 표현의 자유가 보장되고 이러한 권리가 자유민주주의로 이어지는 것입니다.

우리 학자들에게는 특히 표현의 자유와 권리가 중요합니다. 학자인 저는 학생들을 가르치고 글을 쓰는 것을 본업으로 삼고, 대부분의 경우 일본 문제에 대해 글을 쓰고 있습니다. 로스쿨 교수인 저는 주로 일본의 법에 대해 연구하고 집필합니다. 일본의 법과 법제도가 어떻게 작동하는지, 만약 그것들이 우리가 생각하는 대로 작동하지 않는다면 왜 예상대로 움직이지 않는지 연구합니다.

그런데 만약 정치적인 이유로 특정한 결론은 배제하겠다고 한다면, 우리 학자들은 연구를 할 수 없게 됩니다. 학자로서 우리의 임무는 증거와 논리를 토대로 어떤 결론을 이끌어내는 것이기 때문입니다. 실은, 우리가 해오고 있는 대부분의 연구는 정치적 영향력을 갖지 않습니다. 겸손한 척 하려는 것이 아니라, 실제로 학자로서 우리가 그만큼의 영향력을 발휘하는 연구를 수행하는 경우는 드물다는 뜻입니다. 물론 우리 학자들도 가끔은 심각한 정치적 파문을 몰고 오는 주제를 다루기도 합니다. 그럴 경우 우리가 내린 결론 중 일부는 어떤 집단에게는 정치적으로 유리하게 작용하겠지만, 또 다른 집단에게는 불편하게 느껴질 수도 있을 것입니다.

하지만 적어도 학자 본인이 학자로서의 올바른 도리를 따르고 있다면, 정치는 어떻든 우리 학자들과는 무관한 일입니다. 우리의 임무는 일단 증거와 논리를 좇아 그러한 요소들이 인도하는 곳으로 그저 따라가는 것뿐입니다. 개방된 사회에서 우리는 그렇게 도출된 결론을 자유롭게 표현할 수 있어야만 합니다. 학계에서는 한 학자가 다른 학자의 주장이 틀렸다고 믿을 경우 그에게 그 이유를 설명할 기회를 부여합니다. 학문이란 연구 뒤에 이어지는 논쟁과 토론을 통해 진보하는 과정입니다. 그 과정은 결코 끝이 없습니다. 이를 통해 새로운 증거가 발견되고, 새로운 고찰이 제기될 수도 있기 때문입니다. 따라서 학문적 과정은 항상 열려 있어야만 합니다.

위안부의 역사가 바로 그러한 논쟁적인 분야 중 하나입니다. 이 분야를 다루는 학문에는 엄청난 양의 역사적 기록이 존재합니다. 예컨 대 수많은 옛 위안부의 증언 등이 그렇습니다. 다만 때로는 역사적 사료와 증언이 모순되기도 합니다. 그럴 경우 저와 같은 학자들은 물론, 일반 대중들도 양쪽의 입장을 모두 비교해 보고 정확한 판단을 내려야 합니다.

이러한 상황은 이질적이거나 새삼스러운 것이 아닙니다. 역사적으로 중요한 문제에서 증거가 서로 상충되는 경우는 종종 나타나기 때문입니다. 이런 경우에 학자들은 관련된 증거를 면밀히 조사하고 어떤 결론에 도달한 뒤, 자신들의 논리로 이 문제를 설명해야만 합니다. 그리고 독자들도 증거와 논리를 스스로 따져 보고 자신만의 결론에 도달해야 합니다. 학계가 제 기능을 하려면 어떠한 결론도 처음부터 배제되어서는 안 됩니다.

자유민주주의에서 표현의 자유, 그리고 발언의 자유는 모든 사람들에게 필수적인 권리입니다. 자유민주주의라는 제도는, 학자든 비전문가든 국민 구성원으로서 집단적인 의사 결정에 참여할 것을 요구합니다. 여기서 합리적인 결정을 내리기 위해, 우리는 우리가 살고 있는 세상에 대해 똑바로 이해할 필요가 있습니다. 그리고 이 세상을 제대로 이해하기 위해서는 대화가 필수적입니다. 그렇기에, 만약 어떠한 표현이나 생각이 그 발원부터 금지된다면, 우리는 합리적인 결정을 내릴 수 없게 됩니다. 우리가 내린 결론이 종종 정치적인 영향력을 갖게 될 수도 있습니다. 그런 상황에서 어떤 사람들은 우리의 의견 표명을 막으려 할지도 모릅니다. 반대로 우리 또한 타인의 의견 표명을 막고 싶을 수도 있습니다.

하지만 자유와 민주를 위해서는 우리 모두가 국민의 일원으로서 언론을 제한하려는 충동과 맞서 싸워야 합니다. 이 지점에서 바로 서두에 소개한 조지 오웰의 원칙이 매우 중요해집니다. 민주의 본질은 결국 자유에 있고, 자유의 본질은 발언의 권리에 있습니다. 즉 그것은 다른 사람이 반대하는 발언을 할 수 있는 권리인 것입니다.

존 마크 램자이어_{John Mark Ramseyer}

Indentured Prostitution in
Credible Commitments i

제1장

일본제국의 매춘 연계^{年季} 계약: 상업적 매춘 시장에서의 신뢰할 만한 약속

erial Japan:
 Commercial Sex Industry

제1장

일본제국의 매춘 연계^{年季}계약: 상업적 매춘 시장에서의 신뢰할 만한 약속*

Indentured Prostitution in Imperial Japan: Credible Commitments in the Commercial Sex Industry

이 논문의 원 제목과 논문이 게재된 학술지는 다음과 같다. "Indentured Prostitution in Imperial Japan: Credible Commitments in the Commercial Sex Industry", Journal of Law, Economics, & Organization, v.7, n.1(Spring, 1991), pp.89-116(28pages). 이 논문을 발표할 당시 필자인 램자이어는 UCLA대학 교수였다.

I'm glad we won a flower for a dollar.

나는 1달러짜리 꽃을 얻어 기뻐요.

I'm mad we lost a flower for a dollar.

나는 1달러짜리 꽃을 잃어 화나요.

_ 일본 아이들의 노래

1. 개요

해석하면, 위 노래는 영어(한국어)보다 일본어에서[1] 더 말이 되지 않는다. 하지만 첫 줄에서부터 두 개의 말장난이 보이는데, '얻다(win)'는 '구매'의 의미를, '꽃(flower)'은 '소녀'의 의미를 담고 있기 때문이다. 따

라서 이 노래는 "우리가 1달러에 여자를 사게 되어 기쁘다"라는 의미
가 될 수도 있다. 즉 이 노래는 영어권 전래동요인 마더구즈_{Mother Goose}
처럼 섬뜩한_{macabre} 이야기다. (역주 : '마더구즈'는 영어권에서 부모가 아이들에
게 불러주는 동요 모음이다. 이들 동요는 정서적으로 순기능이 크지만, 동요가 전래
한 이야기의 기원을 따지면 교회정치, 종교폭력, 성, 질병과 죽음, 밀정과 배신자, 초
자연적인 괴물 등과 같이 엽기적인 내용을 많이 담고 있다.) 20세기 이전 일본의
농촌 가정에서는 아이들을 사거나 팔았던 것이다. 이는 물론 중세 유럽
의 농민들도 마찬가지였다(Engerman 1973: p.44). "부모님이 나를 사주
셔서 기뻐요." 아이들은 "1달러짜리 여동생"이라고 노래했다.

JLEO, V7 N1 89

**Indentured Prostitution in Imperial Japan: Credible
Commitments in the Commercial Sex Industry**

J. Mark Ramseyer
University of California, Los Angeles

I'm glad we won
　　a flower for a dollar
I'm mad we lost
　　a flower for a dollar
—Japanese children's song

1. Introduction

So interpreted, the song makes no more sense in Japanese[1] than in English.
But in its first two lines are two puns: "win" also means "buy," and "flower"
can mean "girl." Thus the song can also mean "I'm glad we bought a girl for
a dollar." As in Mother Goose, the macabre is historical: Peasant families in
pre-20th-century Japan [like peasants in medieval Europe (Engerman,
1973:44)] bought and sold children. "I'm glad my parents bought for me,"
the child sings, "a sister for a dollar."

I received helpful suggestions from far more than the usual number of generous readers: N.
Abrams, W. Alford, P. Arenella, H. Baerwald, T. Bryant, W. Comanor, K. Crabb, R. Fretz, M.
Fruin, S. Garon, C. Goldberg-Ambrose, W. Klein, L. Lynn, H. Motomura, M. Nakazato, G.
Noble, H. Ooms, H. Patrick, I. Png, M. Polinsky, R. Posner, A. and R. Ramseyer, E. Rasmusen,
R. Romano, F. Rosenbluth, A. Rosett, R. Sandes, G. Schwartz, H. Scogin, R. Smethurst, F.
Upham, J. Wiley, O. Williamson, N. Wyse, S. Yeazell, two anonymous referees, and participants
in the UC Berkeley Workshop in Institutional Analysis, the UCLA Political Economy Workshop,
the Yale Law, Economics, & Organization Workshop, the SSRC–UCLA Japanese Legal History
Workshop, and the Pacific Roundtable on Industry, Society, and Management. I received financial
assistance from the UCLA School of Law Dean's Fund and the UCLA Japan–U.S. Research and
Exchange Program. In conducting the research, I received help from the library staffs at UC
Berkeley, UCLA, Harvard–Yenching Institute, Hiroshima University, Hitotsubashi University,
University of Michigan, Tohoku University, and Tokyo University. The views expressed in this
paper are mine; I know for a fact that many people gracious enough to comment on earlier drafts
of the article disagree with the approach.
　1. "Katte ureshii/hana ichimonme/makete kuyashii/hana ichimonme."

© 1991 by Oxford University Press. All rights reserved. ISSN 8756–6222

논문 제1면.

근대 이전 일본의 일부 농민들이 자녀를 노골적으로 팔았다면, 또 다른 일부 농민들은 연계年季계약을 통해 딸을 사창가에 넘겼다고들 말한다. 동시에 당시 일부 여성들은 스스로 매춘부가 되기 위해 계약을 하거나 장기 고용계약을 통해 매춘부가 되기도 했다. 이 논문에서 필자는 20세기 초 일본의 상업적 매춘 시장에서 매춘부의 부모, 매춘부 본인, 매춘업소가 체결한 여러 형태의 섬뜩한macabre 계약들을 보다 현대적인 관점에서 살펴본다. 좀 더 구체적으로, 필자는 매춘부가 미래에 올릴 수 있는 수입에 기초하여 고액의 전차금(前借金, advance)을 받는 대가로 수년 동안 매춘업소에서 일하는 데 동의하는 계약, 즉 '매춘 연계계약indentured prostitution agreements'에 대해서 검토한다. (역주: '연계年季'는 계약 기간이 수년이라는 의미다.) 실로 다양한 사회에서 매춘부와 매춘업소는 이러한 계약을 맺어 왔고, 필자는 그 이유를 확인하기 위해 일본의 자료들을 참조했다.

제2차 세계대전 이전에 일본에서의 매춘은 공창제 아래에서 규제를 받는 분야였고, 또 논란이 많은 산업이었다. 바로 그런 이유로 일본 정부의 기록들과 독립적 연구들을 종합해 보면, 놀라울 정도로 당대의 실상을 잘 드러내는 경험적 자료들이 도출된다. 따라서 필자는 계약 내용 자체를 복구하고 재구성하기 위해 먼저 그 기록들을 활용했다. 그렇게 함으로써 당사자들이 실행한 거래와 그러한 거래를 실행하는 방식에 대해 설명하고자 한다.

둘째로, 필자는 그러한 계약들과 관련하여 가장 일반적인 가설을 연구했다. 그것은 매춘업소의 업주들이 계약서에 명시된 계약 기간이 끝난 후에도 매춘부들을 묶어 둘 수 있도록 계약을 조작했다는 가설이다(요컨대, 업주들이 연계노동을 채무노예제로 바꿔 놓을 수 있다는 내용이다). 그러나 필자는 그러한 가설을 입증하는 근거를 찾지 못했다. 오히려 많은 매춘부들이 계약 기간이 끝나기도 전에 전차금을 갚고 더 일찍 일을 그만두었다는 사실을 확인했다. 매춘이 가혹한 일이기는 했지만, 여성들은 그 일을 단지 수년 동안만 수행한 것이다.

셋째, 필자는 이 계약들에 대해 두 가지 추가 가설을 검토했다. (i) 이 계약을 통해 매춘업소가 매춘부를 통제할 수 있었다는 가설, (ii) 과거 수많은 유럽인들을 북아메리카로 보냈던 연계계약처럼, (역주: 유럽의 가난한 농민들도 북미로 이주할 때 뱃삯 등의 큰 비용을 마련하기 위해 전차금을 미리 받는 연계계약을 맺곤 했다.) 이 매춘 계약이 빈농들에게 신용credit을 제공했다는 가설이다. 이러한 가설로 일본에서의 매춘 계약에 관한 일면을 포착할 수는 있지만, 그것이 왜 불충분한 설명일 수밖에 없는지에 관해서는 이 논문을 통해 설명하고자 한다.

다만 필자는 매춘부와 매춘업소가 서로 다른 이유로 이런 계약을 이용했으리라 짐작한다. 첫째, 이 계약으로 인해 매춘업소 업자 측은 상대 여성 측(때로는 그들의 부모까지)에게 향후 소득과 관련한 자신들의 약속에 대해 신뢰를 제공할 수 있었다(Williamson 1983, 1985). 평판이 좋지 않은 일에 뛰어들게 된 신규 매춘부들은 또한 임금에 관해 신뢰할 수 있는 정보가 거의 없는 산업에 진입하는 형편이므로, 매춘업소 업자 입장에서는 이러한 약속을 해 두는 편이 유리했다. 둘째, 그러한 계약으로 인해 업자들과 매춘부들은 계약 당사자로서 법적 시스템을 가장 저렴하게 이용할 수 있는 비용 배분을 할 수 있었다.

매춘업소와 매춘부가 이뤄 낸 이러한 합의는 무엇을 시사하는가. 그것은 매춘이 불결하고 추악해 보인다는 이유만으로, 열악한 상황에서도 당시 일본 농민 남녀들이 최선을 다해 만들어 낸 유효한 방법들

에 대해 우리 학자들이 눈을 감아서는 안 된다는 것이다.[2]

매춘 문제와 노동 문제에 대한 정치적 반응을 감안할 때, 먼저 분명하게 짚고 넘어가야 할 것이 있다. 첫째, 가장 확실한 문제부터 언급을 하자면, 이 논문은 매춘이라는 산업 조직의 역사에 대한 연구이지, 규범을 제시하는 연구는 아니라는 것이다. 필자는 이 논문에서 사회가 매춘을 합법화해야 하는지에 대해 어떠한 입장도 취하지 않는다.[3]

둘째, 자료 부족으로 인해서 본질적인 경험적 질문 한 가지에 대해 답변을 하지 못했다. 여기서 '본질적인 경험적' 질문이란 "일본 여성들이 스스로 선택해 매춘부가 된 경우는 얼마나 되며, 집안의 압박으로 인해 매춘부가 된 경우는 얼마나 되는가?"라는 것이다. 한편으로 매춘부들은 상당히 높은 수입을 얻었고, 다른 한편으로 당시 대부분의 여성들은 가난했다. 어떤 여성들은 단순히 돈을 많이 번다는 이유만으로 스스로 매춘부라는 직업을 선택한 반면, 일부 여성들은 부모의 압력 때문에 그 일을 시작하기도 했다. 사실, 필자는 부모의 압력이 생각만큼 결정적이지는 않았음을 보여 주는 근거를 찾아냈지만 그 근거가 너무나 잠정적이어서 확실한 결론을 내리기는 어려웠다.[4] 다른 연구에 따르면 당시 일본의 일부 농민 가족은 수입을 한데 모아서 위험에 대비했으며(Popkin: pp.18-22, Rosenzweig and Stark), 따라서 일부 자녀들은 괴롭더라도 가족 단위 보험의 일환으로서 매춘부가 되었을 것이다. 부모 또는 돈 많은 이웃들이 매춘부의 빚에 대한 보증을 서는 경우도 종종 있었다(아마 여성이 본인 의지로 매춘부가 되었더라도 그들은 기꺼이 그렇게 했을 것이다).[5] 설명을 쉽게 할 목적으로, 여기서는 일단 가족 문제와는 무관하게 여성 본인이 스스로 매춘부가 되기로 선택했다고 가정한다.

셋째, 이 논문에서 필자는 일본 매춘에 대한 당대의 논란은 대부분

의도적으로 무시한다. 현재까지 매춘의 역사는 대부분 개혁주의 언론인, 폐창운동가(廢娼運動家, 성매매 폐지론자), 그리고 폐창운동가가 구출한 전직 매춘부의 직접적인 증언에 의존해 왔다. 당연히 폐창운동가들을 만난 매춘부들은 가장 불만스러운 입장이었고, 별 불만 없이 계약 조건을 이행한 여성들은 자신의 경험에 대해 책이나 기사, 심지어 일기조차 쓴 경우가 거의 없었다. 결과적으로, 현존하는 서술에는 표본이 편향되어 있다는 심각한 문제가 있다. 확실히, 균형의 문제는 정량적 기록 작업에 방해가 된다. 전쟁 전 일본의 매춘은 규제를 받고 있었고 논란이 되었기 때문에, 일본 정부 기관과 폐창운동가 모두 매춘업계 종사자의 숫자와 경제적 규모를 파악하기 위해 막대한 자원을 소비했다. 놀랍게도 이러한 정량적 기록 대부분이 결정적으로 중요한 지점에서 상호 검증을 해 주고 있는 바, 필자는 그렇게 검증된 기록을 사용했고 그렇지 않은 기록의 경우에는 그 차이에 대해서 명시했다.

본 논문은 다음과 같이 진행된다. 2절에서는 태평양전쟁 이전 일본 매춘에 대한 전통적인 설명을 소개하고, 그 산업의 기본 윤곽을 개략적으로 설명한다. 3절에서는 매춘과 관련된 규제 시스템의 발전을 추적한다. 4.1절에서 4.3절까지 필자는 연계계약이 실제로 어떻게 작동했는지 탐구하고, 4.4절과 4.5절에서는 그 계약이 보편적이었던 이유를 연구한다. 그러나 1950년대가 되자 일본의 공창 시스템은 살아남지 못했고, 필자는 5절에서 이 붕괴를 추적한다.

2. 학자들과 매춘부들

대부분의 학자들은 전쟁 전 일본의 매춘산업을 자신들이 "착취적 exploitative"이라고 규정하는 일본의 경제성장과 연관지어서 설명한다. 일본의 사회역사학자인 하네 미키소(羽根幹三, Mikiso Hane)의 경우부터 살펴보자. 하네 미키소는 언론 기사에 상당 부분 의존하면서 전쟁 전 일본의 빈부 격차가 커졌다고 주장한다(p.34). "부르주아 자본가의 생활이 개선되는 것과는 대조적으로, 농민들의 상태는 계속 애처로웠다"며 농민들도 자신이 "생존을 위한 치열한 투쟁"을 벌이고 있음을 알게 되었다고 주장했다(p.27, p.31). 이 가난한 세상에서 가장 불쌍한 희생자는 사창가에 팔린 농촌의 어린 소녀들이었다는 것이다(p.207).

미국의 인류학자 리자 댈비Liza Dalby는 "게이샤芸者"로 알려진, '공창제 아래에서의 예능인-매춘부licensed entertainer-prostitues'에 대해 연구했고 비슷한 주장을 했다. 그녀는 게이샤가 평범한 매춘부(창기娼妓)에 비해 괜찮은 삶을 살았다고 썼다. "(게이샤들의 삶)은 끔찍했지만, 그들은 사창가로 보내진 소녀들보다는 나은 삶을 살았다"(p.222). 부분적으로, 그 끔찍함은 게이샤집이 여성들을 묶어 두려고 한 계약에서 비롯되었다. 매춘을 연구한 다른 많은 학자들과 마찬가지로,[6] 리자 댈비는 게이샤집 업주들이, 매춘업을 채무노예제로 바꾸었고, 그래서 여성들이 원 계약 기간보다 더 오래 일하도록 만들기 위해 계약을 조작했다고 주장한다. 리자 댈비는 게이샤들이 "터무니없는 숙식 비용을 부과하고 의도적으로 종속적인 상태를 유지시킨 양심 없는 업주들"에 의해 "사실상의 감금 상태"에서 일해야 했다고 지적했다(p.221).[7]

사실 여부를 떠나서 이런 이야기들이 당시 일본의 신문과 잡지에 실렸고, 기자들은 이런 기사들을 최대한 활용했다. 일본의 언론인들은 고리대금업자 같은 악덕 사창가 업주에게 속아 매달 빚이 늘고 괴로운 삶을 사는 순진무구한 여자들에 대한 글을 썼다. 그들은 매춘이 얄팍하게 위장된 노예제도였으며, 일본 정부는 이를 금지해야 한다고 주장했다. 오늘날 대부분의 일본 학자들도 이러한 주장을 단순히 반복하고 있다. 일본의 저명한 법사회학자인 가와시마 다케요시川島武宜조차도 매춘부들이 "가부장적 가족제도의 힘"에 의해 "노예"로 붙잡혔다고 결론짓는다(Takeyoshi Kawashima 1950: p.89, 1955).

이런 이야기들이 전부 거짓말은 아니다. 태평양전쟁 전 일본은 가난에 시달렸다. 일본은 당시 세계적인 불황으로 인해 큰 타격을 입었고, 시골 지역은 더더욱 괴로운 상황이었을 것이다.[8] 농촌의 일부 여성들은 다른 대안보다는 매춘부가 되기를 선택했다. 그들은 주로 매춘업소에서 몇 년간 거주하며 일하는 조건으로 계약을 맺었고, 임금의 상당 부분을 전차금으로 받았다.

매춘은 미덕은 결여되었을지언정 분명히 큰 산업이었다. 공창제를 실시하던 1924년, 일본에는 550개의 '허가받은 홍등가licensed red-light districts', 50,100명의 '허가받은 매춘부licensed prostitutes', 11,500개의 '허가받은 매춘업소licensed brothels'가 있었다. (역주: '허가받은 매춘부'와 '허가받은 매춘업소' 모두를 본 논문에서는 '공창公娼'이라고 칭한다.) 이러한 매춘업소들은 길거리 매춘숙이 아니라 실질적인 사업체였다. 주로 성관계에 더해 음식과 음료를 제공했고, 각각 4~7명의 매춘부와 6~10명의 추가 직원들을 거느렸으며, 15~16개의 방을 가진 대형 업소였다. 추가로, 일본에는 77,100명의 게이샤가 있었다. '무허가(불법) 매춘부'의 수는 덜 명확하지만, 한 믿을 만한 평론가는 그 수치를 약 50,000명으로 추정했다. (역주: 본 논문에서는 공창제 바깥의 '무허가' 즉 불법 매춘업소와 매춘부 모두를 '사창私娼'이라고 칭한다.) 당시 5,970만 명의 인구를 보유했던 일본은 인구

350명당 1명의 매춘부가 있었던 것으로 보인다. 교토 시에서는 그 비율이 150대 1이었다.[9] 대조적으로, 현재 미국의 경우 학자들은 그 수치를 650:1에서 900:1까지로 추정한다(Symanski: p.10).

매춘은 고된 일인 만큼, 매춘부가 된 여성들은 애초에 다른 좋은 대안이 없었다. 대부분의 매춘부들은 교육을 거의 받지 못했다. 모두가 18세 이상이었음에도 불구하고, 여성들 중 절반이 5년 미만의 교육을 받았고, 16%는 아예 학교에도 가 보지 못했다.[10] 참고로 당시 일본은 소학교(초등학교) 취학 연령에 해당되는 아동(1~6학년)의 99%가 학교를 다니던 때였다(Minami: p.19). 다만, 전쟁 전에 일본은 가난했기 때문에 교육을 받지 못한 노동자들에게는 다른 좋은 대안이 거의 없었다. 12세에서 18세 사이의 야학 학생을 대상으로 한 당시 설문조사를 살펴보자. 공업에 종사하며 공부했던 학생들은 하루 평균 10시간, 상업에 종사하며 공부했던 학생들은 평균 12시간씩 일했다. 한 달에 28일 미만으로 일한 학생은 13%에 불과했다.[11] 1924년에 매춘부는 하룻밤에 평균 2.54명의 고객을 상대했고,[12] 한 달에 평균 28일을 일했다.[13] 매춘은 지저분한 일이었다. 그러나 그녀들에겐 다른 대안이 마땅치 않았다.

그리고 매춘은 돈이 잘 벌리는 분야였다. 〈표 1-1〉을 보면 알 수 있듯이, 1926년부터 1932년까지 매춘부들의 평균 수입은 당시 공장에서 일하던 남성들의 179%였다.[14] 그리고 농민 가구 전체가 벌어들이는 평균 수입의 53%였다(지주와 소작농 수입의 평균).[15] 올리버 윌리엄슨(Oliver Williamson, 1985: pp.35-38)과 프라이스 피쉬백(Price Fishback, 1986a, 1986b, 1989)은 비위생적이거나 안전하지 않은 조건의 석탄 업체에서 근무한 미국 광부들이 얼마나 더 높은 임금을 받았는지를 연구했다. 클라크 나디넬리Clark Nardinelli는 체벌을 하는 공장에 아이들을 보낸 영국 부모들이 얼마나 더 높은 임금을 받았는지를 연구했다. 일본에서도 거의 같은 논리가 적용되었다. 일본 농촌의 여성도 이러한 선택지들에 직면했는데, 그중에서도 매춘부라는 직업은 가장 비참하고 평판이 나쁜 직업 중 하나였다. 그녀들은 그 일을 하는 대가로 높은 임금을 요구했으며, 그 요구는 관철됐다. 1934년 일본 북부에서 온 여성 노동자들을 대상으로 한 조사에 따르면, 집을 떠나서 일하러 온 젊은 여성들 중 숙식을 제공받는 공창 매춘부의 경우에는 연평균 884엔, 게이샤는 575엔, 술집여급(매춘을 하는 경우도 많았다)의 경우 518엔, 웨이트리스(성관계를 하는 경우도 있었다)는 210엔, 그리고 다른 직업은 평균 130엔을 벌었다.[16] 결국, 겉으로 보이는 것보다 훨씬 더 많은 여성들이 공창 매춘부의 지위를 구하고자 했던 것이다. 즉 1920년부터 1927년까지 도쿄에서 공창 매춘부에 자원한 여성들 중 62%만이 일자리를 얻었다(Chuo shokugyo[中央職業, 중앙직업]: pp.381-382, Kusama: pp.27-30, p.36).

〈표 1-1〉 여성 공장 노동자, 농민 가구 및 도쿄 공창 매춘부의 평균 수입

연도	A 여성 공장 노동자(엔)	B 농민 가구(엔)	C 공창 매춘부(엔)	C/A	C/B
1926	312	1433	641	2.05	0.447
1927	320	1183	658	2.06	0.556
1928	322	1361	660	2.05	0.484
1929	320	1201	554	1.73	0.461
1930	289	810	430	1.49	0.531
1931	260	552	406	1.56	0.736
1932	245	644	388	1.58	0.602

• 주: 매춘부들은 숙식을 제공받았지만, 공장 노동자들은 그런 경우가 드물었다.

A. 임금 출처는 Rodosho fujin shonen kyoku(労働省婦人少年局, 노동성 부인소년국), 1952. Fujin rodo no jitsujo(婦人労働の実情, 부인노동의 실정) 〈The Reality of Female Labor〉, p.14. Tokyo: Rodosho(労働省, 노동성); 월별 근로일의 출처는 Ohsato, Katsuma(大里勝馬, 오사토 카츠마). 1966. Meiji iko honpo shuyo keizai tokei(明治以降本邦主要経済統計, 메이지 이후 우리나라 주요 경제 통계)〈Principal Economic Statistics for our Nation since the Meiji Period〉, p.60. Tokyo: Bank of Japan.

B. Somu cho tokei kyoku(総務庁統計局, 총무청통계국) 1987. Nihon choki tokei soran(日本長期統計総覧, 일본 장기 통계 총람) 〈General Long-term Statistics for Japan〉, v.4. 표 18-5-a. Tokyo: Somu cho(総務庁, 총무청).

C. [Keishi cho] sokan kanbo bunsho ka.([警視庁] 総監官房文章課, [경시청] 총감관방문서과) 1933. Showa nana nen keishi cho tokei ichi ippan(昭和何年警視庁統計値一般, 쇼와 하년 경시청 통계치 일반)〈An Outline of Police Agency Statistics for 1932〉. p.96, Tokyo: [Keishi cho] sokan kanbo bunsho ka([警視庁] 総監官房文章課, [경시청] 총감관방문서과).

공창제를 통해 일본 정부는 업계에서 사실상 세 개의 중첩되는 위계 구조를 만들었는데, 그것은 바로 허가받은 게이샤, 허가받은 매춘부(공창 창기), 무허가 매춘부(사창 창기)였다. 게이샤들은 유흥업소 종업원으로 허가받았고, 법적으로는 매춘을 할 수 없었다. 이들은 공창 매춘부보다는 괜찮은 학력이 필요한 업종으로 진출했고, (이론적으로는) 노래, 춤, 재담 등 광범위한 훈련도 받았다.[17] 돈을 받고 노래하고 춤추고 재담을 했지만, 대부분(1930년 한 연구에 의하면 약 80%)은 돈을 받고 매춘을 했다(Kusama: p.5, p.20; Fukumi: p.234).

가장 높은 등급의 게이샤보다 훨씬 아래인 공창과 사창은 매춘 외에는 고객들로부터 다른 요구사항이 거의 없는 여성이었다. 몇 가지 이유로 인해, 고객들은 사창보다 공창을 선호했다. 첫째, 공창은 양질의 서비스를 제공하기 위해 스스로에게 투자했을 가능성이 높다. 그들은 합법적으로 매춘을 할 수 있었고, 합법적인 업소에서 일했다. 결과적으로 그녀들은 평가에 대한 투자를 안전하게 할 수 있었다. 이와는 대조적으로 사창은 경찰이 자신들의 영업을 방해하고 업소가 폐쇄될

지도 모른다는 위험을 끊임없이 받으면서 일해야 했다.[18]

둘째, 공창이 더 건강했다. 공창제 아래에서 매춘업소는 적어도 신규로 들어온 여성의 전염성 질환을 검사하고 매주 건강검진을 하며, 지정된 진료소와 특별히 계약을 맺고 있었다. 비록 의료 기록이 문제가 되기는 하지만, 현대의 연구에 따르면 공창에서의 성병 발생률은 사창보다 훨씬 낮은 것으로 일관되게 나타난다.[19]

마지막으로, 고객들은 분명히 공창 매춘부가 육체적으로 더 매력적이라고 여겼다. 그 이유는 첫째, 사창 매춘부 중 상당수가 공창 매춘업소에서는 고용하지 않는 여성들이었다(Kusama: p.37). 둘째, 상당수 사창 매춘부는 나이가 많았다. 고객들이 10대 후반에서 20대 초반의 여성을 선호한 반면, 사창은 공창에 비해 20대 후반에서 30대 초반의

Yoshiwara, Tokyo.　東京吉原

메이지 다이쇼 시대의 수채 그림엽서에 묘사된 도쿄 요시와라.
당시 일본의 대표적인 집창 지역이었다.

여성이 더 많았다(Fukumi: p.59, p.144).

이유가 무엇이었든지 간에, 사창에 대한 이런 소비자 선호는 가격에 반영되었다. 1920년대 후반, 도쿄 요시와라吉原 지역 특급(최고) 수준의 공창은 1박에 14~17엔을, 5급(최저)의 공창은 1박에 6엔을 받았다. 반면 다마노이, 가메이도 지역의 사창은 1박에 3~5엔을 받았다(Kusama: pp.230-231, p.242).

3. 매춘 관련 법규

3.1 법령

매춘부들은 19세기 시스템의 적용을 받는 연계계약 제도를 이용했다. 1853년에 미국의 제독 매튜 페리가 일본을 개항했고, 그 즉시 서양 국가들은 혼란에 휩싸인 일본 정부에 다양한 "불평등" 조약을 강요했다. 다만 이러한 협정을 파기하기로 결심한 일본 정부 지도자들조차도 최소한의 서양 문화와 법제도의 틀은 수용하기 시작했다.

1872년, 일본 정부 지도자들에게 기회가 왔다. 마리아 러즈Maria Luz 라는 이름의 페루 선박이 8년 계약으로 고용된 231명의 중국인 쿨리苦力 와 함께 정비를 위해 요코하마 항구에 입항했다.[20] (역주: '쿨리'는 수년의 노동계약 하에 매우 낮은 임금을 받고 극히 열악한 노동 환경 속에서 일했던 중국인 노동자를 말한다.) 그런데 쿨리 중 한 사람이 배에서 뛰어내려 인근 영국 군함으로 헤엄쳐 갔고, 어찌 해야 할 바를 몰랐던 영국 선장은 쿨리를 현지 영국 영사관으로 인도했다. 영사관은 일본 외무성에 연락했고, 외무성은 일본 현지 판사를 불렀다.

일본인들이 자신의 세련됨을 증명하기에 완벽한 기회가 온 것이다. 일본 현지 판사는 최선을 다했고, 국제 인신매매는 만국공법 위반이라고 선언했다. 페루 정부가 항의하자 러시아 황실이 중재자로 개입하여 일본을 지지했다. 그러나 그 책략은 역효과를 낳았다. 소송이 진행되는 도중에 페루 선박의 변호사는 일본인들도 노예를 부리고 있다고 주장했다. 그는 일본의 매춘업소에 가면 쿨리보다 자유롭지 못한 계약을 한 여성들이 가득하다고 말했다.

당황한 일본 정부는 그 즉시 연계계약 하에 있던 모든 매춘부들을 해방시켰다. 여성들은 집으로 돌아갈 수 있었고, 일본의 재판소는 그녀들의 부채에 대해서도 매춘업소 측의 소송을 허용하지 않았다.[21] 이 법령을 시행하기 위해 일본 법무성은 다음과 같은 자체 규정을 발표했다.

> 노역계약서는 사람들의 권리를 빼앗아 말과 소로 전락시킨다. 말과 소에게 빚을 갚으라고 요구할 수 없고, 매춘부와 게이샤에게 계약금 상환을 요구할 수도 없다. (Shihosho tatsu[司法省達, 사법성달], Justice Ministry Circular) n.22, §2, Oct. 9, 1872)

이 규정은 은유적인 것으로 악명이 높았지만, 적어도 요점은 명확했다. 여성들은 매춘업소를 떠날 수 있었고, 매춘업소의 업주들이 전차금으로 지급했던 돈도 그대로 가질 수 있었다. 일본의 신문들은 매춘부들이 자신들의 물건을 수레와 인력거에 싣고 각 매춘업소들에서 무더기로 떠났다고 보도했다(Nakamura: p.174).

그러나 1872년의 법령이 매춘을 금지시킨 것은 아니다. 그것은 단지 연계계약을 무효화했을 뿐이다. 연말까지 오사카 시는 매춘이 여전히 합법이라는 점을 확실히 하기 위해 '객실 임대' 허가 시스템을 도입했고, 다른 도시들도 곧 그 뒤를 따랐다. 이 제도에 따라 매춘업소 업자는 허가를 받은 '자영업자'가 되었고, 매춘업은 '객실 임대업'이 되었다. (역주: 대좌부貸座敷 영업을 말한다. 매춘업소의 소유자, 즉 포주가 매춘부에게 손님을 접대할 방을 빌려주는 형식을 취했기 때문에 붙여진 이름이다.)

1875년이 되자, 일본 정부는 연계노동을 다시 허용하기로 결정했다. 인신매매는 불법이었고, 사람을 담보로 하는 대부貸付도 역시 마찬가지라고 일본 정부는 설명했다. 그러나 일본 정부는 채무자가 고정된 기간의 노동계약을 통해 부채를 상환하는 것을 합법화하였다.[22] 연계계약은 다시 유효하게 되었다.

3.2 재판소

이 모든 초기의 혼란을 겪은 후, 세기가 바뀌면서 일본의 재판소는 연계계약의 법적 지위를 분명히 했다.[23] 1896년 일본 최고재판소는 연계계약에 포함된 '인적 서비스 부분'은 무효라는 법적 해석을 내놓았다. (역주: 일본 최고재판소는 당시 '대심원'이라고 불렸으며 한국의 대법원처럼 최종심을 담당했다.) 이키 쿠시라는 여성은 수년 동안 매춘부로 일하는 것에 동의했는데. 그 후 갑자기 계약을 철회하고자 했고 재판소는 이를 허락했다. 당사자들 간의 금전적 관계가 어떻든 간에, '인적 서비스 계약'은 독립적인 계약이다. 재판소는 1872년의 연계계약 금지령(연계계약을 다시 허용한 1875년 법령과는 다르다)을 인용하여 다음과 같이 결정했다.

우리는 그 계약자인 매춘부가 사적 자유를 버리려 했다는 증거를 확인할 수 없다. 그녀가 그렇게 의도했더라도, 그녀는 그런 구속력이 있는 계약을 맺을 능력이 없다. 따라서 계약 상대방 '매춘업소'는 계약자를 인적으로 구속하지 않는 방법으로만 이 계약의 이행을 법적으로 강요할 수 있다. (Musashino v. Kushi, 2-3 Daihan minroku[大審院民事判決録, 대심원민사판결록] p.50, p.52) (S. Ct. Mar. 11, 1896)

4년 후, 일본 최고재판소는 불만이 있는 매춘부가 매춘업소를 어떻게 그만둘 수 있는지를 설명했다. 매춘부는 공창 등록을 해제해 달라는 신청서에 업주의 도장을 받지 않는 한 매춘업소를 떠날 수 없었는데, 매춘부가 업주에게 그 도장을 찍도록 강요할 수 있다는 것이다.[24] 후타 이타이의 경우 30개월 동안 일하기로 동의했지만 일찍 그만두고 싶었다. 재판소는 1872년 법령을 인용했고, 1896년 판결에 주목했다. 재판소는 이미 그러한 장기간의 근로계약은 이행 불가능하다고 판시한 바 있다. 만약 그 여성이 일을 그만두기 위해 매춘업소 업주의 도장이 필요하다면, 그녀는 업주에게 도장을 찍도록 강요할 수 있었다(Itai v. Yamada, 6-2 Daihan minroku[大審院民事判決録, 대심원민사판결록] pp.83-84).

다만 최고재판소는 근로계약을 법적으로 강요하는 일을 부정하면서도 그에 따른 대부貸付계약은 별개로 봤다. 대부 문제와 관련해서 업주의 권리 이행을 채무자에게 법적으로 강요할 수 없다고 명시적으로 선언했던 1872년 법령으로써 일본 최고재판소가 개인의 근로계약도 무효화했다는 사실은 이제 잊어도 좋다. 재판소는 연계계약을 근로계약(용역계약)과 대부계약이라는 두 개의 분리 가능한 계약으로 전환시키는 데 성공했다. 전자는 무효로 보았지만, 후자는 유효하다고 판단한 것이다.

예를 들어, 우치우미 라쿠라는 여성은 300엔의 전차금을 받고서 온천 마을에서 게이샤로 견습 생활을 했다. 우치우미 라쿠가 일하던 식당이 그녀를 660엔에 다른 식당으로 전속시키자, 그녀는 그 거래가 부당하다고 여겨 일을 그만두고자 했다. 항소 재판소는 그녀의 5년 5개월 근로계약은 무효라고 판결했지만, 그녀의 대부계약은 여전히 유효하다고 선고했다(Uchiumi v. Takeda, 29 Horitsu shimbun[法律新聞, 법률신문] 12. Hiroshima Ct. App., Oct. 30, 1900).

> 타인과 함께 살면서 일하기로 계약한 경우, 그 계약이 반드시 개인의 자유에 대한 제한으로서 무효라고 할 수는 없다. 결국 일을 하기로 동의하는 사람들은 항상 약간의 제약을 받는다. 그러나 계약자를 5년 5개월 동안 구속하는 이런 종류의 계약은 공서양속을 해친다. 반면, 전차금을 갚겠다는 약속은 무효가 아니다. 수약자가 계약자를 신체적으로 제약하는 것이 되므로 법률상 또는 사실상 계약자에게 일을 강제할 수 없다고 할지라도 금전 문제에 대한 약속은 무효가 아니다. (Uchiumi v. Takeda, 59 Horitsu shimbun[法律新聞, 법률신문] 9, 10. S. Ct. Oct. 10, 1901)

최고재판소도 2년 후 같은 판결을 내렸다. 최고재판소는 매춘이 축복받은 일은 아니지만 법으로 허가된 일이라고 설명했다.[25] 그러므로 매춘부가 원한다면 일을 그만둘 수는 있지만, 빌린 돈에 대해서는 법에 따라 돌려주어야 한다는 것이다.

재판소들은 때때로 이와 정반대의 판결을 내리기도 했다. 일부 재판소는 개인적인 용역계약(근로계약)을 이행토록 했다. 예를 들어, 한 지방재판소는 6년 계약으로 게이샤집에 취직한 16세 여성이 도중에 일을 그만두는 것을 허락하지 않았다. 재판소는 "게이샤의 일을 배워야 하는 16세에게는 6년이 반드시 긴 것은 아니다"라고 판결했다. 기간과 다른 조건이 합리적이었기 때문에 그 업소는 그 계약의 이행을 법적으로 강요할 수 있었다(Ito v. Yoshida, 2115 Horitsu shimbun[法律新聞, 법률신문] 5, 6. Yokohama D.C. Feb. 7, 1923).

반면 일부 재판소는 대부계약마저 무효라고 판결했다. 대부계약과 근로계약(용역계약)을 분리할 수 있다고 보는 것이 재판소의 일반적인 입장이었지만, 항상 그렇지는 않았다. 근본적으로 이 분리 가능성severability은 사실관계의 문제였다. 예를 들어, 무라카미 요시에는 10년 계약을 맺고 게이샤집에 들어갔으나 계약 기간 도중에 그만두었는데, 업소에서 일을 제대로 가르쳐주지 않을 것이라고 판단했기 때문이었다. 그 업소가 소송을 제기하자, 재판소는 그녀의 편을 들었다. 재판소는 그녀의 대부계약과 개인의 근로계약을 분리할 수 없다고 설명했다. 근로계약이 무효화됨에 따라 대부계약도 무효화되었다. 그녀는 일을 그만두고 돈도 지킬 수 있었다.[26] 이 경우처럼 하급심이 두 계약을 분리할 수 없다고 판단하면 최고재판소는 판단을 미루는 경우가 많았다.[27]

그럼에도 불구하고, 당시의 계약서 작성자들은 재판소가 어떤 대부계약에 대해서는 이행을 강요하고 어떤 대부계약에 대해서는 강요하지 않을 것인지 명확히 알고 있었다. 왜냐하면 대부분의 연계계약에는 재판소가 법적으로 부담을 강요할 수 있는 대부계약이 포함되어 있었던 것으로 보이기 때문이다. 오스미 우메즈의 경우를 보자.[28] 그녀는 공창으로 일하기로 계약하고 650엔의 전차금을 받았으나 이를 다 갚기 전에 업소를 떠나기로 결심했다. 재판소는 그녀가 떠날 수 있도록 허가했다. 개인적인 장기간 근로계약은 무효였고, 오스미 우메즈가 그만두고 싶다면 그만둘 수 있었다. 그러나 그녀의 빚은 여전히 유효했는데, 만약 오스미 우메즈가 그만두었다면 그녀와 보증인들은 여전히 그녀가 빌린 돈에 대해 책임이 있었다.

마찬가지로, 기요미즈 하루는 게이샤로 일하기로 합의하고 전차금으로 2,300엔을 받았지만 계약 기간 도중에 사망했다. 업소가 보증인인 아버지에게 소송을 걸자, 재판소는 업소의 손을 들어 주었다. "기요미즈 하루가 죽으면 그녀가 수입을 올릴 수 없기 때문에 더 이상 빚을 갚을 수 없다. 그럼에도 불구하고, 계약상 책임은 이어진다"고 했다. 그 계약은 분리될 수 있었고, 그녀가 사망했다고 해도 부채와 보증은 여전히 유효했다(Kiyomizu v. Takeuchi, 3336 Horitsu shimbun[法律新聞, 법률신문] 10, 10. S. Ct. Oct. 23, 1931).

4. 연계年季계약

오늘날의 학자들은 태평양전쟁 전 연계계약의 특징을 잘못 파악하여 전쟁 전 일본의 매춘에 대해 오해하고 있다.[29] 대부분의 학자들은 이 계약을 '채무노예제debt peonage'라고 설명한다. 계약서에 따르면, 매춘부들은 대부금을 갚을 때까지 매춘업소에서 일했다. 매춘업소 업주들과 모집업자들은 빠른 상환이 가능하다고 주장하면서 여성들을 이 업계로 유인했다. 매춘업소 업주들과 모집업자들이 거짓말을 한 것이다. 일단 일을 시작하면 그들은 여성에게 대부금에 대한 높은 이자를 부과하고 생필품 값으로 터무니없는 비용을 청구했다. 이러한 사기를 통해서 그들은 여성들을 영원히 빚더미에 앉게 했고, 여성들은 가능한 오래 매춘업소에서 일해야 했다. 한 역사학자는 "공창의 매춘부는 인생을 성적 노예로서 마감했다"고 말한 바 있다.[30]

일부 매춘업소 업자들이 계약 조건을 날조한 것은 의심할 여지가 없는 사실이며, 일부 업자들은 고객들이 원하는 한 매춘부를 계속 매춘업소에 묶어 두려고 했다.[31] 그러나 매춘 산업 전반의 기록에 따르면 포주가 매춘부를 매춘업소에 묶어 두는 경우는 예외적이었다. 먼저 공창 게이샤들의 연계계약, 그리고 공창 매춘부들의 연계계약을 살펴보자.

4.1 공창 게이샤 연계계약

연계계약을 한 공창 게이샤들은 일반적으로 수년간 일하는 계약을 맺었다.[32] 여성들은 주로 18세 이하로 어린 경우가 많았고(Fukumi: pp.208-209), 따라서 여성들의 부모는 처음부터 자녀가 벌어들일 순수입을 미리 받으려고 했다. 그녀들의 순수입은 1925년 기준으로 평균 959엔이었다.[33] 한편, 업소는 여성에게 노래와 춤을 훈련시키고, 여성이 쓴 비용을 차감하고, 약간의 용돈(일반적으로 매춘부가 버는 수입의 10~20%)을 주었지만, 여성이 창출한 다른 모든 수입을 가져갔다.

결과적으로 게이샤 계약의 경제성은 간단했다. 여성이 전차금과 계약 기간 동안의 숙식비 및 수당보다 적게 벌어들이면 업소가 손실을 입는다. 그리고 여성이 더 벌어들이면 업소가 추가 수입을 얻는다. 사실상 그 계약은, (a) 그 누구도 (게이샤 업소를 포함하여) 그녀의 수입을 사취하지 못하도록 보장했으며, (b) 여성에게는 아무리 누추하더라도 음식과 거처를 제공했고, (c) 최초 계약 기간이 끝나면 자유롭게 떠날 수 있도록 보장했다.[34] 자녀를 도시로 보낸 부모에게는 그러한 신변 문제가 중요했다.

4.2 공창 매춘부 연계계약

공창의 매춘부는 게이샤보다 나이가 많았다. 법에 따르면 최소 18세여야 했다(Naimu shorei[内務省令, 내무성령], Home Ministry Order, n. 44 of Oct 2. 1900 §1). 따라서 여성들은 다른 계약서를 작성했다. 여성들은 최대한 계약 기간까지 일하는 데 동의했지만, 돈을 잘 벌 경우 일찍 그만둘 권리를 원했다. 1920년대 중반 매춘부들의 최대 계약 기한은 6년이었다.[35] 매춘부들 역시 순수입을 전차금으로 받았는데, 계약 기간(연계)이 긴 여성들이 가장 많은 돈을 전차금으로 받았다(Kusama: pp.208-209). 1920년대 중반에 평균 전차금은 1,194엔이었다.[36]

매춘부의 임금을 계산할 때, 매춘업소는 먼저 자체 수수료fee를 공제했다. 일반적으로 이 수수료는 매춘부가 번 돈의 67~75%까지 다양했다. 매춘부는 나머지 25~33%를 챙겼다. 보통 여성들은 이 나머지 25~33%의 돈에서 60%는 전차금 원금 상환에 썼고, 40%는 경상비용으로 보관했다. 대부분의 계약에는 이자가 포함되지 않았기 때문에, 대부분의 경우 매춘부는 명시적으로 이자를 지불하지 않았다. 대신, 매춘업소는 총수입에서 매춘부의 몫을 계산할 때 전차금에 대한 암묵적 이자율을 적용했다.

공창의 표준 계약에 따르면, 매춘부는 원금을 모두 상환하거나 최대 계약 기간 동안 일함으로써 계약에 따른 자신의 임무를 이행할 수 있었다. 만약 계약 기간이 끝나기 전에 대부 원금을 상환하면(수입에서 공제한 60%를 통해서) 일을 그만둘 수 있었다. 계약 기간이 끝났다면 비록 전차금을 다 갚지 못했더라도 그만둘 수 있었다. 계약 기간을 넘겨 일한 그 기간에 대해서 대부분의 매춘업소는 여성으로부터 추가 숙식비를 청구하지 않았다.[37]

4.3 계약의 이행

이와 같은 방식은 당사자들이 계약서 초안을 작성하는 일반적인 방식이었을 뿐만 아니라, 실제로 계약을 이행하는 방식이기도 했다. 학자들은 현대의 불법 매춘 시장을 기준으로 삼아 합법적인 매춘 시장에서도 포주들이 폭력과 협박을 일삼고 계약상의 세부 사항을 무시했을 것이라고 가정한다. 그리고 일부 폐창운동가들은 깡패들과 못된 업주들에 대한 일화를 다시 언급한다.[38] 그러나 업계 전반의 자료를 확인하면, 업소 업주들이 계약서상 자신들의 의무를 빠짐없이 지켰음을 알수 있다.

우선 금전적 문제를 간단히 살펴보자.[39] 도쿄에서는 1925년 한 해동안 374만 명의 고객들이 5,159명의 공창 매춘부를 찾았다. 음식과 음료에 지불한 요금 외에도, 고객들은 1,110만 엔을 지출했다. 이 중매춘부가 31%인 340만 엔, 즉 1인당 655엔을 가져갔다. 통상적인 합의에 따라서, 각 매춘부는 이 돈의 60%(393엔)를 대부 원금 상환에 쓰고, 40%(262엔)는 개인적으로 보유했을 것이다. 최초 대부금이 1,194엔인 경우, 매춘부는 평균 3.03년 안에 원금을 상환하고, 연간 262엔(월 21.8엔)으로 어렵지 않게 생활했을 것이다. 어쨌든 매춘부는 숙식을 무료로 제공받았다. 어린 공장 노동자들은 숙식을 제공받는 경우 보통 2엔 미만의 월급을 받았고, 숙식을 제공받지 않는 경우에는 15~16엔의 월급을 받았다.[40] 1925년에 성인 공장 노동자(일반적으로 숙식을 제공받지 않았다)는 평균 47엔의 월급을 받았다.[41]

둘째, 매춘부의 추가 부채 발생률을 고려해 보자.[42] 오늘날 학자들은 포주들이 빚을 늘려서 매춘부들을 매춘업소에 계속 묶어 두었다고 주장한다. 1925년 기준으로 도쿄의 5천여 명 공창 중에 92%가 전차금 외에도 매춘업소에 마저 상환하지 못한 빚을 지고 있었다. 그러나 37%는 빚이 200엔 미만이었고, 19%는 200~400엔 선이었다. 매춘부들이 최초에 약 1,200엔을 빌렸다는 사실을 기억하자. 그녀들 중 절반만이 그 액수의 3분의 1 이상에 해당하는 추가 부채를 지고 있었고, 최소 1,000엔 이상의 추가 부채를 진 이들은 5%에 불과했다.

더 중요한 점을 지적하자면, 매춘부가 매춘업소에서 더 오래 일할수록 추가 부채가 발생할 가능성은 낮았다. 도쿄의 5,000여 명 공창에 대해 다시 한번 생각해 보자. 계약 첫해에는 1,484명이 약간의 추가 부채를 지고 있었다. 3년째에는 703명이, 6년째에는 84명만이 빚을 지고 있었다. 다시 말해, 일단 새로운 직업에 적응하고 나면 그들은 저축하는 법을 배웠고, 빚을 갚아 나갔다. 대부분이 전차금 외에 추가로 돈을 빌렸던 것은 사실이지만, 계약 이후 초기에 빌렸을 뿐이며 신속하게 상환했다.

셋째, 〈표 1-2〉에 나온 도쿄 공창의 연령 분포를 살펴보자. 법적으로 여성은 18세가 되기 전에는 매춘부가 될 수 없었고, 대부분의 매춘부는 18세에서 21세까지의 나이에 매춘업소에서 일하기 시작했다.[43] 그러나 21세가 넘어서면서 현직 매춘부 숫자가 꾸준히 감소한다. 만약 매춘업소들이 첫 6년 계약 기간을 넘겨서도 매춘부들을 계속 일하도록 만들기 위해 부채 문제를 조작하고 나섰다면, 매춘부들의 숫자는 20대 후반까지도 일정하게 유지되었어야 한다. 그러나 〈표 2〉를 보면 나이가 많아지면서 매춘부가 지속적으로 감소하는 추세를 확인할 수 있다.[44] 이 표는 하나의 연령대 집단의 역사를 보여 주는 것이 아니라, 1925년 당시 다양한 연령대의 여성 집단을 동시에 보여 준다. 도쿄의 공창 매춘부 숫자는 매년 비교적 안정적으로 유지되었기 때문에(1916년 5,188명, 1925년 5,144명), 이 표의 수치는 시간이 지남에 따라 특정 연령층의 매춘부가 감소하는 경향을 대략적으로 보여 준다(Fukumi: p.45).

〈표 1-2〉 1925년 도쿄의 공창 매춘부

나이	인원	나이	인원
18~20	1,104	26	330
21	737	27	254
22	632	28~29	306
23	631	30~34	185
24	515	35~39	29
25	423	40~	6

- 출처: Fukumi, Takao(福見武雄, 후쿠미 다카오), 1928. Teito ni okeru baiin no kenkyu(帝都に於ける賣淫の研究, 제국 수도에서의 매음 연구) 〈A Study of Prostitution in the Capital〉 pp.58-59, Tokyo: Hakubunkan(博文館, 하쿠분칸).

다른 자료를 보면 이 점을 더 확실하게 확인할 수 있다. 1920년대 초에 공창 42,400명을 대상으로 실시한 연구에서는 여성들 중 11,400명(27%)이 1년 미만, 16,200명(38%)이 2~3년, 10,400명(25%)이 4~5년, 3,100명(7%)이 6~7년째 일한 것으로 나타났으며, 1,300명(3%)은 7년 이상 일한 경험이 있었다. 4~5년째 일하던 매춘부들은 평균 5,200명으로, 1년차(11,400명)의 절반에도 못 미치는 것으로 나타났다.[45] 1922년에 18,800명의 여성이 매춘부로 등록했고, 18,300명의 여성이 등록을 취소했다. 매년 약 50,000명 중 3분의 1정도가 이직했다.[46]

따라서 매춘업소 업주들이 최초 계약 기간을 훌쩍 넘겨 매춘부들을 묶어 두기 위한 대대적인 계약사항 조작은 하지 않았다는 게 기본적인 사실이다.[47] 여성들은 열심히 일하면 일찍 그만둘 수 있다는 사실을 알았고 정해진 기간 동안에만 업소에서 일했다. 실제로 많은 여성들이 계약 기간보다 일찍 일을 그만뒀고, 나머지 여성들 대부분은 계약 기간 종료와 함께 그만둔 것으로 보인다.[48] 매춘부들은 그 산업에 진출하기 위해 평판 하락이라는 고정비용을 지출했기 때문에, 일단 업계에 들어온 이상 그 일을 계속했을 것이라고 예상하는 경우가 일반적이었다. 매춘부로 일하게 되면 고정비용을 걱정하지 않아도 되기 때문이다. 만약 그들의 수익이 일정하게 유지된다면, 그 업계에 남는 것이 이득이었을 것이다. 그러나 매춘부들의 수입은 나이가 들면서 감소했다(Kusama: p.207). 결과적으로 가장 큰 돈을 벌면서 그 직업을 가장 덜 불쾌하게 여기는 소수의 매춘부들만이 그 일을 계속했다. 나머지 대부분은 공창 매춘부로 재허가를 받으면서까지 더 낮은 임금을 받으며 일할 가치는 없다고 생각한 것으로 보인다.

4.4 통제와 신용

오늘날 학자들은 매춘업소 업주들과 매춘부들이 왜 다년간의 연계 계약을 했는지에 대해서, 빚을 갚기 위한 노역 외에도 두 가지 가설을 추가로 제기한다. 계약을 통해서 매춘업소가 매춘부를 통제할 수 있었고, 신용이 없는 농민들이 돈을 빌릴 수 있었다는 것이다. 비록 그 계약들이 신용을 제공하고 종종 매춘부들을 구속하기도 했지만, 두 가설 모두 공창으로 허가받은 매춘업소들과 매춘부들이 왜 그런 계약을 그렇게 많이 체결했는지에 대해서는 적절한 설명을 하지 못한다.

4.4.1 통제

만약 매춘업소 업주들이 매춘부들을 통제하기 위해 연계계약을 했다면(예를 들어, Kawashima 1951), 이것은 그들이 매우 간단한 방법, 심지어 가장 효과적인 방법을 선택하지 않았다는 뜻이다. A가 B에게 많은 돈을 맡긴다고 가정하자. B가 A의 현금을 가지고 있기 때문에 이제 B는 A를 통제할 수 있다. 채권자가 됨으로써 A는 B에 대해 취약해지고, 따라서 A는 B에 대한 통제권을 얻지 못한다. 은행을 예로 들어 보자. 은행은 대출자에게 돈을 빌려주는 동시에 대출자의 사업에 대한 통제를 원한다. 그러나 은행은 돈을 빌려줌으로써 취약해졌기 때문에 통제권을 위한 흥정에 임해야 한다. 그러므로 은행은 통제력을 얻으려고 돈을 빌려주는 것이 아니다. 마찬가지로, 매춘업소가 매춘부에게 몇 년 치 임금을 미리 지불하면 매춘부야말로 매춘업소에 거래 조건을 이행하도록 강요할 수 있는 입장이 된다. 그 반대가 아니다.[49]

더 근본적인 측면에서 보자면, 매춘업소 업주들이 매춘부들을 통제하고자 했다면 훨씬 더 노골적이면서 강력한 다른 방법이 있었을 것이다. 우선 그들은 매춘부에게 돈을 바로 지급하지 않고 매춘부가 매춘업소에 돈을 예치하도록 강요할 수 있다. 매춘부의 돈을 매춘업소가 보관하는 일과 관련해서는 이미 다른 직종들에서 많은 선례가 있다. 예를 들어, 같은 시기 일부 섬유공장들은 관행적으로 종업원 임금의 일부를 원천징수하여 보관했다. 종업원은 계약 조건을 이행한 경우에만 원천징수된 돈을 돌려받을 수 있으며 만약 종업원이 계약 조건을 어기면 그 돈은 몰수당했다(Murakami: p.135). 마찬가지로, 미국의 연계계약 하의 하인들은 종종 그들의 계약 기간이 끝날 때 "자유 수당freedom dues"이라고 불리는 큰돈을 일시불로 받았다(Engerman 1986: pp.268-269). 고용주는 하인이 만족스럽게 계약을 이행한 경우에만 그돈을 지급했는데 하인이 중간에 그만두거나 게으름을 부리지 않도록 하기 위한 유인책이었다. 일본 매춘업소의 업주들이 매춘부들을 통제하기로 마음먹었다면, 그들은 쉽게 그런 제도를 이용할 수 있었을 것이다. 하지만 그들은 그렇게 하지 않았다.

4.4.2 신용

매춘부들이 신용을 얻기 위해 연계계약을 체결했으리라 생각하는 편이 조금 더 설득력 있는 가설이다. 국제적인 불황, 흉작, 섬유시장의 붕괴 때문에 전쟁 전 일본 농민들은 먹을 것이 없어 굶주림에 허덕여야 했다. 양도할 자산이 없었기에 내다 팔 것도 없었다. 저당 잡힐 재산도 없어서 돈을 빌릴 수도 없었다. 현금을 마련할 수가 없었기 때문에 여성들은 어쩔 수 없이 매춘을 했고, 부모는 자신의 딸을 팔았다. 다시 말해서, 농민들은 신용의 실패를 극복하기 위해 연계계약을 이용했을 수 있다. 겉으로 보기에 이 가설은 타당하다. 그리고 만약 그것이 사실이라면, 매춘 이외 분야의 연계계약과 일관된 방식으로 매춘부들의 연계계약도 설명할 수 있어야 한다.[50]

매춘업소들이 다수의 농민들에게 신용대부를 해준 것은 사실이지만,[51] 신용대부가 어렵다는 이유만으로는 매춘업소들과 매춘부들이 왜 다년간의 연계계약을 그렇게 많이 체결했는지에 대해 여전히 설명할 수가 없다. 첫째, 위에서 언급한 바와 같이 일본의 재판소는 장기간의 개인용역계약의 이행을 당사자에게 법적으로 강요하는 것을 거부했다. 결과적으로 연계계약은 대부에 따른 권리를 행사하는 다른 방법(예를 들어 담보나 보증)으로 대체될 수 없었고, 따라서 신용 시장의 기본적인 시장 실패를 전혀 완화할 수 없었다. 한 매춘업소가 1,200엔짜리 연계계약을 통해 여성을 모집하고, 두 달 후에 여성이 그만두고 싶다는 입장을 밝혔다고 가정해 보자. 비록 매춘업소가 소송을 제기할 수는 있다 해도, 법적으로 여성에게 일을 강요할 수는 없었다. 재판소는 개인용역계약의 이행을 법적으로 강요하는 것을 거부했기 때문에 매춘 연계계약은 무담보 대출보다 안전하지 못했다. (역주: 돈을 빌려준 매춘업자 입장에서 그렇다는 말이다.) 따라서 매춘업소 업자들은 압류할 수 있는 자산을 가진 집안의 여성만을 모집하려고 했다(Murphy: p.119, p.132). 대출을 받기 위해 필요한 다른 자산이 없는 집안의 딸은 공창 매춘부로서의 취업을 기대하기 힘들었다. 1896년 일본 최고재판소가 개인용역계약을 무효화했을 때, 가장 가난한 여성들이 돈을 벌기 위해 그러한 계약을 맺을 기회가 사라진 것은 명백한 사실이다.[52]

둘째, 농민들이 거액의 대부금을 필요로 했기 때문에 장기간의 계약을 요구했다면, 공창으로 허가받은 매춘업소와 게이샤집 외에 다른 고용주를 원했을 것이다. 그럼에도 불구하고, 매춘업소와 게이샤집 외에는 장기간의 연계계약이 이루어진 경우를 보기 어려웠다. 예를 들어, 전쟁 전 일본에서 여성들을 가장 많이 고용한 분야 중 하나인 섬유업계를 살펴보자. 섬유업계는 1925년에 총 751,000명의 여성을 고용했는데, 공장당 평균 69명에 달했다(Fukuoka: p.55). 반면, 매춘업소는 평균 6명의 매춘부만 고용했고, 게이샤집은 평균 한 명의 게이샤만 고용했다.[53] 결과적으로 섬유업계는 매춘업소나 게이샤집보다 신용대부에 대한 위험을 더 효과적으로 분산시켰을 것이다. 그러면 신용대부의 대가로 몇 년 치 노동력을 제공하고 싶었던 농민들은 매춘업소보다 섬유공장을 더 선호했을 것이다. 그러나 현실은 달랐다. 연계계약을 제공한 공장들의 경우에도, 노동자들의 이동 및 조정비용을 해결할 수 있을 정도의 비교적 짧은 계약 기간과 낮은 전차금을 제공했을 뿐이다.

사실 매춘업소와 연계계약을 맺고 일하는 여성은 같은 기간 동안 다른 곳에서 일하는 여성보다 더 큰 전차금을 받아야 한다. 그 이유는 대부분의 다른 육체노동에 비하면 몸을 파는 일이 더 나은 보수를 받았기 때문이다. 그러나 그 사실만으로는 왜 다년간의 연계계약이 매춘업소에서만 유독 흔했는지 설명할 수 없다. 매춘 산업의 높은 임금이 대부분의 가난한 여성들을 매춘부가 되도록 유도한 것은 아니다. 또한 고액의 전차금(대부금)이 신용이 부족한 여성들을 매춘부가 되도록 유도한 것도 아니다. 다른 말로, 만약 신용대부가 다년간의 연계계약을 유도했다면, 아주 많은 고용주가 그 방식을 선택했어야 한다. 신용이 부족한 일부 여성들은 고액의 전차금 때문에 매춘을 선택했겠지만 대부분의 가난한 여성들은 높은 임금에도 불구하고 매춘을 피했다. 대부분의 사람들은 전차금을 덜 받더라도 품위를 떨어뜨리지 않는 직업을 선택했을 것이다. 이 모든 사실에도 불구하고, 다년간의 연계계약은 공창 매춘부들 사이에서는 거의 보편적이었고 게이샤들 사이에서도 흔했지만, 공장factory의 노동자들에게는 그렇지 않았다.[54]

4.5 신뢰할 수 있는 약속

분명한 것은, 매춘업소가 매춘부에 대해 행사할 수 있는 권력을 원했다는 가설, 그리고 많은 농민들이 신용대부를 필요로 했다는 가설도 매춘부들이 다년간의 연계계약을 왜 그렇게 많이 체결했는지에 대해 만족스러운 설명을 내놓지는 못한다는 사실이다. 대신에, (a) "신뢰할 수 있는 약속Credible Commitments"의 필요성(Williamson 1983, 1985: 7장 및 8장); Lee 및 Png 참조) 및 (b) 소송비용의 효율적인 할당과 관련한 이유로 계약을 체결했을 가능성을 고려해 봐야 한다.

4.5.1 계약의 문제

매춘 산업에 종사하는 여성은 그와 관련된 몇 가지 문제에 직면했다. 첫째, 그들은 이 산업에 뛰어들면서 자신과 가족에게 상당한 오명을 남겼다. 이러한 오명 때문에라도 그녀들은 최소한 이 "평판 손실reputational loss"을 보상할 수 있는 총액을 벌 수 있을 경우에만 그 일을 맡았을 것이다. 물론 손실을 과장할 수도 있다. 다른 모든 것이 동일하다면, 손실이 가장 적은 여성들이 그 직업을 가장 많이 선택했을 것이다. 그리고 한 연구(임의의 표본을 대상으로 한 것이 아니라, 고용계약을 위반하여 그만둔 300명의 공창 매춘부들을 대상으로 한 연구)는 매춘부 출신들이 반드시 사회적으로 배척받지는 않았다는 사실을 보여 준다. 매춘을 그만둔 뒤 29%는 부모에게 돌아갔고, 12%는 공장에 취직했으며, 5%는 사무직으로 취업했고, 나머지 대부분도 간호조무사와 같은 "평판이 좋은respectable" 직업을 가졌다.[55] 그럼에도 불구하고 동시대 대부분의 자료들은 매춘부에서 게이샤가 되는 경우가 그나마 존중받을 수 있는 한계였고, 게이샤도 되지 못한 매춘부는 아예 존중받지 못했음을 시사하고 있다. 도쿄의 한 예리한 (그리고 상대적으로 가식적이지 않은) 관찰자는 일본의 문헌을 인용해서 매춘부 출신에 대한 일반적인 인식을 이렇게 설명했다. "전직 매춘부는 정절의 미덕을 어겼고 악성의 삶에 청춘의 꽃을 낭비했으며 미래의 희망을 위해 적절한 의무를 다하지 않았기 때문에 결코 명랑하고 편안한 상황은 아니었다"(de Becker: p.248).

둘째, 매춘부 지망생들은 업계에서 얼마나 많은 돈을 벌 수 있는지에 대해 믿을 만한 정보를 거의 갖고 있지 않았다. 게다가 그녀들이 그업계에 진입했을 때 얻을 오명을 생각하면 자신의 "시장 가치$_{\text{price}}$"를 쉽게 확인할 길이 없었다. 그리고 현재의 시장 가치를 안다고 해도 나이를 먹으면서 그 가치가 얼마나 빠르게 하락할지 예측할 수 없었다.

셋째, 매춘부 지망생은 인적 자본을 다각화할 수 없었다. 자기 자신이 가장 가치 있는 자산이었지만, 위험을 분산시킬 수 있는 자산은 아니기 때문이다.

반면 매춘업소 업주는 이와는 아주 다른 문제들에 직면했다. 그것은 정보나 다양성의 문제가 아니었다. 첫째, 그들은 신규 매춘부들에 비해 매춘 시장에 대한 정보를 훨씬 많이 갖고 있었다. 따라서 대부분의 경우 신규 매춘부보다 더 정확하게 예상 수입을 추정할 수 있었다. 둘째, 그들은 투자를 분산할 수 있었다. 그들은 (몇 년 동안 매춘부를 고용함으로써) 매춘부라는 인적 자본에 투자하면서도 여러 매춘부와 동시에 계약함으로써 관련된 위험을 상당 부분 없앨 수 있었다.

대신 매춘업소 업주들은 신뢰성$_{\text{credibility}}$ 문제에 직면했다. 이들은 수입을 약속하면서 젊은 여성들을 모집하려 했지만, 여성들의 입장에서는 미래 수익에 대한 약속을 쉽게 믿을 수 없었다. 비록 매춘업소 업주들이 신규 매춘부들보다는 예상 수입에 대해 더 나은 정보를 가지고 있었지만, 업주들로서는 이런 정보에 대해 신규 매춘부들에게 거짓말을 할 유인 역시 존재했다. 매춘업소 업주는 기껏해야 위험성이 존재하고 과장할 만한 상당한 유인이 있는 수입의 반대급부로 매춘부에게 확실하고 상당한 평판 손실을 감당하도록 요구하고 있었던 것이다. 물론 여성들의 그런 투자가 매춘업소에만 적용되는 것은 아니지만 그건 중요한 문제가 아니다. 문제는, 매춘업소 업주가 매춘부 지망생에게 큰 수입을 올릴 수 있다고 과장하여 일단 그 업계에 진입하도록 한 이후에는, 매춘부 입장에서는 다른 매춘업소로 이직함으로써 그녀가 처한 상황을 개선할 수가 없다는 데 있다.

4.5.2 정률제Piece-Rate 및 정액제Flat-Rate 계약

정보의 비대칭성과 약속의 신뢰성 문제로 인해 매춘업소 업주와 신규 매춘부는 정률제Piece-Rate(생산성 기반) 계약을 체결할 수 없었다. 왜냐하면 그 계약은 본질적으로 지저분한 이 매춘이라는 일을 신규 매춘부가 열심히 일하도록 동기를 부여하는 문제를 해결할 수 없었기 때문이다. 불행하게도 정률제 계약은 신규 매춘부에게 필요한 확신을 주지 못했다. 그녀는 매춘부로서 버는 수입이 다른 곳에서 벌 수 있는 수입을 능가할 것이라는 확신을 얻고자 했고, 큰돈을 벌어야만 매춘으로 인한 불명예와 치욕을 상쇄할 수 있었다. 그러나 정률제 계약을 하면 매춘부 입장에서는 미래를 장담할 수 없었다.

고정적인 일당daily wage도 큰 도움이 되지 않았다. 무엇보다도 그런 시스템은 매춘부가 불성실하게 일할 유인이 되었다. 그러나 그것은 또한 매춘업소 업주에게 계약상으로 일당보다 적은 수익을 창출한 매춘부를 해고하고, 상대적으로 생산성이 높은 매춘부들의 경우에도 수익을 많이 올리지 못할 경우 해고할 수 있는 유인이 되었다(또는 임금 삭감에 동의하지 않으면 해고하겠다고 위협하는 것). 매춘부 입장에서는 시간이 흐를수록 수익 창출이 어려워질 수 있으므로(Kusama: p.207), 이 문제는 특히 심각했다. 왜냐하면 매춘부 입장에서는 이 업계에 진출하면서 발생한 평판 손실을 상쇄할 기회를 갖기도 전에 업주가 자신을 해고할지도 모른다는 걱정을 해야 하기 때문이다.

4.5.3 기간제 계약 및 상여금

매춘부를 고용하기 위한 초기 고정비용의 부담으로 인해 매춘업소 업주들은 고정비용의 상당 부분을 회수할 수 있을 만큼 매춘부가 오래 일한다는 확실한 약속이 있어야만 유효한 고용을 할 수 있었다. 매춘업소 업주가 매춘부에게 최저 일당뿐만 아니라 최저 총임금액까지 약속해야만 제대로 된 고용이 가능했던 셈이다. 이를 위해 매춘업소 업주는 최소한의 임금 외에도 유효한 최소한의 고용 기간을 약속해야만 했다. 그러나 보장된 최소 기간을 계약한 뒤에도 신뢰성의 문제는 계속 남아 있었다. 업주가 일정한 기간 동안만 매춘부를 고용한다고 확실히 약속하기 위해서는, 설사 그녀가 버는 수입이 계약된 최저임금보다 낮더라도 역시 일정한 기간 동안만 고용을 유지하겠다는 계약이 필요했다. 대부분의 매춘업소 업주들은 그런 약속을 신뢰할 수 있게 만들기란 쉽지 않다고 생각했을 것이다.

상여금이 신뢰성 문제를 일부 완화시킬 수 있었을 것으로 보인다. 매춘업소 업주는 매춘부의 평판 손실을 상쇄하기에 충분한 전차금을 지불했을 수 있다. 하지만 그렇게 하면 매춘부에게는 돈을 챙기고 나서 경쟁 업소로 이직할 유인이 생기게 된다.[56] 매춘부와 매춘업소에게 필요한 것은 매춘부가 받게 될 신뢰할 만한 최소한의 보상 패키지를 약속하면서도, 동시에 매춘부에게 그만둘 유인은 만들어 주지 않는 계약이었다.

4.5.4 연계계약

연계계약(4.2절에서 설명)은 이런 문제들을 상당 부분 완화시켰다. 매춘업소 업주는 계약에 따라 매춘부에게 최저 일당을 지급했다. 계약 전차금에다가 숙식을 더하고, 이를 최대 계약 기간으로 나눈 것이다. 그들은 매춘부에게 열심히 일할 유인을 제공했다. 수익을 많이 올리면 일찍 그만둘 수 있는 시스템을 제시한 것이다. 매춘업소는 매춘부에게 최소 보상의 패키지를 지급했는데, 그것은 바로 전차금과 숙식 제공이었다. 그들은 매춘부가 그만두거나 다른 곳으로 옮겨 가지 않을 유인으로 아직 벌어들이지 못한 전차금의 잔액을 갖게 한 것이다.

물론 계약 당사자들은 성과급과 최소 계약 기간, 최저 일일임금을 결합하는 비非연계계약으로도 이를 달성할 수 있었을 것이다. 그러나 연계계약은 한 가지 중요한 면에서 그런 계약과는 달랐다. 연계계약 하에서 매춘업소 업주들은 매춘부들에게 그녀들이 벌어들일 수입의 상당 부분을 전차금으로 지불함으로써 결국 분쟁이 생길 경우의 법률 비용을 자신들이 부담한 것이다.

매춘업소 업주들은 분쟁이 생길 경우에는 법률 체제를 이용해야 하는 부담에 동의하면서, 그들의 약속에 신뢰성을 더했다. 신뢰성은 법률비용의 부담 방식에 의해서도 확보할 수 있기 때문이다. 만약 '최소한의 임금 - 상여금 - 최저 기간' 계약 하에서 분쟁이 발생하면(예를 들어 매춘업소 업주가 약속한 임금 지급을 어긴 경우), 매춘부는 약속된 임금을 받기 위해 법적 수단을 동원해야 했다. 매춘업소 업주가 매춘부에게 약속한 전체적인 보상이 아직 지급되지 않았기 때문이다. 이와는 대조적으로 연계계약에서 분쟁이 발생하면 매춘업소 업주가 법적 수단을 동원해야 했다. 왜냐하면 매춘업소 업주는 이미 3~6년 치 임금을 선지급했기 때문이다. 매춘업소 업주는 매춘부에게 약속한 수입을 미리 지급하겠다는 의지를 보여 줌으로써 그 수입을 제공하겠다는 약속에 신뢰성을 부여했다. 만약 법률비용이 공짜였다면 그런 전차금이 신뢰성을 더해 주지는 못했겠지만, 법률비용은 공짜가 아니었다. 미국과 마찬가지로 일본에서도 소유권 문제는 대단히 중요하다. 대부분의 일본 농민들은 법률 시스템을 이질적이고 위협적이라고 느꼈을 것이기에, 그들의 신뢰를 얻어 내는 가장 간단한 방법은 일단 현금을 미리 지급하는 것이었다.

결국 연계계약은 매춘업소 업주의 약속을 신뢰할 수 있게 만드는 데 도움이 되었을 뿐만 아니라, 법률 시스템을 이용하는 비용까지도 효율적으로 할당했다는 사실에 유의해야 한다. 계약 당사자들은 일반적으로 법체계 하에서 거래를 하기 때문이다.[57] 따라서 분쟁이 발생하면 업주나 매춘부 중 한쪽에서 법적 조치를 취했을 것이므로 그 법적 조치를 가장 손쉽게 발동할 수 있는 계약 당사자에게 그 부담을 부과하는 거래는 매우 효율적이었다.[58] 대부분의 매춘업소 업주들은 해당 업계에 오래 몸담은 당사자들이었기에, 법적 조치에 필요한 정보와 역량에 투자할 여유가 있었다. 이와는 대조적으로 대부분의 매춘부들과 그녀들의 부모는 교육을 거의 받지 못한 데다가 매춘업계에 일시적으로 머물다 떠날 입장이었기에 법률 시스템을 이용하는 방법까지 별도로 배우는 것은 비용적인 측면에서 효율적이지 않았다. 이러한 비용상의 비대칭을 감안할 때, 당사자들은 영국의 경제학자 코즈_{Coase}의 예측대로 움직였다. 그들은 가장 손쉽게 부담을 감당할 수 있는 당사자에게 거래 비용(여기서는 법적 조치를 이용하는 비용)을 부과했다. 매춘부가 계약을 어길 경우 매춘업소 업주는 전차금을 회수해야 하지만, 매춘업소 업주가 계약을 어길 경우 매춘부는 이미 전차금을 받은 후가 된다.[59]

5. 공창제의 종결Coda

1957년이 되자, 상업적인 성관계와 관련한 법률 시장은 오랜 역사를 끝으로 사라졌다. 1945년에 더글러스 맥아더와 그의 자문위원들이 전전戰前의 공창제를 폐지하라고 일본 정부에 지시하면서 변화는 시작됐다.[60] 10년 후, 일본 최고재판소는 매춘업에서 연계계약에 따른 대부는 무효라고 판결했다(Fujita v. Okazaki, 9 Saihan minshu[最高裁判所民事判例集, 최고재판소민사판례집] 1616. S. Ct. Oct. 7, 1955). 1896년 이래로, 공창 매춘부들은 자신들이 원할 때 그만둘 수 있는 법적 권리를 가졌으나 전쟁 전의 사례에서 보면, 매춘부와 그 보증인은 중간에 그만두는 경우 부채에 대해 책임을 져야 했다. 그러나 최고재판소 판결로 연계계약을 하게 된 매춘부들은 이제 부채마저 갚지 않아도 되는 상황이 되었다.

그 후에도 결정타가 있었다. 일본 최고재판소의 판결이 내려진 후 1년이 되지 않아 폐창운동가들은 매춘을 금지하도록 일본 국회를 설득했다(Baishun boshi ho[売春防止法, 매춘방지법] Prostitution Prevention

Act, Law n.118 of May 24, 1956). 그럼에도 불구하고 일본에서 매춘은 불법적인 형태로 여전히 계속되고 있다.

6. 결론

12세기 프랑스의 남부 도시 툴루즈에서는 공공 매춘업소들이 지역 대학과 수익을 배분했다(Shadwell). 그러나 일본에서는 그렇지 않았다. 일본의 매춘업소들은 학계의 지원을 받으려고 시도한 적도 없고, 지원을 받은 적도 물론 없었다. 그 대신에 학자들은 매춘업소가 농민 여성을 "노예"로 부리고 있다고 지속적으로 비판을 가했다. 연계계약은 그런 비판에서 중요한 부분을 차지한다. 학자들은 매춘업소 업주가 매춘부를 성노예로 만들기 위해 가난하고 무식한 농민으로 하여금 연계계약을 멋모르고 받아들이게 했다고 주장해 왔다.

이런 이야기들에 매춘부 본인조차 속는다. 이런 이야기들은 매춘부가 열악한 상황에서 보여 준 자신의 능력을 스스로도 과소평가하게 만든다. 매춘이 가혹한 일이긴 했지만, 대부분의 매춘업소 업주는 매춘부를 무기한으로 일하게 하려고 계약서를 날조할 수는 없었으며, 실제로 대부분의 매춘부는 노예가 된 적이 없었다. 공창 매춘부는 일반적으로 6년을 계약하고 일했으며 매우 높은 수입을 올렸다. 많은 여성들이 3, 4년 안에 빚을 갚고 일을 그만두었다. 나머지도 대부분 계약기간 만료와 함께 일을 그만두었다.

이 업계에서 연계계약은 고용시장 자체가 존재하는 데 도움이 되었다. 왜냐하면 이 업계에 처음 진입하는 여성 입장에서는 고소득의 약속을 결코 확신할 수 없었기 때문이다. 여성들은 매춘을 시작하면 자신과 가족의 사회적 지위가 손상된다는 것을 알고 있었고, 일부 매춘업소 업주가 매춘부의 수입에 대해 거짓말을 할 유인이 있다는 사실도 알고 있었으며, 대부분의 업주가 자신보다 재판소를 더 잘 이용할 수 있다는 사실도 잘 알고 있었다. 요약하자면, 여성들은 자신이 받을 돈에 대해 절대 확신할 수 없었기 때문에 연계계약이 자신에게 유리하다는 것을 알고 있었다. 매춘업소 업주는 그 계약을 통해서 매춘부에게 손상된 평판의 상당 부분을 상쇄시킬 정도의 큰 수입을 약속할 수 있었고, 미리 돈을 지불함으로써 그 약속을 신뢰할 수 있게 만들었으며, 법적 조치에 드는 비용도 자신이 부담할 수 있었다.

공창제와 연계계약이 "일본에 좋았다"는 것이 이 연구의 요점은 아니다. 일본의 여성 농민들이 전반적으로 공창제 아래 합법적인 매춘 시장으로부터 이익을 얻었다는 사실도 이 연구의 요점이 아니다. 처음에 언급했듯이, 두 사안 모두 이 연구의 범위를 벗어나는 문제다. 이 연구의 요점은 다음과 같다. 여성들이 매춘 업계에 진출하는 데 따른 평판 손실을 감안할 때, 많은 여성들은 다른 곳에서 벌 수 있는 것보다 훨씬 더 높은 수익을 올릴 것이라는 확신 없이는 매춘업소에서 일하기를 주저했다(그들의 부모 역시 자신의 딸을 매춘업소로 보내는 것을 주저했다). 연계계약은 이런 그들에게 '안심assurance'을 제공한 것이다.

1장 주

* 이 논문을 쓰면서 필자는 평소보다 더 많은 동료들, 독자들로부터 여러 유익한 의견을 받았다. N. 에이브람스N. Abrams, W. 알포드W. Alford, P. 아레넬라P. Arenella, H. 베어월드H. Baerwald, T. 브라이언트T. Bryant, W. 코마노W. Comanor, K. 크랩K. Crabb, R. 프레츠R. Fretz, M. 프루인M. Fruin, S. 개론S. Garon, C. 골드버그-앰브로스C. Goldberg-Ambrose, W. 클라인W. Klein, L. 린L. Lynn, H. 모토무라H. Motomura, M. 나카자토M. Nakazato, G. 노블G. Noble, H. 움스H. Ooms, H. 패트릭H. Patrick, I. 팡I. Png, M. 폴린스키M. Polinsky, R. 포스너R. Posner, A. 램자이어A. Ramseyer, R. 램자이어R. Ramseyer, E. 라스무센E. Rasmusen, R. 로마노R. Romano, F. 로젠블루스F. Rosenbluth, A. 로셋A. Rosett, R. 샌더R. Sander, G. 슈바르츠G. Schwartz, H. 스코긴H. Scogin, R. 스메서스트R. Smethurst, F. 업햄F. Upham, J. 와일리J. Wiley, O. 윌리엄슨O. Williamson, N. 와이즈N. Wyse, S. 예젤S. Yeazell, 익명의 심사자 2명, 그리고 UC버클리제도분석워크샵UC Berkeley Workshop in Institutional Analysis, UCLA정치경제학워크샵the UCLA Political Economy Workshop, 예일대법경제조직워크샵the Yale Law, Economics, & Organization Workshop, SSRC-UCLA일본법역사워크샵the SSRC-UCLA Japanese Legal History Workshop, 산업사회경영태평양원탁the Pacific Round Table on Industry, Society, and Management의 참석자들이다. 한편, 필자는 UCLA로스쿨학장재량기금UCLA School of Law Dean's Fund 및 UCLA 일본미국 연구교환프로그램UCLA Japan-U.S. Research and Exchange Program으로부터 재정적 지원을 받았다. 이 연구를 진행하면서 UC버클리UC Berkeley, UCLA, 하버드옌칭연구소Harvard-Yenching Institute, 히로시마대학Hiroshima University, 히토츠바시대학Hitotsubashi University, 미시건대학University of Michigan, 도호쿠대학Tohoku University, 그리고 도쿄대학Tokyo University 도서관 관계자들로부터도 많은 도움을 받았다. 이 논문은 어디까지나 필자의 입장을 밝힌 것이다. 필자는 이 논문의 초고에 대해서도 기꺼이 논평해 줄 정도로 고마운 많은 분들이, 필자의 접근법에 대해서는 동의하지 않는다는 사실도 잘 알고 있다.

1　일본어 원문 "かってうれしい/はないちもんめ/まけてくやしい/はないちもんめ (이겨서 기쁘구나 / 하나이치몬메(한 냥의 꽃) / 져서 분하구나 / 하나이치몬메(한 냥의 꽃))".

2　19세기 영국과 미국에서 매춘부들이 합리적인 자기주장을 한 근거에 대해서는 주디스 월코위츠Judith Walkowitz와 바바라 홉슨Barbara Hobson의 책(4장)을 참조하라.

3 이를테면 슈레이지Shrage와 페이트먼Pateman은 매춘을 불법화해야 한다고 주장하고, 오킨Okin과 래딘Radin은 특정한 형태의 매춘만 허용해야 한다고 주장한다.

4 매춘부들은 원하면 언제든지 그만둘 수 있었지만(3.2절, 뒤쪽에), 대부분은 빚을 전부 상환하거나 계약 기간이 끝날 때까지 일했다. 이를테면 1927년부터 1929년 까지는 모든 공창公娼의 창기娼妓 중에서 1%만이 매춘업소 업주의 동의를 받지 않고 일을 그만뒀다(Ito: pp. 213-214). 하지만 만약 매춘부의 부모가 계약서에 사인한 경우(이것이 일반적인 경우였다), 일을 그만두는 데 따르는 유일한 대가는 매춘부와 그 부모가 빚을 지게 되는 것이었다. 만약 부모가 딸에게 매춘을 하도록 강요했다면, 부모가 전차금前借金을 챙겼을 것이고 매춘부 본인은 지불 면제judgment proof 상태가 되었을 것이다. 이런 경우, 매춘부 입장에서의 유일한 현실적 리스크는 매춘업소 업주가 부모의 재산을 압류하는 것이었다. 그렇다면 학대하는 부모에 의해서 매춘을 강요당한 여성들의 경우 일을 그만두고서 부모가 빚을 갚도록 만든 후에, 도쿄의 도심 속으로 종적을 감출 수도 있었다. 필자도 인정하건대, 이런 상황은 그녀들에게 아찔할 정도로 우울한 미래였을 수 있다. 그러나 부모가 딸에게 원하지 않는 매춘을 강요한다면, 딸은 대개의 경우 그 일을 그만뒀을 것이라고 보는 게 무리는 아니다. 그리고 그녀들은 이전에는 경멸하라고 배웠던 매춘이라는 직업을 버리고, 자신들을 팔아넘긴 냉혹한 부모와의 의절을 선택할 수도 있었다. 하지만 그렇게 한 여성들은 거의 없었다. 구세군Salvation Army이 1930년도에 "구해 낸" 연계계약하의 매춘부 중 31%만이 부모의 압력으로 인해 그 일을 하게 된 것으로 확인됐다(Kakusei[郭清, 가쿠세이], 1931b).

5 전쟁 전 일본 민법에 따르면, 남성과 미혼 여성은 20살이 넘으면 부모의 동의 없이 계약을 할 수 있었다(Mimpo[民法典, 일본 민법전]: §3). 20세 미만의 남녀는 보호자의 동의 없이는 계약을 할 수 없었다(Mimpo: §4).

6 프랑스는 Corbin(p. 78) 및 Harsin(p. 293), 중국은 O'Callaghan(p. 13), 그리고 미국은 Rosen(p. 130) 참조.

7 하지만 대부분의 게이샤들은 무료로 숙박을 했다. 제4절 참조.

8 〈표 1〉에 나온 농촌 가정의 소득 추세를 참조. 다만 스메서스트Smethurst가 그의 훌륭한 저서에서 지적하듯이, 학자들이 이 가난을 과장하는 경우도 있었다.

9 이 수치의 출처는 Fukumi(pp. 26-28, p. 32, pp. 50-56, p. 178). 후쿠미Fukumi는 1920년대 중반 일본에서 '허가받은 매춘부'(공창)와 '무허가 매춘부'(사창)의 합계가 17만 4천 명이었다고 추정한다. Nakamura(pp. 222-223)는 전체 숫자를 27만 6천 명으로 본다. Kusama(pp. 14-26)도 참조.

10 Fukumi(pp. 66-68)(Tokyo data), Ito(p. 204), Kusama(pp. 100-103) 참조. 공창은 법적으로 18세 이상이어야 했다(Naimu shorei[内務省令, 내무성령], Home Ministry

Order, n.44, Oct. 2, 1990, §1).

11   한 달에 2일 이상 쉬었던 비율은 고작 13%였다(Shakai 1936: pp.23-25). 이는 오사토Ohsato가 일본 전체를 대상으로 한 연구와도 거의 비슷하다. 1926년 당시 제조업 노동자들은 하루 평균 10.32시간 일했으며, 한 달 평균 27.1일 일했다. Ohsato(pp.58-61), Naikaku tokei(內閣統計, 내각통계)(p.109, p.122) 참조.

12   1922년부터 1932년까지의 평균은 1930년 하루 1.71명의 최저 고객에서 1923년 3.04명의 최고 고객까지 다양했다. 11년 전체 평균은 2.10명이었다(Keishi cho[警視庁, 경시청])(1933: p.96). 다른 추정치도 이러한 수치를 입증한다(Maeda v. Yanadani, 841 Horitsu shimbun[法律新聞, 법률신문] 21, 22. Tokyo Ct. App. Nov. 14, 1912)(월평균 70~100명의 고객); Uemura(1929: pp.492-501)(도시 매춘부들도 비슷); 그리고 Kusama(pp.220-221)(1924년 도쿄는 하루 평균 2.54명의 고객). 반면, 1913년부터 1915년까지 오사카 시에서는 하룻밤에 0.72~0.78명이었다. Uemura(1918: pp.33-34 참조). 대조적으로, Corbin(p.81)이 인용한 프랑스 매춘업소의 경우 하룻밤에 고객을 4~8명 이상 받았다. Harsin(p.283)을 참조하라(프랑스의 경우 훨씬 더 높은 수치).

13   1924년에 도쿄에 있는 4,989명의 공창은 420만 명의 손님을 상대했다. 1924년 영업일에 매춘부 1명은 평균 2.54명을 상대했으며, 이로부터 계산하면 매춘부는 연평균 331일을 일했다(Keishi cho[警視庁, 경시청](1933: pp.96-98).

14   이 기간 동안 모든 공장 노동자들factory workers의 평균 연간 임금은 1926년 554엔, 1927년 632엔, 1928년 657엔, 1929년 666엔, 1930년 650엔, 1931년 605엔, 1932년 580엔이었다(Ohsato: p.60, p.69 참조). 여성 공장 노동자의 임금은 남성 노동자 임금의 30~40%였다. 단, 연구자들은 연령, 경력, 그 직종에서의 근속 기간 등을 조정하면 그 차이가 거의 없다고 주장했다(Rodosho[労働省, 노동성])(1952: pp.14-17). 〈표1〉의 매춘부 수입에 대한 수치는 정부가 매춘업소 업주에게 제출하도록 요구한 자료에 기반한 것이기에 당연히 신뢰성이 문제가 된다. 하지만 이 자료는 전쟁 이전의 매춘 산업 연구에서 널리 활용되고 있음에도 불구하고, 수치가 부정확하다고 불만을 제기하는 폐창론자가 있다는 얘기는 들어본 바 없다. 반대로, 폐창론자들은 이와 매우 비슷한 수치를 사용했다. 예를 들어, Ito(pp.229-230)를 참조하라. 그들이 문제 삼은 것은 소득 액수의 진위가 아니라, 그런 소득으로 매춘부가 생활할 수 있는지 여부에 관한 것이었다. 앞의 4.4절을 참조하라. 이상의 수치들은 연계계약의 원금 상환 이전 금액을 나타낸다.

15   물론 대부분의 매춘부들은 평균 미만의 수입을 올리는 가구 출신이었다. 1926년부터 1927년까지 농촌 가구의 평균 수입은 96.2엔이었고, 토지를 보유한 가구의 경우는 평균 수입이 112.5엔이었으며 소작농들은 평균 79.2엔을 벌었다. Naikaku

16 아키타秋田현의 경우다. 미야기宮城현의 경우는 공창 매춘부licensed prostitutes의 경우 월평균 315엔, 게이샤는 337엔, 술집 여급은 187엔, 웨이트리스는 132엔, 공장 노동자factory workers는 107엔, 하녀 또는 아이돌보미는 78엔을 받았다. 이들을 고용한 업자들은 대부분 이들 임금과 별도로 숙식을 제공했다(Shakai 1935: pp. 160-161). 이들 문서에는 표본 추출 방법에 대해 자세히 나와 있지 않다. 그러므로 이러한 데이터는, 아키타현과 미야기현의 수치 차이로 확인되듯이, 〈표 1〉에 보고된 전체 수치보다 신중하게 다뤄야 한다. 아키타현과 미야기현의 수치 차이에서도 그것을 알 수 있다. 서양의 매춘부들이 받은 높은 임금에 대한 근거는 Rosen(pp. 147-148)과 무스탕Mustang 참조.

17 댈비Dalby의 연구를 참조하라. 한 연구에 따르면 게이샤의 92%는 최소 소학교(초등학교)를 졸업했다. 반면 매춘부 중에서는 42%만이 소학교 5학년 이상을 마쳤으며, 16%는 아무런 교육도 받지 못했다(Fukumi: pp. 66-68; pp. 216-217).

18 클라인Klein과 레플러Leffler의 연구를 보라. 사창 금지에 대해서는 다음을 보라. Gyosei shikko ho(行政執行法, 행정집행법)(Administrative Enforcement Act), Law n. 84 of June 1, 1900, §3; Naimu sho rei(内務省令, 내무성령)(Home Ministry Order) n. 16 of Sept. 29, 1908, §1.

19 Keishi cho(警視庁, 경시청)(1933: p. 143), Uemura(1918: p. 47). 1932년에 도쿄 내 공창을 대상으로 조사한 결과, 유병률은 3. 22%였다(Keishi cho)(1933: p. 143)). 질환 양성positive 진단 중에 임질은 41.7%, 연성하감chancroid 26. 2%, 매독 7.6%로 나타났다(Keishi cho 1933: p. 144)). 사창 매춘부를 검사한 결과 9.7%의 사례에서 질병이 발견되었다(Keishicho 1933: p. 144). 다른 통계도 공창과 사창의 감염률 차이를 확인시켜 준다. 예를 들어 1927년 일본 정부 연구에 따르면 사창 중 32%가 성병을 앓고 있었지만, 공창 중에서는 2. 1%만이 성병을 앓고 있었다(Kusama: p. 288, p. 291). 세 번째 연구에서는 차이가 훨씬 더 컸다: 1925년과 1926년 당시 공창의 2.8%가 성병이나 다른 전염성 질병을 가지고 있는 반면, 사창은 그 비율이 40% 이상이었다(Fukumi: p. 93, pp. 168-169). 엇비슷한 통계는 Chuo shokugyo(中央職業, 중앙직업)(pp. 433-435)를 볼 것. 폐창운동가들 또한 공창의 성병 유병률이 낮다고 보고한 사실을 주목하라(Kakusei[郭清, 가쿠세이], 1931a 참조, 감염률 1.82%).

20 재판소 및 중재 결정의 전체 내용과 더 자세한 설명은 Ito(pp. 107-132)를 참조. Stewart(7장과 8장) 및 Gardiner(1장)도 참조.

21 Dajokan fukoku(太政官布告, 태정관 포고)(Cabinet Proclamation) n. 295, §4, Oct. 2, 1872. 야마모토Yamamoto의 논문에서 법률 관련 부록을 보면 매춘에 관한 국가의

주요 법령과 규정을 확인할 수 있다(pp. 747-767). (역주: 1872년 10월 2일의 태정관 포고 29호. '예창기 해방령'을 말한다. '창기 해방령', '인신매매 금지령'이라고도 부른다.)

22 Dajokan fukoku(太政官布告, 태정관 포고)(Cabinet Proclamation) n. 128, Aug. 14, 1875; Nakamura(pp. 171-178) 및 Yamamoto 참조. 1900년에 일본 정부는 국가 단위로 '객실 임대' 허가 시스템을 도입했다. Naimu Shorei(内務省令, 내무성령)(Home Ministry Order) n. 44, Oct. 2, 1900; Keishi chorei(警視庁令, 경시청령)(Police Office Order) n. 37, Sept. 6 1900, 야마모토의 논문에서 논의(pp. 372-380).

23 연계노동을 다루는 판례법에 대해서는 Nishimura, Nomi, Kawashima(1955), Wagatsuma(1923, 1955) Yonekura(1985)를 참조하고, 20세기로 넘어가는 시기의 법률 시스템에 대해서는 필자(Ramseyer)의 저작들을 참조하라.

24 Itai v. Yamada, 6-2 81 Daihan minroku(大審院民事判決録, 대심원민사판결록) (S. Ct. Feb. 23, 1900); Fujiiwara v. Kondo (Nagoya D.C. May 21, 1900) Murphy(p. 140)에 번역되고 소개됨; Ohashi w. Suzuki (Nagoya D.C. June 11, 1900) Murphy(p. 140)에 번역되고 소개됨.

25 Okuma v. Watanabe, 8-2 Daihan minroku(大審院民事判決録, 대심원민사판결록) 18, 21 (S. Ct. Feb. 6, 1902); 또한 다음을 보라. Hama v. Watanabe, 116 Horitsu shimbun(法律新聞, 법률신문) 10 (Tokyo Ct. App. Nov. 21, 1902).

26 Murakami v. Izumi, 1986 Horitsu shimbun(法律新聞, 법률신문) 7 (Miyagi Ct. App. Apr. 22, 1922). 대부계약도 역시 무효화된 것에 대해서는 Ito v. Ito, 21 Daihan minroku(大審院民事判決録, 대심원민사판결록) 1718, 1726 (S. Ct. Oct. 18, 1915); Sanjo v. Oki, 852 Horitsu shimbun(法律新聞, 법률신문) 19 (Tokyo Ct. App. Oct. 11, 1912); Yamashita v. Roka, 947, Horitsu shimbun(法律新聞, 법률신문) 26, 27 (Osaka D.C., no date, journal issue of June 30, 1914); 그리고 Ono v. Ueda, 408 Horitsu shimbun(法律新聞, 법률신문) 7, 8 (Osaka D.C. Oct. 20, 1906).

27 Yamashita v. Roka, 21 Daihan minroku(大審院民事判決録, 대심원민사판결록) 905 (S. Ct. June 7, 1915); Murakami v. Izumi, 27 Daihan minroku(大審院民事判決録, 대심원민사판결록) 1774 (S. Ct. Sept. 29, 1921).

28 Umezu v. Abe, 2884 Horitsu shimbun(法律新聞, 법률신문) 5, 6 (S. Ct. May 12, 1928). 동일한 결과가 나온 다른 판례들은 다음과 같다. Shibuya v. Yokoyama, 4355 Horitsu shimbun(法律新聞, 법률신문) 7, 9 (S. Ct. Nov. 22, 1938); Haneda v. Matsumoto, 2272 Horitsu shimbun(法律新聞, 법률신문) 19 (S. Ct. Apr. 1, 1924); Mori v. Oshita, 1808 Horitsu shimbun(法律新聞, 법률신문) 11 (S. Ct. Oct. 30, 1920); Watamaki v. Haneda, 10 Daihan minroku(大審院民事判決録, 대심원민사

판결록) 1687, 1691 (S. Ct. Dec. 26, 1904); 그리고 Maeda v. Yanadani, 841 Horitsu shimbun(法律新聞, 법률신문) 21 (Tokyo Ct. App. Nov. 14, 1912).

29 실제 계약의 예를 확인하려면 Ito(pp. 221-228), Saito, Kusama(pp. 170-204), Chuo shokugyo(中央職業, 중앙직업)(pp. 392-400) 참조.

30 Murakami(p. 50); 유사한 주장도 등장했다. 이를테면 Yamamoto(pp. 391-392), Yonekura(59: p. 41), 그리고 Yoshimi(pp. 31-36). 이 주장을 "입증"하기 위해서 폐창운동가들은 여론조사를 했는데, 무작위 표본을 추출한 것이 아니라 계약을 위반해서 그만두게 된 매춘부들만 대상으로 했다. Ito(pp. 301-307) 참조.

31 여성이 빚을 완전히 갚을 때까지 일한 계약의 사례는 Ito(p. 227), Kusama(pp. 170-178) 참조. 또한 Okuma v. Watanabe, 8-2 Daihan minroku(大審院民事判決録, 대심원민사판결록) 18, 20(S. Ct. Feb. 6, 1902)); Ito(pp. 230-231)(파산한 매춘부 1명이 4개월간 번 수입과 지출한 비용-); Ito(pp. 301-307)(많은 매춘부들의 경우 빚이 늘어났다는 폐창운동가들의 자료); Chuo shokugyo(中央職業, 중앙직업)(pp. 428-432)(높은 비용).

32 1925년에 연계계약을 한 6,603명의 게이샤들을 조사한 결과, 1.5%는 1년 계약을, 4.6%는 2년, 29%는 3년, 28.5%는 4년, 13.9%는 5년, 22.5%는 6년 또는 그 이상의 계약을 했다. Chuo shokugyo(中央職業, 중앙직업)(p. 414), Kusama(pp. 214-215) 참조.

33 2차 연구에서는 평균 955엔으로 나타났다. Chuo shokugyo(中央職業, 중앙직업), pp. 412-413; Kusama, pp. 205-206 참조. 최빈치mode는 1,000엔에서 1,200엔 사이였다(Kusama: p. 215).

34 이 계약은 "마루카카에(丸抱, marukakae)"라고 알려졌고, 매춘을 하는 게이샤들에겐 가장 일반적이었다(Kusama: p. 5). 도쿄의 게이샤들 중 약 60%가 이 형태로 계약했다(Kusama: p. 5). 이러한 형태 및 다른 형태의 게이샤 계약과 관련해서는 Fukumi(pp. 237-243), Higuchi(pp. 45-50), Kusama(pp. 2-5) 참조. 게이샤 업소가 여성의 부모에게 돈을 주고서 여성을 "입양하는" 경우도 종종 있었다. 재판소는 통상적으로 그런 입양을 무효라고 판결했다: Takayama v. Takayama, 907; Horitsu shimbun(法律新聞, 법률신문) 24 (Tokyo Ct. App. Oct. 9, 1913); Kato v. Kato, 514; Horitsu shimbun(法律新聞, 법률신문) 11 (Tokyo Ct. App. July 7, 1908); 그리고 Ito v. Ito, 802; Horitsu shimbun(法律新聞, 법률신문) 17 (Tokyo D.C. July 5, 1912).

35 Chuo shokugyo(中央職業, 중앙직업)(pp. 414-415)에 따르면 공창 중 79.4%는 6년의 연계계약을 했고, Kusama(p. 211)도 공창 중 73%가 6년의 연계계약을 했다고 보고했다. 이것이 그들에게 가능했던 가장 긴 계약으로 보인다(Ito: p. 220).

36 Fukumi(p.70). 최빈치는 1,000~1,200엔이다. Chuo shokugyo(中央職業, 중앙직업)(pp.412-415)(연구 2개를 인용했는데, 하나는 1925년 평균 1,222엔이고, 하나는 평균 1,018엔). Kusama(p.206)(동일). 이 업계는 의류, 침구, 잡화, 취업알선료 비용으로 200~300엔을 공제하는 것이 관례였으며, 결국 부모나 매춘부 본인이 전차금 전액을 받기는 했지만, 의류, 침구, 잡화, 취업비용 등을 충당하기 위해 추가 금액을 차입하는 형태가 되었다(Kusama: p.213). 이러한 물품에 대한 일반적인 요금은 Kusama(p.260-263) 참조. 1926년 당시 취업 알선 업체의 평균 비용은 전차금의 8.5%였다(Chuo shokugyo[中央職業, 중앙직업], p.400).

37 Keishi cho(警視庁, 경시청) 1933: p.96(종합 수익 자료), Fukumi: pp.97-99, p.220(계약 조건), Okubo: pp.246-247(동일), Kusama: p.283(동일), Ito: p.229(수입 할당), Fukumi: pp.115-116(비용).

38 머피Murphy, 그리고 de Becker(pp.186-188)(분석회계). 하지만 1928년이 되자, 공창의 매춘부들이 계약 기간 만료 전 빚을 다 갚지 않았는데도 그만두는 경우가 잦았다는 사실에 대해서는 일부 폐창운동가들도 시인했다. 일부 폐창운동가들은 사창의 경우에만 깡패의 위험을 언급했다. 이시지마Ishijima를 참조하라.

39 자료 출처는 Keishi cho(警視庁, 경시청)(1933: p.96, p.98); Kusama(pp.227-228)(동일).

40 Shakai(1936: p.53). 이 수치는 12~18세에 대한 것이며, 1935년의 자료다. 비교를 위해서 1925년 당시 공장 노동자의 평균 일급(성인 남녀)이 1.75엔이었으며 1935년엔 1.88엔이었다는 점을 확인하라. Ohsato(p.68).

41 Ohsato(p.60, p.68)(일당 1.746엔으로 월 27일 근무; 1925년). 1926~1927년에 일본 노동자 가족은 수입의 40%를 식비로 썼고, 16%는 주거비로 지출했다. Naikaku tokei(内閣統計, 내각통계)(p.353) 참조; Seiji keizai(p.7) 참조(1930년대 중반의 비슷한 자료). 1926년에 공장에서 일하는 남성들은 평균 2.35엔의 일당을 받았고, 여성은 평균 0.96엔의 일당을 받았다. Rodosho(労働省, 노동성)(1952: p.14), Naikaku tokei(内閣統計, 내각통계)(p.130)(1924년 기준으로 남성은 2.1엔, 여성은 0.88엔) 참조.

42 Fukumi(pp.122-123) 자료; Chuo shokugyo(中央職業, 중앙직업)(p.433), Kusama(p.280)도 참조. 게이샤의 경우도 상당 부분 유사하다. 1926년에 계약 이후 부채가 발생한 2,554명의 도쿄 게이샤들을 대상으로 실시한 조사 결과, 63%는 200엔 미만을 빌렸고, 22%는 200~400엔을 빌렸다. 7%만이 1,000엔 이상을 추가로 빌렸다. Kusama(pp.258-259) 참조.

43 Naimu shorei(内務省令, 내무성령)(Home Ministry Order) n.44, of Oct. 2. 1900, §1(최소 연령 관련). 후쿠미Fukumi가 제시한 〈표 2〉의 자료에는 18~20세의 연령별

분포가 없다. 그런데 1925년부터 1926년까지 10개월 동안 494명의 여성들이 도쿄 신요시와라新吉原 지역의 매춘부로 등록했다. 이들 중 24%는 18세였고, 17%가 19세였으며, 13%가 20세, 14%는 21세, 7%는 22세, 6%는 23세, 5%는 24세, 5%는 25세, 10%는 그 이상이었다(Uemura 1929: pp. 545-546; Kusama: pp. 122-123). 이러한 분표 비율과, 20세 이전에 그만둔 여성이 없었다고 가정하면, <표 2>에 나온 18~20세 여성 1,104명의 구성을 18세 223명, 19세 380명, 20세 501명으로 추정할 수 있다.

44 다른 문헌도 이와 같은 사실을 확인해 준다(Kusama: pp. 136-138 참조). 매춘은 일시적인 직업이었으며, 여성들이 20대 초반 몇 년 동안만 그 일을 했다는 개념은 다른 사회에서의 매춘 연구에서도 일관되게 확인된다. Walkowitz(p. 19)와 Hobson(pp. 86-87)의 연구를 참조하라. 이는 다른 직업을 가진 일본 여성들의 경험과도 일치한다. 이를테면 Saxonhouse(p. 98)는 전쟁 이전에 일본 섬유공장에서 일하던 여성들이 평균 2년 동안만 그 직업을 가졌다고 지적한다.

45 Ito(pp. 208-211) 참조. 5,734명의 공창들을 대상으로 한 다른 조사에 따르면, 29%가 1년차였고, 36%는 2~3년 차였다. 26%는 4~5년차, 8%는 6~7년 차였다. 2%는 7년 이상의 경력을 가지고 있었다(Kusama: p. 281).

46 Yamamoto(p. 388) 참조. Ito(pp. 211-213)는 1923년의 자료를 주로 사용했는데, 이 자료는 신뢰도가 더 낮다. 이유는 그가 다른 연도의 데이터를 임의로 포함시켰기 때문이다. 그는 1년에 13,500명이 등록하고 11,000명이 등록을 취소한 것을 확인했다. Uemura(p. 62, pp. 184-187)는 오사카에서 신규 등록한 3분의 1이 진정한 신규 매춘부가 아니라, 한 도시에서 다른 도시로 이동하거나 새로운 계약을 맺고서 재등록한 매춘부들이었음을 밝혀냈다. 만약 우에무라Uemura의 발견을 받아들여 야마모토Yamamoto가 얘기한 매춘부 등록자 18,800명 중 1/3이 진정한 신규 등록자가 아니라고 가정한다면, 이 업계의 연간 이직률은 약 1/4이 될 것이다. 일반적으로 공창의 1% 정도만이 빚을 상환하지 못한 상태에서 일을 그만뒀다(Ito: pp. 213-214).

47 매춘업소들이 일반적으로 알려진 것에 비해서 매춘부들을 덜 착취했다는 데 대해 놀랄 필요는 없다. 결국 매춘업소들은 경쟁 시장에 있는 지속적인 플레이어였다. 매춘부들을 비교적 공정하게 대한다는 평판을 쌓은 매춘업소들은 매춘부를 더 적은 비용으로 채용할 수 있었을 것이다. 심지어 일부 매춘업소는 신규 매춘부를 안심시키기 위해 지역 경찰서에서 승인한 표준 계약의 양식을 사용하기도 했다. Shibatani v. Yokoyama, 4355 Horitsu shimbun(法律新聞, 법률신문) 7, 8 (S. Ct. Nov. 22, 1938) 참조.

48 Uemura(p. 62, pp. 184-187)에서는 오사카의 매춘부를 대상으로 한 조사에서 연간 등록자 18,800명 중 재등록자는 3분의 1도 안 된다고 밝혔다. 하지만 재등록자가

3분의 1보다 얼마나 적었는지는 불분명하다. 다른 연구에 따르면, 공창 매춘부 중 극소수는 매춘업소와의 계약 기간을 채운 후에 사창 매춘부로 일한 것으로 나타났다(Fukumi: p.147).

49 일부 계약에서는 매춘부가 일찍 그만둘 경우 페널티가 적용되었지만, 일본의 재판소는 그 페널티를 시행하지 않는 경우가 많았다. 심지어 재판소는 채무계약 전체를 무효로 하는 조항까지 고려했다. 재판소가 부채 전체를 무효화시킨 경우도 있다. Murakami v. Izumi, 28 Saihan minroku(最判民録, 최고재판소민사판결록) 1774, 1780-1781 (S. Ct. Sept. 29, 1921).

50 예를 들어 클라우드Cloud & 갈렌슨Galenson, 에머Emer, 피니Feeny, 갈렌슨Galenson, Grubb(1985, 1988), Popkin(p.54) 참조. 하지만 '신뢰할 수 있는 약속credibile commitments'에 대한 필요(4.5절, 뒤쪽)가 국제이민international migration에서의 연계계약을 설명할 수도 있다는 것에 주의하라. 노동자가 새로운 나라로 이주하기 위해서는 적지 않은 고정비용이 들었고, 모집인은 노동자가 그곳에서 얻을 수 있는 기회에 대해 훨씬 더 좋은 정보(그리고 거짓말할 유인)를 가지고 있었다. 결과적으로, 모집인은 이민의 혜택에 대한 약속을 신뢰할 수 있게 만들기 위해서 임금의 많은 부분을 미리 지급했을 수도 있다.

51 여성들은 지역 경찰서에 매춘부로 등록할 때 매춘부가 된 사유를 쓰도록 요구받았고, 거의 모든 여성들이 가난 때문이라고 썼다. 하지만 만약 그녀들이 다른 사유를 썼다면 경찰이 그녀들의 등록 신청을 거절했을 것이기 때문에 거기에 쓰여 있는 내용은 별 의미가 없다. Chuo shokugyo(中央職業, 중앙직업)(p.390)와 Kusama(pp.32-33)를 참조하라. 그럼에도 불구하고, 대부분의 매춘부들은 분명히 가난한 계층 출신이었다(Kusama: pp.47-75).

52 폐창운동가들은 여성들이 계약을 위반하여 그만두는 것을 막기 위해 깡패들과 부패한 경찰이 폭력을 사용했다고 주장하기도 했다. 이를테면 Ito(p.308)를 참조하라. 하지만 몇 가지 명심할 사항이 있다. 첫째, 매춘업소 업주들은 여성들을 매춘업소에 6년간 머무르게 하기 위해 계약서를 조작하지 않았다. 오히려 많은 여성들이 2, 3년 후에 일을 그만뒀다는 증거가 있다. 적어도 여성들이 전차금(대부금)을 상환하면 매춘업소 업주들은 법을 따랐던 것 같다. 4.3절의 서두를 참조하라. 둘째, 매춘업소 업주가 이러한 불법적인 수단을 통해 연계계약을 성공적으로 강행할 수 있다면, 사창(사법 시스템에 대한 접근성이 의심스러운 매춘업소)도 그녀들에게 이를 제공했어야 한다. 그러나 실상은 사창에서는 계약서를 쓰지 않는 경우가 많았으며, 계약서를 쓰더라도 공창보다 훨씬 적은 금액을 제공했다. Chuo shokugyo(中央職業, 중앙직업)(p.413), Keishi cho(警視庁, 경시청)(1935: pp.509-510), Kusama(pp.216-217)를 참조하라. 셋째, 다른 폐창운동가들은 1920

년대가 되자 공장의 매춘부들이 계약 조건을 위반하면서 그만두는 것이 매우 간단해졌다고 보고했다. 이러한 폐창운동가들은 사창(무허가, 즉 불법 매춘)에 한해서만 깡패의 위험에 주목했다. 이시지마Ishijima의 문헌을 참조하라.

53 도쿄의 자료에 관해서는 Fukumi(pp. 50-51, pp. 203-204) 참조. 도쿄의 매춘업소 네 곳은 매춘부 1명 고용, 가장 규모가 큰 업소 두 군데가 각각 21명 고용, 전체 업소의 66%는 4명에서 8명까지의 매춘부 고용(Fukumi: pp. 50-51). 도쿄의 게이샤집 가운데 단지 두 곳만이 10명 이상의 게이샤 고용(Fukumi: pp. 203-204).

54 Hane(p. 175), Nishimura(p. 1026), Sievers(p. 63)는 일부 공장들factories에서 연계계약을 했다고 지적한다. 하지만 다른 경험적 자료에 따르면 공장의 노동자들 사이에서는 다년간의 연계계약은 낯선 일이었다. 먼저 1935년에 12세에서 18세 사이의 노동자 1,077명을 대상으로(다양한 공장에서 일하는 사람들) 실시한 조사에 따르면, 연계계약에 대해서 알고 있는 이들은 59명에 불과했으며 1명만이 400~500엔의 전차금을 받고 연계계약을 체결했다(이것이 가장 높은 액수의 전차금임). 남성 노동자들의 연계계약에서는 전차금이 모두 100엔 미만이었다. Shakai(1936: p. 45, p. 49), Fukuoka(p. 40), Suehiro(p. 4) 참조. 둘째, Tamura(pp. 38-39)는 1951년과 1952년에 연계계약을 맺고 일하던 모든 노동자들 중에서 순수 매춘부는 63%였다고 보고했다. 8.1%는 호텔, 매춘업소, 술집, 게이샤집에서 여종업원이 되었다. 8%는 농업에 종사했고, 3.8%는 공장 노동자였다. 3%는 게이샤가 되었고, 3%는 웨이트리스 또는 술집 접대부, 2.9%는 보모가 되었다. Kanzaki(p. 99)와 Rodosho(労働省, 노동성)(1953: p. 74, 부록 74)를 참조하라. 셋째, 1930년대 초기에 연계계약을 한 여성들을 대상으로 한 조사에 따르면, 공창 매춘부들의 평균 전차금은 900엔이었다. 게이샤의 경우는 800엔, 술집 여종업원은 400엔, 공장의 노동자들은 130엔이었다(Shakai 1935: p. 159). 넷째, 프루인Fruin은 메이지 시대까지 수 세기 동안 연계계약이 꾸준히 감소했음을 조심스럽게 기록하고 있다.

55 Ito(pp. 494-495). 그리고 Garon(p. 19)은 매춘부 출신 중 상당수(42%)가 부모에게 돌아갔으며 상당수(2/3)는 결국 결혼했다는 증거에 대해서 논의한다.

56 하지만 게이샤집들끼리는 일종의 중앙정보센터를 결성, 다른 곳에서 계약을 어기고 떠난 게이샤를 고용하지 않기로 서로 약정했다(Chuo shokugyo[中央職業, 중앙직업], p. 392).

57 Mnookin & Korhauser(1979) 및 Ramseyer(1989)와 Nakazato(1989)를 참조하라. 매춘부들이 다른 매춘부들로부터 법적 권리에 대해 들었을 수도 있지만, 폐창운동가들 역시 그녀들에게 정보를 제공했을 것이다. 1890년부터 1940년까지는 수많은 폐창운동가들이 매춘부들에게 일을 그만두라고 독려했다. 머피Murphy의 연구를 보면 그 과정을 설명한 내용이 있다. 「가쿠세이(郭清, Kakusei)」와 같은 폐창을 지지

하는 저널에도 정기적으로 그런 글이 실렸다.

58 소송은 거의 발생하지 않았지만, 가장 저렴하게 법적 조치를 취할 수 있는 당사자에게 소송의 부담을 부과하는 것이 여전히 효율적이다. 이를 통해 분쟁의 교섭 과정에서 있을 수 있는 사후적 기회주의를 감소시킬 수 있기 때문이다.

59 돈을 주지 않은 업소를 상대로 매춘부(모두 게이샤)들이 제기한 소송으로서 필자가 찾아낸 것은 3건 뿐이다. 필자는 업소가 재산을 압류했다면서(매춘부가 계약을 위반해 그만뒀다는 주장에 근거해서) 부모나 보증인이 소송을 제기한 7건, 업소가 채무불이행으로 매춘부, 부모 또는 보호자에게 소송을 제기한 12건을 추가로 찾아냈다. 물론 이런 사례들이 대표적인 표본은 아니다.

60 Oppler(p.158). Naimu shorei(内務省令, 내무성령)(Home Ministry Order) n.3, Feb. 2, 1946; Naimu sho keiho kyokucho koanhatsu ko(内務省警保局長公安発行, 내무성 경보국장 공안발행)(Home Ministry Police Office Chief Public Safety Promulgation) n.9, Feb. 2, 1946; Choku rei(勅令, 칙령)(Imperial Order) n.9, Jan. 15, 1947.

Comfort Women and
The Professor

제2장

위안부들, 그리고 학자들

초록

우리 서구 사회는 이상한 "서사"를 받아들였다. 우리는 일본군이 1930년대와 1940년대에 주로 10대였던 조선인 여성 20여만 명을 "위안소"라고 불리는 "강간 캠프"로 강제연행했다고 쓰고 있다. 만약 누군가가 이러한 서사에 대해서 의심하면, 우리는 그에게 "역사부정론자"라는 딱지를 붙인다.

이는 이상한 현상을 초래했다. 사실, 위안부들 중에서 자신이 강제연행됐다고 증언하는 이는 소수에 불과하다. 또한 이 중에 몇몇은 일본을 상대로 한 배상 운동이 시작되기 전까지 다른 증언을 해 왔다. 극좌파 인사들은 옛 위안부들을 위한 집단거주시설을 운영하며 그곳에 거주하는 옛 위안부들이 만나는 사람들을 통제하고, 다른 증언을 하는 옛 위안부들에 대해서는 대단히 심각한 비방을 가하기도 한다.

하지만 명백한 사실은, 일본군이 조선인 여성을 위안소로 강제연행했다는 내용의 그 어떠한 문헌적 기록도 찾을 수가 없다는 것이다. 그럼에도 불구하고 한국 정부는 한국의 학자들이 위안부 문제에 관한 통설에 의문을 제기하는 경우, 형법상 명예훼손죄로 학자들을 기소하기까지 한다. 실제로 작년(2018년) 가을에 통설과 다른 목소리를 낸 한 대학교수가 징역 6개월 형에 처해졌다.

제2장

위안부들,
그리고 학자들
Comfort Women and The Professors

이 논문의 원 제목은 다음과 같다. 2019, "Comfort Women and the Professors" The Harvard John M. Olin Center For Law, Economics, and Business, Discussion Paper No.995.

2015년 초여름이었다. 도쿄에 살고 있는 필자의 친구가 지금 미국에서 무슨 일이 벌어지고 있는 것이냐고 편지를 보내왔다. 앞서 20인의 미국 역사학자들이 미국역사학회American Historical Association의 회보會報를 통해 성명을 발표한 일이 있었다. 이들은 공개서한을 통해 "최근 일본 정부가 역사 교과서 기술을 억압하려고 한 시도"에 대해 "실망감을 표현하고자 한다"고 밝혔다. 논란의 대상이 된 교과서는 미국 위스콘신 주州 고등학교에서 사용되는 세계사 교과서였다.

이 역사학자들은 일본 정부가 "위안부"에 대한 이야기를 지우려 한다며, 위안부들이 "제2차 세계대전 당시 일본제국의 군대로부터 성적 착취에 시달렸다"고 주장했다. 또한 이들 20인의 학자들은 "우리는 제

2차 세계대전 당시의 잔혹행위 문제를 밝혀 온 일본의 수많은 역사학자들과 함께한다"고도 주장했다(Dudden 2015a).

그러고는 봇물이 터졌다. 3개월 동안 180명이 넘는 교수들(대부분 미국의 일본학 전문가들)이 그 성명을 지지한다는 입장을 밝혔다. 일각에서는 그 숫자가 곧 450명을 넘어설 것이라고 전망했다. 제2차 세계대전 당시에 광범위한 전시폭력이 있었는데, 이들 학자들은 특히 "위안부 제도는 군대에 의해 체계적이고 대규모로 관리된 특징을 갖고 있으며, 어리고 가난하고 취약한 여성들을 착취"했고, "많은 여성들이 그녀들의 의지에 반하여 구금되어 끔찍한 잔혹 행위를 당했다는 명백한 증거가 있다"고 주장했다(Open Letter 2015; Fujioka 2015 참조).

논문 제1면.

일본의 학자인 쿠마가이 나오코熊谷奈緒子가 즉각 이 미국역사학회 회보에 반론을 제기했다(Naoko Kumagai 2015; Morgan 2015 참조). 그녀는 "당시 일본 군대의 매우 제한적인 물리적 역량과 전략적 목표를 감안했을 때, 일본군이 14세에서 20세 사이의 여성 20만 명을 인간사냥식으로 강제징집하거나 강제연행했다는 주장은 비현실적"이라고 반박했다. 그러자 앞서 위스콘신 주 고등학교 세계사 교과서 내용에 대한 일본 정부의 항의에 대해서는 "검열censorship"이라면서 단호히 비난했던 20인의 학자들이, 갑자기 쿠마가이 나오코를 상대로 '검열 정신spirit of censorship'을 실천하고 나섰다. 20인의 학자들 중에서 14명의 학자가 "그녀(쿠마가이 나오코)의 주장은 사실이 아니며, 이는 역사부정론자의 주장에 불과하다"고 일축하고 나선 것이다(Dudden 2015b).

그해 연말까지 일본에서는 50명의 학자들이 쿠마가이 나오코의 반론 제기에 동참했다(Multiple 2015). 이 일본의 학자들 중에서 일부는 최고 수준(그리고 전반적으로 좌편향적인)의 대학에서 교편을 잡고 있었다. 일본의 학자들은 문제의 미국 세계사 교과서에서 일본 정부가 "여성들을 천황의 선물이라며 병사들에게 보냈다"고 서술된 사실을 알게 됐다. 또한 이 교과서는 전쟁이 끝날 무렵에 일본군이 "이런 작전을 은폐하기 위해 위안부를 대량학살했다"고 서술하고 있었다. 이와 관련해 일본의 학자들은 "이런 이야기는 역사적 근거가 전혀 없다"고 반박했다. 미국의 학자들은 미국역사학회 회보를 통해 제출한 공개서한에서 자신들이 "일본의 학자들과도 함께한다"고 주장했지만, 일본의 학자들은 미국의 학자들에게 다시 생각해 보라고 응수했다. 이들은 "그들 20인의 역사학자들의 주장에 동의하는 일본의 학자는 단 한 사람도 없을 것"이라고 지적했다.

학자들의 이런 공개서한을 통한 분쟁은 맥그로힐McGraw-Hill 출판사가 출간한 미국 고등학교 세계사 교과서에 관한 것이었다. 교과서 저자들은 다음과 같이 썼다(Bentley & Ziegler 2011).

> 일본군은, "위안소comfort houses" 또는 "위문소consolation center"라고 불리는 군용 매춘숙에서 매춘을 시키기 위하여 14세에서 20세 사이의 여성 20만 명을 인간사냥식으로 강제연행 및 강제징집했다. 일본군은 이 여성들을 천황의 선물이라고 하면서 병사들에게 보냈다. 여성들은 조선, 대만, 만주 등 일본 식민지 출신이거나, 필리핀 등 일본의 동남아시아 점령지 출신이었다. 다수는 조선인 여성과 중국인 여성이었다.
>
> 제국의 매춘부로 강제동원된 "위안부"는 매일 20~30명의 남성들을 상대해야 했다. 전투 지역에 진출한 여성들은 종종 군인들과 동일한 위험에 직면했고, 많은 여성들은 전쟁의 희생양이 되었다. 일부 여성들은 탈출을 시도하거나 성병에 걸려 일본군에 의해 살해당했다. 전쟁이 끝날 무렵, 일본군은 이런 작전을 은폐하기 위해 위안부를 대량학살했다.

오늘날 21세기의 국가 간 교류는 하나의 수수께끼를 던져 준다. 어째서 자기 분야의 전문가인 수백 명의 학자들이 저러한 주장에 동참하며 서명을 한 것일까?

물론 일부 군인들이 전쟁 중에 민간인들을 상대로 끔찍한 짓을 하는 경우는 종종 있으며, 특히 패배한 전쟁에서는 더욱 그렇다. 그리고 어떤 기준을 적용해서 보더라도 일본군이 당시 끔찍한 짓을 저질렀던 것은 사실이다. 하지만 일본군이 끔찍한 짓을 저질렀다는 것이 사실이라고 해서, 그것이 바로 저와 같은 특정한 끔찍한 짓을 저질렀다는 주장을 사실로 만드는 것은 아니다.

아래에서 자세히 설명하겠지만, 이 문제의 사실관계는 매우 평범하다. 일본군은 분명 여러 문제를 안고 있었다. 군대 주변에 매춘업소가 부족했던 것도 아니었다. 매춘부는 어디건 군대를 따라다녔다. 매춘부는 1930년대와 1940년대에도 일본군을 따라갔다. 문제는 의학적인 측면이었다. 점령지의 매춘부들은 상당히 위험한 성병에 감염되기 쉬웠고, 일본군 사령부 입장에서는 병사들이 매춘업소에 자주 출입해야 한다면 적어도 질병으로부터 안전한 매춘업소에 출입하기를 원했다.

그 목적을 위해서(물론 선한 일을 하기 위해서가 아니라 더 강한 군대를 유지하기 위해서), 일본군은 일본과 조선에서 시행되던 표준적인 공창제를 도입했다. 매춘부는 공창제 아래에서 군으로부터 매춘 허가를 받아야 했고, 군의관들이 매주 건강검진을 실시했다. 매춘부는 고객에게 콘돔 착용을 요구했고, 콘돔 착용을 주저하는 고객은 거부하라는 지시도 받았다. 고객과 매춘부는 관계 이후에는 소독제로 씻어야 했다.

매춘업소 업주(일본군이 아니다)는 신규 매춘부를 대량으로 고용했고, 매춘부는 대부분 일본과 조선 출신이었다. 매춘업소 업주는 일본이나 조선의 여성을 1년 또는 2년 기한으로, 고액의 전차금을 지급하는 연계年季계약indenture contract을 통해 모집했다(상당수 학자들은 일본군이 중국과 같은 적지에서는 여성을 강제연행했으리라는 것에 동의한다). 전쟁 말기까지 여성들은 계약 기간을 마쳤거나, 또는 빚을 일찍 갚고 집으로 돌아갔다.

아래에서 더 상세히 설명하고 있는 바, 이러한 사실들에 대한 서술은 실은 싱거운 이야기에 불과하다. 하지만 그렇다고 하더라도 이런 싱거운 이야기야말로 확실한 근거가 있는 이야기이다. 현재 서구에서 더 인기 있는 "성노예" 이야기에는 믿을 만한 문헌적 근거가 없다(물론 모든 매춘을 성노예로 정의하지 않는다는 전제에서 말이다. 예를 들어, 노마(Norma 2016: p.15)는 다음과 같이 말한다. "유엔에서 전시 매춘 문제를 '군대 성노예military sexual slavery'로 이해하는 것과 같은 방식으로 평시의 매춘 문제를 '민간 성노예civilian sexual slavery' 시스템으로 이해하는 것이 이 책의 목표다").

필자가 아래에서 설명하는 이 싱겁디싱거운 이야기는 사실상 거의 모든 일본의 역사학자들이 지지하는 이야기다(일본의 좌파와 우파 모두 그러하며, 이는 일본 "우익"만의 이야기가 절대 아니다). 또한 오늘날 한국의 상당수 역사학자들도 역시 공개적으로 지지할 만한 이야기이다. 필자가 아래에서 상세히 설명한, 오늘날 한국 국내 정치의 문제만 없었다면 말이다.

Ⅰ. 여성 본인들

A. 서론

영어권에서 '위안소comfort station'에 대한 상투적 설명들은 생존해 있는 유명 "위안부"의 증언에만 전적으로 의존하고 있다. 기초적인 사실 확인 노력만 해 봐도 그 상투적 설명들에 대해 의문을 가질 법한데 말이다. 20인의 역사학자들도 "역사학자들은 착취당한 여성의 수가 수만 명인지 수십만 명인지, 군부가 그들의 조달에 정확히 어떤 역할을 했는지에 대해 계속 논쟁하고 있다"는 것을 인정하고 있다. 그러나 쿠마가이 나오코가 바로 이 문제에 대해 논의하려고 하자 20인의 학자 중에서 14명의 학자가 그녀를 "역사부정론자denialist"라고 간단히 일축해 버린 것이다.

미국 위스콘신 주의 고등학교 세계사 교과서(Bentley & Ziegler 2011)는 일본군이 "인간사냥식으로" "14세에서 20세 사이의 여성 20만 명"을 끌고 갔다고 서술하고 있다(관련해서 중국 쪽 소식통은 이를 40만 명으로 부풀리고 있다. Huang 2012: p.206). 당시 조선의 인구 규모를 감안하면 상당히 많은 수의 10대 소녀들이다. 자료에 따르면, 1935년 당시 조선에 살고 있던 15세에서 19세 사이의 소녀는 1,048,514명이었다(Chosen 1935: p.24). 그렇다면 지금 미국 학자들은 일본군이 조선의 소녀 5명 중 1명을 매춘부로 만들었다고 주장하는 셈이다.

이 교과서는 20만 명의 여성들이 하루에 20~30명의 남성과 성관계를 가졌다고 말하고 있다(한 학자는 "하루에 100번까지나"라고 주장했다. Yang 1997: p.51, p.60). 일본의 역사학자 후지오카 노부카츠藤岡信勝는 20만 명의 여성이 하루에 20~30명의 남성과 성관계를 맺으면 그 횟수는 하루 400만~600만 번에 이른다고 집계했다(Nobukatsu Fujioka 2015). 1943년 일본 바깥에 주둔한 일본군은 100만 명이었다(Fujioka; 전체 군인의 숫자에 관해서는 Watanabe 2014 참조). 그도 지적했듯이 100만 명이 매일 이러한 상황이라면, 전투를 수행할 시간이 절대적으로 부족하다.

B. 서사들

그런데 이런 증언을 하는 몇몇 옛 위안부들을 보면 더 근본적인 문제가 확인된다. 위안부 문제로 이런 상투적 주장의 기반이 되는 증언을 했던 여성들은 옛 위안부들 중에서도 소수에 불과하다는 것이다. 하지만 인류학자 소정희(C. Sarah Soh 2008), 역사학자 하타 이쿠히코 (Ikuhito Hata 1999) 등 여러 학자들이 지적한 바에 따르면, 그런 증언을 한 옛 위안부들의 경우도 상당수는 기존 증언을 뒤집는다.

예를 들어, 이용수는 처음에는 역사학자들에게 자신이 한밤중에 친구와 함께 가출을 했다고 말했다. 그녀의 증언은 한국의 학자들이 생존 위안부들의 전기biography를 모으던 1990년대 초에 수집되었다. 증언에 따르면, 이용수의 친구(분순이)가 그녀에게 "(집에서) 가만히 나오너라"고 재촉했고, 그래서 그녀는 "발걸음을 죽이고 살금살금" 자신의 친구를 따라갔다고 했다. 한 일본인 남성이 그녀에게 "빨간 원피스와 가죽구두"가 든 꾸러미(보퉁이)를 건넸고, 그녀는 너무 흥분해서 "선뜻" 그리고 "다른 생각도 못하고" 그 남성을 따라나섰다(Soh 2008: pp.12-13, pp.98-100; Howard 1995: p.88; Yi 2018).

첫 증언 이후 약 10년 뒤, 이용수는 일본 측에 보상금과 사과를 요구하는 운동에 참여하면서 첫 증언과는 다른 증언을 하고 나섰다. 그녀는 2002년에 일본 국회를 방문하여 "14세의 나이에 총검으로 위협받아 끌려갔다"고 증언했다(Moto 2002). 2007년 미국 하원에서는 "일본군에 의해 끌려갔다"고 증언했다. 미국 방문 직후 도쿄에서 개최한 기자회견에서는 "일본 군인들이 어머니를 부르지 못하게 내 입을 막고 집에서 끌고 갔다"고 했다(Fackler 2007).

김학순은 원래 자신은 새아버지 탓에 매춘을 하게 되었다고 말했다. 그녀는 그녀의 어머니와 결혼한 새아버지를 좋아하지 않았다. 김학순의 증언에 따르면, 그녀의 어머니는 그런 그녀를 팔았다(KIH 2016a). (세부 사항이 추가된) 다른 증언에 따르면 김학순의 어머니는 그녀를 "양아버지"(기생집 관리인)에게 보냈고, 양아버지는 김학순을 일본의 게이샤와 같은 존재인 조선의 기생으로 만들기 위해 교육했다. 양아버지는 매춘업소를 운영했다. 어느 날 김학순의 양아버지가 사라졌고, 그녀는 위안부가 되었다(Soh 2008: p.127; Yi 2018). 그러나 위안부 운동이 일본을 강력하게 압박하자 김학순은 이러한 첫 증언과는 전혀 다른 증언을 하고 나섰다. 자신이 양아버지와 함께 베이징을 방문했을 때 일본 군인들이 그녀의 양아버지를 체포하고 그녀를 위안소로 보냈다는 것이다(Howard 1995: p.33).

김순옥의 경우 초기에는 자신의 증언을 들으러 온 사람들에게 "내게는 어린 시절이 없다. 나는 일곱 살 때부터 네 번이나 팔려갔다"고 말했다(Soh 2008: p.11). 그녀는 위안부 모집업자들이 "우리 집에 찾아와서 부모님을 구슬리곤 했다"고 회상했다. 또 그녀는 "나는 부모님께 아무 데도 가지 않겠다고 말했고 (……) 다시는 나를 팔지 말아 달라고 애원하기도 했다"면서, 실제로 "여러 가지 자살 방법을 고민하기도 했다"고 말했다.

그럼에도 불구하고 그녀의 부모는 그녀를 팔았고, 김순옥은 결국 만주의 위안소로 가게 됐다. 하지만 1996년에 유엔 인권위원회가 위안부에 대한 청문회를 열었을 때, "그녀는 라디카 쿠마라스와미Radhika Coomaraswamy 유엔 보고관에게 자신은 일본군에 의해 납치됐다고 증언했다"(Devine 2016, Soh 인용).

김군자도 김학순과 마찬가지로 자신의 양아버지를 탓하면서 위안부 문제 관련 정치 활동을 시작했다. 김군자는 양아버지가 자신을 "팔았다"고 회상했고, "일본인보다 아버지가 더 미웠다"고 말했다(Soh 2008: p.11; KIH 2016a). 하지만 2007년 미국 하원(Protecting 2007: p.30)에서는 일본군이 자신을 납치했다고 말했다. 그녀는 자신이 "기차역 앞에 있는 집"에서 살았다고 설명했다. 17살 때 그녀와 함께 살았던 가족이 "밖으로 심부름을 내보냈다". 그곳에서 그녀는 기차에 실려 "붙잡혀서 끌려갔다". 김군자는 "기차에는 군인도 많았고 강제로 끌려온 여성도 많았다"고 말했다.

소정희를 제외한다면, 사실상 다른 어떤 서구의 학자들도 옛 위안부들이 했던 증언의 신빙성 여부를 확인하려고 하지 않았다. 그들이 "성노예 서사"를 정당화하고자 보여 주고 있는 그 모든 집착과는 대조적으로 말이다. 대신에, 상당수 학자들이 옛 위안부들의 증언을 검증하려는 여러 시도들을 "선을 넘는 일이다"라고 강변하며 비난한다. 단지 눈치 없고 무례하다는 정도가 아니라, 학문적으로도 부적절하다는 지적이다. 어떤 학자(Thoma 2000: p.29, p.36)는 "이 서사에서 '증언'이 갖는 지위야말로 바로 이 서사를 민족주의적이고 여성주의적으로 만드는 가장 확실한 요소"라고 주장한다. 또 다른 학자는 "성노예 서사"의 진실성을 확인하려는 노력은(Yang 1997), "여성들의 증언을 하찮게 만드는 것"이라고 주장한다. 위안부 출신 여성들이 거짓말을 할 수도 있다고 지적하는 것은 "성폭행이 벌어지는 과정에서 어쨌든 성폭행 피해자들이 동의를 했던 것처럼 묘사하여 피해자들을 불명예스럽게 만들려는 상투적인 전략"이라고 그들은 말한다(O'Brian 2000: p.10).

C. 문헌상의 증거

일부 유명한 옛 위안부들의 증언에서 나타나는 문제로 인해 대부분의 사람들은 그와 관련한 물적 증거의 중요성과 필요성에 대해 생각하게 되었다. 그렇다면 일본군이 "인간사냥식으로" 조선의 어린 여성들을 탄압하면서 강제연행했다는 주장을 확인시켜 주는 문헌이 있는가? 미국 위스콘신 주 세계사 교과서가 주장하듯이? 사실 그러한 문헌 상의 증거는 없다.

서구의 학자들은 위안부 문제와 관련해서 누군가를 인용할 때 활동가이자 역사학자인 요시미 요시아키(吉見義明, Yoshiaki Yoshimi)를 거론한다. 20인의 역사학자들은 "역사학자인 요시미 요시아키가 일본 정부의 기록보관소를 신중하게 연구한 결과, 그리고 아시아 지역 생존자들의 증언을 종합해 봤을 때, 국가가 뒷받침한 성노예 제도의 본질적인 특징을 볼 수 있다는 데 대해서 논란의 여지가 없다"고 주장했다. 그러나 정작 요시미 요시아키 본인은 일본 정부가 조선의 여성들을 위안소로 강제연행했다는 주장은 더 이상 하지 않는다(Yoshimi 2013; Yoshimi 2000: p.29). 대신, 그는 중국과 같은 적국 영토에서만 강제의 근거를 자세히 설명한다(그는 이 주장에 대해서는 아무도 이의를 제기하지 않는다고 밝히고 있다).

1992년에 요시미 요시아키는 실제로 일본 정부가 위안부 모집에 관여했다는 문헌상의 증거를 찾았다면서 대대적인 발표를 했다(Yoshimi 2013: pp.58-59). 하지만 그가 발견한 문헌은 1938년 초에 작성된 다음과 같은 통첩通牒이다(Gun'ianjo 1938).

> 지나사변(중일전쟁) 지역에서의 위안소 설치 때문에 내지(일본 본토)에서 종업부 등을 모집하는 데 즈음하여, 특별히 군부의 이해 등 명의를 이용하여 군의 위신을 손상시키고 동시에 일반 시민의 오해를 초래할 우려가 있다는 것, 혹은 종군기자, 위문자 등을 중간에 세워 통제 없이 모집하여 사회

문제를 야기할 우려가 있다는 것, 혹은 모집에 임하는 자의 인선이 적절성을 결여하고 모집의 방법이 유괴와 유사하여 경찰당국에 의해 검거, 취조를 받는 등 주의를 요하는 일이 적지 않기에, 장래 이들의 모집 등에 있어서는 파견군이 통제하여 이에 임명하는 인물의 선정을 주도적절周到適切히 하고, 그 실시에 있어서는 관계 지방의 헌병 및 경찰당국과의 제휴를 긴밀히 하여, 군의 위신 보호·유지 및 사회문제상 실수 없게 배려하도록 통첩한다.

이 문건에는 일본군이 위안부를 강제연행했다는 내용이 담겨 있지 않다. 군대가 직접적으로 위안부를 모집했다는 사실을 암묵적이나마 시사하는 것도 아니다. 대신에, 이 문건은 일본 정부가 군 기지 근처의 허가받은 매춘업소에서 일할 여성들을 필요로 했음을 보여 준다. 일본 정부가 모집업자들에게 여성들의 고용을 독려했었다는 의미다. 그리고 이는 또한 일부 모집업자들이 농간을 부리면서 여성들을 고용해 왔다는 사실을 일본 정부도 이미 알고 있었음을 시사한다.

일본군이 위의 통첩을 내놓은 것과 거의 동시에, 당시 일본 내무성은 다음과 같이 지시했다(Shina 1938).

(a) 추업醜業을 목적으로 하는 부녀자의 도항은 현재 일본 내지에서 창기 및 그밖에 사실상 추업을 영위하여 만 21세 이상 또 화류병 기타 전염성 질환이 없는 자로서 중국 북부나 중국 중부로 향하는 자에 한하여 (……) 신분증을 발급한다.

(b) 신분증을 발급할 때는 가업稼業 가계약의 기한이 만료 또
는 그 필요가 없게 됐을 시 조속히 귀국하여야 함을 이해
시켜야 한다.

(c) 추업을 목적으로 도항하려는 부녀자는 반드시 본인 스스
로 경찰서에 출두하여 신분증 발급을 신청해야 한다.

(d) 추업을 목적으로 하는 부녀자의 도항 시 신분증을 발급
하는 때에는 가업稼業 계약 및 그밖에 제반 사항을 조사하
여 부녀매매 또는 약취유괴 등의 사실이 없도록 특히 유
의해야 한다.

당시 일본 정부는 위안소에서의 일을 정확히 이해하는 여성들만이
위안소에 오기를 원했다. 일본 정부는 모집업자들 중에서 일부가 부정
행위를 저지르고 있다는 것을 인식했고, 전체적으로 공창제 자체를 건
드리지 않는 선에서 그런 부정행위를 저지르는 모집업자들을 단속하
려고 했다.

II. 전쟁 이전 일본과 조선의 매춘

A. 서론

일본군은 일본의 공창제를 위안부 제도의 모델로 삼았다. 일본은
이미 조선, 대만 등 확대된 제국 내에서, 또는 부유한 일본인 해외 진출
자들이 비공식적으로 일본인 공동체를 형성한 지역에서 공창제를 적
용하고 있었다. 1930년대가 되면서 일본군은 공창제를 군 기지 인근의

매춘업소에 적용했다.

B. 일본

1. 공창의 매춘부들

태평양전쟁 전 일본에서 매춘은 국가의 허가를 받아야 하는 산업이었다. 테이블에 동석하는 게이샤들이 어쩌다 성性을 제공하기도 했지만, 항상 그런 것은 아니었다. 1924년, 일본 내에서는 공창제 아래의 매춘업소 11,500곳에서 50,100명의 매춘부가 일했다(Fukumi 1928: pp.50-56, p.178; Kusama 1930: pp.14-26). 공창의 매춘부는 매춘업소와 다년간에 걸친 연계年季계약indentured contract을 맺고 일하는 것이 가장 일반적이었다.

매춘업소에서는 여성(또는 그녀의 부모)에게 일정 금액을 전차금으로 지불했고, 해당 여성은 그 대가로 (i) 대부금(전차금)을 갚는 데 걸리는 기한, 또는 (ii) 명시된 계약 기한(Fukumi 1928: pp.97-99, pp.115-116; Kusama 1930: p.283; Okubo 1906; Ito 1931: p.229), 이 두가지 중에서 더 짧은 쪽의 기한으로 일하는 데 동의했다. 1920년대 중반의 평균 전차금은 1,000엔에서 1,200엔 사이였으며, 가장 일반적인 계약 기한은 6년이었다(전체 계약의 70~80%). 매춘업소는 이자를 받지 않았다. 전형적인 계약에 따르면, 매춘업소는 매춘부가 창출한 수입의 2/3~3/4을 가져갔다. 그 나머지에서 60%는 대부금 상환에 쓰였고, 40%는 매춘부의 몫이었다(Chuo 1926: pp.412-415; Kusama 1930: p.206, p.211; Fukumi 1928: p.70).

실제로 매춘부들은 약 3년 만에 대부금을 모두 상환하고 일을 그만두었다. 물론 역사학자들은 매춘업소가 매춘부를 영원히 빚더미에 남아 있도록 하기 위해 식비와 의상비도 부담시켰을 것이라고 종종 주장한다. 하지만 적어도 그런 일이 대규모로 이뤄지지는 않았다. 아마도, 특히 큰 자본을 투자한 기업형 매춘업소의 경우 초기 계약 과정에서 사기를 쳤다가는 향후 신규 매춘부를 모집하는 데 비용 부담이 더 커질 수 있다고 판단했던 듯하다. 더구나 매춘업소는 매춘부가 창출한 수입과 무관하게 일단 계약 기한인 6년이 지나면 빚을 다 갚지 못해도 그만둘 수 있다고 약속했고, 또 그러한 약속은 대체로 지켜졌다.

매춘업소들이 매춘부들을 빚더미에 앉히려고 비용을 조작하거나 계약 조건을 어겼다면, 연령별 공창의 수는 적어도 30세까지 상당히 비슷하게 유지되어야 한다. 공창의 최소 연령은 18세였다. 1925년 도쿄에는 21세 매춘부가 737명, 22세 매춘부가 632명이었다. 그러나 24세는 515명, 25세는 423명, 27세는 254명이었다(Fukumi 1928: pp.58-59). 같은 맥락에서 만약 매춘업소들이 매춘부들을 "채무노예제"로 속박하고 있었다면, 그 업계에서 근무하는 여성들의 근무 연차는 상당한 경우 6년을 넘겨야 한다. 그러나 조사 대상인 42,400명의 매춘부 중 38%는 2~3년 차였고, 25%는 4~5년 차였으며, 6~7년 차는 7%에 불과했다(Ito 1931: pp.208-211; Kusama 1930: p.281). 1922년에 공창이 약 5만 명이었는데, 이 해에 신규로 등록한 공창은 18,800명, 등록이 취소된(즉, 영업 허가가 끝난) 공창은 18,300명이었다(Yamamoto 1983: p.388; Ito 1931: pp.211-213). 이는 약 3년이라는 일반적 영업 기간을 뒷받침하는 통계이며, 매년 전체 매춘부의 약 1/3이 교체된 사실을 보여 준다(Keishi 1933: pp.96-98; Kusama 1930: pp.227-228).

간단한 계산을 해 보자(Keishi 1933: pp.96-98; Kusama 1930: pp.227-228). 1925년 한 해에 도쿄에서는 3,740,000명의 고객이 4,159명의

매춘부를 찾았다. 음식과 음료에 지불하는 비용 외에, 고객들은 총 1,110만 엔을 지출했다. 여기서 매춘부들은 31%, 총 340만 엔을 가져 갔다. 매춘부 1인당 655엔에 해당한다. 표준 계약에 따르면 매춘부는 여기서 60%(393엔)를 전차금 상환에 사용하고, 40%(262엔)는 보유했 다. 결국 1,200엔의 최초 대부금을 약 3년 만에 상환한 셈이다. 1925 년에 일본의 공장factory에서 일하는 성인 평균 임금이 하루 1.75엔이 었고, 1935년에는 하루 1.88엔이었다(Shakai 1936: p.53; Ohsato 1966: p.68). 1924년에 매춘부는 수익을 내기 위해 하룻밤에 평균 2.54명의 손님을 접대했다(Keishi 1933: p.96; Kusama 1930: pp.220-221; Uemura 1929: pp.492-501). 매춘부는 한 달에 약 28일을 일했다(Keishi 1933: pp.96-98).

2. 계약의 논리

공창제 아래에서 이와 같은 연계계약은 매우 단순한 경제 논리를 반영한다(Ramseyer 1991). 젊은 여성들은 매춘이 위험하면서도 고된 노 동이라는 것을 알았고, 특히 자신의 평판이 추락한다는 사실도 잘 알고 있었다. 게다가 여성들은 아주 짧은 기간만 매춘을 하고 그만두더라도 평판은 두고두고 문제가 된다는 사실을 분명히 이해하고 있었다. 모집 업자들은 여성들에게 매우 높은 수입을 약속했지만, 여성들은 모집업 자들에게 이를 과장할 유인이 있다는 사실도 충분히 이해하고 있었다.

결과적으로, 한 젊은 여성이 매춘업소에서 일하는 것에 동의하려 면 그 직업과 관련된 극도로 부정적 사안들을 보상할 수 있을 만큼 큰 돈을 벌 수 있다는 확신이 필요했다. 만약 그런 분야에 종사하는 것에 대한 평판이 그리 나쁘지 않다면, 일단 몇 달만 일해 보면서 돈을 얼마나 벌 수 있는지 확인해 볼 수 있었을 것이다. 그러나 현실적으로는 잠시만 일하더라도 평판에 큰 문제가 발생한다는 사실 때문에 모집업자들의 주장을 손쉽게 검증할 방법이 없었다.

이 계약상의 문제를 극복하기 위해서, 모집업자는 해당 여성에게 앞으로 벌 수입의 많은 부분을 선불로 지급하고 또한 앞으로 일할 연수에 제한을 두었다. 매춘업소가 여성에게 1,000엔을 전차금으로 지불하고 최대 근로 기간을 6년으로 정했다면, 해당 여성은 자신이 벌 수 있는 최소한의 금액을 알 수 있게 된다. 또한 빚을 일찍 상환하고 나면 (대부분의 매춘부들이 그렇게 했다) 사실상 매달 더 많은 임금을 받는 게 된다는 사실도 알고 있었다.

반대로 매춘업소 입장에서도 매춘부가 고객을 기쁘게 만들 유인을 제공할 필요가 있었다. 여성들은 업소 측이 감시를 할 수 없는 환경에서 고된 일을 해야 하는데, 만약 매춘업소가 매춘부에게 고정된 임금을 지불한다면, 매춘부는 고객을 기쁘게 하기 위해 노력할 이유가 전혀 없을 것이다. 만약 너무 불친절해서 고객들이 그녀를 찾지 않는다면 오히려 더 좋을 것이다.

최대 6년의 근로 기간과 일찍 그만둘 수 있는 조건을 결합함으로써, 매춘업소는 매춘부로 하여금 자신의 고객을 기쁘게 만들 유인을 제공했다. 더 많은 고객들이 지명할수록 그녀는 더 많은 수익을 창출했다. 더 많은 수익을 낼수록 더 빨리 그만둘 수 있었다.

3. 사창의 매춘부들

이 매춘 시장에는 공창公娼 바로 아래에 사창私娼이 있었다. 매춘 시장의 두 영역 중 하나를 선택할 수 있었기 때문에 대부분의 매춘부들은 공창의 지위를 선호했다. 1920년부터 1927년까지 도쿄에서는 공창 매춘부로 지원한 여성들 중 62%만이 일자리를 구했다(Chuo 1926: pp.381-382; Kusama 1930: pp.27-30, p.36). 사창 매춘부 중 상당수는 공창제 아래 매춘업소에서 고용을 거부당한 여성들이었다(Kusama 1930: p.37). 역사적 기록을 통해서는 사창에 대해 신뢰할 수 있는 통계 자료를 확인할 수가 없지만 권위 있는 연구자들은 1920년대 일본의 사창이 약 5만 명이었다고 추정한다(Fukumi 1928: pp.26-28, p.32, pp.50-56, p.178).

사창은 명목상 불법이었기 때문에 사창 매춘부는 기존 매춘업소에서는 일할 수 없었다. 매춘업소는 시간이 흐르면서 일정한 평판을 얻었다. 양질의 서비스로 정평이 나 있는 매춘업소에서 일할 수 없다는 사실 때문에 사창의 수입은 적을 수밖에 없었다. 1934년 일본 아키타현 북부 출신의 여성 근로자들 중에서 공창 매춘부들은 숙식을 제공받고 그에 더해 추가로 연간 884엔을 벌었다. 술집 '작부(shakufu, 酌婦)'(작부는 사창에 대한 완곡 표현이다)는 518엔, 여급waitress은 210엔, 기타 다른 여성 근로자는 130엔을 벌었다(Shakai 1935: pp.160-161).

사창은 또한 고객에게 더 높은 위험을 감수하도록 했다. 법에 따르면 공창은 매주 건강검진을 받으면서 성병 감염 여부를 확인했고, 성병에 감염된 공창은 질병에서 회복될 때까지 직장에 복귀할 수 없었다. 1932년 도쿄의 매춘부들 중 3.2%가 성병이나 기타 전염병에 감염되었다. 같은 연구에 따르면 사창 중에서는 9.7%가 성병이나 기타 전염병에 감염되었다. 다른 연구에 따르면 공창 사이에서는 1~3%의 감염률이 확인되지만, 사창의 감염율은 10%보다 훨씬 높았다(Keishi 1933: pp.143-144; Uemura 1918; Kusama 1930: p.288, p.291; Fukumi 1928:

p.93, pp.168-169; Chuo 1926: pp.433-435).

4. 가라유키

일본의 사업가들이 사업을 위해 해외로 이주하자 젊은 여성들이 그 뒤를 따랐다. 해외에서 이 여성들은 사업가들을 위한 매춘부로 일했다. 일본인들은 이 여성들을 "가라유키상唐行きさん"이라고 불렀다. 해외에 거주하게 된 일본 남성이 일본 여성을 선호한다는 점 때문에 일본 여성은 현지 경쟁자에 비해 상당히 높은 임금을 받았다. 해외 이주에 드는 비용까지도 감안해야 했기 때문에 해당 여성은 일반적으로 일본 내에서 벌 수 있는 것보다 더 높은 임금을 받았다(Park 2014: p.451).

이들 해외 원정 매춘부 중 상당수는 일본 규슈 남쪽의 시마바라島原와 아마쿠사天草로부터 왔다. 이들 대부분이 작은 마을에서 왔다는 사실은 이들이 사기꾼들에게 속아서 매춘을 했다는 주장의 설득력을 떨어뜨린다. 사기는 그 대상이 되는 사람들이 위험성을 모를 때 가능하다. 작고 폐쇄적인 마을의 젊은 여성들(또는 소녀들)이 해외로 몇 년 동안 떠나 있다가 돌아오면, 여성들은 그간에 무슨 일이 있었는지를 주변에 말하지 않을 수 없다. 그 소문은 빠르게 퍼질 테고, 마을에 사는 다른 사람들도 그렇게 해외로 나가는 경우가 무엇을 의미하는지 알게 될 것이다.

저술가인 야마자키 토모코山崎朋子는 이 역사를 조사하기 위해 아마쿠사로 갔다(Tokomo Yamazaki 1972). 그곳에서 그녀는 오사키라는 이름의, 해외 원정 경력이 있는 늙은 옛 매춘부와 친구가 되었다. 오사키는 해외에서 여러 해 동안 일했지만, 부모의 억압이라든지 성노예와 같은 이야기는 하지 않았다. 작은 마을 출신인 오사키는 아들과 딸이 있는 가정에서 태어났다. 아버지는 오사키가 태어난 지 몇 년 후에 사망했고 그녀의 어머니는 새로운 연인을 만났다. 새로운 연인은 어머니가 낳은 어린 아이들에게 관심이 없었기 때문에, 어머니는 자식을 버리고 그와 결혼했다. 세 아이들은 작은 판잣집에서 함께 살았고, 쓰레기를 뒤지면서 먹을 것을 구했다. 마을의 다른 여성들이 해외로 나가 매춘부로 일하며 상당히 많은 돈을 가지고 돌아오는 것을 본 그녀의 언니도 매춘부가 되어 해외로 나갔다.

오사키가 10살이 되자 모집업자가 와서 해외로 나가는 데 동의하면 300엔을 주겠노라 했고, 그녀는 자신의 오빠와 상의한 후 모집업자의 제안을 받아들였다. 오빠가 농사일에 정착하는 데 도움이 될 것이라 생각했기 때문이었다. 그녀는 말레이시아로 갔고 3년간 하녀로 일했다. 그녀는 행복했다. 그녀가 일했던 집에서는 매일 그녀에게 흰쌀밥과 생선을 주었다. 아마쿠사에서 아이들 셋이 쓰레기통을 뒤져서 먹

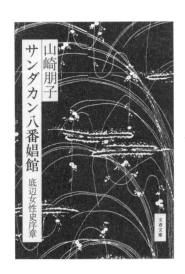

"가라유키상唐行きさん"을 다룬 책
야마자키 토모코山崎朋子의
『산다칸 8번 창관サンダカン八番娼館』.

던 음식보다 좋았다.

오사키는 13살이 되면서부터 자신이 머물던 집을 위해 매춘부로 일하기 시작했다. 이동 비용과 3년간의 숙박비로 인해 그녀는 2,000엔의 빚을 지게 되었다. 새로운 조건에 따르면, 그녀의 고객은 짧은 방문의 경우 2엔, 하룻밤 머물 경우 10엔을 지불했다. 매춘업소의 주인은 그 돈의 절반을 가져가면서 오사키에게 숙식을 제공했다. 오사키는 자신이 받은 나머지 절반의 돈으로 매달 빚을 상환했고, 화장품과 의상을 직접 구입했다. 그녀는 열심히 일한다면 한 달에 약 100엔을 갚을 수 있다는 사실을 알게 되었다.

오사키가 전차금을 다 갚기 전에 주인이 죽고, 그녀는 싱가포르에 있는 매춘업소로 전속되었다. 오사키는 싱가포르에서 만난 새 주인이 싫었다. 그래서 어느 날 오사키와 몇몇 동료들은 항구를 찾아가 말레이시아로 가는 배의 티켓을 샀다. 거기서 그녀는 자신이 일할 새 매춘업소를 발견했다. 오사키는 그 매춘업소를 운영하는 부부가 마음에 들었고, 시간이 흐르면서 그 부인을 "엄마"라고 부르게 되었다. 오사키는 한 영국인이 자신을 첩으로 삼을 때까지 그곳에 머물렀다. 말년에 오사키는 일본의 고향으로 돌아왔다.

B. 조선에서의 매춘

1. 현상

일본인들이 조선으로 이주하기 시작하면서 그들은 자신들의 조선 내 공동체에도 일본의 공창제와 유사한 구조를 확립했다. 일본은 1910년도에 공식적으로 조선을 병합했고, 조선총독부는 1916년에 조선 전역에 통일된 매춘 관련 허가 규칙을 시행했다. 매춘을 할 수 있는 최저 연령을 17세(일본 열도의 18세와는 달랐다)로 정하고, 정기적인 건강검진을 요구했다(Fujinaga 1998a; Fujinaga 2004; Kim & Kim 2018: p.18, p.21).

조선인과 일본인 모두 이 새로운 공창제를 활용할 수 있었지만, 일본인이 보다 쉽게 활용할 수 있었다. 예를 들어, 1929년까지 일본인 매춘부 총 1,789명이 조선에서 일했지만, 조선인 매춘부는 총 1,262명에 불과했다. 일본인 매춘부는 45만 300명의 손님을 접대했고, 조선인 매춘부는 10만 700명(일본인 매춘부는 연간 252명, 조선인 매춘부는 연간 88명)을 접대했다. 1935년까지 일본인 매춘부 수는 총 1,778명으로 감소했고, 조선인 매춘부는 총 1,330명으로 증가하는 데 그쳤다(Kim & Kim 2018: p.18, p.21; Fujinaga 2004).

많은 조선인 여성들이 매춘부로 일했지만, 그녀들이 공창제 아래에서만 일한 것은 아니었다. 1935년 조선에서는 일본 여성 414명이 술집 '여급女給'으로, 4,320명이 '댄서'로 일했다(둘 다 사창을 완곡하게 표현하는 용어다). 조선인 여성들 중에서는 1,290명이 술집 여급으로, 6,553명이 댄서로 일했다(Nihon 1994: p.58, p.65, p.76; Chosen: pp.1906-1942; Nihongun xx: p.779).

공창을 모집하기 위해 조선의 매춘업소들은 일본의 매춘업소와 거의 같은 연계계약을 활용했다. 그러나 조선인(예비 매춘부 및 잠재적 고객 모두)이 일본인보다 더 가난했다는 사실에 주목해야 한다. 경제 전반에 걸쳐서 1910년부터 1940년까지 일본인에 대한 조선인의 임금 비율은 약 2.5:1에서 1.5:1까지 다양했다. 1930년대 조선의 남성들은 하루에 1~2엔 정도를 벌었다(Odaka 1975: p.150, p.153).

매춘부들은 모두 높은 금액을 요구했지만, 일본인 매춘부가 조선인 매춘부보다 더 높은 금액을 불렀다. 1926년 당시 조선인 매춘부는 고객과의 매춘 행위 한 번에 3엔을 받았고, 조선 내 일본인 매춘부는 6엔에서 7엔을 받았다. 고객은 조선인 공창을 방문할 때마다 평균 3.9엔을 지출했고, 조선 내 일본인 공창을 방문할 때는 평균 8엔을 지출했다(Kim & Kim 2018: p.26, p.89, p.96; Nihon yuran 1932: p.461). 1929년 일본에 비해 상대적으로 빈곤한 한 조선의 도시에서 일본인 공창은 연간 1,052엔의 수입을 올렸고, 조선인 공창은 연간 361엔을 벌었다(Nihon 1994).

조선인 매춘부의 낮은 수입으로 인해 조선에서 일하는 일본인 매춘부의 전차금은 조선인 매춘부보다 더 많았다. 한 문헌(Okumura xx; Kim & Kim 2018: p.96)에 따르면, 조선인 공창은 3년 계약으로 250~300엔(때로는 400~500엔)의 전차금을 받았다고 한다. 또 다른 정보에 의하면, 조선인 공창의 평균 전차금은 420엔이었고, 일본인 공창은 1,730엔이었다(Nihon 1994: p.63).

일본의 매춘부가 평균 5년 내에 그만둔 것과 마찬가지로, 조선인 공창도 20대 중반이 되면 매춘업을 떠났다. 한 연구에 따르면, 조선인 공창의 61%가 20~25세였고, 25세를 넘는 경우는 16%에 불과했다(Kim & Kim 2018: p.97; Ito 1931: pp.172-194 참조). 다른 연구에서는 조선의 경성(서울)에서 공창 1,101명 중 680명이 20~24세였고, 25~29세는 273명에 불과한 것으로 나타났다. 1,101명 중 294명은 5년 차였고, 65명은 6년 차, 17명은 7년 차였다. 1,101명 중 1924년에 매춘업으로 진입한 사람은 317명, 매춘업을 떠난 사람은 407명이었다(Michiya 1928).

2. 해외에서의 조선인 매춘

일본인 '가라유키'와 마찬가지로, 어린 조선인 여성들도 해외로 나갔다. 특히, 1932년 중국 상하이의 매춘업소 일부가 최초의 '위안소 comfort station'로 바뀌기 훨씬 이전부터 조선인 여성들은 매춘부로 일하기 위해 해외로 나갔다. 1920년대가 되면서 이미 조선인 여성들은 만주에서 매춘부로 일하고 있었다(Fujinaga 1998a). 1929년에는 조선인 여성 196명이 대만의 공창 또는 사창에서 위안부로 일했고(Fujinaga 2001; Taiwan 1932), 1924년에는 67명의 조선인 여성이 다롄大連에서 일했다 (Fujinaga 2000: p.219). 아마도 일본인, 조선인, 중국인 등이 고객이었을 것이다.

초기 위안소들이 생기고 그 한참 후까지, 조선인 여성들은 사창으로 일하기 위해 계속 해외로 나갔다. 그리고 상당히 다양한 고객들을 상대했다. 이를테면, 1937년에 중국 톈진天津의 이민자협회는 조선에서 온 81명의 사창들에 대해 보고했다. 1938년에는 한 달 동안에만 90명의 조선인 여성들이 중국 지난濟南시에서 사창으로 일할 수 있도록 허락해 달라고 조선총독부에 청원했다(Kitashina 1938). 그리고 1940년에는 12명의 조선인 여성들이 상하이 위안소에서 일한 반면, 527명이 사창으로 일했다(Takei 2012: tab. 6; Zai Jokai 1938; Zai Jokai 1937).

C. 일본과 조선에서의 매춘부 모집

1. 일본

많은 폐창운동가들이 전쟁 전 일본에서 매춘을 금지시키려고 노력했지만, 폐창운동가들 중에서 모집업자들이 젊은 여성들을 매춘업소로 납치한다고 말하는 이는 아무도 없었다. 가난한 지역 출신의 젊은 여성들은 매춘부로 일하기 위해 마을을 떠나는 경우가 많았다. 하지만 여성들 중에서 자신이 그 일을 강요받았다고 주장하는 사람은 없었다. 폐창운동가들도 모집업자가 젊은 여성을 속여 매춘업소에서 일하게 했다고 비난한 바는 없다(Senda 1973: p.89). 대신, 일본의 폐창운동가들은 여성이 매춘부가 된 사실을 비판하면서 여성의 부모를 문제 삼았다. 부모가 자신의 딸을 사실상 팔아넘겨서 매춘을 시켰다는 것이다. 일부 여성들은 매춘을 하고 싶지 않았다고 말했다. 그러나 그녀들의 부모는 전차금을 받기 위해 딸이 그에 동의하도록 유도했다.

일본 정부는 일본 바깥의 위안소에서 발생할 수 있는 사기 행위를 막기 위해 매춘부 모집 규정을 작성했다. 이렇게 만들어진 규제는 일본 정부가 이 문제의 정치적 위험을 알고 있었음을 시사한다. 일본 내의 폐창운동가들은 매춘을 금지하기 위해 수십 년 동안 싸웠다. 모집 규정에서 확인할 수 있듯이, 일본 정부는 어린 소녀들이 돈에 눈이 먼 부정직한 모집업자들에게 속아서 상하이의 매춘업소에서 수년간 일하는 사태를 절대 원하지 않았다.

일본 내무성은 이러한 난국을 피하기 위해 앞서 언급한 모집 규정을 발표했다(앞의 I. C절을 참조). 위안소의 모집업자들은 이미 매춘부로 일한 경험이 있는 여성들만을 고용할 수 있다는 내용이었다. 또한 일본 정부는 여성이 진정으로 동의했는지를 확인하기 위해 여성 개개인이 직접 계약을 하지 않는 한 해외여행에 필요한 서류를 발급하지 말라고 경찰에 지시했다. 그리고 정부는 경찰이 여행 서류 발급을 원하는 여성과 면접할 때 "계약이 만료되면 즉시 고국으로 돌아와야 한다"고 명령할 것을 지시했다.

2. 조선

조선의 경우에는 일본과 다른 문제가 있었다. 조선 지역에는 전문적인 인력 모집업자들이 있었고, 그들은 기만적인 수법을 사용하기로 유명했다. 1935년 당시 조선의 경찰은 조선 지역에 일본인 모집업자 247명과 조선인 모집업자 2,720명이 있는 것으로 집계했다. 분명 이들 남녀 모집업자들은 매춘업소뿐만 아니라 공장에서 일할 사람들도 모집했다(Nihon 1994: p.51; Yamashita 2006: p.675).

전쟁 이전 수십여 년 동안, 조선의 신문들은 매춘 산업과 관련된 모집업자들의 각종 사기 행위에 대해 보도했다. 1918년도에 조선 경성(서울)의 일본어 신문인 「경성일보」는 "불량배들이 교묘하게 부녀를 유혹하여 경성으로 유인하고, 마구 농락한 후에 '아이마이야曖昧屋'에 팔고 달아나는 모계謀計의 덫에 걸려 비참한 처지에 빠진 이들이 현저하게 늘어난 흔적이 있다"고 보도했다(Keijo nippo 1918; Senda 1973: p.89). (역주: '아이마이야'는 요릿집이나 찻집, 여관 등의 간판을 걸었지만 실제는 매춘부를 둔 집이었다.) 1930년대 후반에는 조선의 신문들이 50명 이상의 젊은 여성들을 매춘으로 끌어들인 모집업자 11명에 대해 보도했다(Toa 1937). 한 부부가 100여 명이 넘는 사람들을 속인 사례도 있었다. 이 부부는 여성들의 부모에게 "경성의 공장에서 일할 수 있게 해 주겠다"고 약속하고서 10엔 내지 20엔을 준 후에 여성들을 해외 매춘업소로 넘겼고, 그 대가로 여성 1명당 100엔에서 1,300엔을 받아 챙겼다(Toa 1939; Yamashita 2006: p.675).

D. 위안소

1. 성병

1930년대와 1940년대 초반 위안소에 대한 일본 정부의 문서들을 살펴보면 일본 정부가 성병과 싸우기 위해 그 시설을 설립했다는 사실을 분명히 알 수 있다. 그리고 여기에는 분명 다른 이유도 있었다. 일본 정부는 병사에 의한 강간을 줄이고 싶었다. 그리고 1939년도 북중국의 일본군이 작성한 문서에 따르면, 위안소가 공산주의와의 싸움을 도왔다는 내용도 있다(Kitashina 1939). 그러나 기본적으로 일본군은 성병을 줄이려는 이유로 위안소를 설치했다. 여기서 "위안소"는 일본군의 엄격한 위생과 피임 절차를 따르기로 동의한 매춘업소를 의미한다.

일본군은 더 이상의 매춘부가 필요하지 않았다. 이미 충분했기 때문이다. 매춘부는 일본군이 어디로 가든지, 아시아 곳곳 모두를 따라다녔다. 다만 일본군은 질병으로부터 자유로운 매춘부가 필요했다. 1918년에 시베리아 출병을 하는 동안, 일본군 수뇌부는 부대 내의 상당수 병사가 성병으로 인해 무력해진 사실을 발견했다(Senda 1973: p.14; 다음 손실 일수 추정치를 참조하라. Yamada & Hirama 1923: p.269). 일본군의 전선이 중국 전역으로 확대되자, 그들은 중국 현지의 매춘부들 사이에서 성병 감염이 심각하다는 사실을 알게 됐다. 일본군은 병사들이 매춘업소를 이용해야 한다면 질병 위험이 억제될 수 있는 매춘업소를 이용하기를 원했다.

질병의 위험을 최소화하기 위해 군은 몇 가지 조치를 취했다. 우선 기준을 충족하는 데 동의한 매춘업소만을 허가했고, 그런 업소에 "위안소comfort station"라는 이름을 붙였다. 그리고 일본군은 허가받은 매춘업소의 매춘부가 매주 건강검진을 받도록 했다. 성병에 감염된 매춘부는 완전히 회복될 때까지 고객을 상대하지 못하게 했으며 일본군 고객은 모두 콘돔을 사용하도록 했다(군대 또는 위안소에서 무료로 제공했다). 그리고 이를 거부한 매춘부는 누구에게도 서비스를 제공하지 못하게 했다. 모든 매춘부와 고객은 성관계 후 즉시 소독약으로 씻도록 지시했으며 병사들이 허가된 위안소 이외의 매춘업소를 방문하는 것도 금지했다(Gunsei 1942; Shina 1942; SCAP 1945; Minami Shina 1939; Morikawa 1939; Mandalay 1943; U.S. Interrogation n.d.; Hito gun 1942).

2. 계약 기간

위안소는 일본과 조선의 공창제 아래 매춘업소와 비슷한 계약으로 매춘부를 고용했다. 첫째, 그 계약은 다년 계약이었다. 그 누구라도 전쟁 중에 최전방에서 일하는 것은 주저했기 때문에 계약 기간은 보통 2년이었다. 참고로, 일본의 매춘부 계약 기간은 일반적으로 6년, 조선의 매춘부 계약은 일반적으로 3년이었음을 기억해야 한다. 버마에서 일부 조선인 위안부는 짧게는 6개월에서 길게는 1년 계약을 체결하기도 했다(예컨대 Josei 1997: v.1, p.19).

매춘부는 이처럼 비교적 짧은 계약 기간에 전차금으로 수백 엔을 받는 경우가 일반적이었다. 1937년 상하이 위안소에 고용된 일본인 매춘부는 계약에 따라서 500엔 내지 1,000엔의 전차금을 받았다(Naimusho 1938). 마찬가지로 1938년 일본 내무성 문서에 따르면, 일본 여성들은 600~700엔의 전차금을 받고 상하이 위안소로 갔다. 매춘부 한 사람이 700~800엔의 전차금을 받았고, 다른 매춘부 두 사람은 300~500엔을 받았다(Naimusho 1938).

위안소는 일반적으로 일본 및 조선의 매춘업소 표준 계약을 따랐다. 말라야Malaya 위안소 관련 1943년 일본군 규정을 보자. 위안소는 매춘부가 벌어들인 총수입 중 매춘부에게 일정액을 지불하도록 되어 있었는데, 그 액수는 매춘부가 진 부채의 액수에 따라 달랐다. 1,500엔 이상의 부채가 있으면 수익의 40%를, 1,500엔 미만이면 50%를, 부채가 없으면 60%를 매춘부에게 할당했다. 매춘부에게 할당된 돈에서 2/3는 남은 부채를 상환하는 데 쓰였고, 1/3은 매춘부에게 직접 배당했다. 추가로, 위안소는 해당 매춘부 이름으로 우체국 예금계좌를 개설하고, 그녀가 벌어들인 총수입의 3%를 매달 예금했다(Maree 1943; U.S. Office 1944 참조).

계약 기간이 종료되었거나 그보다 더 빨리 대부금을 상환하면, 여성들은 집으로 돌아갈 수 있었다. 센다 가코千田夏光는 위안부에 대한 연구를 하던 중 과거 자신이 위안부 모집과 관련된 일을 했다고 주장하는 이를 만났다. 분명 그의 발언에는 자신을 정당화하려는 측면이 있었다. 그럼에도 불구하고 센다 가코(Senda 1973: pp.26-27)가 그에게 "실제로 1,000엔을 갚고서 자유의 몸이 된 여성이 있었느냐"고 묻자 그는 "많았어요. 1연대와 함께 간 여성 중에는 가장 늦었던 경우조차 몇 달 만에 빚을 다 갚고 자유로워졌습니다"라고 말했다.

3. 매춘부의 수입

매춘부가 전차금 이상으로 벌어들이는 돈은 다양했다. 계약 조건 자체에 따르면 분명히 그 돈은 매춘부가 창출한 수익에 달려 있었다. 학자들은 위안소의 업주들이 자신들이 고용한 매춘부들을 속였을 것이라고 틀에 박힌 주장을 한다. 분명 일부는 그랬을 것이다. 어떤 분야에서건 계약을 깨려는 사람들은 있기 마련이다. 하지만 또 다른 위안소 업주들은 위안부들에게 제대로 돈을 지불했다. 한국의 한 출판사는 최근 버마와 싱가포르의 한 조선인 출신 위안소 관리인receptionist이 작성한 일기를 발간했다. 위안소 관리인은 위안부가 우체국 예금계좌를 보유하고 있었으며, 자신이 그들을 대신하여 돈을 입금했다고 수차례 언급했다(KIH 2016b). 실제로 일부 위안부는 스스로 위안소를 설립할 수 있을 정도로 충분히 돈을 벌었고 저축도 했다(Park 2014: p.111).

기록을 남긴 조선인 위안부 중에서는 문옥주가 가장 성공한 것 같다. 그녀는 회고록에서 다음과 같이 썼다(KIH 2016c).

> 나는 조금씩 받은 팁을 모아 큰돈을 가지고 있었다. (……) 병사들도 전원 자기의 급료를 야전우체국에 저금하고 있다는 것을 나는 알고 있었다. 나도 저금하기로 마음먹고 병사들에게 부탁해서 이자가 붙도록 통장을 만들어 오백 원을 저금했다. 내 이름으로 된 저금통장이 만들어졌고 거기에는 틀림없이 오백원이라고 적혀 있었다.
>
> 태어나서 처음으로 한 저금이었다. 대구에서 어렸을 때부터 아이 보기를 하거나 물건을 팔아 그렇게 돈을 벌었어도 어려운 생활에서 벗어나지 못했던 내가 그런 큰돈을 저금할 수 있다니 믿을 수 없는 일이었다. 그 당시엔 천 원이면 대구에 작은 집 한 채를 살 수 있었다. 그 정도 돈이면 어머니가 조금은 편한 생활을 할 수 있도록 해드릴 수도 있다고 생각하니 쑥스러우면서도 정말 기뻤다. 그때부터 저금통장은 내 보물이 되었다. (……)
>
> 그때는 인력거를 타고 물건을 사러 다니는 것이 하나의 재밋거리였다. (……) 랑군의 시장에서 물건을 사던 기억을 잊을 수가 없다. (……) 랑군 시장에는 보석가게도 있었다. 버마는 보석이 많이 나는 곳이었기 때문에 루비나 비취가 특히 싼 편이었다. 친구들 중에는 보석을 많이 모으는 사람도 있

었다. 나도 하나 정도는 가지고 있는 게 좋을 것 같아서 큰맘 먹고 다이아몬드를 사기도 했다.

나는 랑군에서도 얼마 안 가 인기 있는 위안부 중 한 사람이 되었다. 장교도 전선과 비교할 수 없을 만큼 그 수가 많았기 때문에 연회에도 가끔 불려갔다. 팁을 받는 게 좋아서 기꺼이 가서 노래했다. (역주: 문옥주의 회고록 『버마전선 일본군 '위안부' 문옥주』 한국어판을 인용했다.)

E. 전쟁 말기

일본 정부는 전쟁 말기 마지막 2년 동안 조선인 노동자들을 가장 공격적으로 동원했고, 학자들도 이 시기가 일본군이 가장 적극적으로 위안부를 모집했던 시기라고 지적해 왔다. 하지만 이 기간은 일본군이 위안소에 사람을 보내려고 했던 때가 아니었다. 당시 일본은 매춘부를 매춘업소에서 군수공장으로 보내고 있었다.

일본의 전황戰況이 불리해지자 군대에 병사가 부족해졌다. 1936년에 일본군은 24만 명이었다. 중국을 침공한 후에는 95만 명(1937년)으로 증가했다. 1943년에는 358만 명, 1944년에는 540만 명, 1945년에는 734만 명까지 늘어났다. 시간이 흐르면서 일본군은 40세에 근접한 예비군까지 소집했다. 전쟁이 끝날 무렵까지 20~40세의 남성들 중 60.9%가 군복무를 했고, 200만 명이 사망했다(Watanabe 2014: p.1, p.8).

일본군은 보급품도 부족했다(Miwa 2014). 일본군이 30대의 예비군을 소집해 전선으로 보냈기 때문에 일본의 광산과 공장에서 이들을 대신해 일할 사람들이 필요했다. 조선인 청년들은 당시 일본 국민이었음에도 불구하고 군대에 징집되지 않았다. 그러나 1943년

이 되자 일본은 수많은 조선인을 광산과 공장으로 보내기 시작했다 (Hatarakeru 1943; Romu 1943; Chosen 1944). 동시에 조선과 일본의 미혼 여성들도 공장으로 보냈다(Chosen 1944; Chosen 1945; Hatarakeru 1943; Higuchi 2005: p.53).

일본 정부는 매춘업소까지 걱정할 여유가 없었다. 점차 매춘업소 들과 고급 식당들이 문을 닫기 시작했다. 군은 멀쩡한 일본인은 모조 리 민간에서 전선으로 옮기고 있었다. 군으로 간 일본인 남성을 대체 하기 위해 일본 정부가 한 일은 조선인 남성을 일본의 광산과 공장으 로 이동시키는 것이었다. 또한 일본 정부는 일본 여성과 조선 여성 모 두를 가정과 직장에서 군수품 생산 공장으로 이동시키고 있었다. 제2 차 세계대전 당시 미국 공장에서 일했던 여성을 상징하는 '리벳공 로 지Rosie the Riverter'의 조선 버전이라 볼 수 있다(Senso 1943; Hanto 1944; Chosen 1944). (역주: 리벳공 로지는 태평양전쟁 당시 미국 군수공장에서 일하던 여성을 상징하는 말이다. Rosy와 Rosie는 혼용되어 사용된 것으로 보인다. 케이 카

가장 왼쪽이 1942년 케이 카이저Kay Kyser가 발간한 음반의 표지 사진이며, 오른쪽이 가장 유명한 '리 벳공 로지'의 이미지다.

이저Kay Kyser가 1942년에 발간한 음반의 표지에 실린 '리벳공 로지'를 비롯한 다양한 이미지를 참조하라.)

「매일신보」(1944년)는 부산항에서 화물을 운반하는 한 여성의 편지를 실었다. 그녀는 "국가가 우리를 필요로 합니다. 우리가 여자라고 해서 집에만 틀어박혀 있을 수는 없습니다"라고 외쳤다. 경제가 전반적으로 위축되고 매춘부가 공장으로 이동하는 동안, 매춘업소의 폐업은 꾸준히 이어지고 있었다(Senso 1943; Hata 1992: p.330, p.333; Hakken 1943).

Ⅲ. 주장의 기원과 정치

A. 요시다 세이지

일본군이 조선의 여성들로 하여금 위안소에서 일하도록 강제했다는 생각은 1980년대부터 시작되었다. 1982년 요시다 세이지吉田淸治라는 한 작가가 자신이 주도했던 '위안부 사냥'에 대해 이야기하기 시작했다. 그는 이 문제로 강연도 했고, 회고록도 썼다. 회고록의 제목은 『나의 전쟁범죄』(1983년)였다. 요시다 세이지는 1942년부터 일본 야마구치山口현의 노무보국회에서 일했으며 그곳에서 조선인 노동자들을 동원하는 일을 감독했다고 말했다. 그는 1943년 5월에 자신이 근무했던 노무보국회가 2,000명의 조선인 근로자들을 동원하라는 지시를 받았다고 썼다. 특히 그는 '위안부'로 일할 조선인 여성 200명을 조달하라는 명령을 받았다고 주장했다.

요시다 세이지는 9명의 군인과 함께 제주도로 갔다고 썼다. 거기서 자신이 "위안부 사냥"을 주도했다는 것이다. 대표적으로 회자되는 이야기로서, 그는 제주도에서 20~30명의 여성들이 일하는 공장을 발견했다고 회상했다(Seiji Yoshida 1983: p.108). 요시다 세이지는 다른 군인들과 함께 총을 들고 들어갔다. 여자들이 비명을 지르기 시작하자 근처에 있던 조선인 남성들이 달려왔다. 하지만 그와 다른 병사들이 여성들의 팔을 잡고 끌어냈다. 모여든 조선인 남성들이 곧 100명을 넘어섰지만, 요시다 세이지의 병사들은 총검을 들이대며 남성들을 제압했다. 이들은 여성들을 트럭에 싣고 5~6km를 달린 뒤 30분 동안 멈춰서서 여성들을 강간했다. 군인들은 여성들을 항구로 이송한 후 양손을 묶어서 배에 태웠다.

일본의 「아사히신문」은 요시다 세이지의 이야기를 아주 크게 다뤘다("Yoshida shogen" 2014; Hata 2018). 그 보도와 함께, 이 신문은 요시다 세이지의 이야기를 오늘날 위안부 "서사"의 핵심으로 만들었다. 요시다 세이지는 위스콘신 주 고등학교 세계사 교과서가 반복적으로 주장하는 것처럼 일본군이 10대 조선인 소녀들을 "성노예"로 일하도록 "인간사냥식으로" 강제연행했다는 이야기를 시작한 사람이다. 그리고 요시다 세이지의 이야기는 1995년에 유엔 인권위원회가 일본 정부를 거칠게 공격하는 근거가 됐다(U.N. 1996).

사실, 요시다 세이지의 이야기는 날조된 것이었다. 그는 긴 대화로 구성된 읽기 쉬운 회고록을 썼다. 저명한 역사학자들은 처음부터 그 내용을 의심했다. 하타 이쿠히코秦郁彦는 요시다 세이지의 이야기에 대해서 가장 먼저 그 신빙성을 의심했던 인물 중 한 사람으로, 1990년대에 한국의 제주도로 건너가 현지 조사를 했다(Ikuhito Hata 1999, 2018). 하타 이쿠히코는 제주도에서 요시다 세이지가 위안부 사냥을 했던 곳이라고 주장한 마을을 찾아갔지만, 마을 주민들 중 그런 습격에 대해 기억하는 사람은 없었다. 한 노인은 이렇게 작은 마을에서, 만약 일본군이 마을 여성을 매춘부로 만들기 위해 납치했다면, 누구라도 그런 사건은 잊지 못할 것이라고 말했다.

다른 역사학자들과 기자들(일본인과 한국인 모두)도 뒤를 이었다. 처음에 요시다 세이지는 그 사건이 실제로 있었다고 주장했다. 그러다가 그는 학자들과 기자들을 피하기 시작했고, 결국에는 자신의 책 내용이 날조된 것임을 인정했다. 이에 1990년대 중반에는 일본의 학자들이 요시다 세이지의 이야기를 완전한 허구로 일축하게 되었다. 20인의 미국인 역사학자가 호평하는 요시미 요시아키마저도 일찍이 1993년도에 "(요시다 세이지의 회고록 내용을 믿을 수 있는) 증언으로 사용하는 건 어렵다고 확인할 수밖에 없었다"고 밝혔다(Zaishuto 2014).

「아사히신문」은 1982년 이후 수년간 요시다 세이지에 관한 선정적인 기사를 12회 이상 다루었다. 그러다가 2014년이 되자 「아사히신문」은 그 기사 내용을 "거짓"이라고 선언하고 전체 보도를 철회했다("Yoshida shogen" 2014; Jiyu 2014; Zaishuto 2014; Asahi shimbun moto 2014). 「아사히신문」은 "올해(2014년) 4~5월, 제주도 내에서 70대 후반에서 90대 정도 나이의 40여 명으로부터 이야기를 들었지만 강제연행을 했다는 요시다 세이지 씨의 기술을 뒷받침하는 증언은 얻지 못했습니다"라고 하면서 "요시다 세이지 씨가 제주도에서 위안부를 강제연행했다는 증언은 허위라고 판단해 기사를 취소합니다"라고 밝혔다 (Zaishuto 2014). 극소수 옛 위안부들(가장 두드러지게는 논문 서두에서 인용한 네 사람의 위안부들)의 증언 외에는, 어느 누구도 요시다 세이지의 "사냥"과 같은 형태의 위안부 동원을 입증하는 그 어떠한 증거도 제시하지 못했다.

B. 비외교적 사안

1991년도에 김학순은 자신을 위안부라고 공개적으로 밝히고 나섰다. 그녀가 첫 번째였고, 그 이듬해에 그녀는 다른 몇몇 옛 위안부들과 함께 (그리고 다른 일로 강제징용되었다고 주장하는 여러 남성들과 더불어) 일본 정부를 상대로 손해배상을 청구했다. 이 사건은 2004년 일본 최고재판소에 회부되었으나, 일본 최고재판소는 1965년도에 한국 정부가 일본에 대한 자국민의 모든 청구권를 포기했다는 명백한(그리고 당연히 올바른) 이유로 청구를 기각했다([No names given] v. Koku, 1879 Hanrei jiho[判例時報, 판례시보] 58 [Sup. Ct. Nov. 29, 2004]). 2건 이상의 소송이 추가로 제기됐지만 역시 일본 최고재판소에서 패소했다. 다음을 참조하라. Zaisan oyobi seikyu ken ni kansuru mondai no kaiketsu narabi ni keizai kyoryoku ni kansuru Nihon koku to Dai kan minkoku to no aida no kyotei(財産及び請求権に関する問題の解決並びに経済協力に関する日本国と大韓民国との間の協定, 재산 및 청구권에 관한 문제 해결 및 경제협력에 관한 일본국과 대한민국 간의 협정)(Agreement between Japan and the Republic of Korea Concerning the Economic Cooperation and the Resolution of Problems Involving Property and Claims), Treaty n.27, 1965.

1965년도의 관련 협정 내용을 요약하면 다음과 같다(S. Korea 2005).

한국은 1910년부터 1945년까지의 식민지배에 대한 보상으로 일본으로부터 8억 달러의 보조금grant과 저금리의 연성 차관_{soft loan}을 받은 후, 정부 또는 개인 차원에서 더 이상의 보상 요구를 하지 않기로 합의했다.

한편, 일본 정부는 1992년도에 위안부들에게 공식 사과도 했다. 일본 정부는 결국 자체 예산과 민간 기부금을 합하여 50억 엔에 달하는 보상 기금을 조성했다. 한국의 옛 위안부에게 200만 엔을 균일하게 지급하고, 의료비로 최대 300만 엔을 추가로 지불하겠다고 제안했다(Digital N.d.).

그럼에도 불구하고 논란은 끝나지 않았다. 1996년, 유엔 인권위원회는 위안소에 대한 신랄한 내용의 보고서를 발표했다. 2000년부터 옛 위안부들은 미국 법원(Columbia n.d.)에 일본 정부를 상대로 한 여러 건의 소송을 제기했다(모두 패소). 그리고 2007년 미국 하원 외교위원회는 자체적인 규탄 결의안을 제출했다(Protecting 2007).

2015년 12월에는 아베 신조 수상이 재차 사과했다(이전의 사과에서 후퇴했다는 비판을 받기는 했다). 그는 기시다 외무상이 대독한 발표문을 통해 "다시 한번 '위안부'로서 많은 고통을 겪고 심신에 걸쳐 치유하기 어려운 상처를 입은 모든 분들에 대한 마음으로부터의 사죄와 반성의 마음을 표명한다"라고 말했다. 일본 정부는 약 800만 달러의 보상금을 추가했고, 한국 정부는 더 이상의 요구를 하지 않기로 일본 정부와 합의했다. 양국이 서로에게 약속한 이 합의는 "최종적이고 불가역적인 것"이었다(Choe 2015).

하지만 현실은 그렇게 돌아가지 않았다. 이후에 한국 정부는 합의 여부와는 별개로, 2015년 합의로는 위안부 문제가 해결될 수 없다고 선언했다(Choe 2017). 2018년 초, 새로 선출된 한국의 문재인 대통령은

2015년 위안부 문제 합의에 대해 "진실과 정의의 원칙에 어긋날 뿐만 아니라 정부가 할머니들의 의견을 듣지 않고 일방적으로 추진한 것"이라고 발표했고, 어떻든 (일본의 반성과 사죄에는) "진정성"이 부족하다고 주장했다(Choe 2017, 2018; Choe & Gladstone 2018).

1965년 협정과는 달리, 한국 대법원은 1940년대에 일본 공장에서 일하도록 징용되었다고 주장하는 한국인들이 해당 일본 기업들에 손해배상소송을 제기할 수 있다고 판결했다(Choe 2018; Choe & Glastone 2018). 2015년 합의를 이행하기 위해 설립된 화해치유재단을 청산함으로써 문재인 정부는 2015년 합의를 사실상 무효화시켰다(South 2018). 그리고 이것으로도 부족했는지, 2019년 1월, 한국의 검찰은 일본 기업을 상대로 한 징용 소송 사건을 정치적인 이유로 지연시켰다는 혐의로 전직 대법원장까지 구속했다(Choe 2019).

IV. 정대협 문제

A. 반대되는 서사들

이목을 끈 옛 위안부들이 "성노예 서사sex slave narrative"를 그토록 반복해서 증언했음에도 불구하고, 다른 옛 위안부들은 이와 또 다른 증언을 했다. "성노예 서사"와 다른 증언을 했던 옛 위안부들이 거짓말을 한 것일까? 물론 그럴 수도 있다. 그녀들이 "성노예 서사"에 반대되는 증언을 해서 어떤 이익을 얻을 수 있는지는 알 수 없지만 말이다. 그녀들은 "성노예 서사"와는 반대되는 자신들의 증언을 박유하, 소정희, 센다 가코 등에게 들려주었는데, 이 연구자들은 이 논쟁에 있어서 특정 당파에 속해 있지 않다.

"성노예 서사"와는 다른 증언을 한 옛 위안부들에 따르면, 전쟁 당시에 몇몇 여성들과 군인들은 서로를 동정했고 연민을 느끼기도 했다. 매춘부들은 품격이 낮고 위험한 일을 했지만, 그것은 일본군 이등병들도 마찬가지였다. 많은 매춘부들이 못된 부모에 의해 팔려 왔듯이, 대부분의 일본군 병사들도 마찬가지로 마지못해 징집된 사람들이었다. 또한 그들은 비슷한 또래였다. 진짜 사랑이 아니었다고 할 수도 있지만, 몇몇 위안부들과 군인들은 서로를 사랑하기도 했다.

조선인 위안부 문옥주는 일본 군인 야마다 이치로(가명)에 대한 사랑을 회상했다(KIH 2016c).

> 나는 야마다 이치로가 무사하길 열심히 빌었다. 2, 3개월이 지나서 야마다 이치로의 부대도 전선에서 돌아왔다. 다행히 야마다 이치로는 무사했다. 돌아오자마자 바로 위안소로 와 주었다. "야마다 상등병, 무사히 돌아왔습니다." 하며 야마다 이치로는 나를 향해 경례했다. 우리들은 서로 끌어안고 기뻐했다. 그런 날은 마츠모토의 공인하에 위안소 전체가 야단법석이 되어 임시휴업을 했다. 우리들도 그 자리에서 1원씩 내서 잔치 준비를 도왔다. (……) 야마다 이치로는 한주에 한 번 찾아왔고 (……) 못 오는 날이면 무슨 일이 일어난 건 아닐까, 적에게 당한 게 아닐까, 걱정이 되어 아무 일도 손에 잡히지 않았다. 몇 번이나 그렇게 걱정한 일이 있었다. (역주: 문옥주의 회고록 『버마전선 일본군 '위안부' 문옥주』 한국어판을 인용했다.)

문옥주는 "군인들의 마음과 우리들의 마음은 결국 같았던 셈"이라고 말했다. 그러면서 "전쟁터에 온 이상은 아내도, 아이들도, 목숨도 버리고 천황 폐하를 위해 열심히 일하지 않으면 안 된다는 그 사람들의 마음을 이해할 수 있었다"면서 "그들을 열심히 위로하고 그런 생각을 잊어버릴 수 있도록 얘기해 주곤 했다"고 말했다. 다음은 또 다른 위안부의 증언이다(Park 2014: p.80).

전투에 나가면서 무섭다고 우는 군인들도 있었다. 그럴 때 나는 꼭 살아서 돌아오라고 위로해 주기도 했다. 정말 살아서 다시 오면 반가워하고 기뻐했다. (역주: 『제국의 위안부』 한국어판(p.65)을 인용했다.)

박유하는 병사가 "위안부"와 보낸 시간이 그나마 "사적인 공간private space"을 제공한 시간이었다고 주장했다(Park 2014: p.86). 그곳이 군대 환경에서는 허용되지 않는 감정 표현과 말을 할 수 있는 공간이었다는 것이다. 다음은 한 위안부의 증언이다(Park 2014: pp.85-86).

그 사람들은 뭐 저거 쌍시런 그런 거 취해서 오는 기 아니라 서로 얘기하고 놀고 그럴라고 저그 마음 위로하고 할라고 오지. (……) 그 장교들은 잘 (관계) 안 해요. 저기 모미(몸) 생각해요. 고향의 처자들 고향의 마누라들 생각나는지 얼마나 그런지 앉아 운당께. 마누라 생각에. 그 부부간에 그렇게 정 말고도 자기 마누라가 눈에 선해가 남의 여자하고 잘 안 할라 그래요. 어떤 거는 그냥 가요. 그래도 자주 오지. 위로 받고 놀고, 술 먹고 얘기할라고 자주 오지. 육체는 안 하는 사람이 썼어요. (역주:『제국의 위안부』한국어판(pp.68-69)을 인용했다.)

한 일본인 위안부는 고향 섬에서 온 남자들을 만난 사실을 애틋하게 이야기했다(Senda 1973: p.81).

즐거웠던 일은, 글쎄요. 내 경우에는 역시 시코쿠四国 사람을 만났을 때였어요. 그것도 아이치愛知라든가 마쓰야마松山라든가, 고향이 가까우면 가까울수록 기뻤지요. 군인들도 마치 가족을 만난 것처럼, 성관계를 빼고 고향의 축제나 산이나 강 얘기를 같이 하곤 했어요. 군인들도 그걸로 만족했지요. (역주:『제국의 위안부』한국어판(p.59)을 인용했다.)

위안부에게 청혼을 한 병사도 있었다. 실제로 병사와 위안부가 결혼을 하기도 했다(Park 2014: p.86). 당시 조선인은 일본 국적이었지만, 2등 국민이었다. 상당수의 병사들과 마찬가지로, 일부 위안부들은 국가에 봉사하기 위해 그곳에서 일했다. 그들은 각자 힘든 일을 했지만, 한 위안부는 "나쁜 군인은 말도 못 하게 나쁘지만 좋은 군인은 같이 울기도 하고 자기들도 천황 명령이기 때문에 어쩔 수 없다고 했다"고 말했다(Park 2014: p.84).

그로 인한 결과는 대부분의 군 기지에서 자체 공격성이 감소한 것이다(강간이 훨씬 줄어들었다). 혹독한 전투가 군대 생활의 전부가 아니게 된 것이다. 몇 주 동안의 기다림도 포함됐다. 박유하는 그 긴 평온

한 시간 동안 남녀가 서로에게서 위안을 찾았다고 지적한다(Park 2014: pp.70-71). 이 논의에서 인용한 모든 기록과 마찬가지로, 다음 기록도 의심하면서 받아들일 필요는 있다. 박유하는 다음과 같은 일본군 중위의 말을 인용했다.

> 게다가 오랜 주둔 생활 기간에 같은 위안부들과 지내다 보면 부인 같은 느낌이 되는지 (……) 그런 분위기가 있었기 때문에 군인들은 그녀들을 소중하게 다루었습니다. 위안부들도 그에 부응해서 휴일에 군인들이 있는 곳으로 선물을 가지고 와서 빨래를 해 주거나 진지 옆에서 기관총을 손질하는 군인 옆에서 턱을 괴고 바라보고 있거나 꽃을 꺾거나 하기도 했는데, 하늘에서는 종달새가 노래하니 평화로운 풍경이기도 했습니다. 군인들도 (위안부들에게) 점심을 먹이거나 하고 있었습니다. 주둔지에서의 군인과 위안부 관계는 어디든 이런 게 아니었나 합니다. (역주:『제국의 위안부』한국어판 (pp.56-57)을 인용했다.)

B. 침묵을 강요당한 위안부들

박유하는 한국의 극단적 민족주의자들이 모든 위안부들의 희생과 강간을 주장하면서 상당수 위안부들의 과거를 강탈했다고 주장한다. 민족주의자들은 상당히 자의적이고 교육적인 역사를 만들어 내기 시작했다. 이를 위해 그들은 조선을 점령한 일본인에 대한 강력한 적의를 만들어 내는 민족주의를 강요했다. 박유하는 이로 인해 많은 위안부들이 자신의 기억을 평화롭게 회상할 기회도 갖지 못하게 됐다고 설명한다.

당시에 조선인은 일본 국민이었다. 보다 확실히 말하자면, 일본 정부가 조선인을 여러 면에서 2등 국민으로 대우하기는 했다. 일본은 당시 조선반도(오늘날 한반도)를 점령하고 1910년도에 병합했던 것이지, 친절한 의도를 갖고 조선을 같은 국가로 병합시킨 것은 아니었다. 일부 조선인은 1919년부터 폭력적 방식의 독립운동을 시작하기도 했다.

다만, 역시 모든 조선인이 독립운동의 매서운 반일감정을 공유한 것은 아니었다. 부패하고 비효율적이었던 토착 조선왕조가 지배했던 조선반도 지역에서 일본 정부는 어떻든 안정적인 질서를 유지했다. 많은 조선인들이 이 새로운 정부를 일단 수용하면서 생활을 영위해 나갔다. 1938년부터 1943년까지 적어도 100만 명 이상의 조선인들이 일본군으로 자원했다. 입대자 중에서 일부는 장교로 복무했고, 일부는 장군으로까지 승진했다(Miyamoto 2017: p.8).

충성심이 충돌하는 세상에서, 많은 위안부들은 군인들로부터 공통된 국가적 정체성을 느낀 것 같다. 그들의 사랑과 연민은 그 정체성에서 흘러나왔다. 하지만 박유하는 민족주의자들이 위안부들에게 이 기억을 "폐기"하라고 강요한다고 지적했다(Park 2014: p.83). 박유하는 전쟁 이후 수십여 년 동안 한국 그 자체가 이 여성들과 마찬가지로 그 기억을 지우면서 살아왔다고 지적했다. 새롭게 만들어진 집단적인 역사에서, 옛 위안부에게는 일본에 의한 피해자라는 정체성만이 허용됐다(Park 2014: p.152). 옛 위안부도 일본 군인을 사랑했다는 역사, 일본의 사과를 받아들였다는 역사는 설 자리가 없었다. 궁핍한 젊은 여성이 오로지 부모와 집을 위하는 마음으로 자신을 희생했다는 역사도 마찬가지로 발 디딜 틈이 없어졌다(Park 2014: p.15).

C. 정대협

현재 한국과 일본의 불화의 중심에는 한 단체가 있다. 이 단체는 한국과 일본의 화해를 끊임없이 방해하기 위해 허구의 민족주의적 역사를 날조하고 있다. 이 단체의 이름은 정대협인데, 본래 이름은 "한국정신대문제대책협의회"(현재는 "일본군 성노예제 문제 해결을 위한 정의기억연대", 약칭 "정의연"으로 개칭했다)이다(KIH 2016d). 정대협은 매주 서울의 주한일본대사관 앞에서 시위를 한다. 이 단체는 실제 위안부였던 20대 나이의 여성 동상이 아니라, 15세 소녀의 동상을 전 세계에 설치하기 시작했다. 정대협은 일본이 제시한 보상을 거부하도록 옛 위안부들을 압박했다(KIH 2016d). 그리고 그들은 "성노예 서사"에 의문을 제기하는 학자들도 공격적으로 감시했다(Chi 2005; Gunji 2013).

정대협, 그리고 비슷한 성격의 다른 위안부 지원 단체들은 옛 위안부들의 공개적인 증언을 대체로 통제한다. 그들은 성노예 서사를 기꺼이 지지하는 옛 위안부들만 선택해서 발언권을 주고, 나머지는 침묵하도록 위협을 가한다. 이를 위해 정대협은 옛 위안부들이 사는 집단거주시설('쉼터')을 관리하기도 한다. 비슷한 성격의 다른 위안부 지원 단체들이 운영하는 집단거주시설 중에는 '나눔의 집'(Soh 2008: p.96)이라는 곳도 있다. '정대협 쉼터', 그리고 '나눔의 집' 출신의 옛 위안부들이 증언에 가장 적극적인 사람들이다. 정대협과 나눔의 집은 자신들이 운영하는 집단거주시설의 옛 위안부들이 학자나 기자와 만나는 것을 통제하며, 옛 위안부들의 증언 내용도 통제한다.

한국의 정치학자인 이유진(Joseph Yi 2018)은 "위안부 납치와 관련된 서사는, 활동가 단체(예를 들어 나눔의 집이나 정대협)와 관련된 일부 소수 여성(1990년대에 등록한 생존자 238명 중 16명)의 구두 증언에만 기초한 것"이라고 지적한 바 있다(Yi 2018). (역주: 2016년 기준 위안부 지원 단체의 옛 위안부 집단거주시설로는 '나눔의 집'(10명)과 '정대협 쉼터'(3명)가 있다. 한때 좌파 언론이 집중 조명한 위안부들인 이용수, 김복동, 길원옥 등은 특히 정대협을 중심으로 활동했다.)

한국과 일본의 화해를 방해함으로써, 정대협은 북한의 중요한 정치적 목표를 직접적으로 진전시키고 있다. 그리고 이것이 그들 활동의 핵심인 듯하다. 박유하가 밝혀 온 생각을 영문으로 정리한 한 웹사이트는 "정대협은 한미일 안보 파트너십을 벌리는 쐐기를 박기 위한 정치적 목적으로 위안부 문제를 이용했다"고 쓰고 있다(KIH 2016d).

초창기부터 북한에 우호적인 성향 인사들에 의해 조직된 정대협은 이에 한국 정부 당국로부터 이적 단체와의 연계성이 없는지 의심받기도 했다(KIH 2016d). 실제로 오랫동안 정대협 대표를 지낸 윤미향은 2013년도에 북한과의 관계와 관련해 한국 공안당국의 내사를 받기도 했다. 그녀의 남편과 시동생도 북한과 불법적인 관계를 맺고 있는지 여부에 대해 수년간 논란과 소송에 휘말렸다(윤미향의 남편과 시누이는 1993년도에 있었던 '남매간첩단' 사건의 당사자들로서 간첩죄로 형사처벌을 받았던 전력이 있다. 2016년도에 관련 재심이 있었지만 북한 공작원과의 회합會合, 동조同調, 그리고 금품 수수 등 관련 국가보안법 위반 혐의는 여전히 유죄였다).

북한과의 연계성 문제만 보더라도 그럴만했다 싶은 일로서, 일부 옛 위안부들은 정대협에 대해 적개심을 드러내기도 했다. 이들은 2004년도에 정대협에 소송을 제기하고 자신들의 활동에 대한 결정권을 되찾으려고 노력했다(Moto 2018). 그러나 정대협은 여전히 옛 위안부들에 대한 통제력을 유지하고 있으며, 생존해 있는 여러 옛 위안부들을 계속 위협하고 있다. 다른 위안부 지원 단체들도 마찬가지다. 박유하는 한 위안부 지원 단체('나눔의 집')가 자신에게 옛 위안부와의 인터뷰를 허락한 사실이 의외일 정도였다고 밝혔는데, 다음은 박유하가 밝혀 온 생각을 영문으로 정리한 한 웹사이트의 글을 옮긴 것이다(KIH 2016d).

> 내가 2000년대 초 위안부 문제에 대해 다시 관심을 갖게 된 계기는 위안부 지원 단체가 생존 여성들을 '나눔의 집'이라는 한 집단거주시설에 보호하고 있다는 소식을 들었기 때문이다. 이 여성들이 외부인들과 대화할 수 있는 때는 위안부 지원 단체가 유엔 특별보고관이나 미국 정치인들을 위한 증언을 필요로 할 때뿐이었다. 하지만 어떤 이유에서인지, 2003년 어느 날 나는 그녀들과 대화를 할 수 있는 허락을 받았다.

위안부 지원 단체가 운영하는 집단거주시설에 거주하고 있는 옛 위안부들도 위안부 지원 단체에 대해 불만이 있었다. 다음도 역시 박유하가 밝혀 온 생각을 영문으로 정리한 한 웹사이트의 글을 옮긴 것이다(KIH 2016d).

> 나는 이분들이 이곳에 수용되어 있으면서 행복하지 않다는 것을 느낄 수 있었다. 그녀들 중에 한 분(배춘희)은 나에게 일본 군인과의 로맨스를 회상한다고 말했다. 그녀는 자신을 팔아먹은 아버지가 싫다고 말했다. 그녀는 또한 그곳의 여성들은 거짓 증언을 하라는 위안부 지원 단체의 지시를 받

는 것을 좋아하지 않았지만 그래도 위안부 지원 단체의 명령에 복종해야만 한다고 말했다.

1995년 일본이 옛 위안부들에게 처음으로 보상을 제시하자, 정대협은 옛 위안부들을 확실하게 위협했다. 다가오는 한국과 일본 간의 화해를 방해하기로 결심한 정대협은 옛 위안부들에게 보상금을 거부하라고 명령했다. 그래도 일부 옛 위안부들은 어쨌든 보상금을 받았다. 다음 역시 박유하가 밝혀 온 생각을 영문으로 정리한 한 웹사이트의 글을 옮긴 것이다(KIH 2016d).

일본이 1995년도에 아시아여성기금(Asian Women's Fund)을 통해 보상금을 제시하자, 61명의 옛 위안부들이 정대협 대표의 명령을 무시하고 보상금을 받았다. 그 61명의 여성들은 일본에 면죄부를 줬다는 비난을 받았다. 그녀들 중에 7명은 이름이 공개됐고 그녀들은 불명예의 여생을 보내야 했다.

한국계 미국인 인류학자 소정희도 역시 옛 위안부들의 두려움을 확인했다(Sarah Soh 2008: p.101). 비록 일부 옛 위안부들은 뉴스에 계속 등장하기 위해 새로운 극적인 이야기를 만들어 내기도 했지만, "다른 옛 위안부들은 정부의 인증을 위한 초기 조사 이후에는 더 이상의 관련 증언을 단호히 거부했다". 소정희는 "그녀들은 혹시 '말실수'로 인해 피해자 등록이 취소되고 이로 인해 복지 지원금 지급이 중단될까 봐 침묵을 지킨 것"이라고 설명했다.

D. 학계의 '저항적 소수파ᵈⁱˢˢᵉⁿᵗ'

정대협은 한국 내의 우군들과 손잡고 자신들에 반대하는 모든 사람들에게 가혹한 압력을 가해 왔다. 박유하는 민간인 모집업자들이, 일본군이 아닌 민간이 운영하는 위안소에서 일할 여성들을 모집했음을 강조한다(Park 2014: p.28). 이보다는 덜 직접적이기는 하지만, 소정희도 거의 같은 연구 결과를 제시했다(Sarah Soh 2008: p.240). 또한 "일본군이 조선의 여성들을 위안소로 강제연행한 것이 아니다"라고 말한 한국의 학자가 이 두 여성 외에 또 있다.

카이스트ᴋᴬᴵˢᵀ 교수인 전봉관은 박유하의 책에 대해서 다음과 같이 논평했다(KIH 2016e).

> 책에서 기술된 사실 자체는 전혀 새롭지 않아 오히려 실망스러웠다. 위안부는 일본군이 '직접' 강제연행한 것이 아니었다. 일본군은 업자와 포주들에게 위안소 설치와 운영을 위탁했는데, 그들 중 상당수는 조선인이었다. 조선인 위안부들은 이 업자들과 포주들에게 인신매매당하거나 속아서 끌려간 경우가 대부분이었다.

그리고 "아시아, 태평양 전역을 무대로 전쟁을 치르던 300만 일본군이 최후방에 해당하는 조선에서 한가하게 여성들이나 강제연행하고 있지는 않았을 것이다"라는 전봉관의 논지도 상식적이다.

서울대학교의 경제사학자이자 명예교수인 안병직도 상식적으로 생각했다. 그는 소정희(Sarah Soh 2008: p.193)를 인용하면서, "위안부를 고용해 위안소를 운영한 사람의 절반 이상은 조선인이었다"고 말했다. 전봉관과 마찬가지로 안병직도 "조선인들이 위안부 충원을 담당했으며, 근본적으로 군대가 여성을 강제징집할 필요가 없었다"고 설명했다(Ianfu 2013).

그러나 상식은 이 영역에서는 받아들여지지 않는다. 소정희(Soh 2008: p.102)는 "한국 내 역사학이나 사회과학 분야에서 권위가 있거나 전국적으로 이름이 알려진 학자 중 위안부 문제의 진실을 규명하는 작업에 참여한 이는 거의 없다"고 지적했다. 그녀는 그 사유를 "정치"라고 분석했다. 물론 이는 사실에 부합한다. 하지만 정치는 피를 흘려야만 하는 스포츠다.

서울대학교 경제학과 교수인 이영훈은 이 위안소를 군대를 위한, 통제된 매춘 장소로 묘사하면서 더 구체적으로는 다음과 같이 언급했다(Nishioka 2017; Seoul 2016).

> 위안부 제도는 민간의 공창公娼 제도를 군사적으로 편성한 것이었다. (……) 위안부는 성노예가 아니었다. (……) 조선인 위안부는 전차금, 그리고 노골적인 사기 수법 등에 의해서 모집업자들에 의해 충원되었던 것이다. (……) 조선인 위안부가 20만 명이었다는 증거는 없으며, 그 숫자는 약 5천여 명가량이었다.

2004년에 이영훈은 한 TV토론 프로그램에 출연해 그 역사를 설명했다. 그는 학자들 중에서 과거 일본 정부가 위안부를 강제로 동원했으리라고 보는 이는 거의 없을 것임을 시사했다.

그러자 정대협이 즉각 호전적으로 나섰다. 정대협은 이영훈의 교수직 사퇴를 요구했다. 이영훈이 이를 거절한다면 서울대학교가 그를 파면시켜야 한다고도 주장했다. 마침내 이영훈은 일단 자세를 누그러 뜨리고 나눔의 집을 방문했다. 그가 잠시 자신에 대해서 간단히 소개 하려 하자 옛 위안부들이 격분하고 나섰다. 보도에 따르면, 옛 위안부 들은 40여 분 동안 이 교수를 꾸짖었다. 한 옛 위안부는 "동두천에서 몸 파는 여자랑 우리를 어떻게 같이 취급하느냐"라고 말했다. 김군자 는 물 잔을 집어던진 뒤 "당신이 일본 놈 앞잡이가 아니면 그런 말을 할 수 없다. 당신의 근본이 의심스러우니까 호적등본을 떼 와라"고 말 하기도 했다. "우리는 나라가 없는 상황에서 강제로 끌려갔다." 이영 훈은 무릎을 꿇고 사과해야 했다(Lee 2004; Ianfu 2004).

한국의 한 정치학자는 소정희의 책을 수업 시간에 소개했다. 그런 데 이 정치학자가 소속한 대학에서 "일본의 전쟁범죄를 지지했다"는 이유로 이 정치학자의 강의를 중단시키고 징계를 위한 조사에 착수 했다. 이 정치학자는 직장을 유지하기 위해 반성문을 써야만 했다(Yi 2018).

시스템경영학을 전공한 학자인 지만원은 전직 위안부를 자처하 는 이 중에 상당수가 사실은 진짜 일본군 위안부가 아니었다고 주장 했다. 그는 종군위안부 대부분은 "살림이 극히 어려워 스스로 군표를 받고 몸을 팔아 생계를 유지한 창녀"라고 주장했다. 정대협은 이를 명 예훼손 범죄라고 규정하고 그를 검찰에 형사고발했다(Chi 2005; Gunji 2013).

형사고발된 이후 지만원의 상황은 확인치 못했지만, 박유하의 경 우는 필자가 확인했다. 검찰은 그녀의 책 내용을 시비해 그녀를 명예 훼손 범죄 혐의로 기소했고, 1심에서 징역 3년을 구형했다. 1심 법원이 그녀에게 무죄를 선고하기는 했지만, 항소심 법원은 이를 번복해 그녀에게 한국 돈 1천만 원의 벌금을 부과했다. 이 사건은 현재 한국 대법원에서 계류 중이다(Togo 2017; South 2017). (역주: 박유하 사건은 2023년 11월 대법원에서 무죄취지 파기환송되었다.)

경제학 교수인 윤소영은 수업 시간에 "역사를 자기 마음대로 날조하기 시작하면 망하는 거야. 위안부 할머니, 아무런 근거가 없다"라며 "어떻게 보면 우리는 끊임없이 역사를 날조하고 있다. 그 날조한 게 국내에서는 통하는데 해외에서는 안 통해"라고 말했는데(인터넷신문「레디앙」이 공개한 해당 수업의 녹취록 원문 발언), 그로 인해 학교 학생회 및 정대협으로부터 사과 요구를 받아야 했다. (역주: 한신대학교 교수 윤소영의 설화 사건은 2018년도의 일이다. 이전에도 서울 지역에서만 위안부 문제와 관련해 대학 수업 중 벌어진 두 건의 설화가 있었고, 이는 당시 언론에도 크게 보도됐다. 먼저 2015년도에 고려대학교 경제연구소 연구교수인 정안기(『반일 종족주의』, 『반일 종족주의와의 투쟁』 공저자)는 '동아시아 경제사' 수업 중 "거기에 갔던 위안부들은 노예가 아닙니다, 그 일을 하고 싶지 않다면 그만둘 수 있었고 조선에 돌아올 수 있었어요"라는 발언을 했다는 이유로 고려대 학생회로부터 공개적인 해임 요구에 시달렸고 결국 해임되었다. 2016년도에는 한양대학교 정치외교학과 교수인 이유진도 수업 중에 "위안부 피해자들의 말을 무조건 신뢰할 수 없고, 일본 정부만의 책임으로 볼 수 없다"는 말을 했다는 이유로 역시 한양대 사회과학대 학생회로부터 공개 사과 요구에 시달렸다. 수업시간에 소정희의 책을 소개했다가 탄압을 받은 학자의 케이스로 앞서 램자이어 교수가 예시한 학자가 바로 이유진이다. 2023년도에는 경희대학교 철학과 최정식 교수가 전년도 수업 중에 "대부분의 조선인 위안부들은 주로 가난이 원인이 되어 위안부가 되었던 것이며, 일본군이 총칼을 겨누고 위안부를 강제연행했다고 하는 통념은 사실이 아니다"라는 발언을 했다고 하여 학내외 정치단체로부터 격한 비난을 당해야 했다. 최 교수는 형사고발을 당했고, 학교징계 위기에 놓였다.)

한국 순천 지역에 있는 대학교의 한 교수는 "내가 보기엔 그 할머니들이 상당히 알고 갔어. (……) 그런 줄 알고 일본에 끌려간 여자들도 있을 거고 원래 끼가 있으니까 따라간 거야"라고 말했다는 이유로 학교가 교수를 파면했고, 검찰은 위안부에 대한 명예훼손 혐의로 그를 기소했다. 2018년에 지방법원은 그에게 징역 6개월을 선고하고 법정 구속했다(Hannichi 2014; Ianfu 2018; Jitsuwa 2018; Kankoku 2018).

V. 결론

우리 서구인들의 "성노예 서사"에 대한 집착은 한국이나 일본의 다른 어떤 것보다 우리 자신의 학문적 의제와 더 관련이 있는 것은 아닌지 의심하지 않을 수 없다. 그 서사는 세 배의 효과를 냈다. 한 학자의 표현대로, 그 서사는 "성차별, 인종차별, 제국주의"의 결합이기 때문이다(O'Brien 2000: p.5). 그리고 다른 학자들의 주장처럼 그 서사는 "최악의 남성성, 인종차별, 국가주의"가 결합된 단일 사건을 만들어 냈다(Low 2003). 우리의 학문 세계를 이렇게 심각하게 자극하는 서사를 접했으면서도 그간 우리는 관련되는 사실관계를 제대로 따져 보지 않았던 것인지도 모른다. 우리는 이 서사를 의심하는 사람들에게 "역사부정론자"라는 딱지를 갖다 붙이고는 정대협과 같은 위안부 지원 단체의 뒤에 그만 숨어 버렸다.

서두에서 소개한 20인의 미국인 학자들은 위안부에 대해 설명하면서 위안부를 "국가가 뒷받침한 성노예"라고 지칭하고 있다. 위안부를 무슨 용어로 호칭하든지 간에, 어떻든 일본군이 여성들을 강제연행했다는 서사는 전혀 사실이 아니다. 이는 i) 개연성부터 없는 데다가, ii) 문헌적 증거도 없으며, iii) 전혀 검증되지 않은 몇몇 사람의 증언에만 의존하고 있다. iv) 또한, 그런 증언자들 중에 일부는 재정적, 정치적 이해관계가 커진 후에 자신의 기존 증언을 뒤집은 이들이며, v) 그 내용은 극좌 단체가 공격적으로 밀어붙이고 있는 것이다. vi) 강제연행 서사는 또한 그에 대해 이의를 제기하는 학자들을 한국 검찰이 기소하고 있는 환경에서 비롯된 것이기도 하다.

Contracting for sex
in the Pacific W

제3장

태평양전쟁에서의 매춘 계약

초록

"위안소"라고 불리는 전시 매춘업소를 둘러싼 한국과 일본 사이의 오랜 정치적 논쟁은 관련된 계약의 동학contractual dynamics을 모호하게 만든다. 사실, 이 계약의 동학은 '신뢰할 수 있는 약속credible commitments'이라는 게임이론의 매우 기본적이고 단순한 논리를 반영한다.

매춘업소 업주, 그리고 매춘부가 될 여성은 다음과 같은 문제에 직면했다. 매춘업소 입장에서는, (i) 그 직업이 수반하는 매춘부로서의 위험과 평판 저하를 상쇄할 수 있을 정도로 매춘부에게 유리한 계약 구조를 확실히 약속할 필요가 있었고, 동시에 (ii) 제대로 일하는지 감시할 수 없는 환경 하에서 가혹한 일에 종사해야 하는 매춘부가 더 열심히 일할 유인을 제공할 필요가 있었다.

여성들은 매춘업소 업주가 그녀들이 벌어들일 수입 전망을 과장해서 얘기할 수 있다는 것을 알기 때문에 임금의 상당 부분을 미리 전차금으로 요구했다. 또한 여성들은 자신들이 전쟁터로 간다는 것을 알고 있었기 때문에 일하는 기간을 상대적으로 짧게 요구했다. 매춘업소 업주들로서는 여성들이 일을 게을리할 수 있다는 사실을 알고 있었기 때문에 그녀들이 열심히 일하도록 장려하는 계약을 원했다.

이렇게 표면적으로 서로 모순되는 요구를 충족시키기 위해서, 여성들과 매춘업소들은 (i) 최대 1년 또는 2년의 계약 기간과 (ii) 충분한 수익을 창출할 경우 여성들이 일찍 그만둘 수 있도록 하는 연계年季계약indenture contract을 체결했던 것이다.

제3장

태평양전쟁에서의
매춘 계약[1]

Contracting for sex in the Pacific War

이 논문의 원 제목과 게재 학술지는 다음과 같다. "Contracting for Sex in the Pacific War", International Review of Law and Economics 65 (2021). 필자는 현재 하버드 로스쿨 미쓰비시 일본법 석좌 교수다.

1. 개요

1930~1940년대에 동아시아를 가로질러 진퇴進退를 거듭하던 일본군은 민간의 매춘업소 업자들로 하여금 반-공식적 매춘업소(半公共施設的 賣春業所, semi-official brothels)를 군 기지 옆에 설립하도록 독려했다. 1918년에 일본군은 시베리아 출병 당시 성병 문제 때문에 큰 피해를 입었기에, 이제 그 위험을 통제해야만 했다. 일본군은 이러한 매춘업소를 세운 업주에게 매춘부에 대한 정기적인 건강검진을 실시할 것을 요구했다. 이에 대한 대가로, 일본군 수뇌부는 병사들이 다른 매춘업소는 방문하지 못하도록 해 주었다.

매춘업소 인력을 충원하기 위해서 업주들은 주로 일본과 조선에서 온 여성들을 고용했다. 다른 모든 조건이 동일한 경우, 병사들은 일본인 여성을 선호했다. 일본계가 아닌 여성을 택해야 할 경우, 병사들은 조선인 여성을 선호했다. 당시 조선은 일본의 일부였고(1910년에 일본이 조선을 병합), 대부분의 조선인 여성들은 약간의 일본어가 가능했다. 일본군은 시책에 협조하는 매춘업소를 "위안소comfort stations"라 칭했고, 여기에 속한 매춘부를 "위안부comfort women"라고 불렀다.

논문 제1면.

계약의 문제를 생각해 보자. 업주는 자신의 매춘업소에 젊은 여성을 고용할 필요가 있었다. 그렇기에 업주들은 여성들에게 상당히 높은 임금을 확실하게 약속할 필요가 있었다. 매춘은 아무리 좋은 상황에서라도 가혹하고 위험한 일이며, 평판이 크게 나빠지는 일이다. 여성들은 이러한 위험을 상쇄할 만큼 충분히 높은 소득을 얻고, 특히 다른 선택지보다 훨씬 더 높은 소득을 기대할 수 있는 경우에만 매춘을 선택할 것이다.

더구나 고향에서 먼 전쟁터 인근에서 일하는 경우, 업주들은 도쿄나 경성의 매춘업소보다 훨씬 더 높은 임금을 약속할 필요가 있었다. 위안소의 경우는 매춘의 통상적인 고역에 전쟁의 위험이 더해졌다. 여기에다가 외국에서 생활하는 데 드는 생계비가 추가되었다. 이 또한 매춘업소가 그 여성을 속이려고 하는 경우에 여성이 친구, 동료 등 도움을 청할 수 있는 사람들로부터 멀리 떨어져 있음을 의미한다. 그리고 외국이었기 때문에 매춘업소가 사기를 칠 경우 도주하기도 어려웠고, 계약 기간을 마치고 일을 그만두는 경우에도 집으로 돌아가는 비용이 더해졌다.

업주는 여성에게 높은 임금을 약속할 필요가 있었지만, 무턱대고 높은 임금을 제공할 수는 없었다. 그들은 자신들이 감시를 할 수 없는 곳에서 불쾌한 일을 해야 하는 여성들을 고용하고 있었다. 만약 업주가 여성에게 고정된 월급을 약속한다면, 여성은 고의로 손님을 불편하게 대함으로써 아무도 자신을 지명하지 않게 할 수도 있었다. 그렇기 때문에 여성의 노력에 비례하는 보상을 위한 임금계약이 필요했다.

업주는 어떻게든 이 인센티브 기반 보상 계약에서 매춘부가 높은 임금에 대한 약속을 신뢰할 수 있게 만들어야 했다. 여성이 이 계약에 동의하도록 설득하기 위해서는 그녀가 높은 임금을 받을 것이라고 설득할 필요가 있었다. 하지만 그녀는 업주가 자신의 미래 수입을 과장할 수 있다는 사실도 알고 있었고, 업주 역시 그녀가 그렇게 생각한다는 것을 알고 있었다. 또한 일부 여성은 과연 자신이 높은 수입을 창출할 수 있을지 불안해했을 것이다. 다른 직업이라면 여성 입장에서 자신이 얼마나 많은 수입을 올릴지 확인하려고 짧은 기간 동안 실험을 해 볼 수도 있겠지만 매춘의 경우는 그 직업을 선택했다는 것 자체로 평판이 급격히 추락하기 때문에 여성의 입장에서는 그와 같은 단기 실험도 불가능했다.

전선에 위치한 매춘업소로 여성을 모집하는 과정에서 업주들과 여성들은 여러 계약상의 문제에 직면했다. 가장 명백한 사실은 여성들이 전쟁, 폭격, 만연한 질병과 같은 전쟁의 모든 위험에 노출되어 있었다는 사실이다. 여성들은 또한 매춘업소가 약속을 어길 수 있다는 훨씬 더 심각한 위험을 우려하고 있었다. 도쿄에서는 매춘업소 업주가 계약을 위반하려고 하면 매춘부가 경찰에 고소를 할 수도 있었다. 모든 경찰이 다 매춘부를 도와주지는 않았겠지만, 일부는 제대로 수사했을 것이다. 또한 매춘부는 계약 불이행에 대해 업주를 상대로 소송을 제기할 수도 있었다. 몇몇은 실제로 그렇게 했고, 승소했다. 그녀는 매춘업소를 떠나서 도쿄라는 거대한 도시의 익명성 속으로 사라질 수도 있었다. 하지만 먼 타국에서는 이런 선택을 할 수 없는 위험에 직면하게 된다.

업주들과 여성들은 전차금, 추가적인 현금 보상, 최대 근무 기한, 여성이 충분한 수익을 창출할 경우 조기에 그만둘 권리를 묶은 다년간의 '연계^{年季}계약_{indenture agreement}'을 통해 이러한 문제를 해결했다. 이하에서는 이 계약의 경제 논리에 대해서 상세히 설명한다. 필자는 업주들과 여성들이 체결한 매춘 계약을 (i) 위안소의 계약, (ii) 일본 내 매춘업소의 계약, (iii) 조선 내 매춘업소의 계약, (iv) 일본 점령하 동아시아 지역에 있는 위안소 이외의 전시 매춘업소의 계약과 비교하겠다.

먼저 일본 내 매춘업소에서 사용한 계약의 개요부터 설명한다(2.2절). 그리고 그것을 조선에서의 계약, 그리고 일본제국 내 다른 곳의 비공식 매춘업소(위안소가 아닌)에서의 계약과 비교한다(2.3절, 2.4절). 마지막으로는 위안소 자체에서의 계약을 살펴본다(3절).

2. 전쟁 이전 일본과 조선의 매춘

2.1. 서론

위안소는 일본과 조선의 민간 매춘업소와 유사한 방식으로 운영된 해외 군사용 시설이었다. 일본에서든 조선에서든 매춘업소는 매춘부를 고용했고, 여성들은 일자리를 구했다. 이러한 거래의 중요한 부분은 물론 성적 서비스와 관련된 것이지만, 매춘업소와 매춘부라는 양 당사자가 협상을 통해 만들어 놓은 거래의 구체적 장치가 보여 주는 경제적 논리를 살펴보면, 양측이 상대가 가지고 있다는 사실을 서로 알고 있는 자원은 물론, 그에 대한 대안까지도 반영되어 있음을 알 수 있다. 모집업자와 매춘업소는 거짓말을 할 수 있었고, 매춘부도 일을 기피하거나 돈만 받고 도망칠 수 있었다. 여성은 모집업자와 매춘업소가 거짓말을 할 수 있다는 것을 알았고, 모집업자와 매춘업소는 여성이 일을 기피하거나 도망칠 수 있다는 것을 알았다. 매춘업소 업주는 매춘부를 다른 여성으로 대체할 수 있었지만, 여성 역시 비록 임금은 낮더라도 다른 일을 찾을 수 있었다. 물론, 부모들은 때때로 자신들의 딸들을 팔았고, 매춘업소들은 여성들을 속이거나 사실상 감금하는 일도 있었다. 그러나 연계계약의 경제적 논리(아래에서 자세히 설명한다)를 보면, 매춘업소가 여성을 속이거나 감금하는 것은 거의 불가능했으며, 그렇게 하지도 않았다는 사실을 알 수 있다.

계약 자체를 통해 관련 여성들의 지성과 지략을 살펴볼 수 있다. 그녀들은 보다 좋은 경제적 대안이라고 할 것이 거의 없는 사람들이었지만, 그래도 나름의 대안을 갖고 있었다. 계약 조건만 보더라도 자신들에게 그런 대안이 있음을 알고 있었다는 사실을 알 수 있다. 그녀들은 매춘이 자신들에게 더 나은 결과를 제공한다고 믿었기 때문에 다른 대안 대신 매춘을 선택한 것이다. 모집업자들은 거짓말을 할 수 있었다. 매춘업소 업주들도 여성들을 속일 수 있었다. 부모들은 자신의 딸들을 학대하고 이 여성들이 받은 전차금을 가로챌 수도 있었다. 그러나 그 계약은 여성들과 모집업자들이 거짓말을 할 수 있다는 점을 반영하고 있었고, 매춘업소 업주들이 사기를 칠 수 있다는 점까지도 반영하고 있었다. 또한 여성들이 자신을 학대하는 부모들에게 조용히 순종하지만은 않았다는 점도 이 계약을 통해 알 수 있다.

2.2. 일본

(1) 공창

(a) 계약에 명시된 내용

전쟁 이전에 일본은 공창제를 실시했고, 매춘은 허가를 받아야 하는 산업이었다(일반적으로 Ramseyer 1991(이 책의 제1장)을 참조). 1924년에는 50,100명의 공창 매춘부가 일본 내 11,500개의 매춘업소에서 일했다(Fukumi 1928: pp.50-56, 178; Kusama 1930: pp.14-26). 일반적으로 공창 매춘부들은 다년간의 연계계약을 맺고 일했다.[2]

a) 매춘업소는 여성(또는 그녀의 부모)에게 정해진 금액을 전 차금(대부금)으로 지불했고, 그 대가로 그녀는 (i) 대부금 을 갚는 데 걸리는 시간, 또는 (ii) 명시된 계약 기간, 이 둘 중에서 더 짧은 쪽의 시간 동안만 일하는 데 동의했다.

b) 1920년대 중반의 평균 전차금은 약 1,000엔에서 1,200엔 사이였다. 매춘업소는 이자를 받지 않았다.

c) 가장 일반적인 계약 기간은 6년이었다(모든 계약의 70~80%).

d) 일반적으로 매춘부가 벌어들인 수입에서 매춘업소가 2/3 또는 3/4을 가져갔다. 그리고 그 나머지에서 60%는 전차 금 상환에 쓰였고, 40%는 매춘부가 보유했다.

필자는 전차금이 매춘부 본인에게는 얼마나 전달되었는지, 그녀의 부모가 그것을 대신 보관한 경우는 얼마나 되는지, 그리고 그녀를 학 대한 부모가 그 돈을 가로챈 경우는 얼마나 되었는지에 대해서는 자료 가 없다. 하지만 그렇다고 해서 매춘부가 죄수는 아니었다. 도쿄와 같 은 대도시의 경우, 그녀들은 쉽게 매춘업소를 떠나 익명성의 도시 환 경 속으로 사라질 수 있었다. 만약 그녀들이 그렇게 했다면 매춘업소 는 그녀들의 부모에게 전차금 상환 소송을 걸었을 것이다(일반적으로 매 춘부의 아버지가 보증인으로서 계약서에 서명했다). 이러한 일이 자주 발생하 지 않았다는 사실은, 대부분의 매춘부들이 스스로 그 직업을 선택했을 가능성이 높았음을 의미한다. 그녀들은 자신이 처한 비관적인 상황 속에서는 그나마 그것이 가장 좋은 선택이라고 생각했기 때문에 그렇게 했을 것이다.

(b) 계약의 실제 적용

실제로 매춘부들은 대략 3년 만에 대부금을 상환하고 일을 그만두었다. 물론 역사학자들은 매춘업자들이 매춘부들을 영원한 부채에 빠지도록 만들기 위해 식비와 의상비를 조작했을 것이라고 주장하기도 한다. 그러나 적어도 그런 일은 대규모로 이뤄지지는 않았다. 아마도 매춘업소들은 이미 많은 자본을 투자했기에, 계약을 위반하면 미래의 신규 매춘부 충원 비용이 커질 수 있음을 알고 있었을 것이다. 매춘업자들은 특히 여성들이 창출한 수입과 무관하게 6년 후면 빚 없이 그만둘 수 있다고 약속했을 뿐 아니라, 대체로 그 약속을 지켰다.

매춘업소들이 매춘부들을 채무 상태에 가둬 두기 위해서 계약 조건을 어겼다면, 공창의 분포는 적어도 30세까지는 비슷하게 유지되었어야 한다. 당시 매춘부들의 최소 연령은 18세였다. 1925년 도쿄에는 21세의 매춘부 737명, 22세 매춘부 632명이 있었다. 그러나 24세는 515명, 25세는 423명, 27세는 254명에 불과했다(Fukumi 1928: pp.58-59).

마찬가지로, 매춘업소가 매춘부를 "채무노예제" 하에 속박하고 있었다면, 그 업계의 근무 연수는 6년을 넘어서도 일정하게 유지되었어야 한다. 그러나 조사 대상인 42,400명의 매춘부 중 38%는 2~3년 차였고, 25%는 4~5년 차였으며, 7%만이 6~7년 차였다(Ito 1931: pp.208-211; Kusama 1930: p.281). 1922년에는 약 50,000명의 공창 가운데 18,800명이 신규 공창으로 등록하였고, 18,300명의 공창이 등록 해제되었다

(Yamamoto 1983: p.388; Ito 1931: pp.211-213). 이는 약 3년이라는 일반적 근무 기간과 정합적인 숫자다. (역주: 매년 약 1/3이 진입하고 퇴출한다면, 3년 이면 전원이 교체된다. 이는 공창으로 일하는 기간이 평균적으로 3년임을 뜻한다.) 다시 말하자면, 매춘부들 중 3분의 1이 매년 스스로 떠나면서 교체가 된 것이다(Keishi 1933: pp.96-98; Kusama 1930: pp.227-228).

(c) 예시

간단한 계산을 해 보자(Keishi 1933: pp.96-98; Kusama 1930: pp.227-228). 1925년도 한 해에 도쿄에서는 3,740,000명의 고객들이 4,159명의 매춘부를 찾았다. 음식과 음료에 지불한 금액 외에도, 고객들은 총 1,110만 엔을 썼다. 이 금액 중 매춘부에게는 31%인 340만 엔, 즉 1인당 655엔이 돌아갔다. 표준 계약에 따르면 매춘부는 이 금액의 60%(393엔)를 전차금 상환에 쓰고 40%(262엔)는 자신이 보유했다. 그렇다면 매춘부는 약 3년 만에 1,200엔의 초기 대부금 전부를 상환할 수 있었을 것이다. 1925년 당시 공장에서 일하는 성인의 평균 임금은 하루 1.75엔이었고, 1935년에는 하루 1.88엔이었다(Shakai 1936: p.53; Ohsato 1966: p.68). 1924년도에는 매춘부가 하루 평균 2.54명의 손님을 맞았다(Keishi 1933: p.96; Kusama 1930: pp.220–221; Uemura 1929: pp.492–501). 그녀들은 한 달에 약 28일을 근무했다(Keishi 1933: pp.96-98).

(2) 계약의 논리

(a) 신뢰할 수 있는 약속

공창제 아래 허가제로 운영되던 이 분야에서 연계年季계약은 '신뢰할 수 있는 약속credible commitments'이라는 게임이론의 논리를 직접적으로 반영한다(Ramseyer 1991, 이 책의 제1장). 젊은 여성들은 매춘이 위험하고 가혹하며, 자신들의 평판에 크고 직접적인 타격을 준다는 사실을 잘 알고 있었다. 게다가 그녀들은 설사 아주 짧은 기간만 일하고 그만두더라도 평판에 타격을 입는다는 사실도 잘 알고 있었다. 모집업자들은 그녀들에게 매우 높은 임금을 약속했지만, 그녀들은 모집업자들이 거짓말을 할 유인incentive이 있다는 것도 알고 있었다. 모집업자들의 거짓말과 무관하게, 일부 여성들은 과연 자신이 높은 수익을 올릴 수 있는 능력이 있을지 스스로 의심하기도 했을 것이다.

결과적으로 젊은 여성이 매춘업소에서 일하겠다는 결단을 내리기 위해서는 자신이 그 직업과 관련해 얻게 될 부정적인 평판을 보상하고도 남을 만큼 높은 임금을 받으리라는 확신이 필요했다. 만약 그 업계에 진입하는 것에 대한 평판이 나쁘지 않다면, 얼마나 벌 수 있는지 확인하기 위해 몇 달 동안만 시험 삼아 그 일을 경험해 볼 생각을 할 수도 있다. 하지만 매춘의 경우에는 짧은 기간만 일하더라도 평판이 심각하게 저하된다는 사실 때문에 모집업자들의 감언을 검증하기가 쉽지 않았다.

매춘업소 측에서도 매춘부가 고객을 즐겁게 해 줄 유인을 창출할 방법이 필요했다. 여성들은 감시를 할 수 없는 환경에서 가혹한 일을 했다. 매춘업소들이 그들에게 고정된 임금을 지급했다면, 그녀들에게는 고객들을 즐겁게 하기 위해 노력할 인센티브가 거의 없었을 것이다. 매춘부가 워낙 불친절해서 손님이 그녀를 지명하지 않으면 그녀에게는 오히려 더 좋은 일이기 때문이다.

최대 6년의 계약 기간과 일찍 그만둘 수 있는 권리를 결합함으로써, 매춘업소는 매춘부가 자신의 고객을 즐겁게 해 줄 인센티브를 제공했다. 더 많은 고객이 찾을수록 그녀는 더 많은 수익을 창출했다. 더 많은 돈을 벌면 더 빨리 그만둘 수 있었다.

(b) 대부금

매춘업소는 이와 같은 계약을 하면서 여성 또는 그녀의 부모에게 전차금이라는 형태로 대부貸付를 해 주었다. 만약 그녀나 그녀의 부모가 선금으로 현금이 필요하다면, 이 고용계약은 그것을 제공했다. 이는 19세기 유럽의 젊은이들이 빈손으로 북아메리카 이민을 갈 때 필요한 배편의 운임을 지불할 수 있도록 현금을 미리 대부해 주는 계약의 방식과 비슷하다. 이를 무임도항이주계약redemptioner contracts이라 부르는데, 이는 연계年季계약의 변형으로 돈을 계약과 함께 미리 빌려주는 방식을 활용한다. 여기서도 마찬가지다. 일을 하겠다는 여성의 약속을 믿고서 신용대출을 미리 해 주었던 것이다.

하지만 대출에 대한 수요가 있다고 해서 성서비스 시장에서 반드시 연계계약이 사용되어야 하는 것은 아니다. 이 노동시장이 보여 주는 다음과 같은 두 가지 특징 때문이다. 첫째, 다른 근로계약의 경우에는 계약과 함께 대출을 해 주는 경우가 거의 없다. 부모가 현금을 선불로 받을 필요가 있다고 가정해 보자. 딸이 매춘업소에서 현금 대출을 받을 수 있다면, 아들 역시 공장에서 현금 대출을 받을 수 있었을 것이다. 그러나 아들과 딸 모두 공장에서 일할 때는 고용계약을 체결하자마자 거액의 현금을 선불로 받는 일은 거의 없다. 비록 몇몇 고용주들이 때때로 신규 직원들에게 돈을 빌려주긴 했지만, 그들은 단지 우연히 그렇게 했을 뿐이었고 그 액수도 상대적으로 적었다.

둘째, 공창제 아래 매춘업소들은 모든 신규 매춘부들에게 전차금

(선불금)을 현금으로 지불했다. 전망이 좋아 보이는 매춘부 지망생들과 그녀들의 부모는 1,200엔의 현금 전차금을 당연한 것으로 생각할 수 있지만, 전망이 좋아 보이지 않는 매춘부 지망생들과 그녀들의 부모는 그렇게 생각하지 않을 수도 있다. (역주: 당사자들의 성적 매력에 따라서 매춘부 지망생들의 향후 수입 전망이 다르다는 의미다.) 그러므로 그 전차금은 공짜가 아니었다. 매춘업소들이 이자를 청구하지는 않았지만 그들은 분명히 여성의 수입을 현재 가치로 할인했다. 만약 매춘업소들이 단지 신용대출 시장의 수요에 반응하여 고액의 현금 전차금을 지불했다면, 그들은 고용한 사람들 중 일부에게만 전차금을 지불하고 다른 이들에게는 그것을 지불하지 않았을 수도 있었다. 따라서 그들이 노동계약과 함께 거액의 전차금을 동시에, 모두에게 주었다는 사실은 계약에 다른 역학이 작용하고 있음을 시사한다.

(3) 사창

당시 매춘 시장에는 '허가받은 매춘부', 곧 공창公娼 아래에 '독립적인 무허가 매춘부', 즉 사창私娼이 있었다. 두 직업 가운데 하나를 선택하라면 매춘부는 대부분 '허가받은' 직업을 선호했다. 1920년부터 1927년까지 도쿄에서 공창 매춘부에 지원한 여성들 중 62%만이 그 자리를 얻을 수 있었다(Chuo 1926: pp.381-382; Kusama 1930: pp.27-30, p36). 그러므로 공창의 매춘부는 누구도 원하지 않는 직업이 아니라, 매춘업소가 고용하고자 하는 숫자의 1.5배가 지원하는 허가받은 매춘업소 내의 지위를 가졌다. '사창'의 상당수는 공창제 아래 허가받은 매춘업소들이 고용을 거부한 여성들이었다(Kusama 1930: p.37). 역사적 기록에는 '사창'에 대한 신뢰할 만한 조사가 없지만, 신뢰할 만한 연구자들은 1920년대 중반 당시 사창이 약 5만 명이었다고 추정한다 (Fukumi 1928: pp.26-28, p.32, pp.50-56, p.178).

사창의 존재는 명목상 불법이었기 때문에 기존의 합법적 매춘업소들에서는 일할 수 없었다. 매춘업소들은 평판을 쌓아 갔다. 사창의 매춘부는 양질의 서비스로 좋은 평가를 받는 공창제 아래 합법적 매춘업소들에서는 일할 수 없었기에 수입도 적었다. 1934년 북부 아키타 현 출신의 여성 노동자들 중에서 공창의 매춘부들은 숙식비와 별도로 연간 884엔을 벌었다. 술집 여종업원(작부酌婦, shakufu로 불렸는데 이는 사창을 완곡하게 표현한 용어다)은 연간 518엔, 웨이트리스는 210엔, 다른 여성 노동자들은 130엔을 벌었다(Shakai 1935: pp.160~161).

사창을 이용하는 일은 고객에게도 더 큰 위험이 따르는 일이었다. 법에 따르면, 공창은 성병 감염 여부를 확인하기 위해 매주 건강검진을 받았고, 감염된 여성은 회복될 때까지 일을 할 수 없었다. 1932년, 도쿄의 공창 중 3.2%가 성병이나 기타 전염병에 감염되어 있었다. 같은 연구에서 사창의 감염 비율은 9.7%로 나타났다. 다른 연구에 따르면 공창의 감염률은 1~3%에 불과했으며, 사창의 감염률은 10%를 크게 초과했다.[3]

(4) 가라유키상

일본의 사업가들이 일 때문에 해외로 이주하자 젊은 여성들이 그들을 뒤따라갔다. 그 여성들은 해외에서 일본인 고객들을 위해 매춘부로 일했다. 일본인들은 이 여성들을 '가라유키상(唐行きさん, Karayuki-san)'이라고 불렀는데, '해외로 가는 여성들'이라는 의미였다(Nihon 1920). 해외에 거주하는 일본 남성들이 일본 여성을 선호했으므로, 그

녀들은 현지 경쟁자들보다 상당히 높은 수입을 얻었다. 해외 이주 비용을 고려하더라도 그녀들은 일반적으로 일본 내에서 벌 수 있는 것보다 더 많은 임금을 받았다(Park 2014: p.451).

해외로 진출한 매춘부들은 규슈의 남쪽 섬이나 그 근처에 있는 두 마을, 시마바라島原와 아마쿠사天草 출신이었다. 그녀들 대부분이 작은 마을에서 왔다는 사실이 중요하다. 이 사실로 인해서 그녀들이 모집업자들의 거짓말에 속아서 가게 되었다는 주장의 설득력이 떨어지게 된다. 속임수는 상대가 무엇이 거짓인지를 몰라야 효과가 있기 때문이다. 작고 폐쇄적인 공동체의 젊은 여성들(또는 소녀들)이 몇 년 동안 마을을 떠났다가 돌아오면, 그녀들은 그동안 자신에게 무슨 일이 일어났는지 주변에 이야기하지 않을 수 없다. 이야기가 퍼지고, 해당 지역에 사는 다른 사람들 모두는 그녀가 마을을 떠났다가 돌아온 사실의 함의를 알게 된다.

작가인 야마자키 토모코山崎朋子는 이 역사를 파악하기 위해 아마쿠사로 갔다(Tomoko Yamazaki 1972). 그녀는 그곳에서 '오사키'라는 이름의 해외 원정 매춘부 경력을 가진 늙은 여성과 친해졌다. 오사키는 해외에서 여러 해 동안 일했지만, 그녀가 한 이야기는 아버지의 강압이나 성노예에 관한 것이 아니었다. 오사키는 작은 마을에서 태어났고, 그녀의 집안에는 이미 아들과 딸이 있었다. 그녀의 아버지는 오사키가 태어나고 몇 년 후에 사망했다. 그리고 어머니는 새로운 연인을 찾았다. 새 연인이 어린 아이들에게 관심이 없었기 때문에 어머니는 아이들을 버리고 새 연인과 결혼했다. 세 아이들은 작은 판잣집에서 함께 살았고, 음식 찌꺼기를 뒤지며 끼니를 때웠다. 그 마을의 다른 여성이 해외에서 매춘부로 일한 뒤 상당한 돈을 가지고 돌아왔다. 이윽고 그녀의 언니도 매춘부로서 해외로 나가 일했다.

오사키가 10살이 되었을 때, 그녀의 집에 들른 모집업자가 만약 해외로 가겠다고 하면 300엔을 전차금으로 주겠다고 했다. 모집업자는 그녀를 속이려고 하지 않았다. 오사키는 10살에 불과했지만 그 직업에 대해 알고 있었다. 그녀는 자신의 오빠와 의논했고, 오빠가 농사에 정착하는 것을 돕기 위해 그 일을 하기로 결정했다. 그녀는 말레이시아로 가서 3년간 하녀로 일했고, 행복했다고 회상했다. 말레이시아의 집에서는 매일 흰쌀밥과 생선을 먹었는데, 이는 아마쿠사에서 버려진 세 아이들이 먹던 것보다 훨씬 나았다.

13살 때, 그녀는 매춘부로서 그 집을 위해 일하기 시작했다. 뱃삯과 3년간의 숙식비 때문에 그 집안에 2,000엔을 빚지고 있었다. 새로운 계약 조건에 따라서, 고객들은 잠시 방문할 때는 2엔, 1박을 할 경우에는 10엔을 지불했다. 매춘업소 주인이 그 돈의 절반을 가져가고 그녀에게 숙식을 제공했다. 나머지 절반 중 일부는 전차금을 갚고, 또 그 나머지로는 화장품과 옷을 구입했다. 그녀는 자신이 열심히 일하면, 한 달에 약 100엔을 갚을 수 있다는 것을 알게 되었다.

오사키가 대부금을 다 갚기 전에 주인이 죽자, 그녀는 싱가포르에 있는 매춘업소로 전속되었다. 그녀는 새로운 주인이 싫었다. 그래서 어느 날 다른 몇몇 매춘부들과 함께 항구로 가서 말레이시아로 가는 표를 샀다. 이 부분이 중요하다. 심지어 해외에서도, 어떤 매춘업소에서의 일을 싫어하는 여성들은 종적을 감출 수 있었고, 실제로 그렇게 했다.

오사키는 새로운 매춘업소를 발견했다. 그녀는 그 매춘업소의 주인 부부가 마음에 들었고(주인 부부는 이전 매춘업소를 상대로 그녀를 빼내오는 협상을 했다), 시간이 흐르면서 여주인을 "엄마"라고 부르게 되었다.

오사키는 한 영국인이 그녀를 자신의 정부로 삼을 때까지 그곳에 머물렀다. 말년에 아마쿠사에 있는 자신의 집으로 돌아왔다.

2.3. 조선의 매춘

(1) 현상

일본인 이민자들이 조선으로 이주하기 시작하면서 그들은 자신들의 지역 공동체 안에 일본에서의 공창제 아래 매춘업소들과 유사한 체계를 만들었다. 일본은 1910년도에 공식적으로 조선을 병합했고, 조선총독부는 1916년도에 조선반도(오늘날 한반도) 전역에 걸쳐 매춘업에 대한 동일한 허가 규칙을 적용했다. 매춘을 할 수 있는 최저 연령을 17세(일본열도는 18세)로 정하고, 정기적인 건강검진을 요구했다(Fujinaga 1998, 2004; Kim and Kim 2018: p.18, p.21).

조선인과 일본인 모두 새로운 공창제를 이용할 수 있었지만, 일본인들이 더 쉽게 이를 이용했다. 예를 들어, 1929년 총 1,789명의 일본인 매춘부가 조선에서 일하고 있었던 반면에, 조선인 매춘부는 총 1,262명에 불과했다. 일본인 매춘부는 45만 300명의 손님을 받았는데, 조선인 매춘부는 11만 700명을 받았다(일본인 매춘부의 연간 손님은 252명, 조선인 매춘부의 연간 손님은 88명). 1935년까지 일본인 매춘부는 총 1,778명으로 감소했지만, 조선인 매춘부는 총 1,330명으로 증가하는 데 그쳤다(Kim and Kim 2018: p.18, p.21; Fujinaga 2004).

수많은 조선인 여성들이 매춘부로 일했지만, 그녀들 모두가 공창제 아래에서 일한 것은 아니다. 당시 조선총독부 집계에 따르면, 1935년 당시 조선반도에서는 414명의 일본인 여성들이 술집 여급으로 일했고, 4,320명이 카바레 근로자로 일했다(여급이나 카바레 근로자 역시 사창 매춘부를 표현하는 완곡한 용어다). 조선인 여성들 중에서는 1,290명이 술집 여급으로, 6,553명이 카바레 근로자로 일했다.[4]

(2) 계약

(a) 가격

공창을 모집하기 위해, 조선의 매춘업소들은 일본의 매춘업소들과 거의 같은 연계계약을 이용했다. 그러나 임금은 조선의 낮은 생활 수준을 반영했다. 경제 전반에 걸쳐 1910년부터 1940년까지 일본인의 임금과 조선인의 임금 비율은 2.5배에서 1.5배까지였다. 1930년대의 조선 남성들은 하루에 약 1~2엔을 벌었다(Odaka 1975: p.150, p.153).

조선의 매춘 시장에서 일본인 매춘부들은 조선인 매춘부들보다 더 많은 비용을 청구했다. 일본인 고객들이 조선인 고객들보다 대체적으로 부유했고, 일본인 고객들은 일본인 여성들을 선호하는 경향이 있었다. 1926년 당시 조선의 매춘부들은 3엔을 받았고, 조선 내 일본인 매춘부들은 6엔에서 7엔을 받았다. 고객들은 조선인 매춘부 방문에 평균 3.9엔을 지출했고, 조선 내 일본인 매춘부 방문에는 평균 8엔을 지출했다(Kim and Kim 2018: p.26, p.89, p.96; Nihon yuran 1932: p.461). 1929년 조선의 한 지역(가난했던 것으로 보이는)에서는 일본인 공창 매춘부의 연간 수입이 1,052엔이었고, 조선인 공창 매춘부의 연간 수입은 361엔이었다(Nihon 1994).

일본인들의 높은 수입으로 인해 조선에서 일하는 일본인 매춘부들이 조선인 매춘부들보다 더 많은 현금을 전차금으로 받게 되었다. 한 문헌(Kim and Kim 2018: p.96)은 조선인 매춘부들이 3년 계약에 250~300엔(때로는 400~500엔)의 전차금을 받는다고 기술했으며, 일본인 매춘부들은 1,000~3,000엔을 받았다고 적고 있다(일본에서 받는 것보다 더 큰 액수에 주목하자). 다른 문헌은 조선인 매춘부들은 평균 420엔, 일본인 매춘부들은 평균 1,730엔의 전차금을 받는다고 집계했다(Nihon 1994: p.63).

(b) 계약 조건

일본의 매춘부들이 6년 이내에 그만두었던 것과 마찬가지로, 조선의 매춘부들도 20대 중반이 되면 그 업계를 떠났다. 한 연구에 따르면 조선인 공창 매춘부들의 61%가 20~25세였다. 25세를 넘는 경우는 16%에 불과했다(Kim and Kim 2018: p.97; Ito 1931: pp.172-194). 또 다른 예로, 경성(서울) 지역 1,101명의 매춘부들 중 680명이 20~24세였지만, 25~29세는 273명에 불과했다. 1,101명 중에서 294명은 5년 차였고, 65명은 6년 차, 17명은 7년 차였다. 1924년에 1,101명이 된 것은 407명이 그만두고 317명이 새로 들어온 결과였다(Michiya 1928).

(3) 해외에서의 조선인 매춘

일본인 가라유키와 마찬가지로, 젊은 조선인 여성들도 해외에 진출했다. 결정적으로, 1932년 상하이의 몇몇 매춘업소가 최초로 허가된 "위안소comfort station"가 되기 훨씬 이전부터 조선인 여성들은 매춘부로 일하기 위해 해외로 나갔다. 다시 말해, 위안소 때문에 젊은 조선인 여성들이 해외로 나가 매춘부로 일하게 된 것이 아니다. 조선인 여성들이 매춘부로서 해외로 나가 일하기 시작한 것은 그보다 앞선 수십 년 전이다.

조선인 여성들은 이미 1920년대부터 매춘부로 일하기 위해 만주에 진출해 있었다(Fujinaga 1998). 1929년 대만에서는 196명의 조선인 여성이 공창 또는 사창으로 일했고(Fujinaga 2001; Taiwan 1932), 1924년 중국 다롄(大连, Dailin)에서는 67명의 조선인 여성이 일하고 있었다(Fujinaga 2000: p.219). 아마도 어떤 여성들은 일본인 고객을 위해 일했을 것이고, 일부는 조선인 고객을 위해, 또 다른 여성들은 중국인 고객을 위해 일했을 것이다.

그리고 그 첫 번째 위안소가 만들어진 이후에도, 조선인 여성들은 계속해서 오랫동안 해외로 나가 사창으로 일했다. 다시 말하지만, 그녀들은 상당히 다양한 고객들을 상대했다. 예를 들어, 1937년에 중국 톈진天津의 이민자협회는 조선에서 온 81명의 사창에 대해 보고했다. 1938년 한 달 동안에 90명의 조선인 여성들이 중국 지난(濟南, Jinan)시에서 사창으로 일하도록 허가해 달라고 조선총독부에 청원했다(Kitashina 1938). 그리고 1940년에 12명의 조선인 여성들이 상하이의 위안소에서 일했지만, 527명은 상하이에서 사창으로 일했다.[5]

2.4. 조선과 일본에서의 매춘부 모집

(1) 일본

폐창운동가들은 전쟁 전부터 일본에서 매춘을 금지시키려고 노력했다. 그러나 그 폐창운동가들조차도 모집업자들이 어린 여성들을 납치해서 매춘업소로 데려갔다고 항의하는 경우는 거의 없었다. 가난한 환경에서 자란 어린 여성들이 매춘을 하려고 마을을 떠나는 경우가 많았지만, 모집업자 또는 매춘업소가 자신에게 강요해서 매춘을 시작했다고 말하는 이는 드물었다. 폐창운동가들은 모집업자가 여성을 속여서 매춘부로 만들었다는 주장도 거의 한 바가 없었다(Senda 1973: p.89). 대신 그들은 여성들의 부모에 대해 문제를 제기했다. 부모가 사실상 자신의 딸을 팔아서 매춘업소로 보냈다는 것이다. 일부 여성들의 증언에 따르면, 매춘부가 되기 싫었던 경우도 있었다. 하지만 그녀들의 부모는 자신의 딸을 계약에 동의하게 했다. 딸이 지급받아야 할 연계_{年季} 계약의 전차금을 대신 챙기기 위해서였다.

일본 정부는 해외 위안소 네트워크를 위해 이미 업계에 종사하고 있는 매춘부만을 모집하도록 하는 모집 규정 초안을 마련했다(Gun'ianjo 1938; Shina 1938). 이 규정이 시사하듯, 일본 정부는 정치적 위험에 대해서 이미 깨닫고 있었다. 일본 내의 폐창운동가들은 매춘을 금지시키기 위해 수십 년 동안 싸워 왔다. 돈에 눈이 먼 데다가 부정직한 모집업자들에게 어린 소녀들이 속아 넘어가 상하이 위안소에서 다년간 일하게 됐다는 이야기가 더 이상 나와서는 안 되었다.

이런 난국을 피하기 위해서 일본 내무성은 다음과 같은 명확한 지침을 내렸다(Gun'ianjo 1938; Shina 1938).

> (a) 추업醜業을 목적으로 하는 부녀자의 도항은 현재 일본 내지에서 창기 및 그밖에 사실상 추업을 영위하여 만 21세 이상 또 화류병 기타 전염성 질환이 없는 자로서 중국 북부나 중국 중부로 향하는 자에 한하여 (……) 신분증을 발급한다.
>
> (b) 신분증을 발급할 때는 가업稼業 가계약의 기한이 만료 또는 그 필요가 없게 됐을 때에는 조속히 귀국하여야 함을 이해시켜야 한다.
>
> (c) 추업을 목적으로 도항하려는 부녀자는 반드시 본인 스스로 경찰서에 출두하여 신분증 발급을 신청해야 한다.

일본 내무성은 모집업자들에게 이미 매춘부로 일하고 있는 여성들을 고용하라고 지시했다. 여성들이 무슨 일을 하게 될지 분명히 알고 동의했는지 확인하기 위해 내무성은 개별 여성들이 계약서를 손에 들고 직접 경찰서를 방문해서 출국 허가에 필요한 증명서를 신청하지 않는 한, 서류를 발급하지 말라고 경찰에 지시했다. 그리고 면접에서는 계약이 만료되면 각각의 지원자들은 즉시 귀국해야 한다고 말할 것도 경찰에 요구했다.

(2) 조선

조선은 일본과는 다른 문제를 안고 있었다. 조선에는 전문적인 인력 모집업자들이 많았고, 그들은 사기를 잘 치는 것으로 유명했다. 1935년도에 조선 경찰은 일본인 모집업자 247명과 조선인 모집업자 2,720명이 있다고 기록했다. 확실히 이 남성 모집업자들과 여성 모집업자들(혼성으로 이루어지기도 했다)은 매춘업소만이 아니라 공장factories에서 일할 노동자도 모집했다(Nihon 1994: p.51; Yamashita 2006: p.675). 하지만 전쟁이 시작되기 전까지 조선의 신문들은 매춘 업종과 연관된 모집 사기만을 보도했다.

앞서 1918년에 조선 경성의 한 일본어 일간지(Keijo nippo 1918; Senda 1973: p.89)는, "불량배들이 교묘하게 부녀를 유혹하여 경성으로 유인하고, 마구 농락한 후에 '아이마이야曖昧屋'에 팔고 달아나는 모계謀計의 덫에 걸려 비참한 처지에 빠진 이들이 현저하게 늘어난 흔적이 있다"고 보도했다. (역주: '아이마이야'는 요릿집이나 찻집, 여관 등의 간판을 걸었지만 실제는 매춘부를 둔 집을 말한다.) 1930년대 후반 조선의 신문들은 50명 이상의 젊은 여성들을 매춘으로 끌어들인 11명으로 구성된 모집업자 일당에 관해 보도하기도 했다(Toa 1937). 이런 일당 중에는 100여 명이 넘는 이들을 속일 만큼 놀라울 정도로 교활한 부부도 있었다. 이 부부는 경성의 공장에 딸들이 일할 직장을 마련해 주겠다고 그녀들의 부모에게 약속하고선, 10엔이나 20엔을 준 뒤에 딸들을 해외의 매춘업소로 보내 버리고 그 대가로 100엔에서 1,300엔씩을 챙겼다고 한다(Toa 1939; Yamashita 2006: p.675).

여기서 한 가지 주목할 사실이 있다. 그것은 조선총독부나 일본 정부가 여성을 강제로 매춘업에 종사시켰던 것은 아니라는 점이다. 일본군이 사기를 치는 모집업자와 공조했던 것도 아니다. 모집업자가 다른 매춘업소보다 일본군 위안소에 초점을 맞췄던 것도 아니다. 문제는, 수십여 년에 걸쳐서 젊은 여성들을 매춘업소에서 일하도록 속이는 일에 종사해 온 조선 내 조선인 모집업자와 관련되어 있었다.

3. 위안소

3.1. 성병

1930년대와 1940년대 초반 일본 정부 문서들을 보면 일본 정부가 성병을 퇴치하기 위한 시설을 설립했다는 사실을 알 수 있다. 여기에는 다른 이유도 있었는데, 일본 정부는 병사들의 강간을 줄이고 싶었다. 그리고 눈여겨볼 사실 중에 하나로, 중국 북부에 주둔했던 일본군의 1939년 문서에 일본군이 공산당과 싸우는 데 있어서 위안소가 도움이 될 것이라고 언급한 내용도 있다(Kitashina 1939). 그러나 일본군이 위안소를 만든 이유는 성병을 퇴치하기 위해서였다. 위안소는, 군의 엄격한 위생과 피임 절차를 따르는 데 동의한 매춘업소를 지칭하는 용어였다.

일본군 입장에서는 이미 매춘부가 많았기에 매춘부가 따로 더 필요했던 것은 아니다. 매춘부는 군대가 가는 곳을 계속 따라다녔고, 일본군을 따라 아시아로 이동했다. 다만 일본군에게 필요한 것은 '질병 없는 매춘부'였다. 1918년 일본군이 시베리아로 출병했을 때, 지휘부는 상당수 병사들이 성병으로 전투불능 상태가 된 사실을 확인했다.[6] 1930년대에 일본군이 중국으로 진출하자, 지휘부는 현지 매춘부들 중에 상당수가 성병에 감염된 사실을 발견했다. 따라서 일본군은 병사들이 성병 감염을 최소화할 수 있는 매춘업소로 가기를 원했다.

일본군은 감염의 위험을 최소화하기 위해 몇 단계의 조치를 실행했다. 그리고 기준 충족에 동의한 매춘업소에 면허를 주고 "위안소"라고 명명했다. 군으로부터 허가받은 매춘업소의 매춘부는 매주 건강검진을 받도록 했다. 성병에 감염된 경우에는 완전히 회복될 때까지 고객을 받지 못하도록 했고 모든 고객에게 콘돔을 사용하도록 지시했다. 콘돔은 군대나 매춘업소에서 무료로 제공했다. 콘돔 착용을 거부한 고객은 받지 말라고 매춘부에게 지시했고, 모든 매춘부와 고객은 성관계 후 즉시 소독약으로 씻어야 했다. 또한 군인에게는 허가받은 곳 이외의 어떤 매춘업소도 방문하지 못하게 했다.[7]

3.2. 계약 기간

위안소는 일본의 매춘업소에서와 비슷한 계약으로 매춘부를 고용했지만, 중요한 차이점이 있었다. 시골에 사는 여성이 도쿄의 매춘업소에서 일하기 위해 떠나려면, 그 일의 위험과 가혹함은 물론이고 평판 저하를 상쇄할 수 있을 만큼 높은 임금을 받을 것이라는 확신이 필요했다. 특히 전선에 위치한 위안소에는 훨씬 더 큰 위험이 존재했다. 우선 그녀는 전투, 폭격, 질병 등 전쟁의 모든 위험에 직면했다. 그녀가 직면한 더 심각한 위험은 위안소가 약속을 불이행할 가능성이었다. 도쿄에 있는 매춘업소 업주가 계약을 위반하려고 하면 매춘부는 이를 경찰에 신고할 수 있었다. 하지만 전선의 경우에는 헌병 외에는 어떤 경찰도 찾을 수 없었다. 도쿄에서 그녀는 매춘업소 업주를 상대로 계약 위반 소송을 제기할 수 있었다. 하지만 전선에는 그런 선택권이 없었다. 도쿄에서 여성은 매춘업소를 빠져나와 대도시의 익명성 속으로 사라질 수도 있었다. 전선에서도 이것이 가능한지 여부는 위안소의 구체적인 소재지에 따라 달랐다.

도쿄 매춘업소에서의 계약을 전선의 위안소에 적용하기 위해서는 변화가 필요했다. 계약에서의 가장 중요한 차이는 훨씬 더 짧은 계약 기간이었다. 매춘업소가 전선에 있기 때문에 발생하는 모든 위험을 반영하여, 계약 기간은 2년이 일반적이었다. 앞서 설명한 바와 같이 일본에서의 매춘 계약은 일반적으로 6년, 조선에서는 3년이었다는 사실을 기억하라. 한편 버마 위안소에서 일한 일부 조선인 위안부는 6개월에서 1년 정도의 짧은 계약을 체결하기도 했다(예를 들어 Josei 1997: v.1, p.19).

3.3. 계약금액

이처럼 짧으면서도 잠재적으로 위험한 임무에 대해, 매춘업소들은 도쿄의 매춘부들에게 줬던 임금보다 훨씬 높은 임금(연봉)을 지급했다. 일반적으로 매춘업소들은 2년 기간에 대한 전차금으로 수백 엔을 지불했다. 계약서 견본을 살펴보면 1937년 상하이 위안소에서 모집한 일본인 여성들은 500엔에서 1,000엔의 전차금을 받았다(Naimusho 1938). 이와 유사하게, 1938년 일본 내무성 문서에 따르면 상하이 위안소로 향하는 일본인 여성들은 600~700엔을 전차금으로 받았으며, 1명은 700~800엔, 그리고 2명은 300~500엔 정도였다(Naimusho 1938).

이것은 무엇을 의미할까. 위안소의 매춘부는 훨씬 더 높은 위험에 대한 보상으로 훨씬 더 높은 임금을 받았다. 조선과 일본의 매춘부도 이미 그녀들이 다른 직업에서 벌 수 있는 것보다 더 많은 돈을 벌고 있었다. 일본 내 매춘부들이 6년의 기간 동안 1,000엔~1,200엔을 벌었다는 사실을 기억하라. 전방 위안소의 경우, 일본에서 온 매춘부들은 2년 동안 600엔~700엔을 받았다.

3.4. 계약 조건

계약 조건 중 다른 일부도 전선에서의 더 큰 불안감을 반영했다. 1943년 말레이시아 말라야_{Malaya} 위안소의 일본군 규정을 살펴보자. 말라야에서 위안부 일을 고려하는 일본인 여성들은 다음과 같은 생각을 하는 것이 합리적이었다. 내 돈을 강도에게 강탈당하지 않을까? 군대가 후퇴할 때 나는 내 돈을 가지고 갈 수 있을까? 내가 죽으면 내 유족들이 내 돈을 받을 수 있을까? 이 때문에 매춘업소는 매춘부를 위한 우체국 저금 계좌를 각각 실명으로 개설할 것을 요구받았다. 그리고 매춘부는 자신이 번 돈의 3%를 그 계좌에 입금해야 했다. 그에 더해 매춘업소는 남은 부채 금액에 따라 일정한 비율로 총수입의 일부를 해당 여성에게 지불해야 했다. 1,500엔 이상의 부채가 있는 경우에는 수익의 40%가 매춘부의 몫이었고, 1,500엔 미만이면 50%였다. 상환할 부채가 없으면 60%였다. 매춘업소는 이 중에서 2/3를 부채 상환으로 처리하고, 그 나머지는 매춘부에게 직접 지불했다(Maree 1943; U.S. Office 1944 참조).

계약 기간이 끝났거나 전차금을 다 갚은 여성은 집으로 돌아갈 수 있었다. 버마와 싱가포르의 위안소에서 일했던 조선인 위안소 관리인은 몇 년 동안 일기를 썼다(Choe 2017a,b). 그 매춘업소의 위안부는 계약 기간이 끝나면 집으로 돌아가는 경우가 많았다. 센다 가코千田夏光는 위안부에 대한 연구를 하던 중 과거 자신이 위안부 모집과 관련된 일을 했다고 말하는 이를 만났다. 그가 말한 내용은 분명히 그 자신의 이해에도 관련되었을 것이다. 그러나 센다 가코(Kako Senda 1973: pp.26-27)가 그에게 "실제로 1,000엔을 갚고 일찍 돌아간 여성이 있었습니까" 하고 묻자, 그는 "예, 있었습니다"라고 대답했다. 이어서 그는 "많이 있었어요. 1연대와 함께 간 여성들 중에 가장 늦게 갚은 경우에도 몇 달 만에 전차금을 다 갚고 자유의 몸이 되었습니다"라고 말했다.

3.5. 매춘부의 저축

전차금 이상으로 매춘부마다 벌어들이는 소득도 달랐다. 계약 조건만 보더라도 그건 매춘부가 창출한 수입에 달려 있었다. 수입과 관련해서, 학자들은 매춘업소 업주들이 매춘부들을 속였을 것이라고 자주 말하는데, 일부 업주들은 의심의 여지없이 그러했다. 어떤 산업에서나 사람들은 서로를 속인다.

하지만 많은 매춘업소 업주들은 그들이 데리고 있는 매춘부들에게 고액의 전차금 이외에 실제로 그 이상을 지불했다. 일기를 쓴 위안소 관리인은 위안부가 예금계좌를 가지고 있었다고 기록했다. 그는 그들을 대신해서 정기적으로 돈을 예금했다고 썼다. 그리고 그는 정기적으로 매춘부를 대신하여 그들의 집으로 돈을 보냈고, 돈을 받았음을 확인하는 전보도 받았다고 했다(KIH 2016a; Choe 2017a,b). 실제로 일부 위안부는 스스로 위안소를 설립할 수 있을 만큼 큰돈을 벌고 저축도 했다(Park 2014: p.111).

기록이 남아 있는 조선인 위안부의 경우에는 문옥주가 가장 화려한 성과를 낸 것 같다. 그녀는 자신의 회고록에서 다음과 같이 말했다(KIH 2016b).

> 나는 조금씩 받은 팁을 모아 큰돈을 가지고 있었다. (……) 병사들도 전원 자기의 급료를 야전우체국에 저금하고 있다는 것을 나는 알고 있었다. 나도 저금하기로 마음먹고 병사들에게 부탁해서 이자가 붙도록 통장을 만들어 오백 원을 저금했다. 내 이름으로 된 저금통장이 만들어졌고 거기에는 틀림없이 오백원이라고 적혀 있었다.
>
> 태어나서 처음으로 한 저금이었다. 대구에서 어렸을 때부터 아이 보기를 하거나 물건을 팔아 그렇게 돈을 벌었어도 어려운 생활에서 벗어나지 못했던 내가 그런 큰돈을 저금할 수 있다니 믿을 수 없는 일이었다. 그 당시엔 천원이면 대구에 작은 집 한 채를 살 수 있었다. 그 정도 돈이면 어머니가 조금은 편한 생활을 할 수 있도록 해드릴 수도 있다고 생각하니 쑥스러우면서도 정말 기뻤다. 그때부터 저금통장은 내 보물이 되었다. (……)
>
> 그때는 인력거를 타고 물건을 사러 다니는 것이 하나의 재밋거리였다. (……) 랑군의 시장에서 물건을 사던 기억을 잊

을 수가 없다. (……) 랑군 시장에는 보석가게도 있었다. 버마는 보석이 많이 나는 곳이었기 때문에 루비나 비취가 특히 싼 편이었다. 친구들 중에는 보석을 많이 모으는 사람도 있었다. 나도 하나 정도는 가지고 있는 게 좋을 것 같아서 큰맘 먹고 다이아몬드를 사기도 했다.

나는 랑군에서도 얼마 안 가 인기 있는 위안부 중 한 사람이 되었다. 장교도 전선과 비교할 수 없을 만큼 그 수가 많았기 때문에 연회에도 가끔 불려갔다. 팁을 받는 게 좋아서 기꺼이 가서 노래했다. (역주: 문옥주의 회고록 『버마전선 일본군 '위안부' 문옥주』 한국어판을 인용했다.)

3.6. 전쟁 말기

일본 정부는 전쟁 말기 마지막 2년 동안 조선인 노동자들을 가장 적극적으로 동원했고, 학자들은 바로 그때가 일본이 위안부를 가장 많이 모집한 시기라고 주장한다. 그러나 사실은 그 반대다. 전쟁 말기는 일본 정부가 매춘부를 고용하던 시기가 아니었다. 그 시절에 일본은 매춘부를 매춘업소 대신 군수공장으로 보내고 있었다.

전황이 일본에 불리하게 돌아가면서, 일본군은 병력이 부족해지기 시작했다. 1936년에는 24만 명의 남성들이 군대에서 복무했다. 일본군이 중국을 침공하자 그 수는 95만 명으로 늘어났다(1937년). 그 규모는 1943년 358만 명, 1944년 540만 명, 1945년 734만 명으로 증가했다. 결국 일본군은 40세가 다 되어 가는 예비군까지 소집했다. 전쟁이 끝날 무렵에는 20~40세 남성 중 60.9%가 군대에 복무한 경험이 있었고, 2백만 명이 사망했다(Watanabe 2014: p.1, p.8).

일본군은 보급품도 부족했다(일반적으로 Miwa 2014 참조). 30대 예비군까지 소집해서 전선으로 보냈기 때문에 광산과 공장에서 이들을 대신해서 일할 사람이 필요했다. 조선의 청년들은 일본 국민임에도 불구하고 군대에는 징집되지 않았다. 그러나 1944년이 되자, 일본은 많은 수의 조선인을 광산과 공장으로 보내기 시작했다. (역주: 조선인 노무동원 자체는 1939년부터 시작되었다.) 동시에, 미혼의 젊은 일본 여성들과 조선의 여성들도 공장으로 보냈다.[8]

결국 일본 정부는 매춘업소까지 걱정할 여유가 없었다. 매춘업소와 고급식당이 점차 문을 닫기 시작했다. 군은 가능한 모든 일본인 남성들을 민간 생산 분야에서 전선으로 옮기고 있었다. 그리고 이런 일본인 남성들을 대체하기 위해서 조선인 남성들을 일본으로 보냈다. 그리고 집에 있거나 긴요하지 않은 일에 종사하던 일본과 조선의 여성들을 군수품 생산공장으로 보냈다.[9] 조선판 '리벳공 로지Rosy the Riverter'로 생각하면 된다. 「매일신보」(1944년)는 부산항에서 화물을 운반하는 한 여성의 편지를 게재했다. "나라가 우리를 필요로 합니다"라고 그녀는 외쳤다. "우리가 여자라고 해서 집에만 틀어박혀 있을 수는 없습니다." 전반적인 긴축경제, 그리고 매춘부들이 공장으로 이동하면서, 매춘업소들은 꾸준히 폐업을 해야 했다.[10]

4. 결론

일본군은 문제를 안고 있었다. 매춘업소가 부족해서가 아니었다. 매춘부는 어디라도 군대를 따라다녔고, 1930년대와 1940년대에도 일본군을 따라다녔다. 문제는 의학적인 것이었다. 일본군이 진출한 지역의 현지 매춘부들은 성병 감염 비율이 상당히 높았다. 일본군 수뇌부 입장에서는 군인들이 매춘업소에 그리 빈번히 출입한다면 질병으로부터 자유로운 매춘업소에 가기를 바랐다.

이를 위해서, 공중 보건을 위해서가 아니라 더 강력한 군대를 유지하기 위해서, 일본군은 일본과 조선의 표준적인 공창제를 도입했다. 매춘업소와 매춘부가 여기에 응했다. 지정된 군의관들이 매주 건강진단을 실시했다. 매춘업소는 고객에게 콘돔 착용을 요구했고, 매춘부에게는 콘돔을 거부하는 고객이 있으면 거절하라고 지시했다. 고객과 매춘부는 관계 후에는 매번 소독약으로 씻어야 했다.

계약 자체는 "신뢰할 수 있는 약속credible commitments"이라는 게임이론의 기본 원칙을 따랐다. 매춘업소 업주들은(군대가 아니다) 새로운 매춘부를 대부분 일본과 조선에서 대거 고용했다. 여성들은 매춘업소 업주들이 그녀들이 얻을 수 있는 수입을 과장할 위험이 있다는 사실을 깨닫고, 임금의 많은 부분을 미리 전차금으로 받기를 원했다. 매춘업소들은 이에 동의했다. 여성들은 자신들이 전선으로 향하고 있다는 사실을 알고서 최대한 짧은 기간으로 계약하기를 원했다. 매춘업소들은 여기에도 동의했다. 또한, 여성들이 업소 측으로부터 감시받지 않는 공간에서 불성실하게 일할 위험이 있다는 것을 알고 있던 매춘업소들은 여성들이 열심히 일하도록 유인을 부여하는 계약 조건을 원했다. 여성들은 그에 동의했다. 여성들과 매춘업소는 1년 또는 2년의 계약기간과 거액의 전차금을 결합하는 연계계약indenture contract을 체결했다. 전쟁의 마지막 몇 달 전까지, 여성들은 계약 기간을 채우거나 빚을 조기에 갚으면 집으로 돌아갔다.

1   필자는 엘리자베스 베리Elizabeth Berry, 후쿠이 요시타카Yoshitaka Fukui, 정일영Il-Young Jung, 기무라 미츠히코Mitsuhiko Kimura, 미와 요시로Yoshiro Miwa, 제이슨 모건Jason Morgan, 나카자토 미노루Minoru Nakazato, 그레고리 노블Gregory Noble, 제프리 램자이어Geoffrey Ramseyer, 제니퍼 램자이어Jennifer Ramseyer, 프랜시스 로젠블루스Frances Rosenbluth, 리처 드 새뮤얼스Richard Samuels, 헨리 스미스Henry Smith, 프랭크 업햄Frank Upham 및 「법경제학국제논총IRLE」 편집진의 너그럽고 유익한 논평과 제안에 감사를 전한다.

2   이 계약의 세부 내용은 Fukumi(1928: p. 70, pp. 97-99, pp. 115-116, p. 220), Kusama(1930: p. 206, p. 211, p. 283), Okubo(1906), Ito(1931: p. 229), Chuo(1926: pp. 412-415) 참조.

3   Keishi(1933: pp. 143-144), Uemura(1918), Kusama(1930: p. 288, p. 291), Fukumi(1928: p. 93, pp. 168-169), Chuo(1926: pp. 433-435).

4   Chosen(1906-1942), Nihongun(2020).

5   Takei(2012: tab. 6), Zai Jokai(1938, 1937).

6   다음 손실 일수 추정치를 참조하라. Yamada and Hirama(1923: p. 269).

7   Gunsei(1942), Shina(1942), SCAP(1945), Morikawa(1939), Mandalay(1943), U.S. Interrogation Report(n. d.), Hito gun(1942).

8   Hatarakeru(1943), Romu(1943), Chosen(1944, 1945), Higuchi(2005: p. 53).

9   Senso(1943), Hanto(1944).

10 Senso(1943), Hata(1992: p. 330, p. 333), Hakken(1943).

초록

「법경제학국제논총International Review of Law & Economics, IRLE」 제65호(2021년)에 게재된 '태평양전쟁에서의 매춘 계약Contracting for sex in the Pacific War' 논문에서, 필자는 일본과 조선의 매춘부가 매춘업소와 맺는 계약의 이면에 존재하는 경제 논리에 대해 논의했다. 필자가 설명하고자 했던 그 계약의 특성은 거액의 초기 선불금(전차금)과 최대 용역 기한을 결합시키는 방식이었다. 필자는 이러한 계약 조건을 전통적 경제학에서 딜레마를 다루는 방식으로 해석하고자 했다.

필자의 논문은 엄청난 비판 공세를 불러일으켰다. 하지만 문제의 계약 관련, 그 경제적 분석 부분을 비판하는 이는 사실상 전무했다. 계약에 대한 경제적 분석 부분이 바로 논문의 초점이었으며, 그것이야말로 「법경제학국제논총IRLE」이 필자의 논문을 게재한 이유였음에도 말이다. 실제로 필자에 대한 비판에 나선 이들 중에서 대부분은 계약 문제에 대한 필자의 경제적 분석에 대해서는 언급조차 하지 않았다.

필자에 대한 비판 중에는 필자가 계약 당사자들의 실제 매춘 계약서 실물을 검토하지 않았다는 주장이 있었다. 하지만 필자의 논문을 읽은 독자들이라면 필자가 계약서 실물을 갖고 있다고 주장한 사실이 없다는 것을 알 수 있다. 필자가 아는 한, 전쟁을 거치고도 아직까지 보존되어 있는 계약서 실물은 없다. 필자가 의존한 자료는, 필자의 논문에서 분명히 밝혔듯이 그러한 매춘 계약이 있었음을 가리키는 정부 문서, 전시 회고록, 신문광고, 위안소 관리인의 일기 요약본 등의 정보들이었다.

필자의 논문에 관한 또 다른 비판들은 인용의 정확성, 적절성, 그리고 그 해석과 관련된 것이었다. 필자는 이러한 지적에 대해 본 논문을 통해 반박할 것이다. 지적된 것들 중에서 대부분은 애초에 오류도 아니었다. 일부 실수가 있긴 했지만, 그런 실수는 필자가 분석한 계약 조건 문제에는 아무런 영향도 미치지 못하는 것이었다.

필자에게 쏟아진 대부분의 비판은 위안부 제도의 비윤리성을 강조하는 내용이었다. 특히 어떤 비판 중에는 일부 여성들이 기망에 의해서 위안부가 되었고 또 위안소 업주들에게 사기를 당했거나 학대를 당했다는 사실을 필자가 무시했다는 주장도 있었다. 하지만 필자의 논문을 실제로 읽어 본 독자라면, 필자의 논문이 이러한 문제도 분명 지적했음을 기억할 것이다.

필자에 대한 대다수 비판가들은 수많은 조선인 여성들이 조선에서 일본군에 의해 (총을 겨누거나 그녀들의 의사에 반하여 끌고 가는 등의 방식으로) 강제연행되었다는 주장을 굽히지 않고 있다. 필자는 「법경제학국제논총IRLE」 논문에서는 이 쟁점을 다루지 않았지만 이번 반론을 통해 이 문제에 대해서도 논의하고자

제4장

태평양전쟁에서의 매춘 계약: 비판에 대한 반론

한다. **일본군에 의한 강제연행 주장은 거짓이다.** 조선인 여성은 조선에 주둔한 일본군에 의해, 계획적으로, 위안소에서 일하도록 강제연행된 바가 없다. 강제 연행에 대한 동시대의 문헌적 증거는 전혀 없다. 1945년 종전 이후 35년이 지나는 동안에도 그러한 증거는 발견된 바 없다. 1980년대 후반에 들어서야 일부 옛 위안부 여성들이 자신이 강제연행되었다고 주장하기 시작했다.

결정적으로, 1983년도에 일본인 작가 요시다 세이지가 자신을 포함하여 일본군 병사 일당이 인간사냥식으로 조선의 여성들을 총검으로 겨누어 강제연행하고 강간한 후 성노예로 삼았다고 주장하는 내용의 베스트셀러 책을 썼다. 1996년도에 유엔에서의 조선인 여성에 대한 강제연행과 관련한 유명한 보고서도 역시 이 요시다 세이지의 책을 근거로 하여 쓰인 것인데, 요시다 세이지의 책이 계기가 되어 이전에는 위안부가 된 경위와 관련해 다른 증언을 했던 극히 일부 옛 위안부 여성들이 자신들도 강제연행되었다고 증언하기 시작했다. 요시다 세이지는 사망하기 전에 자신의 책 전체가 조작된 것이라고 시인했다. 요시다 세이지의 날조된 이야기는 「뉴욕타임스」를 포함해 아시아와 해외에서 상당한 주목을 받았다.

위안부 논란은 요시다 세이지의 거짓말로 시작되었다. 그러나 필자를 비판하고 나선 이들 중 상당수가 일본 및 한국(조선)과 관련한 전문가들로, 그들 역시 이 놀랍고도 결정적인 날조된 이야기에 대해 분명히 알고 있음에도 불구하고, 그 누구도 이에 대해서는 언급하지 않고 있다.

제4장

태평양전쟁에서의 매춘 계약: 비판에 대한 반론

Contracting for sex in the Pacific War: A Response to My Critics

이 논문의 원 제목은 다음과 같다. "Contracting for Sex in the Pacific War: A Response to my Critics" The Harvard John M Olin Center For Law, Economics, and Business, Discussion Paper No.1075. 이 논문의 초고初稿는 2022년 1월 4일 작성됐다.

전시 매춘 연구에 관하여: 앤드루 고든과 카터 에커트 및 석지영에 대한 반론

「법경제학국제논총(International Review of Law & Economics, IRLE)」 (2021년 3월)에 게재된, 필자의 여덟 페이지짜리 논문 '태평양전쟁에서의 매춘 계약Contracting for Sex in the Pacific War'에서, 필자는 과거 일본과 조선의 여성이 담당했던, 전시戰時 "위안소"에서의 노동과 관련해 그 계약 구조를 살펴보았다(Ramseyer 2021, 이 책의 제3장). 이 위안소는 1930년대와 제2차 세계대전 동안 일본군 기지 근처에서 (전형적으로 일본인 또는 조선인 남녀 사업가에 의해) 운영되던 매춘업소였다. 필자의 논문은 큰 논란을 불러일으켰다.

이미 오래전부터 확립된 학문적 규범에 따르면, 어떤 학술지의 논문 내용에 대해서 누군가가 동의할 수 없을 경우 그는 먼저 비판적 논평을 작성한 후에 이를 독립적인 형태의 기고문으로 투고해야 하고 해당 학술지의 자체적인 검토 과정을 거치는 길을 택해야 한다. 하지만 필자를 비판하고 나선 이들은 이런 길을 택하는 대신, 학술지 측에 다짜고짜 필자의 논문 철회를 요구했다. 오늘날 한국과 일본의 관계에서 역사가 담당하는 지위를 반영하듯, 필자에 대한 여러 공격들이 한국 내의 남녀노소, 그리고 한국과 연고가 있는 서구의 학자들로부터 쏟아졌다.

비판에 나선 모든 이들이 필자가 제시했던 실제 주제, 즉 매춘업소와 매춘부를 고용하는 계약구조에 대한 경제적 설명을 한결같이 무시했다. 그 논문에서 필자는 두 가지 중요한 질문을 했다. (i) 매춘업소와 모집업자가 여성에게 많은 돈을 전차금으로 지불하는 이유는 무엇인가? 그리고 (ii) 여성이 일하는 시간을 결정하는 계약 메커니즘은 무엇인가? 필자를 비판했던 이들은 대체로 이 두 가지 질문을 무시했다.

대신, 비판가들은 필자가 실증적으로 거짓이라고 믿고 있는 주장들과 필자가 주장해 온 사실에 입각한 논점들을 결합시켰다. 몇몇 경우에서 비판가들은 문헌적 증거 또는 논문에 있는 출처 인용의 한계를 지적하기도 했다. 이러한 문제에 대한 지적은 감사한 일이기는 하지만, 이는 앞서 언급한 (i)과 (ii)와 같은 필자가 제시한 핵심 주제와는 아무런 관련이 없다.

JEL: J47, K12 K36, N15, N35, N45   Key words: Prostitution, Indentured Servitude, Japan, Korea

Contracting for Sex in the Pacific War:
A Response to My Critics

By J. Mark Ramseyer*
Harvard Law School

Abstract: In "Contracting for Sex in the Pacific War," *International Review of Law & Economics* (IRLE) (2020), I explored the economic logic behind the contracts made by Japanese and Korean prostitutes with the brothels at which they worked. Among the terms of the contracts that I tried to explain were the way in which they coupled a large initial payment with a maximum period of service. I sought to interpret these and other contractual terms as addressing classic economic dilemmas.

My article provoked massive criticism. However, virtually none of the critics attacked my economic analysis of the contracts. Indeed, most of my critics did not even mention my analysis of the contractual terms -- even though that was the focus of my article and was the basis for its publication in the IRLE.

Instead, some critics complained that I did not examine actual prostitution contracts. Readers of my actual article will know that I never claimed to have a data set of actual contracts. To the best of my knowledge, very few actual contracts survived the war. What I did rely upon—as I make clear in my article—is information *about* the prostitution contracts from government documents, wartime memoirs, newspaper advertisements, a summary of a comfort station accountant's diary, and so forth.

Other critics compiled a long list of asserted mistakes concerning the accuracy, relevance, and interpretation of citations in my article. I respond to these claims below. Most of them are not mistakes at all. A small number of them are mistakes, but they do not affect my analysis of the contract terms.

Most critics emphasized the immorality of the comfort women system. In particular, some critics claim that I ignored the fact that some women were deceived into becoming comfort women and were cheated and otherwise mistreated by owners of the comfort station brothels. Readers of my actual article will recall that I mention these points in my article.

Most of the critics insist that large numbers of Korean women were forcibly conscripted (at gunpoint or hauled away against their will) by the Japanese army in Korea. My IRLE article does not address this issue, but I discuss it in this response. *The claim is false:* Korean women were *not* programmatically and forcibly conscripted by Japanese soldiers in Korea into comfort station work. There is no contemporaneous documentary evidence of forcible conscription. Neither is there any evidence for over 35 years after the war ended in 1945. Only in the late 1980s did some Korean women begin to claim that they had been forcibly conscripted.

Crucially, in 1983 a Japanese writer named Seiji Yoshida wrote a best-selling book claiming that he and a posse of soldiers had dragooned Korean women at bayonet point and raped them, before sending them off to serve as sexual slaves. A famous 1996 UN report on the conscription of Korean women relied on this book, and it is in the wake of the book that a small number of Korean women began claiming that they had been conscripted even though some of them had earlier given different accounts. Before he died, Yoshida admitted that he had fabricated the entire book. Yoshida's fabrication attracted substantial attention in Asia and abroad, including in the New York Times.

The comfort women dispute began with Yoshida's fraud. Yet this astonishing and crucial fabrication is not mentioned by any of my critics even though many of them are Japan or Korea experts and are surely aware of it.

논문 제1면.

좀 더 구체적으로, 필자에 대해 비판가들은 대략 세 가지 논점에 초점을 맞춘 것으로 보인다. 첫째, 그들 중에 일부는 위안부가 계약을 맺고 일하지 않았다고 보는 듯하다. 필자가 갖고 있는 증거에 따르면 이는 명백히 사실이 아니다. 일본과 조선의 매춘부는 전전戰前에도, 전시戰時에도 계약하에서 일했다. 필자는 필자의 논문에서 이에 대한 실질적인 증거를 제시했으며, 이 반박 논문에서는 그 이상을 제시할 것이다. 여기서 분명히 해 두고 싶은 것은, 계약을 맺었다는 사실을 밝히는 일과 그 계약이 공정하고 정당한 것인지를 밝히는 일은 아무 관계가 없다는 사실이다. 앞으로 이 반박 논문에서도 여러 차례 반복해서 말하겠지만, 필자의 논문은 애초에 규범을 다루는 논문이 아니다.

둘째, 대부분의 비판가들은 또한 일본군이 인간사냥식으로 조선인 여성들을 총검으로 위협하여 위안부로 일하도록 강제연행했다고 주장한다. 다시 얘기하지만, 당시 일본군이 자행한 전쟁범죄의 심각성과는 별개로, 이 주장 역시 전혀 사실이 아니다. 필자는 이런 일이 조선에서 자행되었다는 당대의 증거를 찾지 못했다. 그런 일이 혹시 전쟁터에서 일어났을지는 모르겠지만, 필자는 분명히 논문 주제를 일본과 조선 출신의 여성들로 제한했다. 현재 몇몇 한국인(과거 조선인) 여성들이 자신들이 과거에 일본군에 의해 인간사냥식으로 강제연행되었다고 주장하고 있다. 물론 그녀들의 증언은 고려해야 할 증거이다. 그러나 이렇게 말하는 것이 불편하게 들리겠지만, 필자는 아래에서 상세히 설명할 이유 때문에 그녀들의 증언에 신빙성을 부여하기 어렵다고 생각한다.

셋째, 필자를 비판하는 사람들은 다들 예외 없이 위안부가 때때로 모집업자들에 의해 사기를 당하거나 위안소 업주들에 의해 학대를 받았다고 주장한다. 이는 사실이며, 이 문제를 다루는 것도 중요한 일이다. 그래서 필자의 원 논문에서도 분명 이 문제를 언급했다. 실제로, 위안소 업주들이 계약에 있어서 사기를 칠 수 있다는 위험성은 여성들이 자신이 받을 임금의 상당 부분을 미리 선금(전차금)으로 받기를 고집하는 하나의 이유가 되었다. 이 문제는 중요한 지적이기는 하지만, 필자가 해당 논문에서 이미 했었던 언급은 그냥 지나가는 식의 언급도 아니었으며 매우 명확한 것이었다. 이 문제는 실제로 필자의 핵심 논지에 있어서도 기초인 것이다.

위안소의 일본인 여성과 조선인 여성은(다수는 일본인 여성이었다) 다년간의 연계年季계약indentured contract을 맺고 일했다. 일반적으로 위안소는 여성에게 고액의 전차금을 지불하고 최대 2년의 기간을 지정하지만, 충분한 수입을 벌어들인 여성에게는 조기에 일을 그만둘 권리를 주었다(「법경제학국제논총IRLE」 논문 p.6). 이러한 합의의 경제적 논리(이에 대해서는 필자를 비판하는 이들 역시 이의를 제기한 바가 없다)는 명백하다. 여성들은 위안소 업주가 미래의 수입을 과장할 동기가 있음을 알고서 임금의 많은 부분을 선불로 요구했다. 그들은 전선으로 갈 수도 있다는 사실을 잘 알고 있었기 때문에 일하는 기간도 비교적 짧을 것을 요구했다. 그리고 위안소 측은 여성들이 일단 업소에 도착하고 나면 그 일을 기피할 유인이 있다는 것을 알고서 여성들이 열심히 일할 수 있는 유인을 제공할 조항을 넣을 것을 요구했다(「법경제학국제논총IRLE」 논문 p.6). 이와 같은 경제적 분석이 바로 필자 논문의 핵심 논지였다.

이번 반박 논문의 서론에서는 비판가들이 필자에 대해 가장 자주 제기하는 논점, 즉 조선인 위안부들은 총으로 위협받은 상태에서 매춘을 강요받은 것이지 계약에 따라 일한 것이 아니라는 주장에 대해 논의한다. 이 논의 과정에서는 주로 하버드대학의 역사학자들인 앤드루 고든과 카터 에커트의 주장(Andrew Gordon & Carter Ecker 2021)에 초점을 맞출 것이다. 필자는 일련의 간략한 단서但書들을 제시하고 난 후(A절), 필자의 원 논문에 대한 비판의 상당 부분을 암묵적으로 특징짓는다고 생각되는 두 가지 경제적 오해를 확인할 것이다(B절). 그다음에 필자는 한 조선인 여성이 자신의 선택을 설명한 방식을 구체적인 사례로 제시할 것이다(C절). 그런 다음 앤드루 고든과 카터 에커트의 논의로 돌아가서 현존하는 증거의 성격을 설명하고 일본군이 총을 겨눈 채

인간사냥식으로 위안부를 강제연행했다는 주장이 실질적 증거가 없다는 문제에 대해 논의할 것이다(D절). 이어서 석지영Suk-Gersen의 비판에 대한 짧은 논의를 추가한다(E절). 마지막으로, 영어로 된 학문적 저작에서 흔히 볼 수 있듯, 이 문제로 학계의 어떤 "합의consensus"가 있다는 관념에 대해서 비판적으로 논의함으로써 이 반박 논문을 마무리할 것이다. 사실, 이 문제로 현재 외견상 존재하고 있는 합의란, 단지 일부 학자들이 그런 합의와는 다른 주장을 했을 경우에 마주치게 될 적개심을 반영한 결과일 뿐이다(F절).

필자는 이번 반박 논문에서 일련의 부록도 추가했다. 에이미 스탠리 등(Stanley, et al. 2021a)에 대한 반박은 〈제4장 부록 I〉, 그리고 요시미 요시아키(Yoshimi 2021a)에 대한 반박은 〈제4장 부록 II〉, 계약서 관련 현존하는 증거들의 요약은 〈제4장 부록 III〉에 각각 포함시켰다.

A. 단서

몇 가지 예비적인 단서但書로 논의를 시작하겠다. 먼저 무엇보다도 중요한 것은, 이 연구는 전적으로 실증적인 프로젝트라는 점이다. 필자는 매춘 산업에 있어서 사람들이 서로 간의 관계를 규정짓는 계약에 관한 경제적 논리를 탐구한다. 필자는 정부가 매춘을 합법화해야 하는지 또는 공창제를 취해야 하는지에 관한 문제는 다루지 않는다. 사법부가 이런 종류의 계약에 대해서는 어떻게 대응해야 하는지도 다루지 않는다. 요시미 요시아키(Yoshimi 2021a)와 석지영(Suk-Gersen, 트위터 참조) 같은 이들은 장황하고 복잡한 도덕적 선언을 하고 있는데, 거기에

깔린 정서가 필자의 논문 내용과 모순되는 것은 아니며, 또한 그런 정서가 필자의 생각과 반드시 반대되는 정서일 이유도 없다. 필자의 논문은 전적으로, 거듭 말하거니와 전적으로, 기술적記述的인 것이다. 도덕적 판단을 내리는 것은 물론 훌륭한 일이지만, 우리는 학자로서 현실 세계의 남성과 여성이 특정한 계약을 맺는 이유에 대해서도 이해하려고 노력해야 한다. 그러한 계약의 도덕적 문제에 대해서까지 평가하는 일은 분명히 필자의 연구 범위를 벗어나는 일이다.

둘째, 필자의 분석 대상은 분명히 일본과 조선의 여성에 국한되어 있다. 대중적 언론의 상당수 비판, 이를테면 마이클 최Michael Chwe가 '우려하는 경제학자들Concerned Economists'이라는 제목으로 주도했던 청원서 (Concerned Economists 2021), 그리고 다른 학자들의 여러 논의(예를 들어 Gordon 2003, Stanley 2021a)는 아시아 여러 국가 출신의 여성들에 대한 학계의 사례들을 섞어 놓은 것이다. 1930년대에 조선은 일본의 일부였으며 조선인은 일본 국민이었다(비록 어떤 면에서 2등 국민이었다고 할지라도 말이다). 일본군이 총검으로 위협하는 인간사냥식 위안부 강제연행의 명백한 증거는 어디까지나 전쟁이 벌어진 지역의 적국 여성에 대한 것이었으며, 가장 악명 높은 사례는 인도네시아에서 있었던, 불량한 전쟁포로수용소와 관련이 있다(스마랑 위안소 사건). 군인들이 전쟁터 및 포로수용소에서 적국의 여성을 대하는 문제는, 군인들이 자국의 여성을 대하는 문제와는 완전히 다른 문제다. 물론 두 가지 모두 (문제가 발생했다면) 심각하게 다뤄져야 할 문제이며, 필자는 당연히 전쟁 포로에 대한 그 어떠한 학대 행위도 변호하지 않는다. 필자는 단지 필자가 작성한 논문의 제한된 범위를 강조하고자 할 뿐이다. 필자는 일본과 조선 출신의 위안부 여성에만 초점을 맞춘다.

셋째, 필자의 논문은 위안소, 그리고 일본과 조선에서의 매춘업소에서 사용된 계약에만 초점을 맞추고 있다. 필자는 원래 위안소와 매춘업소에 관한 역사적 맥락을 자세히 설명하는 두 배 분량의 다른 원고를 학술지 측에 제출하기도 했으며, 이미 이에 관한 역사학적 논쟁들에 대해서도 조사한 바 있다. 이 문서는 '사회과학연구네트워크SSRN'에서 구할 수 있다('Comfort Women: The Economics of the Contracts and the Politics of the Dispute'). 앤드루 고든과 카터 에커트는 필자가 "더 큰 정치적, 경제적 맥락을 생략한 것"에 "경악"했다고 주장한다. 필자는 그 맥락과 역사학적 논쟁에 관심이 있는 독자들에게 원래 제출했던 필자의 원고도 한번 읽어 볼 것을 권한다.

넷째, 필자는 조선인 위안부의 계약과 일본인 위안부의 계약을 비교하려는 시도는 전혀 하지 않았다. 그런데 정말 이상하게도 앤드루 고든과 카터 에커트는 이 비교가 마치 필자 논문의 근간이라고 생각하는 듯하다. 사실이 아니다. 그것은 필자 논문의 부차적인 주제조차 아니다. 필자의 논문 어디에서도 그러한 비교를 한 적이 없으며, 그 이유를 이하 D. 3절에서 설명할 것이다.

다섯째, 이 언급은 굳이 할 필요가 없지만, 하고자 한다. 학자들이 필자의 결론에 동의하지 않는다면 그들은 이에 대해서 반박 논문을 작성하고(가령, 이용식, 나츠 사이토, 조나단 토드리스가 한 것[Lee Yong-Sik, Natsu Saito & Jonathan Todres 2021]처럼 말이다), 이를 학계의 다른 동료 학자들이 볼 수 있는 학술지에 게재해야 한다. 애석하게도, 이번 문제와 관련해서 미국뿐만 아니라 한국에서도 '대중적' 논란이 벌어지고 있는 것 같다. 필자 논문에 대한 반응을 이해하려면 독자들은 한국 정부가 (공권력으로서) 이런 문제에 대한 논의를 얼마나 통제하고 있는

지부터 이해할 필요가 있다. 한국의 한양대 교수인 이유진(조셉 이)과 연세대 교수인 조 필립스는 다음과 같이 말하고 있다(Joseph Yi & Joe Phillips 2021).

> 한국에서 '위안부'에 대한 연구와 토론이 제한되면서, 다른 경우에는 활발한 공개토론을 중시하는 사회체제와 정치체제에서 '집단사고groupthink'가 조장되고 있다. '위안부' 납치 이야기에 대해 공개적으로 이의를 제기하는 소수의 학자들은 관련 운동가들로부터 괴롭힘을 당하고, 소속 대학으로부터 조사를 받게 되며, 또는 정부로부터 기소를 당하는 경우가 너무나 잦다.

이유진(Yi 2021)의 언급을 인용하자면, 공개토론을 활발히 장려하는 국가에서도 위안부 문제만큼은 "마지막 금기last taboo"다.

한국에서 학자들이 이런 금기에 도전하려고 했을 때(가령, 박유하, 이영훈, 이유진의 경우[Park 2014; Lee 2019, 2020; Yi 2018]가 그러했다), 그들이 치러야 했던 비용은 놀라울 정도로 컸다. 조 필립스, 이원동, 그리고 이유진은 이러한 비용 문제에 대해 다음과 같이 논의하고 있다(Joe Phillips, Lee Wondong & Joseph Yi 2019: pp.452-453).

> 2013년도에 세종대 교수 박유하는 위안부 피해자들의 다양한 경험을 알리고, 그녀들 중에 일부 증언의 진실성을 문제 삼는 책을 출간했다. 위안부 운동에 적극적인 옛 위안부 9명이 박유하에게 명예훼손 민형사 소송을 제기했고, 형사 쪽

에서는 검찰이 재판 과정에서 징역 3년을 구형했다. 민사 쪽에서는 서울동부지방법원이 1심 재판이 끝난 후 박유하의 책에 대해 부분적으로 검열을 하고서는 명예훼손에 대한 민사적 손해배상금 9천만 원(미화 7만 4천 달러)을 선고했다. 형사 쪽에서는 서울동부지방법원의 1심은 명예훼손 혐의와 관련하여 박유하에게 무죄를 선고했지만, 문재인 대통령이 당선된 후인 2017년 10월 27일에 서울고등법원의 항소심이 박 교수의 무죄 선고를 파기하고 형사적 벌금 1천만 원(미화 8천 8백 4십 8달러)을 선고했다. 항소심 재판 과정에서도 3년 형을 구형했기에 검찰은 이 결과(벌금)에 대해서도 불복하고 대법원에 상고했다. 이보다 앞서 2017년 4월 26일, 순천국립대학교 송 모 교수는 수업 중에 일부 조선인 위안부는 '아마도' 자발적인 경우였을 것이라고 말했는데, 이 발언과 관련해 대학은 송 모 교수를 파면했고, 법원은 명예훼손으로 징역 6개월의 실형을 선고했다.

최근에는 한국의 연세대학교 사회학과 교수인 류석춘이 수업 시간에 위안부는 일본군에 의해 강제연행된 것이 아니라는 취지의 강의를 했다는 이유로 명예훼손죄로 형사소추되었다(재판은 현재도 진행 중이다). 수업 중에 그는 "위안부는 매춘의 일종"이라고 발언했을 뿐이다 (Martin & Yun 2021).[1]

이러한 법적 제재가 작동한 결과로, 대부분의 한국 학자들은 이 쟁점에 대해서는 아무런 공개 발언을 하지 않고 침묵을 이어 가게 되었다. 이유진과 조 필립스, 그리고 이원동은 다음과 같이 설명을 이어 나간다(Yi, Phillips & Lee 2019: p.498).

> (한국에서 위안부 문제로 기존 통설에 대해서) 반대 입장을 갖고 있
> 는 학계, 언론인 및 기타 대중은, 적대적인 사회적, 법적 환
> 경으로 인하여 소셜미디어, 그리고 비공개 페이스북 그룹
> 등에서 익명으로 소통하고 있는 상황이다.

미국에서 도드라지게 나타난 필자의 논문에 대한 적대감과 관련하
여 조셉 이와 조 필립스, 그리고 이원동은 다음과 같이 썼다(Yi, Phillips
& Lee 2019: p.499).

> 한국의 반일 캠페인은, 이에 대한 눈에 띄는 반론은 상대적
> 으로 부재한 상황에서, 대부분의 한국 국민과 해외 한인들
> 에게 일본 측과 일본의 선출된 지도자들은 믿을 수 없다고
> 꾸준히 설득하고 있다.

그러나 이러한 공격에도 불구하고, 한국의 용감한 학자들은 점점
더 강하게 위안부 문제로 목소리를 내고 있다. 그 결과, 이제 한국에서
는 관련 지적 논쟁이 활발하게 벌어지고 있다. 반면에 필자는 미국에
서 교편을 잡고 있지만, 이곳 미국에서야말로 학문의 자유에 대한 위
협이 명백해지고 있다.

만일 마이클 최, 또는 다른 누군가가 필자의 논문 내용에 대해 동
의하지 않는다면, 여기에 대한 올바른 학문적 대응은 논문 철회 청원
서를 유포하거나 학술지 편집자를 다그치는 것이 아니다. 올바른 학문

적 대응은 필자 논문에 대한 비판적 기고문(이용식, 나츠 사이토, 조나단 토드리스[Lee Yong-Sik, Natsu Saito & Jonathan Todres 2021]가 한 것과 같은 방식으로 말이다)을 작성하고 이를 동료 학자들이 심사하는 학술지에 게재하는 것이다.

물론 위안부 문제로 기존의 확립된 서사에 대해서 이의를 제기했다는 이유만으로 형사소추까지 당하는 것은 한국의 특유한 현상이기는 하다. 그러나 우리 서구의 대학, 인문학부 일본학 교수진의 포용성도 (적어도 필자의 눈에는) 한국의 경우보다 크게 나아 보이지 않는다.[2] 2021년 11월 중순에 한국의 저명한 경제사학자인 이우연은 아시아 문제에 특화된 외교 잡지인 「디플로매트The Diplomat」에 조선의 위안부들이 일본군에 의해 인간사냥식으로 강제연행됐다는 생각에 의문을 제기하는 기고문을 투고했다.

이에 대해서 노스캐롤라이나주립대학교 교수인 데이비드 앰버러스(David Ambaras, 〈제4장 부록 I〉에 있는, 필자에 대한 공격 글의 공동저자 중 한 사람)는 자신의 트위터에 이우연의 기고문 스크린샷을 올리고 "위안부 부정론자들은 역겹습니다"라고 말하면서 "@Diplomat_APAC는 왜 이런 쓰레기를 게재한 것입니까?"라고 썼다. 노스웨스턴대학교 교수인 에이미 스탠리(Amy Stanley, 같은 글의 공동저자)는 해당 글을 리트윗했다. 싱가포르국립대학교 교수인 사야카 차타니Sayaka Chatani가 끼어들어 맞장구를 쳤다. 몇 시간 만에 이 잡지의 담당자인 미치 신Mitch Shin은 "그 문제는 작업 중입니다. 죄송합니다"라고 데이비드 앰버러스에게 응답했다. 그리고 그 정도의 사과로도 충분하지 않다는 듯 "이제 그 글은 내렸습니다. 우리가 이런 끔찍하고 용납될 수 없는 실수를 해서 정말 죄송합니다"라고 추가했다.[3] 더욱 확실히 하기 위해 미치 신은 재차 사과했다. "우리가 웹사이트에 그런 이야기를 게시한 것에 대해 깊은 사과를 드립니다. 해당 글은 내렸습니다."[4] 보고 있던 한 네티즌이 "반갑네요! 이번 건은 다른 그 어떤 철회 건보다 잘한 건입니다"라며 지지했다. 「디플로매트」 웹사이트에서는 이우연이 기고한 글의 흔적을 이제 더 이상 찾아볼 수 없다.[5]

마지막으로 필자는, 필자의 연구에 대한 여러 공격 중 다음 네 개개 사항에 초점을 맞춘다는 사실을 밝혀 둔다. △앤드루 고든과 카터 에커트의 주장(Andrew Gordon & Carter Eckert 2021), △석지영이 「뉴요커New Yorker」에 기고해 널리 읽혔던 글(Jeannie Suk-Gersen 2021), △에이미 스탠리, 한나 셰퍼드, 데이비드 앰버러스, 사야카 차타니, 첼시 센디의 매우 장황한 공격(Amy Stanley, Hannah Shepherd, Sayaka Chatani, David Ambaras and Chelsea Szendi 2021a), △요시미 요시아키의 기고문 (Yoshiaki Yoshimi 2021).

필자에 대한 이 네 개의 공격을 선택한 데는 특별한 이유가 있다. △앤드루 고든과 카터 에커트의 경우는, 대중매체들이 벌인 대부분의 공격에 동력을 제공한 것으로 보이는 "램자이어는-계약서가-없다고-합니다Ramseyer-has-no-contracts"라는 선동을 시작했기 때문이다. △석지영의 경우는, 한국의 일부 분야에서 유행하는 듯 보이는 극단적 민족주의 역사관을 일본학 인문학자들로부터 시작된 인신공격 발언들을 인용하며 그와 결합하는 데 앞장섰기 때문이다. △그리고 에이미 스탠리 등의 경우는, 30페이지가 넘는 길이의 공격 글로 학술적 진지함이 깃든 것처럼 외양을 부각시켰기 때문이다. △또한 요시미 요시아키의 경우는, 위안부 제도를 비판해 온 이들 중에서 다른 그 누구보다도 저명한 인물이기 때문이다.

필자에 대한 여타 학자들의 또 다른 공격 중에는 「아시아 태평양 저널: 일본 탐구Asia Pacific Journal: Japan Focus」(https://apjjf.org/) 특별호를 통해 나온 것도 있다. 다만 이들의 필자에 대한 비판은 주목을 덜 받은 편이고, 앤드루 고든과 카터 에커트 및 에이미 스탠리 등의 필자에 대한 비판과 상당 부분 중첩된다.

1930년대 한반도(당시 조선반도)에서 무슨 일이 일어났느냐 하는 문제는 학문적 문제이다. 그러한 이유로 필자는 필자의 논문과 관련해 대중매체들을 통해 전개됐던 대부분의 공격들에 대해서는 그냥 무시하겠다는 입장을 밝혀 둔다. 이러한 대중적 비판 중에서 가장 잘 알려진 것은 아마도 '우려하는 경제학자들Concerned Economist'이라는 청원서에서 반복적으로 제기된 비판일 것이다. 마이클 최가 저자인 것으로 보이는 이 이상한 비판(Michael Chwe 2021)은, 11세에서 20세 사이의 여성들이 납치를 통해 위안소에 강제수용됐고, 그들 중 3/4이 강간과 고문으로 사망하여 살아서 돌아오지 못했다고 쓰고 있다. 끔찍하게 반일적인 역사관을 드러내는 이 청원서 내용에는 학문적 근거가 전혀 없다. 그럼에도 불구하고 이처럼 완전한 허구에 근거한 청원서에 의해 필자의 논문 게재 철회를 학술지 측에 요구하는 일이 벌어졌다. 그리고 수천 명의 학자들이 그 청원서에 서명했던 것이다.

B. 경제학적 오해

1. 계약 구조의 결정

아래 C절에 필자가 인용한 '현병숙'이라는 이름의 옛 위안부의 증언은 위안부가 자신의 계약 조건에 대해 위안소 측과 명시적으로 협상을 했음을 보여 준다. 그녀는 가격을 협상했다. 또한 기한을 협상했다. 그리고 계약을 양도할 수 있는 위안소의 권리에 관해서도 협상했다. 물론 대부분의 신규 매춘부는 이러한 특정 조건들에 관해 명시적으로 협상하지는 않았을 것이다. 위안소와 위안부 사이의 이런 협상 문제와 관련한 비판가들의 오해 중 일부는 바로 계약 구조를 결정하는 데 있어서 명시적 협상의 역할에 대한 오해로부터 비롯된다.

다만 경제학적 관념이 있는 독자는 본능적으로 요점을 이해했을 것이다. 시장경쟁은 누군가가 명시적으로 협상하는지의 여부에 관계없이 구매자와 판매자가 상대적으로 효율적인 계약 조건을 향해 움직이도록 인도한다. 예를 들어, 다수의 고용자, 다수의 노동자, 그리고 자유경쟁 조건의 노동시장을 상정해 보자. 그리고 관습에 따라 고용주가 계약의 조건을 제공한다고 가정해 보자. 이러한 세상에서 고용주는 노동자를 유치하기 위해 서로 경쟁할 것이다. 분명히 그들은 임금을 기준으로 경쟁할 것이다. 그러나 계약 구조의 다른 부분이 노동자에게 중요하다면, 그들은 대안적인 계약 조건도 실험할 것이다. 경쟁에서 이기는 고용주는 고용주와 노동자의 수익 합계를 극대화하는 가격과 계약 조건의 조합을 제안하는 고용주일 것이다.

경제학에서 이것은 기본이다. 우리는 그것을 '코즈 정리Coase theorem'의 한 형태로 간주한다. (역주: '코즈 정리'는 로널드 코즈Ronald H. Coase의 경제 이론으로, 외부 효과로 인해 초래되는 비효율성은 시장이 스스로 해결할 수 있다는 것이다. 그 전제로 민간 경제 주체들이 자원 배분 과정에서 아무런 비용 없이 거래가 가능해야 한다.) 우리는 이에 대해서 상당한 중요성을 가진 수많은 예외들이 있음을 이해하고 있다. 특정한 사례를 분석할 때 우리는 이러한 예외들의 많은 부분에 대해 이 경제학을 적용할 수 있음을 이해하며, 이는 따로 언급할 필요도 없을 만큼 자명하다.

그러나 이 기본적인 경제학이 많은 비판가들에게는 전혀 "기본"이 아닌 듯하다. 20세기 초 조선과 일본의 농촌 거주자들은 극도로 가난했고, 특히 조선의 농촌에서는 주민들이 반文맹이거나 문맹에 가까웠다. 역사학자들은 그들의 곤궁 문제만을 생각한다. 역사학자들은 그러한 농촌사회의 주민들이 대안적인 계약 조건을 위해서 모집업자나 매춘업소 업주와 "협상negotiate"할 상태에 있지 않았다고 주장한다. 그 결과, 그들은 결정된 계약 조건이 농촌 가정의 후생을 증진할 수 있다는 가능성을 본능적으로 거부한다(또한 실제로 그런 가능성에 대해 논하는 일을 도덕적으로 불쾌하게 여긴다).

2. 한계 및 한계이하 노동자

필자를 비판하고 나선 많은 이들은 계약 조건을 결정하는 데 있어서 "한계margin"의 역할도 놓치고 있다. 다수의 고용주, 다수의 노동자, 그리고 자유 경쟁 조건의 노동시장을 다시 상정해 보자. 임금만이 중요한 문제라고 가정하자. 여기서 균형임금은 한계수입과 한계비용이 동일한 수준에서의 임금이 될 것이다. 이제 고용주는 가격차별price-discriminate을 할 수 없다고 가정한다. 더 낮은 임금을 받고도 기꺼이 일할 의향이 있는 노동자들은, 한계노동자가 고용계약을 수락할 수 있도록 유도하는 데 필요한 높은 임금을 받게 될 것이다. 노동자가 고용계약에서 임금 외의 다른 조건에 관심을 갖는다면 이렇게 시장 균형을 이루는 과정으로 인해 고용주는 다른 조건에 관해서도 한계노동자를 두고서 마찬가지 방식으로 경쟁하게 될 것이다.

경제학에서는 이 역시 기본이다. 여기에서도 우리는 무수히 많은 예외가 있음을 이해한다. 그리고 여기에서도 역시 이러한 예외들은 매우 중요하다. 그러나 이러한 한계분석marginal analysis이 필자에 대한 여러 비판가들에게는 생소하게 여겨질 수 있다.

그러나 이러한 한계분석은 악덕 모집업자들과 학대적 부모들이 매춘 노동시장에서 수행하는 역할을 이해하기 위해서 중요하다. 필자의 논문에서 거듭 강조한 것처럼, 일부 위안부들은 사기를 당해서 그 일을 하게 되었다. 그녀들 중에 일부는 부모가 업자들에게 팔아 버린 경우도 있었다(부모들은 딸들이 부담하는 비용을 완전히 내부화했을 수도 있고 그렇지 않았을 수도 있다). 그리고 그런 부모들에 의해 팔린 여성들은 더 낮은 전차금을 받았을 수도 있다. 왜냐하면 결국 모집업자들은 개별적으로 가격을 정했기 때문이다(따라서 가격차별이 있을 수 있다).

모집업자들은 가격차별을 할 수 있었음에도 표준 형식의 계약서를 사용한 것으로 보인다. 가격으로는 차별을 했지만 일반적인 계약 조건으로는 차별을 하지 않았다. 이것이 사실이라면, 제시되는 계약 조건은 비용상 가장 효율적으로, 한계노동자가 취업을 선택하도록 유도하는 조건이었을 것이다. 이 차원에서는 사기를 당한 여성, 그리고 부모가 팔아넘긴 여성은 "한계이하infra marginal"였다. 매춘업소가 실제로 자신이 해야 하는 일을 알고 있는 적지 않은 수의 여성을 모집해야 하는 경우, 매춘업소는 매춘업소와 노동자의 결합후생combined welfare을 증진하는 형식의 계약서를 사용했을 것이다.

이 중에 어느 것도 관련된 여성의 곤경을 최소화하지 못한다. 여기서 필자는 단지 자신이 할 일을 전반적으로 알고 있는 여성들에게 초점을 맞추는 이유를 설명하기 위해 이러한 언급을 했다. 그녀들은 "한계on the margin"였다. (역주: 부모에 의해 팔렸거나 취업사기를 당한 한계이하가 아니라 자발적으로 매춘부를 선택한 여성들이라는 의미다.) 기본적인 미시경제학 이론에 따르면, 계약 구조를 결정하는 데 중요한 것은 당사자, 즉 여성들 자신이었다.

C. 예비적인 예시

'현병숙'이라는 이름의 옛 조선인 위안부가 자신이 맺고자 하는 계약상의 선택에 대해 이해하는 방식을 사례로 보여 주고자 한다. 이 인터뷰는 2003년도에 처음 출판되었는데, 한국의 경제사학자 이우연이 최근에 이를 다시 소개했다(Lee Wooyoun 2021a).

> 램자이어 교수의 논문에 대해서 특히 "계약서" 자체가 증거로 제시되지 않았다고 비판하는 이들이 많다. 그러나 법학 교과서에 따르면 "계약"의 본질은 "의사표시의 합치"이며 "계약서"는 단지 그 "증거"에 불과하다. 다음 상황을 보자. 한국정신대연구소가 발간한 『중국으로 끌려간 조선인 군위안부들 2』(한울출판사, 2003년)에서 인용한다.

> [배준철(질문자)] 그러면 그 집도 돈을 얼마 받고 간 거예요?
> [현병숙] 500원 받구 2년 기한하고 갔어요. 500원은 어머니 아버지한테 드리고 (……) 이렇게 하구선 있으면 집이 아무것도 아니다. 나는 또 다른 데로 가야 또 돈을 받아서 어머니

아버지를 드려야지(하고 생각했어). 나는 이젠 촌에 안 있갔오.

증언자는 이미 음식점에서 매춘부로 일한 경력이 있다. 그녀는 오빠로부터 결혼하라는 말을 듣고도 오히려 다시 돈을 벌 생각을 하고 있는 것이다. 그래서 사람을 찾아 나선다.

[현병숙] 그래가지구 박가라는 사람한테, 내가 또 박천을 찾아 올라갔지. (……) 그래 어떤 여관에 갔는데 "어디서 색시 사러 왔는데, 여기 어디메 있소?" 하니까는 "저기 저 여관인데, 저기 저 중국에서 색시 사러 왔답니다. 가보." 그래 가니까 (……) 남자가 하나 앉았단 말이에요. "색시 사러 왔어요?" "예." "처녀가 어찌, 조그마한 게 어찌?" "나도 중국에 가서 돈 좀 벌려고 가갔어요."

[배준철] 그런데 할머니가 그때 중국에 가면 뭐 하는 건지 아셨어요?

[현병숙] 알았어요. 알구 갔지요.

[배준철] 일본 군인들을 많이 상대해야 된다는 것도 알구요?

[현병숙] 알구요.

그녀는 "색시"를 사는 자가 무슨 일을 위해 여자를 모으는지 잘 알고 있었던 것이다. 다음으로 이제는 계약 조건에 대한 본격적인 협상에 나선다.

[배준철] 그런 얘기를 어디선가 다 들으셨어요?

[현병숙] 소문이 다 있지요. (……) 내가 찾아 댕기면서 길을 찾았죠. 그래 사가갔는가 하니까 사겠다구. 그래 얼마 받겠 냐고 묻습니다. 그래 "우리 어마니 아버지 곤란하니까, 3년 기한을 두고 얼마 주겠소?" 하니 "2,000원을 주겠다" 그런 단 말야. 그래서 "2,000원을 주면 1년에 1,000원도 못 돼요. 1,000원씩만 주슈." "아 그래라. 3,000원을 받아가지구 집에 가서 어마니 아버지 동의 받아 가지구 오라."

앞서 말했듯이 위안부로 취업하기 위해서는 친권자의 승인이 필요했다. 아버지는 처음에는 반대했지만, 결국 딸의 간청을 이 기지 못하고 승낙한다. 물론 아버지도 딸이 무슨 일을 하게 될 지 잘 알고 있었다.

[배준철] 아, 도장을 받아가셨어요?
[현병숙] 예. 그럼. "어마니든지 아버지든지 한 분을 데리고 오면 돈을 주고, 할머니, 할아버지도 도장을 받아라." 그때 는 심했어요.
[배준철] 그때는 몇 살이오?
[현병숙] 열여섯 살 났을 거요. 술집에서도 한 2년 있었으니 까는. 할머니, 할아버지까지 도장을 받아 오랩니다. 할머 니, 할아버지까지 도장을 찍어 주겠나. 그래서 우리 아버지 가 내 말이라면 또 믿습니다. (……) 내가 사정을 했지요. "아 바이, 나, 누가 색시 사러 왔는데 얼마 얼마 주겠다는데, 내 가 먼 데로 돈 벌러 가겠소." (……) 아버지 잘 사는 걸 보구

죽어야지. 우리 아버지 돈 쓰고 그저 잡숫고 싶은 거 잡숫구 (……) "아버지, 나 소개해주소."

이 경우, 전차금은 부모가 있어야 지급했다. 그 대신 부모와 조부모의 동의와 날인이 필요했다. 이것이 계약이 아니고 무엇이겠는가. 계약 조건으로는 딸을 다른 곳에 다시 팔지 말라는 요구를 붙인다.

[현병숙] "정 그렇다면 내가 소개해 주지." 그래 어머니, 아버지 이름 다 쓰고 도장 찍고, "근데 할머니, 할아버지 도장 다 찍으랍니다. 어카갔나? 아버지." "그럼 내가 쓰지." 아버지가 써 가지구 할머니 도장, 할아버지 도장 찍어서 그다음에 다 동의를 받았수다. (……) 우리 아버지 하는 말이 "당신한테 내 딸을 팔았으니까는 다른 데 못 넘긴다." 그렇게 약속을 했단 말요. (……) "그건 자네 맘이지." (……) "그러면 그렇게 하십시오. 갑시다."

아버지는 자신이 쓰겠다고 말했고, 실제로 쓰고 날인했다. 아마도 계약서를 쓰고 거기에 날인했을 것이다. 그렇게 그녀는 다시 매춘부로 일하게 되었지만, 그녀가 처음에 간 곳은 손님이 그다지 없었다. 그래서 중국 펑텐(봉천)으로 가게 된다.

[현병숙] 한 20~30명 돼요. 다 조선여자들이에요. 나 사 온 주인 아들 보구 "난 여기 있다간 빚 못 다 갚겠소. 다른 데로 넘

겨주우." "아버지가 말하기를 못 넘기기루 계약을 썼는데." "내가 본인이 승낙을 했는데, 일있습니까?" "그럼, 봉천으로 다시 나가자. 나가서 소개소 들러서 누가 뽑아 가면 나는 그 돈을 받아가지고 오구." "그럼, 그 이자를 받을래요?" "아, 난 이자 안 받는다. 그저 너 가서 잘되어서 집이나 가라."

"못 넘기기루 계약을 썼다"고 말한다. 전매轉買하지 않기로 계약서에 기입했다는 것이다. 계약서가 있었음에 틀림없다. 매춘부가 되었을 때의 전매 과정도 여기에서 살펴볼 수 있다. 전차금에 대한 채권은 그대로 새로운 매입자에게 옮겨진다. 그 돈에 대해서는 이자를 받는 경우도 있고 면제해 주는 경우도 있었던 모양이다. 펑텐의 매춘숙 또는 위안소는 민간인과 일본군이 함께 이용하는 곳이었다.

[배준철] 할머니, 그런데 그 집에는 주로 어떤 손님이 와요?
[현병숙] 군대도 오구, 개인도 오구, 여러 사람이 다 오지요.

그녀는 펑텐에서도 돈을 벌지 못했다. 이번에는 직접 군대를 따라가기로 작정하고 안후이성의 뺑뿌蚌埠로 다시 옮겨 간다. 그곳 위안소 주인도 조선인이었다.

[현병숙] 그래서 난 여기 못 있겠다구 그랬지. 군대들 가는 데 따라가서 촌에 가서 돈 벌어야지 안되겠다고. 그래서 봉천에서 또 뽑혀서 뺑뿌蚌埠로 왔지요.

[배준철] 그럴 때 할머니한테 지워진 빚 3,000원이 뼹뿌 그쪽 주인한테 그대로 넘어간 거군요?

[현병숙] 예.

[배준철] 뼹뿌 주인도 조선 사람이구요?

[현병숙] 예. 다 조선사람이에요

그녀는 중국의 어느 곳에서, 펑톈, 그 뒤에는 다시 뼹뿌蚌埠로 옮겼다. 처음 간 곳은 일반 매춘숙으로 보이는데, 상세하지 않다. 펑톈에서 일한 곳은 군인과 일반인이 함께 이용하는 곳이었고, 뼹뿌에서 일한 곳은 일본군 전용 위안소로 보인다.

처음 간 곳이 일반 매춘숙이었다면, 그녀의 경로는 일반 매춘부였다가 일본군 위안부가 되는 과정이 매우 단순하고 특별한 장애가 없었음을 뜻한다. 그저 새로운 위안소 업자에게 "넘어가는" 것으로 충분했던 것이다. 매춘숙의 주인 사이에 매춘부의 전매가 이루어지듯이 매춘숙의 주인이 군위안소에 그녀를 전매하면 그것으로 충분했다.

어쨌든 여기에서 제시한 사례의 경우, 증언에 나선 옛 위안부는 위안부가 되기 위해 계약서를 작성하였다. 물론 그저 구두계약으로 처리하는 경우도 있었다. 분명한 것은 이 사례에서는 분명히 "계약"이 있었다는 점이다. 그녀가 조선에서 계약을 맺을 때 이미 중국으로 가서 일본 군인을 상대한다는 것을 뚜렷하게 알고 있었기 때문이다.

또한 협상을 통해 결정된 전차금 금액, 계약 기간이 분명하고, 전매轉賣에 대한 조건도 있었다. 호주戶主 등의 동의와 날인이 있었다. 위안부와 그 부모는 일본 군인을 상대해야 한다는 등, 장차 무슨 일을 하게 될지를 잘 알고 있었다. 전매가 이루어질 경우, 전차금이 새 업자에게 넘어간다는 사실까지도 잘 알고 있었다.

자, 이래도 계약이 없었다고 할 수 있는가?

행위자들이 있고 그들이 일정한 패턴에 따라 행동했다면, 그것은 계약 당사자가 계약에 따라 행동한 것이며, 이는 계약의 존재를 말한다. 이를 부정하려면, 전차금의 수수收受, 계약 기간의 존재, 위안부와 위안소 간의 매출금 분할 등과 같이 램자이어가 계약의 실체로서 말하는 것들이 존재하지 않았음을 증명하여야 한다. 그러나 지금까지 램자이어 논문에 대해 제기된 어떠한 비판도, 비록 부분적이라고 할지라도, 그에 성공하지 못하였다.

(역주: 이 내용은 『한국 정부와 언론이 말하지는 않는 위안부 문제의 진실』에 담겨 있는 역자 이우연의 서술을 그대로 옮긴 것이다.)

D. 앤드루 고든과 카터 에커트

1. 주장

필자의 논문에 대한 가장 두드러진 비판은 하버드대학의 역사가인 앤드루 고든Andrew Gordon과 카터 에커트Carter Eckert로부터 나왔다. 그들의 이번 비판 글에서 이 두 사람은 과거 조선에서 어떤 일이 일어났는지에 대해 그들의 견해를 따로 기술하지는 않았다. 다만 앤드루 고든은 다른 곳에서 다음과 같이 쓴 바 있다(Gordon 2003: pp.224-225).

또 다른 전쟁 희생자 그룹은 전쟁 당시나 전쟁 직후에 대중의 관심을 훨씬 덜 받았다. 이 전쟁 희생자 그룹은, 완곡한 말로 포장된, 최전선 근처의 이른바 "위안소"라는 곳에서 강제로 일해야 했던 수천 명의 어린 소녀 또는 여성들이었다. 약 80%는 조선인이었고, 나머지는 중국인, 일본인, 소수 유럽계 여성이었다. 일부 여성들의 경우는 모집업자들이 술집의 작부waitresses 또는 하인으로 고용될 것이라고 속여서 온 경우였다. 그밖에 다른 여성들은 총구를 겨누고 납치한 경우였다. 전선에 배치되고 나서는 이 모든 여성들은 일본군 주둔 부대를 위한 매춘부로 일하도록 강제되었다. 일본군 병사들은 일반적으로 이러한 여성들의 서비스에 대해 비용을 지불해야 했다. 그렇기에 그들의 관점에서 위안소는 일본에서의 공창제 아래 매춘업소와 거의 다르지 않은 것처럼 보였다. 그러나 위안소의 많은 여성들이 임금을 받지 못했다. 임금을 받은 여성들이라도 비누라든지 음식과 같은 기타 생필품을 사는 데만 사용되는 군표의 형태로 "임금"을 받았다. 따라서 여성들은 매춘보다는 노예에 가까운 조건에서 일했다. (……) 추정되는 숫자는 10만에서 20만 사이다.

출처 인용을 매우 중요하게 생각한다고 공언해 온 앤드루 고든은 저 전체 단락에서 각주 한 개와 영어 출처 두 개만 제공했을 뿐이다. 그중 하나는 이하에서 자세히 논할 조지 힉스George Hicks의 것이다. 그리고 정보의 완전한 공개에 대해서 관심이 많다고 공언해 온 앤드루 고든은 놀랍게도 이 엄청난 위안부 사태를 일으킨 가장 결정적인 날조

문제에 관한 정보는 정작 공개하지 않고 있다. 이 역시 아래에서 논의할 것이다.

필자가 본 반박 논문에서 (그리고 앤드루 고든과 카터 에커트가 출간을 막기 위해 그토록 열심히 노력한 필자의 논문에서도) 설명하고 있듯이, 앤드루 고든(Gordon 2003)의 설명은 대부분 사실이 아니다. 위안부 여성의 다수는 조선인이 아닌 일본인이었다. 위안부 "20만 명"은 북한 정부가 주장하는 수치로서(Coomaraswamy 1996: p.18), 현실적으로 가능한 수치조차도 10만 명보다 훨씬 적다. 조선과 일본의 공창 매춘부들처럼, 이 여성들은 서비스와 관련해 고액의 전차금, 그리고 일하는 과정에서 그 대가로 후한 보수를 받았다. 일부 여성은 '티켓(군표)'으로 추가 임금을 받거나 또는 못 받을 수도 있었지만, 이들의 수입은 초기의 전차금(대부금)을 상환하는 데 사용되었으며, 수많은 여성들이 벌어들인 돈을 집으로 송금하거나 혹은 추가로 현금을 저축하여 집으로 돌아갔다. 그리고 "작부酌婦"(영어로는 waitress 또는 shakufu)란 용어는 당시의 매춘부에 대한 표준적인 완곡한 표현으로서, 이들이 실제로 무슨 일을 했는지에 대해서 오해의 소지는 없다.[6] 그리고 일본이나 조선에서 위안소로 온 여성들 중에 그 누구도 "총검으로 위협받아 (……) 강제연행"이 된 바는 없었다.

위안부에 대한 카터 에커트(Carter Eckert 1996)의 서술 역시 그보다 나을 것이 없다. 그는 다음과 같이 썼다(Eckert 1996: n.34).

> (……) 군은 또한 일본 전투부대와 장교들의 성적 욕구를 충족시키기 위해 제국과 그 점령 지역에서 고작 12살의 소녀를 포함한 수천 명의 젊은 여성을 징집drafted했다. 완곡어법

으로 '위안부'라고 불린 이 여성들은 약 80%가 당시 조선 출신이었다.

앤드루 고든(Gordon 2003)과 마찬가지로 카터 에커트(Eckert 1996)도 조지 힉스(Hicks 1994)에 의존하고 있다. 그리고 또 앤드루 고든(Gordon 2003)과 마찬가지로 이 설명도 거의 모두가 거짓이다. 여성들은 12살이 아니었다. 그녀들은 대부분 20대였다. 80%가 조선인이었다는 것도 사실이 아니다. 다수는 일본인이었다. 그리고 일본 출신 여성이나 조선 출신 여성 중 누구도 군대에 의해 "징집drafted"된 것이 아니다.

앤드루 고든과 카터 에커트는 자신들의 주장에 대해서는 아무런 증거를 제시하지도 않으면서 필자의 논문에 대해 다음과 같이 썼다.

(램자이어의 논문은) 1938년부터 1945년까지 주로 조선인 출신 여성인 소위 '위안부'의 계약과, 일본과 식민지 조선에서 통상적인 합법 매춘에서의 계약을 비교하는 것에 바탕을 두고 있다.

이어서 그들은 다음과 같이 주장했다.

학문적 진실성에 대한 합리적 기준이 있다면, 램자이어는 자신의 논문에서 조선인 여성과 조선에서 체결한 계약서 실물actual contracts 또는 계약서 표본sample contracts을 보지 못했음을 명시했어야 했고, 또 계약과 관련 자신이 살펴본 제3자의 진술도 얼마나 적은 양인지 인정하면서, 그러한 참고 자료로부터 우리가 배울 수 있는 것의 실질적 한계를 적시했어야 했다.

이를 바탕으로 그들은 「법경제학국제논총IRLE」 측에 필자의 논문을 철회할 것을 요구했다.[7]

필자는 (실제 당사자들의 서명까지 담긴) 계약서 실물을 보관하고 있다고 주장한 적이 없다. 그보다는 계약이 이뤄졌음을 보여 주는 역사적 근거들을 제시했다. 그럼에도 불구하고 앤드루 고든과 카터 에커트는 필자가 "계약서 실물 또는 계약서 표본을 보지는 못했음을 명시"했었어야 한다고 말했다. 필자는 원 논문에서 필자가 가진 정보의 한계를 지나칠 정도로 분명히 표시했다. 논문의 "초록abstract"에서 관례적으로 사용하는 요약 문구 이상의 내용을 읽은 독자들, 즉 본문을 제대로 읽어 본 독자들이라면 그 누구도 필자가 서명된 위안부의 계약서 실물 자료를 갖고 있을 것이라고 상상할 수 없을 것이다. 다시 한번 강조하지만, 필자는 조선인 위안부의 처우와 일본인 위안부의 처우를 비교하려 하지 않았다. 그것은 필자 논문의 주제가 아니었다.

그럼에도 불구하고, 이러한 주장들에 근거하여 앤드루 고든과 카터 에커트는 필자의 논문이 결코 인쇄물로 출판되어서는 안 된다고 선언했던 것이다.

2. 가용한 증거

논문에서 필자는 계약 내용과 관련된 자료들을 이용했다(〈제4장 부록 III〉에서 이 증거들에 대해 상세히 설명할 것이며, 그 목록은 영문판 기준으로 총 다섯 페이지에 달한다). 필자는 그 자료들의 한계를 필자가 아는 한 명확하게 설명했고, 그 자료들을 계약의 성격을 알아내기 위해 이용했다. 실제로 앤드루 고든은 개인적 차원에서는 위안소와 위안부가 계약을 활용했음을 인정하고 있다. "학술지 편집인에게 보낸 서신 어디에서도 우리는 계약서가 존재하지 않는다거나 계약이 체결되지 않았다고 말한 바는 없습니다. 확실히 계약서는 존재했었습니다(그리고 아마도 어딘가에 존재할 것입니다)."(앤드루 고든이 필자에게 보낸 개인 이메일, 2021년 2월 7일).[8]

필자가 (당사자들의 서명까지 기재된) 계약서 실물을 갖고 있지 못한 이유는 단순하다. 계약서 실물은 현재 남아 있는 것이 없기 때문이다. 위안소(일본 정부가 아니다)가 계약을 체결했다. 위안소들과 여성들(종종 그들의 부모도 포함)만이 당사자였고, 그들만이 계약 문서를 관리했을 것이다. 일본의 도쿄는 1923년에 지진으로 한 차례, 전시 융단 폭격으로 인한 화재로 또 한 차례 전소되었다. 한국에서도 서울과 다른 주요 도시들이 한국전쟁으로 완전히 불타 버렸다. 그리고 1945년의 마지막 몇 달 동안 위안소 업주들이 조선과 일본에 있는 자신들의 집으로 뿔뿔이 흩어져 귀향하게 됐을 때, 설사 누군가 계약서를 갖고 있었더라도 그 중 극소수만이 매춘부들과 맺은 계약 관련 문건을 계속 챙겨 놓을 여유가 있었을 것이다.

계약서 실물 대신에, 필자의 논문에서는 가용한 자료들로부터 결론을 도출했다. 이 정보들은 필자가 파악하기로는 일본 정부가 일본과 조선에서의 공창 제도의 연장선에서 위안부 제도를 만들었다는 것을 보여 준다. 중요한 것은, 일본의 입장에서 전쟁은 1930년대 중국에 대한 침공으로 개시되었다는 사실을 상기해야 한다는 것이다. 이 가용한 자료들에 대한 필자의 해석을 바탕으로, 필자는 일본 정부가 위안부 제도의 기반으로 삼은 일본 내의 공창 제도를 설명했다. 일본의 공창 제도에 관해서는 현재 많은 자료가 남아 있다.

필자는 논문에서 일본 정부가 일본 다음으로 조선에서도 역시 동시에 유지했던 유사한 제도에 대해 설명했다. 이에 관해서는 데이터가 상대적으로 적기는 하지만 결론을 내리기에는 충분할 만큼 풍부했다. 마지막으로, 필자는 이 실마리들을 한데 모으고 더 제한된 정보를 사용하여 위안부 제도가 계약에 따라 작동하는 방식을 밝히고자 했다(이하 4절 참조). 다시 반복해서 얘기하지만 필자는 이 여성들이 받았던 대우를 정당화하려고 했던 것이 아니다. 필자는 규범적인 주장을 전혀 제기하지 않았다. 대신, 필자가 할 수 있는 한 계약 관계를 설명하고 재구성해서 그것이 어떻게 기능했는지 분석하고자 했던 것이다.

석지영은 필자의 자료 출처 문제와 관련한 앤드루 고든과 카터 에커트의 지적이 바로 아래와 같은 확신을 주었다면서 이를 「뉴요커New Yorker」에 기고하였다.

> 두 사람은 램지어 교수 논문의 각주를 검토하면서 전쟁 중 위안소에 있었던 한국인 여성과 관련해서는 계약서도, 그러한 계약의 내용을 구체적으로 확인할 수 있는 2차 사료나 관련 내용을 확인해 줄 제3자의 진술도 전혀 인용돼 있지 않다는 사실을 알게 됐다. (역주: 석지영의 이 글은 인터넷에서 '위안부 이야기의 진실을 찾아서'라는 제목으로 검색하면, 「뉴요커」가 한국어로도 게재한 칼럼 원본을 찾을 수 있다.)

그런데 필자는 사실 위안부(일본인과 조선인 모두)의 계약과 관련한 상당량의 정보를 확보하고 있다. 이 논문의 〈제4장 부록 Ⅲ〉에서 이

출처들을 나열하였는데, 그 목록은 다섯 페이지(영문판 기준)에 달한다.[9]

　　전쟁 전 일본과 조선에서 매춘은 허가를 받아야 하는 산업이었다. 보건 및 안전 규정과 정책적 책임에 따라 일본 정부는 이 산업에 종사하는 사람들에 대한 광범위한 데이터를 수집했다. 더 나아가 일부 매춘업소들과 일부 여성들은 재판소를 통해 서로에게 소를 제기하기도 했다. 그들이 소를 제기하며 사용했던 계약 조건들이 재판소에 제출한 의견서에도 기록돼 있다. 그 결과, 필자는 일본(특히 도쿄)의 공창제 아래에서 매춘의 계약 구조 및 계약 이행에 대한 방대한 양의 데이터를 보유하게 됐다.

　　당시에 조선은 일본의 일부였고, 조선인은 일본의 국민이었다는 사실에 입각하여 일본 정부는 조선에서도 이 산업에서 유사한 데이터를 수집했다. 다시 강조하는 바, 이러한 데이터는 보건 및 안전 규제에 대한 일본 정부의 역할과 치안유지의 책임에서 비롯된 것이다.

　　논문에서 필자는 분석의 기반이 되는 데이터에 대해 명확하게 설명하려고 노력했다. 필자가 삽입한 여러 인용 출처들은 필자의 논문이 일본 정부와 다양한 학자들이 수집한 계약 관련 정보를 토대로 하여 작성됐음을 분명히 보여 준다. 이들 데이터는 일본과 조선의 매춘 시장 및 위안소와 관련되어 있다. 특히 일본과 조선의 매춘 시장에서의 계약과 관련하여 이 문헌들에는 최대 계약 기간, 실제로 근무한 햇수, 여성이 계약을 위반하여 그만두는 빈도, 계약 초기에 매춘업소가 지불한 금액, 계약 기간 중 매춘업소와 여성 간의 수익 분배 등이 기록되어 있다. 위안소 계약에 대한 정보는 이보다는 덜 완전하지만 여전히 상당한 분량이다. 다시 말하지만, 위안소 계약에 대한 세부 정보를 제공하는 출처의 목록은 총 다섯 페이지(영문판 기준)이다(〈제4장 부록 Ⅲ〉). 그리고 거듭 말하지만, 필자는 일본인과 조선인의 위안부 계약을 비교하려 했던 것이 아니다.

이하의 〈표 4-1〉에는 1938년 일본 정부 문서를 출처로 하는 계약서 '양식'의 번역본이 포함되어 있다. 이 문서는 일본 이바라키 현 지사가 작성한 것으로서, 고베 매춘업소 업주의 위안부 모집 활동에 대해 논의하는 내용이다. 눈여겨볼 대목들은 다음과 같다. (a) 계약 기간은 최대 2년이다. (b) 전차금은 500엔 내지 1,000엔이다. (c) 신규 충원자는 상하이 군 위안소에서 일할 것이다. (d) 신규 충원자는 16세에서 30세 사이이다.

몇 가지 관찰할 수 있는 사항은 다음과 같다. 첫째, 이 계약서는 여성이 전차금을 갚아 나가는 계산 방식을 명시하지는 않았지만, 전형적인 위안소에서는 위안부가 갖는 수입의 40~60%를 전차금 상환에 적용했다(계산에 대한 영어로 된 자세한 설명은 1945년도 연합군최고사령부 자료 [SCAP 1945: pp.151-153]를 참조하라). 둘째, 계약서는 위안소가 음식과 의상, 그리고 여성의 왕복 여행 비용을 지불할 것을 명시하고 있다. 계약서 견본 양식에는 이러한 조항들이 반드시 포함되지는 않았다. 셋째, 위안부는 최소 16세의 어린 여성일 수 있다고 계약서에 명시되어 있지만, 실제 위안부는 대부분 20대였던 것으로 보인다.

이 계약서가 특히 여성이 2년의 기간을 마치거나 전차금을 상환하기 이전에 그만두기로 결정하는 경우(즉, 그렇게 결정할 수도 있었다)까지 특별히 예상했다는 점에 유의해야 한다. 여성이 조기에 그만둘 것을 선택하는 경우, 계약서에는 그녀가 전차금의 미상환액과 명시된 위약금을 매춘업소에 지불할 의무가 있다고 규정하고 있다. 이것은 이례적인 조항이다.

가용한 데이터의 한계를 지적하는 것은 매우 타당한 비판이다. 다만 그러한 한계는 필자가 이미 공개적으로 인정한 바 있는 제약이다. 앤드루 고든과 카터 에커트, 또는 그 외 필자를 비판하는 이들 중에서 그 누구라도, 필자가 잘못된 결론을 내렸음을 곧바로 보여 줄 수 있는 이 시기 실제의 계약서 실물을 제시함으로써 필자 논문의 주장을 반박하는 것은 기꺼이 환영하겠다. 계약서뿐만 아니라 그들이 필자의 오류를 보여 줄 수 있는 다른 문헌들을 제시하는 것도 환영하겠다. 필자는 그러한 증거들을 즐겁게 검토할 것이다. 새로운 데이터는 학술적 토론을 건설적으로 발전시킨다. 그러나 지금까지 그들이 제시한 것은 아무것도 없다.

〈표 4-1〉 견본 계약 양식

계약

- 계약 연한年限(아래에 2년이라고 명시됨).
- 계약금(아래에 500~1,000엔이라고 명시됨).
- 상하이 파견군 4육군위안소에서 작부酌婦 영업을 할 것.
- 상여금은 매출액의 1할로 한다(단, 반액은 저축할 것).
- 음식, 의상 및 소모품은 포주의 부담으로 한다.
- 계약 기간 도중에 해약할 경우에는 그 금액의 잔액, 위약금 및 귀국할 때의 모든 비용 일체를 즉시 지불해야 한다.

조건

- 계약 연한年限 만 2년
- 전차금 5백 엔에서 1천 엔까지. 단, 전차금 내 2할을 공제하여 부대비

용 및 개시에 충당한다.

- 연령 만 16세부터 30세까지.
- (부모의 승낙을 요구)
- 전차금 상환 방법은 연한 완료와 동시에 소멸한다. 즉 연한年限 중에 가령 질병으로 휴업할 때는 연한 만료와 동시에 전차금은 완제完済 한다.
- 연한 중에 이자는 없다. 도중 폐업할 경우는 잔금에 대해 월 1%.
- 위약금은 1개년 내 전차금 전액의 1할.
- 연한 도중 폐업할 경우는 날짜에 따라 정산한다.
- 연한 만료하여 귀국할 때 여비는 포주 부담으로 한다.
- 정산 매출액(필자는 이를 순수입이라고 생각한다)의 1할을 본인(즉 여성) 소득으로 하고 매월 지급한다.
- 연한 무사 만료의 경우는 본인 매출고에 따라 응분의 위로금을 지급한다.

출처: Ibaraki ken chi ji(茨城県知事, 이바라키 현 지사). 1938. Shanhai haken gun nai rikugun ianjo ni okeru shakufu boshu ni kansuru ken(上海派遣軍内陸軍慰安所に於ける酌婦募集に関する件, 상하이 파견군 내 육군위안소 작부 모집에 관한 건)〈Case Regarding the Recruitment of Prostitutes for the Comfort Station Attached to the Army Stationed in Shanghai〉, Feb. 14, 1938, in Josei no tame no Ajia heiwa kokumin kikin(Josei no tame no Ajia heiwa kokumin kikin(女性のためのアジア平和国民基金, 여성을 위한 아시아평화국민기금) ed., Seifu chosa: "Jugun ianfu" kankei shiryo shusei(政府調査'従軍慰安婦'関係資料集成, 정부조사: '종군위안부' 관계 자료집성)〈Government Investigation: Materials Relating to the "Comfort Women Accompanying the Military〉, v.1, pp.47-52, p.50, p.52(Tokyo: 1997).

3. 강제연행설

(a) 머리말

앤드루 고든과 카터 에커트는 그들의 비판에서 석지영의 「뉴요커」

기고문이라든지 마이클 최의 '우려하는 경제학자들' 청원서의 이면에 있는 극단적 민족주의 역사의 근간이 되는 명제를 사실로 전제하는 듯하다. 그 명제란 본질적으로 "일본군이 인간사냥식으로 조선의 여성들을 총검으로 위협하여 강제연행했다"는 것이다. 앤드루 고든과 카터 에커트는 논문 철회 요구서에서 이런 일본군에 의한 인간사냥식 강제연행설을 반복하지는 않았지만, 앤드루 고든(Gordon 2003)과 카터 에커트(Eckert 1996)는 모두 일본의 군인들이 (특히 앤드루 고든의 표현으로는) "총구를 겨누어서 다른 여성들을 포획했다"는 주장을 거침없이 제기한다. 사실 이런 주장이 없다면 필자는 앤드루 고든과 카터 에커트가 "램자이어는-계약서-실물이-없다는-사실을-독자들에게-말하지-않았다(Ramseyer-does-not-tell-his-readers-that-he-has-no-contracts)"고 불평하는 것 외에 그 어떤 다른 주장을 할 수 있을지 이해하기 어렵다. 앞서 논의한 이유와 같이, 필자는 필자의 논문 내용 중에서 "초록"에 있는 요약 문구 이상을 읽어 본 그 어떤 합리적인 독자도 필자가 서명된 계약서 실물을 갖고 있으리라고 단정하는 것을 상상할 수 없다. 이 강제연행설 주장은 앤드루 고든과 카터 에커트가 제기하는 공격의 매우 근본적인 토대로 보이기 때문에 이번 3절에서는 그 기원을 검토할 것이다. 계약 구조를 이해함에 있어서 이 일본군에 의한 인간사냥식 위안부 강제연행설이 갖고 있는 함의는 4절에서 다루기로 한다.

또다시 반복하지만, 일본군이 조선의 여성을 총검으로 위협하여 인간사냥식으로 강제연행했다는 주장을 비판적으로 검토하는 일은 태평양전쟁 과정에서 일본군이 했던 짓을 모두 정당화하는 일이 아니다. 필자는 일본군이 조선이 아닌 다른 지역에서 여성들을 인간사냥식으로 강제연행했는지 여부에 대해서는 다루지 않는다. 필자는 여기에서 과거에 특정한 사건이 현 시점에서 두 개의 특정한 지역(일본, 한국[조선])에서 발생했는지 여부에 관한 기술적인 주장을 할 뿐이다. 필자는 일본군에 관한 규범적 주제나 그 밖의 어떤 것에 대해서도 전혀 논의를 진행하지 않는다. 규범적 주장은 필자의 논문 주제와 필자의 연구 범위를 훨씬 넘어서는 일이다.

(b) 요시다 세이지

조선에서의 위안부 총검 강제연행설은 일본인 작가 요시다 세이지 吉田清治의 1983년 저서에서 비롯되었다. 그 책에서 요시다 세이지는 한 무리의 군인들과 함께 당시 조선의 제주도로 건너가 젊은 여성들을 총검으로 위협해 체포하고 강간한 다음 위안소로 향하는 배에 싣고 갔다는 경험담을 들려준다. 일본의 대표적 신문인 「아사히신문」은 이 이야기를 다듬어서 길게 보도했다("Yoshida shogen" 2014; Hata 2018).

그러나 사실은 요시다 세이지가 책 내용 전체를 날조했던 것이다. 그는 긴 대화로 구성된, 읽기 쉬운 회고록을 썼다. 일본의 저명한 역사학자들은 처음부터 이 책 내용에 의문을 제기했다(Hata 1999, 2018). 하타 이쿠히코(秦郁彦, Ikuhiko Hata)라는 학자가 실제 현지 조사를 위해 제주도를 방문했다. 그곳에서 그는 요시다 세이지 본인이 대규모 인간 사냥 중 하나를 수행한 곳이라고 밝힌 바 있는 촌락을 찾아갔지만, 마을의 누구도 그러한 습격에 대해 기억하지 못했다. 한 노인은 이곳은 작은 마을이라고 설명하면서 일본군이 매춘부로 삼을 여성들을 이곳에서 납치해 갔다면 누구도 그런 사건을 잊지 못할 것이라고 말했다. 일본과 한국의 다른 역사가들과 기자들도 그 뒤를 이어서 조사에 나섰다. 그들 중 누구도 요시다 세이지의 이야기를 뒷받침하는 증거를 찾아내지 못했다. 요시다 세이지는 처음에 그 사건이 실화라고 주장했지만, 결국은 다 지어낸 이야기였음을 자백했다.

필자의 이번 논문이 논의하는 핵심 사항의 하나로, 호주의 저널리스트인 조지 힉스George Hicks는 요시다 세이지의 조작된 회고록에 광범위하게 의존했으며(Hicks 1994, 1996), 앤드루 고든(Gordon 2003)과 카터 에커트(Eckert 1996)도 뒤이어 조지 힉스에 의존했다.[10] 설상가상으로, 조지 힉스 자신은 일본어를 읽을 수도 없었기에 자신의 작업을 하는 데 있어 일본어를 번역할 수 있는 이와 함께해야 했다(Hata 1999: p.266). 일본군이 조선에서 "총구를 겨누어서 다른 여성들을 포획했다"는 주장을 펴기 위해서 앤드루 고든(Gordon 2003)은 조지 힉스를 인용했고(카터 에커트[Eckert 1996]가 인용했듯이), 조지 힉스(Hicks 1994, 1996)는 요시다 세이지를 인용했다. 그러나 1997년 이미 일본의 「아사히신문」은 요시다 세이지 회고록의 진실성을 보장할 수 없다는 취지의 기사를 발표했다(Hata 1999: p.238). 앤드루 고든이 위안부 문제에 대한 글을 발표했던 2003년이면 이 분야의 학자들은 사실상 꽤 이전부터 요시다 세이지가 이야기를 모두 날조했다는 데 동의하고 있었던 형국이다.[11] 2014년도에 「아사히신문」은 요시다 세이지의 증언에 기초한 위안부 기사 전체가 "오보"였다고 최종 발표했다.[12]

(c) 증언

결정적으로, 요시다 세이지가 책을 출판한 이후부터 「아사히신문」이 결국 자사의 요시다 세이지 관련 기사들을 철회하기 전까지 수년 동안, 한국에서는 몇몇 고령의 옛 위안부들이 일본을 상대로 배상을 요구하기 시작했다. 또한 이 시기에 유엔에서는 요시다 세이지의 날조된 이야기에 명백하게 의존한 한 유명한 유엔 보고서가 발표됐다(U.N. 1996). 한국계 미국인 인류학자인 소정희(C. Sarah Soh 2008: p.154)의 표현에 따르면, "요시다 세이지의 저작은 국제인권운동가들과 유엔이 위안부 이야기의 패러다임을 형성하는 데 있어서 핵심적인 자료로 사용되었다". 불행하지만 중요한 문제가 아닐 수 없는데, 필자는 이 증거를 검토한 후, 이 옛 위안부 여성들 중 가장 유명한 옛 위안부 여성 몇몇은 일관성이 전혀 없는 증언을 하고 있다는 유감스러운 결론을 내릴 수밖에 없었다.

필자는 이러한 회의적 주장을 펴는 일에 무슨 남다른 열의를 갖고 있는 것이 아니다. 그와 관련해 누군가에게 꼭 책임을 물으려는 것도 아니다. 다만, 한반도에서 과거 식민지 시대에 일어난 일과 관련하여 그 극단적 민족주의 버전들은, 거의 전적으로 일부 소수의 증언에만 의존해 주장되고 있다는 점을 꼭 지적하고 싶은 것이다. 그렇기에 그 증언에 대해서 엄격한 검토를 하는 일은 매우 중요하다. 게다가 강제연행설을 지지하는 증언을 한 옛 위안부 여성들은 대개 특정한 집단 거주시설에 살고 있다. 이 집단거주시설은 만연한 금전적 사기(위안부들에게 가야할 돈을 횡령했다는 것) 혐의로 형사기소까지 됐던 이들이 운영하고 있다. 이들 중 일부에 대해서는 북한과의 관계에 대한 의혹(심지어 북한을 위한 간첩 행위와 관련된 것까지. 이하 (e)절 참조)도 오랫동안 제기된 바 있기에, 이러한 배경과 근거에서 나온 증언이라면 엄격한 검토는 매우 중요한 일이 아닐 수 없다.[13]

여러 옛 위안부 여성들이 증언을 바꿨다. 누구보다도 소정희(Sarah Soh 2008)가 그녀들의 증언을 검증하는 노력을 기울였는데, 그중 몇 가지 사례가 두드러진다. 필자가 이 사례를 반복하여 언급하는 목적은 이 여성들을 공격하기 위한 것이 아니다. 필자가 이를 거듭 언급하는 것은 역사적 사실을 기술하는 문제에 있어서 동시대의 다른 자료들로는 뒷받침이 되지 않는 증언, 심지어 일관성조차 없는 증언에 의존하는 것은 합리적이지 않다고 생각하기 때문이다.

김학순은 원래 자신은 새아버지 탓에 매춘을 하게 되었다고 말했다. 그녀는 어머니와 결혼한 새아버지를 좋아하지 않았다. 김학순의 증언에 따르면, 그녀의 어머니는 그런 그녀를 팔았다. (아마도 세부 사항만이 추가된) 다른 증언에 따르면 김학순의 어머니는 그녀를 "양아버지"(기생집 관리인)에게 보냈고, 양아버지는 김학순을 일본의 게이샤와 같은 존재인 조선의 기생으로 만들기 위해 그녀를 교육했다. 양아버지는 매춘업소를 운영했다. 어느 날 김학순의 양아버지가 사라졌고, 그녀는 위안부가 되었다(Soh 2008: p.127; Yi 2018). 그러나 위안부 운동이 일본을 강력하게 압박하자 김학순은 이러한 첫 증언과는 전혀 다른 증언을 하고 나섰다. 자신이 양아버지와 함께 베이징을 방문했을 때 일본 군인들이 그녀의 양아버지를 체포하고 그녀를 위안소로 보냈다는 것이다(Howard 1995: p.34; Soh 2008: p.127).

김순옥의 경우 초기에는 자신의 증언을 들으러 온 사람들에게 "내게는 어린 시절이 없다. 나는 일곱 살 때부터 네 번이나 팔려갔다"고 말했다(Soh 2008: p.11). 그녀는 위안부 모집업자들이 "우리 집에 찾아와서 부모님을 구슬리곤 했다"고 회상했다. 또 그녀는 "나는 부모님께 아무 데도 가지 않겠다고 말했고 (……) 다시는 나를 팔지 말아 달라고 애원하기도 했다"면서, 실제로 "여러 가지 자살 방법을 고민하기도 했다"고 말했다. 그럼에도 불구하고 그녀의 부모는 그녀를 팔았고, 김순옥은 결국 만주 위안소로 가게 됐다. 하지만 정작 1996년 유엔 인권위원회가 위안부에 대한 청문회를 열었을 때는, "그녀는 라디카 쿠마라스와미Radhika Coomaraswamy 유엔 보고관에게 자신은 일본군에 의해 납치됐다고 증언했다"(Devine 2016, Soh 인용). '우려하는 경제학자들' 청원서가 인용한 유엔 보고서(Coomaraswamy 1996)의 초안 작성자 라디카 쿠마라스와미는 요시다 세이지의 책을 증거로 명시적인 인용을 했다는 사실에도 주목해야 한다.

김군자도 김학순과 마찬가지로 자신이 위안부가 된 것은 자신의 양아버지 탓이라고 했다. 김군자는 양아버지가 자신을 "팔았다"고 회상했고, "일본인보다 아버지가 더 미웠다"고 말했다(Soh 2008: p.67, p.101; KIH 2016a). 그럼에도 불구하고, 그녀는 2007년 미국 하원(Protecting 2007: p.30)에서 일본군이 자신을 납치했다고 말했다. 그녀는 자신이 "기차역 앞에 있는 집"에서 살았다고 설명했다. 17살 때 그녀와 함께 살았던 가족이 "밖으로 심부름을 내보냈다". 그곳에서 그녀는 기차에 실려 "붙잡혀서 끌려갔다". 김군자는 "기차에는 군인도 많았고 강제로 끌려온 여성도 많았다"고 말했다.

2010년대 들어서 옛 위안부를 대변하는 가장 대표적인 인물로 손꼽히게 된 이는 그 누구보다도 이용수였다. 이용수는 처음에는 자신이 한밤중에 친구와 함께 가출을 했다고 말했다. 이용수의 친구(분순이)가 그녀에게 "(집에서) 가만히 나오너라"고 재촉했고, 그래서 그녀는 "발걸음을 죽이고 살금살금" 자신의 친구를 따라갔다고 했다. 한 일본인 남성이 그녀에게 "빨간 원피스와 가죽구두"가 든 꾸러미를 건넸다. 그녀는 너무 흥분해서 "선뜻" 그리고 "다른 생각도 못하고" 그 남성을 따라 나섰다(Soh 2008: pp.12-13, pp.98-100; Howard 1995: p.89; Yi 2018; Yi 2020).

첫 증언 이후 약 10년 뒤, 이용수는 일본 측에 보상금을 요구하는 운동에 참여하면서 첫 증언과는 극단적으로 다른 증언을 하고 나섰다. 그녀는 2002년에 일본 국회를 방문하여 "14세의 나이에 총검으로 위협받아 끌려갔다"고 증언했다(Moto 2002). 2007년 미국 하원에서는 "16세 때 일본군에 의해 끌려갔다"고 증언했다. 미국 방문 직후 도쿄에서 개최한 기자회견에서는 "일본 군인들이 어머니를 부르지 못하게 내 입을 막고 집에서 끌고 갔다"고 했다(Fackler 2007; Soh 2008: pp.100-101; Protecting 2007: p.17).

그러나 최근 2년 동안 위안부 문제와 관련해 운동 세력 내부의 관계가 허물어졌다. 단체의 결속력이 붕괴되면서 (어쩌면 전혀 예상치 못하게) 진실이 드러났다. 2020년 이용수는 위안부 운동의 주요 조직 책임자이자 위안부 집단거주시설을 실질적으로 관리해 온 윤미향을 공개적으로 비난하고 나섰다. 위안부들에게 가야 할 돈을 갈취한 의혹이 있다는 것이다. 여기에 대해서 윤미향은 많은 관찰자들(및 이 분야에서 대부분의 학자들)이 이미 오래전부터 결론을 내렸던 진실을 폭로하는 것으로 이용수에게 보복을 했는데, 그 진실이란 바로 이용수가 지금껏 그녀의 인생사에 관해서 사실을 말하고 있지 않다는 것이었다. 윤미향은 자신의 페이스북에 이용수와의 첫 만남에 대한 기억을 게시했다. 당시 이용수가 직접 그녀에게 전화를 걸었다고 윤미향은 말했다. 이용수는 "저는 피해자가 아니고, 제 친구가요 (……)"라고 자신을 소개했다고 한다. 이 말의 중요성을 생각해 보자. 이는 일본으로부터 금전과 사과를 얻어내기 위한 오랜 운동의 우두머리(윤미향)가, 위안부 운동의 당사자이자 중요한 상징적 인물(이용수)을 그 인생사 전체가 날조된 인물이라고 공개적으로 비난한 셈이다(Yamaoka 2021; Murotani 2021).

물론 사람의 기억은 시간이 지남에 따라 변할 수 있다. 이 여성들이 고통을 겪은 것은 분명하다. 필자는 이 문제로 그녀들에게 의심을 품고서 정면으로 따지고 싶지는 않으며, 그녀들을 모욕하려는 의도도 없다. 오히려 필자는 그녀들이 평온을 찾을 수 있기를 바란다. 제2차 세계대전은 전 세계 수백만 명의 사람들에게 분명 끔찍한 재난이었다. 오늘날 우리가 다른 시대에 살고 있음은 분명 행운이다.

(d) 동시대의 증거

하지만 필자가 이러한 구술 증언을 반드시 분석할 수밖에 없는 이유는, 필자가 아는 한, 일본군이 조선의 여성을 인간사냥식으로 강제연행했다는 증거로 제시된 것이라고는 오직 이것뿐이기 때문이다. 이는 필자에게는 매우 놀라운 일이다. 일본군이 총검으로 위협하여 적지 않은 숫자의 젊은 여성들을 납치했다면, 누구든지 이를 뒷받침할 동시대의 다른 증거들이 존재하리라 예상할 수 있을 것이다. 당연히 신문, 경찰 보고서, 개인 일기 등에서 그에 관한 이야기들을 찾아볼 수 있어야 한다. 그러나 그런 이야기들은 대부분 요시다 세이지가 1983년도에 출간한 책(언급했듯이, 나중에 결국 허구로 판명됐다) 이후에 나타났고, 당대에는 발견된 것이 전혀 없다.

- 기무라 칸의 연구

다만, 해당 시대의 문헌 중에서 젊은 여성을 매춘업소로 유인하는 사기꾼 모집업자에 대해서 다루고 있는 문헌은 실제로 다수 존재한다. 계약 조건을 어긴 매춘업소에 대한 기록도 있다. 그러나 필자는 일본군이 조선인 여성들에게 총검을 겨누어 인간사냥식으로 강제연행했다는 동시대의 어떤 기록도 알지 못한다. 보다 중요한 것은, 필자는 일본 패망 직후 몇 년 동안에도 전쟁 시절의 조선인 여성에 대한 일본군의 인간사냥식 강제연행 행위를 지적하는 출판물의 존재 역시 전혀 들어 보지 못했다. 예를 하나 들어 보자. 일본 고베대학교 교수인 기무라 칸 木村幹은 1945년부터 1990년까지의 「조선일보」 기사들을 조사했다(Kan Kimura 2014: tab. 1-1). 그는 그 기간 동안 "위안부"에 대한 그 어떤 언급도 찾지 못했다고 말하고 있다.

- 소정희의 연구

소정희는 한국의 전후 언론매체 기록에 대해 더욱 상세하게 논의한다(C. Sarah Soh 2008: pp.159-169). 그녀도 역시 1964년까지는 한국 언론에서 위안부에 대해 언급한 내용을 전혀 찾지 못했다. 소정희는 1964년 「한국일보」에서 "일제시대에 동남아시아로 강제로 끌려간 (……)" 위안부에 대한 기사를 하나 발견했다(Soh 2008: p.159). 그 여성은 1963년에 사망했다. 다만 소정희는 그녀가 어떻게 위안부가 되었는지에 대한 내용까지는 다루지 않았다.

소정희(Soh 2008: p.160)는 다음과 같이 분석을 이어 간다.

> 위안부 문제에 관한 한국의 거의 모든 출판물들은 1965년 한일협정 이후에야 등장했다. 거의 모든 출판물들이 독립 이후의 민족주의적 관점을 제시하면서 일본이 조선의 '처녀'들을 '정신대'로 강제동원했다고 비난하고 많은 조선인 여성들도 '위안부'로서 학대했다고 서술했다.

소정희는 한국에서 대학을 다녔지만, 현재는 미국 샌프란시스코 주립대학에서 인류학을 가르치고 있다. 그녀는 한국의 출판사가 그녀의 책을 한국어로 번역하는 일을 기꺼이 맡아 주리라고는 믿지 않는다고 공개적으로 말했다.

소정희(Soh 2008: p.160)는 1970년도에 한 편의 글이 한국 내에서 위안부 문제에 대한 "공식 담론public discourse"의 시초가 되었다고 지적한다. 그녀는 해당 글에 대해서는 말을 아끼는 대신에, 이후 이 주제에 대해서 간헐적인 출판(센다 가코千田夏光의 책[Senda 1973]의 한국어 번역본『분노의 계절』을 포함한다)만이 이루어졌다고 설명한다. 소정희(Soh 2008: p.161)는 다음과 같이 썼다.

> 하지만 한국인이 집필한, 조선인 위안부 문제를 주제로 다룬 책은 1981년이 되어서야 출판되었다.

소정희(Soh 2008)는 이번에도 그 책에 대해서는 별로 언급하지 않는다. (역주: 김성종의『여명의 눈동자』로 보인다.) 대신 그에 이어 짧은 소설로 주의를 돌린다. 소정희(Soh 2008: p.166)는 이 소설에서 위안부가 2,000원을 벌었다고 하는 대목을 언급하며 다음과 같이 기술한다.

> 또한 배상 운동이 시작된 이후에는 여성들이 매춘에 대한 대가를 받았다고 말하는 것은 사회적으로 용납될 수 없었고 정치적으로도 당혹스러운 일이 되었기 때문에, 당시 이 소설의 작가가 순이가 저축한 금액을 2,000원으로 묘사한 것은 주목할 만하다.

마지막으로 소정희(Soh 2008: pp.166-167)는 태국에 거주하는 옛 위안부에 대한 한국 언론매체의 넘치는 관심에 눈을 돌린다. 이 위안부 여성은 다음과 같이 진술했다.

> 나는 1942년 일본 경찰에 의해 강제연행되어 싱가포르로 보내졌고 거기서 3년 동안 위안부로 일했어요.

이것이 소정희의 연대기에서 1963년 기사 이후 여성 스스로가 '강제적으로' 연행되었다고 확실히 주장하는 첫 발언이다. 요시다 세이지는 1983년도에 책을 출판했으며, 「아사히신문」이 그 책을 공격적으로 홍보했던 사실을 상기해야 한다. 한국 언론은 1984년도에 이 여성의 이야기를 보도했다. 물론 일본에서 이 이야기를 보도한 신문사는 「아사히신문」이었다.

- 주익종의 연구

필자의 요청에 따라, 이승만학당의 경제사학자로 하버드대학 방문학자를 역임한 주익종 박사가 한국에서 발행되는 두 개의 다른 신문들을 검색하는 일을 흔쾌히 도와주었다. 다음 〈표 4-2〉에서 보듯이 주익종은 「경향신문」과 「동아일보」 지면에 "위안부"라는 문구가 몇 번이나 실렸는지 조사했다. 빗금을 칠한 막대는 일반적인 차원에서의 "위안부" 언급 횟수, 흰 막대는 미군 기지의 매춘부라는 의미로 "위안부"를 언급한 횟수, 먹으로 칠해진 막대는 일본군 기지의 매춘부라는 의미로 "위안부"를 언급한 횟수를 나타낸다. 1991년 이전까지 이들 두 신문에서 일본군을 위한 위안부에 대한 언급은 거의 없다는 사실을 확인할 수 있다.

<표 4-2> 「동아일보」와 「경향신문」에 실린 "위안부" 언급 기사 개수

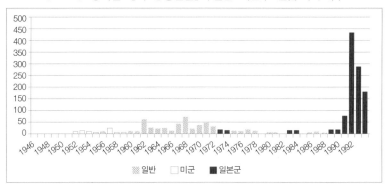

1982년, 1984년, 1989년도에 해당 신문들에서 소위 "정신대(挺身隊, 데이신타이)"에 대한 언급이 10건 이상 포함되었다. 정신대는 1944년 말부터 1945년까지 국가총동원법에 따라 일본 정부가 조선인을 산업노동으로 동원한 근로 조직이었다(일본인도 동원되었다). 이들은 오랫동안 위안부와 혼동되었다(Hata 1999: pp.366-376). 정신대라는 용어는 1970년 대에도 여러 번(비록 1년에 6회를 넘지 않았지만) 등장했지만, 이 용어가 등장한 기사는 대부분 두 편의 영화를 다룬 것이었다. 하나는 오키나와의 (강제된 것이 아닌) 매춘부들에 대한 일본 다큐멘터리였고, 다른 하나는 '여자정신대'라는 이름의 에로 영화였다(Soh 2008: p.162, p.165). 이 자료를 제공해 준 주익종 박사에게 깊은 감사 인사를 드린다.

- 결론

요점은 간단하다. 태평양전쟁 직후에도 한국 신문들은 일본 지배 아래에서의 총검에 의한 인간사냥식 강제연행에 대해서는 거론하지 않았다. 한국 신문들은 제2차 세계대전 당시의 매춘 문제에 대해서도 거의 언급하지 않았다. 한국 신문들은 매춘 산업을 논의하는 범위 내에서 미군 부대를 대상으로 한 매춘부와 매춘업소에 대해 논의했을 뿐이다.

조선인 전쟁포로(군속) 세 사람이 1945년 3월 미군 조사관과 대화한 기록은 앞에서 논의했던 일본군에 의한 인간사냥식 강제연행과 관련하여 동시대의 검증이 반드시 필요함을 간접적으로 드러낸다(Military Intelligence 1945). 조사관이 보고한 내용에 의하면 그들이 목격한 '조선인 매춘부'는 "모두 자원자들volunteers이었거나 그들의 부모에 의해 팔린 사람들이다. (……) 일본인이 만약 여성을 직접적으로 징발direct conscription했다면, 조선의 늙은이나 젊은이는 격분하여 들고일어났을 것이다. 남성들은 분노하여 무슨 일을 당할지라도 일본인을 살해하고 나섰을 것이다."

앤드루 고든과 카터 에커트의 필자에 대한 공격(Gordon-Eckert 2021)과 위에서 인용한 앤드루 고든(Gordon 2003)과 카터 에커트(Eckert 1996)의 문장들로 되돌아가 보자. 그들(둘 다 조지 힉스에 의존했고, 조지 힉스는 요시다 세이지에 의존했다)은 자신들이 언급하고 있는 옛 위안부들이 요시다 세이지가 책을 출간한 이후부터 요시다 세이지와 비슷한 주장을 하기 시작했다는 사실에 대해서는 밝히지 않는다. 그들은 옛 위안부들의 이야기를 전하면서 몇몇 옛 위안부들은 자신들이 이전에 했던 증언과 모순되는 증언을 하고 있다는 사실에 대해서도 밝히지 않는다. 그들은 옛 위안부들 중에 일부가, 북한과 연결되어 있다는 소문이 오랫동안 나돌고 있는 한 부패 의혹 운영자의 집단거주시설에 살았다는 사실에 대해서도 밝히지 않는다. 그들은 요시다 세이지가 책을 출간하기 이전에는 한국 언론들이 위안부 강제연행에 관해 거의 논의하지 않았다는 사실에 대해서도 밝히지 않는다. 결정적으로 그들은 요시다 세이지가 모든 이야기를 날조했다는 사실에 대해서도 밝히지 않는다. 실제로 그들은 요시다 세이지라는 이름조차 언급하지 않는다.[14]

(e) 정대협

유감스럽게도, 현재 한국과 일본 사이의 분쟁의 중심에는 한국과 일본의 화해를 집요하게 방해하면서 분쟁을 심화시키고자 하는 한 단체가 있다. 이 단체는 오랫동안 '한국정신대문제대책협의회', 즉 '정대협'이라는 이름으로 알려졌다(KIH 2016b). 최근에는 '일본군 성노예제 문제 해결을 위한 정의기억연대'(정의연)라는 이름으로 활동하고 있다. 정대협은 주한일본대사관 앞에서 매주 시위를 주도하며 전 세계에 위안부 동상을 설치하고 있다. 또한 옛 위안부들에게 일본이 제시한 보상을 거부하도록 압력을 가했다(KIH 2016b). 이 단체는 서구 학자들이 그토록 열렬히 받아들인 "성노예" 서사에 의문을 제기하는 학자들을 거칠게 공격해 왔다(Ji 2005; Gunji 2013). 그리고 윤미향이라는 이름의 인물이 오랫동안 이 단체를 이끌어 왔다.

정대협을 비롯한 위안부 지원 단체들은 옛 위안부들의 공개 증언을 대부분 통제하고 있다. 위안부 지원 단체들은 자신들이 듣고 싶은 이야기만 들려주는 여성들을 위한 집단거주시설 운영에 관여함으로써 그렇게 할 수 있는 역량을 유지해 왔다(Soh 2008: p.96). 한국의 정치학자인 이유진(Joseph Yi 2018)은 "위안부 납치와 관련된 서사는, 활동가 단체(예를 들어 나눔의 집이나 정대협)와 관련된 일부 소수 여성(1990년대에 등록한 생존자 238명 중 16명)의 구두 증언에만 기초한 것"이라고 지적한 바 있다(Yi 2018). 집단거주시설의 운영에 관여하는 식으로 위안부 지원 단체들은 학자들과 기자들이 만날 여성과 해당 여성이 말할 내용을 통제한다.

많은 옛 위안부 여성들이 윤미향과 정대협에 대해 깊은 분노를 느끼고 있다. 과거 2004년에는 몇몇 옛 위안부들이 자신들의 활동에 대한 결정권을 되찾기 위해 정대협을 상대로 소송을 제기하기도 했다(Moto 2018). 그러나 정대협은 통제력을 유지했으며 대부분의 옛 위안부 여성들을 위협하는 데 성공했다. 한국의 일문학자이자 위안부 지원 단체에 대한 신랄한 비판가인 박유하는 한 위안부 지원 단체('나눔의 집')가 자신에게 옛 위안부를 인터뷰할 수 있도록 허용한 사실이 의아할 정도였다고 고백했는데, 다음은 박유하가 밝혀 온 생각을 영문으로 정리한 한 웹사이트의 글을 옮긴 것이다(KIH 2016b).

내가 2000년대 초 위안부 문제에 대해 다시 관심을 갖게 된 계기는 위안부 지원 단체가 생존 여성들을 '나눔의 집'이라는 한 집단거주시설에 보호하고 있다는 소식을 들었기 때문이다. 이 여성들이 외부인들과 대화할 수 있는 때는 위안부 지원 단체가 유엔 특별보고관이나 미국 정치인들을 위한 증언을 필요로 할 때뿐이었다. 하지만 어떤 이유에서인지, 2003년 어느 날 나는 그녀들과 대화를 할 수 있는 허락을 받았다.

박유하는 옛 위안부들이 위안부 지원 단체에 깊은 불만을 갖고 있음을 알게 됐다. 다음 역시 박유하가 밝혀 온 생각을 영문으로 정리한 한 웹사이트의 글을 옮긴 것이다(KIH 2016b).

> 나는 이분들이 이곳에 수용되어 있으면서 행복하지 않다는
> 것을 느낄 수 있었다. 그녀들 중에 한 분(배춘희)은 나에게 일
> 본 군인과의 로맨스를 회상한다고 말했다. 그녀는 자신을
> 팔아먹은 아버지가 싫다고 말했다. 그녀는 또한 그곳의 여
> 성들은 거짓 증언을 하라는 위안부 지원 단체의 지시를 받
> 는 것을 좋아하지 않았지만 그래도 위안부 지원 단체의 명
> 령에 복종해야만 한다고 말했다.

1995년도에 일본이 처음으로 보상을 제안했을 때, 정대협은 옛 위
안부들을 대상으로 행사해 오던 위협이 거짓이 아니라는 사실을 증명
했다. 어쩌면 조만간 실현될지도 모를 한국과 일본의 화해를 방해하기
로 결정한 정대협은, 옛 위안부들에게 일본 측이 제안한 보상금의 수
령을 거부할 것을 명령했다. 그럼에도 불구하고 옛 위안부들 중 일부
는 보상금을 받아갔다. 다음 역시 박유하가 밝혀 온 생각을 영문으로
정리한 한 웹사이트의 글을 옮긴 것이다(KIH 2016b).

> 일본이 1995년도에 아시아여성기금Asian Women's Fund을 통해
> 보상금을 제시하자, 61명의 옛 위안부들이 정대협 대표의 명
> 령을 무시하고 보상금을 받았다. 그 61명의 여성들은 일본에
> 면죄부를 줬다는 비난을 받았다. 그녀들 중에 7명은 이름이
> 공개됐고 그녀들은 불명예의 여생을 보내야 했다.

소정희도 옛 위안부들의 두려움을 확인했다(Sarah Soh 2008: p.101). 일부 옛 위안부들은 자신들이 계속 뉴스에 오르내릴 수 있도록 극적인 새로운 이야기를 만들어 내기도 했지만, "다른 옛 위안부들은 정부의 인증을 위한 초기 조사 이후에는 더 이상의 관련 증언을 단호히 거부했다." 소정희는 "그녀들은 혹시 '말실수'로 인해 피해자 등록이 취소되고 이로 인해 복지 지원금 지급이 중단될까 봐 침묵을 지킨 것"이라고 설명했다.

정대협은 한국과 일본 사이의 화해를 방해함으로써 북한의 주요 정치적 목표에 직접적으로 기여하는 것을 핵심 과제로 삼는 듯 보인다. 박유하가 밝혀 온 생각을 영문으로 정리한 한 웹사이트는 "정대협은 한미일 안보 파트너십을 벌리는 쐐기를 박기 위한 정치적 목적으로 위안부 문제를 이용했다"고 쓰고 있다(KIH 2016b). 한국의 극좌파들이 조직한 정대협은 한때 한국 정부 당국에 의해 북한과 연계된 단체라는 의혹을 받기도 했다(KIH 2016b). 정대협의 오랜 수석대표인 윤미향부터 2013년도에 북한과의 관련성 문제로 조사를 받은 적이 있을 정도다. 그녀는 현재 금전적 사기(옛 위안부들에게 가야 할 돈을 횡령했다는 것) 혐의로 조사를 받고 있다. 그녀의 남편과 시동생도 북한을 위해 간첩 활동을 했다는 논란과 소송에 수년 동안 휘말렸다(윤미향의 남편과 시누이는 1993년도에 있었던 '남매간첩단' 사건의 당사자들로서 간첩죄로 형사처벌을 받았던 전력이 있다. 2016년도에 관련 재심이 있었지만 북한 공작원과의 회합會合, 동조同調, 그리고 금품 수수 등 관련 국가보안법 위반 혐의는 여전히 유죄였다). 옛 위안부들의 대외적 발언을 통제하는 것이 바로 이 정대협이다.

4. 필자의 접근

(a) 서론

필자는 일본 정부가 자국의 공창제를 기본 형태로 삼았던 방식에 대해 연구함으로써 위안소 계약의 논리를 명확하게 재구성했다. 한국계 미국인 인류학자 소정희(Sarah Soh 2008: p.117)도 일본이 "장기간의 전쟁에 투입된 군대를 위해서, 공창 제도의 연장에서 군위안부 제도를 승인했다"고 기술한다. 경제사를 연구하는 전 서울대 경제학과 교수 이영훈도 "일본군 위안부 제도는 1870년대 일본이 시행한 공창제를 토대로 하여 생겨난 것"이라고 비슷하게 설명한다(Lee Younghoon 2019: p.233, pp.258-259).

필자는 원 논문에서 먼저 일본 내 공창제를 요약하는 것으로부터 시작했다. 조선에서의 이 제도의 변형에 대해서도 조사했다. 그런 다음 위안부 제도에 대해 찾아볼 수 있는 모든 정보를 취합한 후에, 일본과 조선에서 위안부 제도가 작동한 방식에 대해 우리가 알고 있는 모든 정보를 활용하여 위안소에서 무슨 일이 일어나고 있었는지를 정리했다.

필자는 여기서 두 가지 사실을 언급하고자 한다. 첫째, 필자의 이 접근 방식은 완전히 투명하게 공개되어 있다. 둘째, 당대의 1차 출전으로부터 필자가 찾아낸 정보 중에는 위안부 제도에서의 계약 구조가 일본에서의 공창제와 질적으로 다름을 암시하는 내용은 전혀 없다. 많은 서구 학자들은 두 체제가 다르다고 주장하고 있다. 물론 이는 필자의 논문에 대해 제기할 수 있는 하나의 반응이다. 필자도 그러한 견해를 존중한다. 하지만 그런 견해를 펴는 학자들은 일부 옛 위안부들의 증언에만 너무 많이 의존하고 있다. 일부 옛 위안부들의 인생 말년의 증언은 그들이 일본에 보상을 요구하면서부터 이전의 증언과 모순되고 있다.

일본에서 당국의 허가를 받은 매춘부(최소 18세, 조선의 경우 최소 17세)는 전형적으로 연계年季노동계약indentured servitude contracts 아래에서 일했다. 매춘업소는 그녀들(또는 그녀들의 가족)에게 많은 전차금을 지불했다. 그 대가로 그녀들은 최대 연수(일본에서는 보통 6년) 동안 일하기로 합의했고, 매춘업소는 그녀들이 충분한 수익을 발생시키면 일찍 그만둘 수 있다는 조건에 동의했다. 대부분의 여성들이 그만한 수입을 발생시켰고, 이 일본의 여성들은 일반적으로 약 3년 후에 일을 그만두었다(「법경제학국제논총IRLE」 논문, 일본의 경우는 pp.2-3, 2.2절, 조선의 경우는 pp.4-5, 2.3절).

해외에서의 근무, 특히 전선에서의 근무는 여러 가지 면에서 더 위험했다. 이러한 위험을 반영하여 위안부는 훨씬 더 짧은 기간과 더 높은 전차금(기간에 따라 조정된)으로 맺어진 계약 아래에서 일했던 것으로 보인다. 전쟁이 막바지에 접어들면서 몇 개월간 이동이 어려워지기 전까지 그녀들은 분명히 계약 조건에 따라 일하거나 채무를 조기에 상환하고 다음 단계로 나아간 것으로 보인다(「법경제학국제논총IRLE」 논문, pp.5-7, 3절). 이것이 필자가 논문에 기록한 관찰 내용이다. 필자는 그 한계에 대해서도 분명히 명시한 데이터를 기반으로 하여 이러한 관찰을 기록했다. 그리고 〈제4장 부록 III〉에서 해당 자료의 특성을 보다 상세히 설명했다. 이우연은 「디플로매트」에 투고한 최근의 글(데이비드 앰버러스, 에이미 스탠리, 사야카 차타니가 게재를 막도록 잡지사 측을 괴롭혔던 바로 그 글이다)에서 위안부라는 직업의 특성을 다음과 같이 설득력 있게 요약했다(Lee Wooyoun 2021b).

'위안부'라는 직업은 '고위험·고소득high risk, high return' 직군에 해당하는 것이었고, 거액을 번 사람도 종종 발견된다. 계약 기간 등 고용계약에 따라 퇴직한 후 조선으로 귀환하거나 재취업한 경우도 매우 많다. 일상의 자유에 대한 제한을 받았던 것은—전장戰場이라는 특수한 환경 때문에—군인·군속·간호부 등도 마찬가지였다. 결론적으로, 위안부는 '성노예'가 아니라, 지금의 성산업 노동자와 근본적으로 동일한, '성노동자'였던 것이다.

다시 한번 강조하는 바, 필자의 모든 관찰은 기술적이다. 당시의 그러한 관계를 정당화하고자 하는 것이 아니다.

(b) 앤드루 고든과 카터 에커트

앤드루 고든과 카터 에커트는 필자가 위안부 제도를 이해하기 위해 일본과 조선의 공창제를 거론하는 것에 반대한다. 그들이 그렇게 하는 이유는 단순하다. 여성들은 오직 강제적으로 위안소에서 일했던 것이기에 일본과 조선의 공창제 계약을 근거로 하여 위안소 계약에 대해 정당하게 추론할 수 없다는 것이다. 앤드루 고든과 카터 에커트는 위안부 계약에 대한 필자의 자료가 불완전하기 때문에 아무런 결론도 내려서는 안 된다고 거듭 주장한다.

앤드루 고든과 카터 에커트의 필자에 대한 비판을 살펴보면, 그들은 요시다 세이지, 그리고 가장 목소리가 큰 일부 옛 위안부들의 주장을 액면 그대로 받아들이고 있음을 알 수 있다. 필자가 일본과 조선의 위안부 고용 방식에 대한 분석부터 시작한 이유는, 요시다 세이지의 이야기는 날조인 것으로 판명된 데다가 또 가장 목소리가 큰 일부 옛 위안부들의 증언은 전적으로 신뢰할 수 없다는 사실을 발견했기 때문이다. 이영훈도 명시적으로 언급한 바와 같이, 일본 정부는 자국 내 공창제에서의 매춘업소 규제 방식을 위안소 규제 제도의 모델로 삼았다(Lee Younghoon 1999: p.233). 이영훈은 이를 다음과 같이 설명했다 (Phillips, Lee & Yi 2019: p.453에서 재인용).

> 위안부 제도는 민간의 공창公娼 제도를 군사적으로 편성한 것이었다. (……) 위안부는 성노예가 아니었다. (……) 조선인 위안부는 전차금, 그리고 노골적인 사기 수법 등에 의해서 모집업자들에 의해 충원되었던 것이다. (……) 조선인 위안부가 20만 명이었다는 증거는 없으며, 그 숫자는 약 5천여 명가량이었다.

일본 정부는 무엇을 어떻게 하든 자국 군인들이 매춘업소를 자주 드나들 것이라고 판단했지만, 성병의 유행만큼은 방지하고자 했다. 이에 따라 기지 주변에 공창제(의무적 콘돔 사용 및 정기 건강검진 포함)를 도입했다. 증거 자료들을 살펴보았다면, 일본 정부가 자국 내 공창제를 거의 변경하지 않고 이를 도입하였다는 사실을 알 수 있었을 것이다. 이런 과정(및 보다 일반적으로 위안부 제도에 관한 절차)에 대해서 현재 영어로 된 가장 좋은 설명은 하타 이쿠히코의 저작 『위안부와 전쟁터의 성 Comfort Women and Sex in the Battle Zone』 영문판에 수록되어 있으니 살펴보기 바란다(Hata 2018). (역주: 이 책은 2022년 국내에서도 출간되었다.)

앤드루 고든과 카터 에커트는 위안소의 계약 구조가 일본과 조선

공창제의 그것을 반영하고 있다는 필자의 주장에 대한 입증책임이 필자에게 있다고 주장한다. 필자는 그 입증책임이 정확히 필자의 반대쪽에 있다고 생각한다. 앤드루 고든(Gordon 2003)과 카터 에커트(Eckert 1996)는 단지 요시다 세이지의 날조된 이야기를 반복해 왔을 뿐이라는 사실을 상기해야 한다(그들은 조지 힉스를 명시적으로 인용했는데, 조지 힉스는 다시 심각하고 광범위하게 요시다 세이지에 의존했다).[15] 조선에서 일본군에 의한, 총검으로 위협하는 인간사냥식 강제연행 주장이 사실이라는 그 어떤 강력한 증거가 나오지 않는 한, 앤드루 고든과 카터 에커트는 위안소 제도가 일본의 공창 제도를 따르지 않았다는 자신들의 주장에 입증책임을 져야 한다.

또한 앤드루 고든과 카터 에커트는 조선인 위안부들이 일본인 위안부들과 마찬가지로 대우를 잘 받았다는 사실을 보여 줘야 할 입증책임 역시 필자가 지고 있다는 식으로 이야기한다. 서두에서 언급한 것처럼, 필자는 애초에 그 문제는 전혀 다루지 않았다. 필자 논문의 어느 곳에서도 그에 관한 주장 자체를 찾아볼 수 없다. 물론 누구든 조선인 여성들과 일본인 여성들이 완전히 똑같은 계약을 체결했을 것이라고 기대하지는 않을 것이다. 분명한 것은 조선이 일본보다 가난했기 때문에 신규 매춘부의 '그림자 임금shadow wages'이 더 낮았을 것이라는 점이다. (역주: '그림자 임금'이란 기회비용이 반영된 임금을 말한다. 예를 들어 매춘부의 그림자 임금은 매춘부로 일하지 않고 다른 직업을 선택했을 때 얻을 수 있는 최고 임금이다.)

일본군에 의한 인간사냥식 강제연행 주장은 완전한 허위이며, 필자가 갖고 있는 증거들(〈제4장 부록 III〉 참조)은 조선과 일본에서의 계약이 질적으로 매우 유사했음을 시사하고 있다. 다만, 어쨌든 필자의 논문에서도 그러한 문제에 대해서는 전혀 언급한 바가 없다는 사실을 다시 한 번 분명히 짚고 넘어가고자 한다. 두 계약 간의 비교는 단연코 필자가 하지 않았던 작업이다. 앤드루 고든과 카터 에커트가 이 문제에 대한 증거를 제시하고 두 고용계약 그룹 간의 비교를 시작하기 원한다면 환영한다. 학문은 그런 논쟁을 통해 발전하는 것이다.

독자들을 피곤하게 할 위험을 무릅쓰고, 본 논문 서두에 언급했던 논점을 반복한다. 이 학문적 논쟁은 전적으로 기술적이다. 필자는 일본의 공창제를 지지하는 입장을 피력하는 것이 아니다. 필자는 규범적 주장은 전혀 하지 않았다. 필자는 그저 이러한 고용관계의 당사자들이 실제로 사용했던 계약 조건을 이해하고자 했다.

5. 요시미 요시아키

여러 역사학자들은 필자가 요시미 요시아키(吉見義明, Yoshiaki Yoshimi)를 인용하지 않았다는 점을 비판한다. 요시미 요시아키는 위안부 문제와 관련해 일본 정부에 비판적인 역사학자로서 가장 널리 알려진 인물이다(필자는 〈제4장 부록 II〉에서 그의 주장에 대해 반론한다). 2015년도에 일본 정부는 맥그로힐 출판사의 미국 고등학교 세계사 교과서에 위안부 문제가 포함된 사실에 대해 문제를 제기한 바 있다(Dudden 2015). 관련해 앤드루 고든을 포함한 미국의 몇몇 학자들이 일본 정부를 상대로 한 가열찬 공격으로 대응했는데, 특히 요시미 요시아키를 지목하면서 이 주제와 관련한 그의 "신중한 연구"를 찬양하기도 했다. 하지만 실은 이 서구 역사학자들은 요시미 요시아키의 연구 성과를 제대로 따르고 있지도 않다. 요시미 요시아키는 일본군이 조선인 여성을 인간사냥식으로 강제연행하지 않았다는 사실을 명시적으로 인정하고 있다. 최근 「마이니치신문」과의 인터뷰에서 그는 다음과 같이 말했다 (Yoshimi 2019).

> 그렇다면 위안부는 어떻게 모이게 된 것인가. 대략 세 가지 형태가 있습니다. ① 군이 선택한 업자가 여성의 친족에게 돈(전차금)을 빌려주는 대신 여성을 위안소에서 사역하는 '인신매매' ② 업자가 술자리 도우미라든가 간호사 같은 일이라고 속여서 데려가는 '유괴' ③ 관헌이나 업자가 협박이나 폭력으로 강제연행하는 '약취' 등입니다. 식민지인 조선반도에서는 ①이나 ②가 많았습니다. ③은 중국과 동남아시아 등지의 점령지에서 관헌에 의한 강제연행이 이루어졌음을 보여 주는 재판 자료와 증언이 있습니다.

물론 중국과 동남아시아의 전쟁터에서는 일본군이 여성들을 인간 사냥식으로 강제연행했을 수 있다. 다만 요시미 요시아키는 조선에서는 그런 일이 없었다고 명시적으로 언급했다.

6. 소정희-시장과 노예제에 대하여

소정희(Soh 2008: p 114)는 일본의 매춘에 대한 필자의 연구(Ramseyer 1991, 이 책의 제1장)를 비교적 자세히 설명한다.

> 램자이어는 학자들에게 "매춘이 불결하고 추악해 보인다는 이유만으로, 열악한 상황에서도 당시 일본 농민 남녀들이 최선을 다해 만들어 낸 유효한 방법들에 대해서 눈을 감아

서는 안 된다"고 경고했다. 램자이어는 공창제 아래 매춘부에 대해서 "다른 좋은 대안이 있었던 여성들이 아니었다"고 평하면서, "매춘은 돈이 잘 벌리는 분야"라고 말했다. 그의 연구에 따르면 전쟁 전 일본의 여성들은 6년의 연계年季 계약을 체결하여 공창 매춘부가 되었으며 "실제로 대부분의 매춘부는 노예가 된 바 없었다"고 강조한다. 오히려 그녀들 대부분은 계약이 만료되었을 때 일을 그만두었으며, 어떤 여성들은 3~4년 만에 빚을 갚고 더 일찍 일을 그만두기도 했다.

소정희(Soh 2008: p.114)는 다음과 같이 결론짓는다.

> 일부 조선인 위안부 여성들의 실제 경험은 램자이어의 연구 결과를 입증하고 있지만, 그녀들의 개인사個人史는 오늘날의 정치에서 전략적으로 '억압된 지식subjugated knowledge'의 일부가 되었다.

소정희의 이러한 언급("여성들의 실제 경험은 램자이어의 연구 결과를 입증하고 있지만, 그녀들의 개인사는 오늘날의 정치에서 전략적으로 '억압된 지식'의 일부가 되었다")은, 당시 매춘 산업에 대한 오늘날의 이해가 소정희(Soh 2008: p.114)가 지적한 바와 같이 근본적으로 양분兩分되어 있음을 반영한다.

매춘을 '상업적 매춘으로 보는 시각'과 '성노예로 보는 시각'

의 대립은 (……) 일본 사회에서 위안부 문제에 있어서 경쟁적인 대중 담론과 상반된 기억의 중요한 축을 형성한다.

필자로서는 이와 같은 논쟁이 필자 논문에 대한 적대감을 가속화했다고 생각하지 않을 수 없다.

E. 석지영

필자를 비판하고 나선 이들 중에서 아마도 석지영이 가장 많은 숫자의 청중들에게 영향을 미쳤을 것이다. 그 이유는 그녀의 공격을 감싸고 있는 공평함의 아우라가 청중을 그렇게 생각하도록 만들었기 때문이다. 석지영(Suk-Gersen 2021)은 「뉴요커」에서 한국의 특정 집단에게 매우 인기 있는 "식민지 독립 후의 (탈식민지) 민족주의"의 역사(소정희의 표현), 혹은 마이클 최Michael Chwe가 새롭게 쓴 역사가 "위안부 문제에 관한 역사적 합의"라고 독자들을 확신시키는 것으로 글을 시작한다.

'위안부'란 당시 전쟁 중인 일본제국군에게 전선의 '위안소'에서 성 서비스를 제공하던 여성들과 소녀들을 지칭하는 말이다. 아시아 여성들은 물론 세계 각국의 여성들이 강제로, 혹은 속임을 당해 위안소로 보내졌지만 이들 대다수는 당시 일본의 식민지였던 한국 출신 (……) 피해자 수는 수만 명에서 많게는 수십만 명에 이르는 것으로 (……) (당시의 이러한) 반인도적 범죄 (……) 실제 무슨 일이 벌어졌는지 그 진실에 대한 갈등과 부정의 파도가 끊임없이 몰아쳤다. (역주: 「뉴요커」가 공개한 한국어본을 인용했다.)

사실, 석지영은 그녀가 실제 글로 공개한 것 이상 이 문제에 대해 훨씬 더 많이 알고 있는 인물이다. 필자가 2021년 2월 3일에 그녀에게 제공한 자료에서도 이 문제에 대해 논의했기 때문이다. 그녀는 옛 위안부들이 일본군에 의해 인간사냥식으로 강제연행되었다고 주장하기 시작한 것이, 1983년도에 요시다 세이지가 과거 조선에서 "위안부 사냥"을 한 부대를 이끈 경험을 기록한 책(위에서 자세히 논의한)의 출간 이후라는 사실을 잘 알고 있다. 그녀는 일본에서 최고 권위지로 알려진 「아사히신문」이 요시다 세이지의 이야기를 나팔을 불면서 대서특필했던 것으로 유명하다는 사실도 잘 알고 있다. 그리고 그녀는 요시다 세이지가 이야기 전체를 날조 각색했다는 사실도 잘 알고 있다.

석지영은 신랄한 내용이 담긴, 위안부 문제 관련 1996년 유엔 보고서가 요시다 세이지의 거짓에 기반했다는 사실도 잘 알고 있다. 짐작하건대, 그녀는 고의로 그 보고서를 인용하지 않았다. 그녀는 2014년도에 「아사히신문」이 심층조사 끝에 요시다 세이지가 거짓말을 했다고 결론지을 수밖에 없었고, 그래서 관련한 전체 기사들을 취소한다고 발표했던 사실도 잘 알고 있다. 그녀는 한국의 가장 유명한 몇몇 옛 위안부들이 일본에 보상을 요구하기로 결정한 이후 자신들의 기존 증언을 뒤집었다는 사실도 잘 알고 있다.

석지영은 이 모든 사실들을 잘 알고 있지만, 이런 사실들 중에 어떤 것도 언급하지 않으면서 기나긴 에세이를 작성했다. 대신 그녀는 널리 알려지고 대단히 '반일'적이며 대중적인 설명을 "역사적 합의"로 묘사

했다. 그리고 그녀는 (주로) 인문학 분야의 일본학 연구자들을 인터뷰
했다. 그녀는 그들이 편향성을 적극적으로 거부하는 사람들이라고 독
자들을 확신시켰다.

> 램지어 교수의 주장을 지난 3주간 철저히 분석한 학자들과
> 이야기를 나누면서 나는 전문적 기준과 절차를 지키기 위한
> 이들의 헌신에 새삼 놀랐다. 램지어 교수의 주장이 도발적
> 이고 많은 이들을 괴롭게 했을지언정 이들 학자들이 우려한
> 것은 그보다 주장 그 자체가 진실인지 여부였다. (역주:「뉴요
> 커」가 공개한 한국어본을 인용했다.)

석지영은 앤드루 고든과 카터 에커트를 접촉했고 그들로부터 필자
가 직접 본 적이 없는 계약서에 대해서 논의한 것이라는 이야기를 들
었다. 석지영은 앤드루 고든과 카터 에커트로부터 다음과 같은 사실을
알게 되었다.

> 두 사람은 램지어 교수 논문의 각주를 검토하면서 전쟁 중
> 위안소에 있었던 한국인 여성과 관련해서는 계약서도, 그
> 러한 계약의 내용을 구체적으로 확인할 수 있는 2차 사료나
> 관련 내용을 확인해 줄 제3자의 진술도 전혀 인용돼 있지
> 않다는 사실을 알게 됐다. (역주:「뉴요커」가 공개한 한국어본을
> 인용했다.)

앤드루 고든이 비록 필자의 논문에 대해 정면으로 이의를 제기했

지만, 앤드루 고든 그 자신이야말로 위안부 문제와 관련하여 오직 두 개의 영어 출전만을 인용한 글을 발표한 사람이라는 사실을 기억해야 한다. 그 출전 중에 하나가 조지 힉스이며, 조지 힉스는 일본어를 모르기 때문에 요시다 세이지의 날조된 이야기에 대한 통역자의 설명에 크게 의존했다는 사실(Hicks, 1994 참조)도 기억해야 한다. 그리고 위에서 언급한 것처럼 위안부 계약에 대해 세부 사항을 알려 주는 〈제4장 부록 III〉의 자료 목록은 영문판 기준으로 다섯 페이지나 된다는 사실도 기억해야 한다.

석지영은 5인의 젊은 학자들과도 연락하였으며 이들은 필자의 8페이지 논문에 대해서 이들이 오류라고 지적하는 30페이지 이상의 목록을 공동으로 작성했다. 필자는 〈제4장 부록 I〉에서 이들의 목록에 대해 검토할 것이다. 사실 이들이 필자의 논문에서 세 가지 실질적인 실수를 찾아내긴 했지만, 그중에서 그리 중요한 것은 없다. 그러나 석지영은 이들의 발견이 대단히 중대하다고 주장한다. 이 5인의 학자들 중에 한 사람이 바로 데이비드 앰버러스David Ambaras다(이 사람은 앞서 언급한 한국인 경제사학자 이우연의 글을 검열하기 위해 「디플로매트」에 대한 공격을 이끌었던 바로 그 사람이다). 석지영은 데이비드 앰버러스에게 연락해 그가 필자의 다른 여러 연구에 대해서도 살펴보고 있다는 것을 알게 되었다.

> 램지어 교수의 연구를 계속 조사하는 과정에서 학자들은 그가 최근 여러 건의 논문에서 일본 불가촉천민 집단인 부라쿠민, 오키나와인, 한국인 등 일본 내 심각한 차별을 받았던 소수자 집단과 관련하여 사료를 잘못 이용한 사실을 발견했다. (역주: 「뉴요커」가 공개한 한국어본을 인용했다.)

그녀는 독자들에게 데이비드 앰버러스가 얼마나 "대단히", "초당파적인 직업적 기준을 준수하기 위해 헌신"해 왔는지에 관해 말하는 대신에, 그저 당시 데이비드 앰버러스의 트위터 계정을 언급했을 수도 있다. 즉, "데이비드 앰버러스는 안티파(Antifa, 반파시스트주의자)다". 그렇게나 "직업적인 기준을 준수하기 위해" 헌신하는 이 5인의 학자들 중 일부는 필자를 "백인 우월주의자white supremacist"[16]라고 부르며 트위터상에서 시간을 보냈다. 물론 이 남녀들은 자신들이 원하는 대로 필자를 언급하고, 또 무엇이든 그들이 원하는 용어로 필자를 조롱할 수도 있다. 그러나 2021년도에 어떤 이가 스스로를 "안티파"라고 묘사한다는 사실은, 그가 시카고학파의 한 법경제학 원로 교수(램자이어)가 쓴 논문에 대해서 말하는 것이 실은 학문적 헌신에서 나온 것이 아니라는 해석 역시 가능하게 만든다.

석지영은 이용수의 이야기로 글을 마무리한다. 석지영은 그녀를 '이용수 할머니Grandma Lee'라고 다정하게 부르며 그녀가 "15살에 위안부로 연행되었다"고 설명한다. 그녀는 이용수가 최근 하버드로스쿨에서 연설했다고 기록한다. 석지영은 그녀를 만나기 직전에, 이용수를 "가짜 위안부"라고 묘사하며 필자(램자이어)를 변호하는 내용의 이메일을 받았다고 말한다. 그녀는 이메일을 보낸 사람이 "한국의 소규모 극우 비주류 단체" 소속이라고 독자들에게 말한다. (역주: 당시 이용수의 정체에 관해 하버드대학 등에 해당 이메일을 보낸 이는 「미디어워치」의 대표이사 겸 편집국장인 황의원이다.)

석지영은 위안부에 대한 이야기를 마무리하는 데 있어서 이보다 더 적절한 방법을 선택할 수 없었을 것이다. 옛 위안부들 중에서 가장 목소리가 높았던 몇몇은 일본에 금전을 요구하기로 결정하면서 자신의 기존 증언을 뒤집었던 인물인데, 앞서 언급한 바와 같이 이용수는 그중에서도 가장 악명이 높은 인물이다. 이용수는 첫 증언에서 역사학자들에게 한밤중에 친구와 함께 가출을 했다고 말했다. 그녀의 친구가 그녀에게 "(집에서) 가만히 나오너라"고 재촉하자 그녀는 "발걸음을 죽이고 살금살금" 친구를 따라갔다고 말했다. 한 일본인 남성이 그녀에게 "빨간 원피스와 가죽구두"가 든 꾸러미(보퉁이)를 건넸다. 그녀는 너무 흥분해서 "선뜻" 그리고 "다른 생각도 못하고" 그 남성을 따라 나섰다(Soh 2008: pp.12-13, pp.98-100; Howard 1995: p.89; Yi 2018, 2020).

첫 증언으로부터 채 10년이 지나기 전에 이용수는 일본에 보상을 요구하는 캠페인에 합류했는데 이때부터 근본적으로 다른 증언을 하기 시작했다. 2002년에 그녀는 일본 국회를 방문하여 "14세의 나이에 총검으로 위협받아 끌려갔다"고 증언했다(Moto 2002). 2007년에는 미국 하원에 출석해서 "일본군에 의해 끌려갔다"고 증언했다. 미국에 다녀온 직후 도쿄에서 열린 기자회견에서는 "일본 군인들이 어머니를 부르지 못하게 내 입을 막고 집에서 끌고 갔다"고 증언했다(Fackler 2007).

석지영은 이런 사실들을 잘 알고 있다. 다른 많은 사안들과 마찬가지로 위 사안도 필자가 그녀에게 제공한 자료 안에 포함돼 있었다.[17]

F. 의심스러운 "합의"

안타깝게도, 영어권 세계에서 위안부 문제에 대해 기존의 통설에 의문을 제기하는 일을 두고 전문가들 사이에서 엄청난 분노가 촉발된 것은 이번이 처음이 아니다. 위에서 논의한 것처럼, 2015년 일본 정부는 맥그로힐 출판사의 미국 고등학교 세계사 교과서에 대해 이의를 제기하였다. 이 교과서는 위안소 제도를 마이클 최처럼 허구적이고 기괴하게 묘사했다. 즉, 일본군은 고작 열네 살밖에 안 된 20만 명의 여성들을 "천황의 선물이라고 하면서 병사들에게 보냈다". 그녀들 중 많은 이들이 결국 돌아올 수 없었다. 이는 부분적으로 "일본군은 이런 작전을 은폐하기 위해 위안부를 대량학살"했기 때문이다.

일본 정부가 이 교과서를 발간한 출판사 측을 상대로 위와 같은 주장의 진실성에 대해 우려를 제기하자, 앤드루 고든과 19인의 다른 역사학자들은 미국역사학회(American Historical Association, AHA) 회보를 통해 일본 정부를 사납게 규탄했다(Dudden et al. 2015; 이 규탄을 석지영[Suk-Gersen 2021]은 칭찬했다). 일본 정부의 행위는 외견상 분명히 '검열'이었고, '검열'에 대해서 그들은 가열하게 싸우고자 했다. 20인의 역사학자들은 위안부 제도가 "국가가 뒷받침하는 성노예"였다고 선언했다. 일본 정부가 "위안부와 관련하여 기존의 확립된 역사에 대해 의문을 제기"했다는 것이다.

그들은 소망한다. 석지영은 영어권 역사학자들 중에서는 누구도 "일본군이-조선의-여성을-총검으로-위협하여-인간사냥식으로-강제연행했다(Japanese-army-dragooned-Korean-women-at-bayonet-point)"는 주장에 대해 이의를 제기하지 않는다고 보고한다. 필자는 그 이유가 궁금하다. 20인의 미국 학자들이 미국역사학회 회보를 통해 발표한 일본 정부에 대한 규탄문과 관련하여, 일본의 학자 쿠마가이 나오코熊谷奈緒子는 다른 무엇보다도 맥그로힐 출판사 교과서의 위안부 문제 관련 서술은 정확하지 않은 내용이라고 지적했다(Naoko Kumagai 2015;

Multiple Authors 2015b도 참조). 그러자 앤드루 고든과 그의 동료 역사가들(Multiple Authors 2015a)은 쿠마가이 나오코에게 "역사부정론자"라고 딱지를 붙였다. 제이슨 모건은 당시 위스콘신대학에서 일본 역사 프로그램의 박사과정 학생이었다(Jason Morgan 2015). 제이슨 모건은 일본에서 공부하고 있었고, 미국역사학회 회보에 실린 일본 정부 규탄문에 불만을 제기했다. 그는 미국의 학자들이야말로 일본의 그 누구보다도 훨씬 더 편협하다고 썼다. 제이슨 모건의 지도교수는 제이슨 모건이 위안부 문제에 대해 목소리를 내는 것에 당혹감을 표시하는 이메일을 학과의 다른 사람들에게 보냈다. 그리고 미국 매디슨Madison의 풀브라이트 조정관과 협력하여, 도쿄의 풀브라이트 관리자가 위안부 문제와 관련해 견해를 밝힌 제이슨 모건을 호되게 질책하게 했다.

- 이해하기

이 불타오르는 편협함은 오직 서구(주로 미국) 대학들의 산물이다. 오직 서구의 일본학 전문가들만이 일본군이 조선인 위안부를 인간사냥식으로 강제연행했다는 "합의"를 강요하고 있다. "일본군-인간사냥-총검-강제연행" 전설은 요시다 세이지의 날조된 '회고록'과 함께 일본 좌파들 사이에서 비롯되었다. 한국의 좌파들이 그 전설을 수입하여 살을 붙여 가며 이야기의 분량을 늘려 나갔다. 그러나 이제 일본에서는 많은 사람들이 그러한 거짓은 단지 거짓일 뿐이라는 사실, 그리고 요시다 세이지의 회고록이 거짓이라는 사실, 그리고 이에 기반한 「아사히신문」의 기사들도 모두 거짓이라는 사실을 잘 알고 있다. 일본에서는 점점 세가 줄어들고 있는 좌파 운동가 집단과 좌파 비주류 역사가들만이 일본군에 의한 인간사냥식 강제연행 전설을 고수하고 있지만, 그럼에도 불구하고 그 전설을 진실인 것처럼 취급하는 그들의 논문을 학술지에서 철회해야 한다고 주장하는 이는 없다.

한편, 한국에서는 이 문제에 대해 논의하는 일이 더 힘겨워졌지만, 그럼에도 불구하고 어떻든 논의 그 자체는 갈수록 더 증가하고 있다. 한국에서는 위안부와 관련하여 이른바 일본군-총검-강제연행 전설에 대해 의문을 제기하는 학자들은 대학이나 기관으로부터 징계를 받을 수 있다. 하루아침에 갑자기 파면당할 수도 있다. 명예훼손죄로 형사기소가 될 수도 있다. 적어도 한 사람의 학자가 감옥까지 갔다. 하지만 그런 와중에도 점점 더 많은 숫자의 용감한 학자들이 공개적으로 목소리를 내고 있는 것이다. 그들은 강의하고 논문을 써서, 이 전설의 실체를 밝히는 책까지 출간하고 있다.

오직 서구의 대학에서만, 요시다 세이지로부터 비롯되고 위안부 지원 단체들에 의해 영구화된 사기극이 사실상 학문적 합의도 없이 진실로 통용되고 있다.

〈제4장 부록 Ⅰ〉

에이미 스탠리Amy Stanley, 한나 셰퍼드Hannah Shepherd, 사야카 차타니Sayaka Chatani, 데이비드 앰버러스David Ambaras 및 첼시 센디 샤이더Chelsea Szendi Schieder, "'태평양전쟁에서의 매춘 계약': 학술적 부정행위를 근거로 한 철회의 사례'에 대한 반론

A. 서언

필자가 이 공격에 별도로 초점을 맞추는 이유는 30페이지 이상 분량의 공격 글이 준 중압감 때문이다. 우선 필자에 대한 이 공격의 배경과 맥락부터 설명하고자 한다.

필자의 「법경제학국제논총IRLE」 논문은 2020년 말에 나왔다. 미국의 저명한 경제학 관련 블로그인 '한계혁명Marginal Revolution'에서 논문에 대해 긍정적인 통지를 보내오긴 했지만 이 외에는 대중적으로 별 관심을 끌지 못했다.

그런데 2021년 1월 말에 일본의 한 일간지가 필자 논문의 요약본을 실었다. 기사는 1월 28일 목요일, 해당 신문의 웹사이트에 실렸고 이후 일요일자 지면에도 실렸다.

필자는 2월 1일 월요일에 일어나 이메일 계정을 확인했다. '증오 이

메일hate mail' 공세가 시작되었다. 일본 신문에 게재된, 필자 논문의 요약 기사를 한국 언론도 소개했던 것이다. 필자는 월요일 밤늦은 시간까지 총 77개의 증오 이메일을 받았는데, 대부분이 터무니없고 적개심이 가득 찬 반일적인 내용이었다. 그로부터 두 달 동안 매일매일 더 많은, 많게는 수십 통 이상의 이메일을 받게 되었다.

이 증오 이메일 공세를 보고, 「법경제학국제논총IRLE」 웹사이트에서도 필자의 논문을 확인해 보았다. 학술지 출판사인 엘서비어Elsevier사가 "트윗"의 횟수를 게시한 것을 보았고, 필자의 논문을 다룬 트윗이 1,200회나 리트윗이 된 것을 확인했다. 이전까지는 램자이어의 논문에 대해서 그 누구도 트윗 자체를 한 바가 없었다. 그 누구도 말이다. 필자는 트윗을 검색하는 방법조차 몰랐다.

아들의 도움을 얻어 트위터 계정을 열었고, 필자의 논문을 언급한 트윗을 검색할 수 있게 되자, 미국인 또는 미국에 기반을 둔 학자 그룹이 한국 언론의 기사를 읽고 나서 격앙된 반응을 보였다는 사실을 즉각 확인할 수 있었다. 예일대학교 일본사 조교수 한나 셰퍼드Hannah Shephard가 그중 최초의 한 사람이었던 것으로 보인다. 월요일 이른 아침, 그녀는 트위터에 "어디서부터 시작해야 할지 잘 모르겠네요. 미쓰비시가 후원하는 하버드 로스쿨 교수가 위안부는 모두 매춘 여성이었다고 주장하고 있습니다"라고 적었다. 한 시간 후 그녀는 "위의 논문을 무시하고 싶을 수도 있겠지만, 한국 내에서 그에 대한 1면 기사와 그가 속한 기관(하버드)이 언급된 상황에서 우리가 무시할 수 있는지, 무시해야 하는지 확신이 서지 않습니다"라고 덧붙였다.

노스웨스턴대학교 교수인 에이미 스탠리, 노스캐롤라이나주립대학교 교수인 데이비드 앰버러스, 그리고 아오야마가쿠인대학 교수인 첼시 센디 샤이더가 이 초기 그룹에 합류하였다. 그들은 하루 종일 이리저리 트윗을 하였다. 한 작가는 "(램자이어가) 홀로코스트도 부정하(했)는지 궁금합니다"라고 했고, 또 다른 사람은 필자를 "영어권 우익 파시스트"로 묘사하였다. 데이비드 앰버러스는 "백인 남성의 특권에 대한 불안이 시작되기 전에도 이랬습니다"라고 그들에게 말했다. 폴라 커티스Paula Curtis라는 한 포스트닥 연구원(현재 UCLA 소속)도 필자의 "가증스런 출판물"에 대해 트윗을 교환하였다.[18]

트윗을 하는 이 학자들은 화요일 경에는 논문 철회 운동을 조직하기 위해 서로를 설득하기 시작했다. 실제로 에이미 스탠리와 한나 셰퍼드는 화요일이 되기 전에 이미 학술지 측에 개인적으로 논문 철회 요구서를 보낸 상황이었다. 한나 셰퍼드는 다른 사람들이 자기가 학술지에 보낸 서신을 모델로 사용할 수 있도록 그 서신을 트위터에 자랑스럽게 올렸다. 후에 그녀는 다른 4명의 공동저자와 함께 필자 논문의 인용 부분 확인 프로젝트에 참여하게 될 예정이었지만, 이미 필자의 논문을 발견했던 바로 그날 그녀는 즉시 학술지 편집인들에게 논문 철회를 요구하는 서신을 보냈다. 그녀는 학술지 편집인들에게 "램자이어의 논문이 성취한 것이라곤 일본 극우 부정론자들의 반향실echo chamber에서 나오는 소리를 학술지에서 되풀이한 것뿐입니다"라고 말했다.

트윗을 하는 학자들은 마치 축제를 즐기고 있는 것 같았다. 폴라 커티스는 "이것 보세요, 나는 지금까지 그 끔찍한 JMR 저작에 대해 학술지 편집인에게 이미 서신을 보냈다고 밝힌 적어도 5명의 여성을 봤어요(대부분이 이를 공개적으로 공유했음)"라고 말하면서 "남성 학자들은 몇 명이나 서신을 썼지요?"라고 물었다. 「법경제학국제논총IRLE」 편집인이 필자에게 이렇게 말했다. "이봐요, 마크. 이 사람들은 당신을 정말 증오해요. 오늘만 우리는 약 50개의 이메일을 받은 것 같네요." 2주후, 그 5인조는 집단으로 논문 철회 요구서를 학술지 측에 보냈다.

유감스럽게도 이들은 학문적으로 자신들과 다른 관점은 논문으로 발표되지 않도록 노력하는 집단이다. 앞서 언급했듯이 2021년 11월 중순에 한국의 경제사학자인 이우연은 「디플로매트」에 위안부 문제에 관한 원고를 투고했다. 그는 필자와 마찬가지로 앤드루 고든과 에이미 스탠리 등의 집단이 위안부 문제로 그간 영어권 세계에서 유일하게 수용이 가능한 해석이라고 선언해 온 성노예 해석에 이의를 제기했다. 데이비드 앰버러스David Ambaras는 자신의 트위터에 이우연이 투고한 글에 대한 스크린샷을 올리고 "위안부 부정론자들은 역겹습니다" "@Diplomat_APAC는 왜 이런 쓰레기를 게재한 것입니까?"라고 썼다. 에이미 스탠리는 해당 글을 리트윗했다. 다른 사람들도 리트윗했다. 사야카 차타니Sayaka Chatani가 끼어들었다. 몇 시간 안에 이 잡지의 관련 담당자인 미치 신Mitch Shin은 "그 문제는 작업 중입니다. 죄송합니다"라고 트위터에 게시했다. 그리고 마치 그것으로 충분하지 않다는 듯 "이제 그 글은 내렸습니다. 우리가 이런 끔찍하고 용납될 수 없는 실수를 해서 정말 죄송합니다"라고 했다.[19] 그것으로도 충분한 회개로 받아들여지지 않는 경우를 대비해서 미치 신은 재차 사과 글을 게시했다. "우리가 웹사이트에 그런 이야기를 게시한 것에 대해 깊은 사과를 드립니다. 해당 글은 내렸습니다."[20] 이를 보고 있던 한 네티즌이 "반갑네요! 이번 건은 다른 그 어떤 철회 건보다 잘 했던 건입니다"라며 이러한 결과를 지지했다.

그런데 데이비드 앰버러스는 거기에서 그치지 않았다. "편집인들은 왜 애초에 그것이 게재되도록 허용했으며 앞으로 그러한 실수의 재발을 피하기 위해 어떤 조치를 취할 것인지 독자들에게 설명해야 할 의무를 지고 있습니다." 미치 신은 다음과 같이 답변했다. "데이비드, 그 말씀은 저희 공식 입장으로 올릴 예정입니다. 다시 한번 변명의 여지가 없다는 말씀드립니다. 저는 남북한 문제에 관한 수석 담당자로서, 조직 외부 기고자들의 기고문을 검토하기 위해 편집인들과 더욱 긴밀히 협력하도록 최선을 다하겠습니다." 이에 대해 데이비드 앰버러스는 "감사합니다, 미치. 우리 모두는 부정론을 다룰 때 함께 일을 맡아서 처리해야 합니다." 그러나 미치 신의 사과는 거기에서도 그치지 않았다. "마지막으로 이 문제를 제기해 주시고, 저와 저희 기관이 적시에 조치를 취해 줄 것을 직접 요청해 주신 분들께 깊은 감사의 말씀을 드립니다. 저희 콘텐츠를 계속 확인하시고 가능할 때마다 귀하의 깊은 통찰을 공유해 주십시오. 감사합니다."[21]

폴라 커티스(Paula Curtis 2021a)는 일부 역사가들이 법경제학계를 어떻게 보고 있는지 보여 준다. 그녀는 필자가 "이러한 견해들을 보호하는 생태계", 즉 "폐쇄 회로"에서 일하기 때문에 논문을 출판할 수 있었다고 설명한다. 그녀는 "능력자들의 특권, 제도, 인맥은 특정 집단에 속한 사람들이 그들의 지위를 남용하는 것을 허용한다"며 "그들은 대부분 엘리트 기관의 고위 백인 남성"이라고 불길하게 경고한다. 그리고 그녀와 같은 학자들이 대학을 "개혁하고 탈식민화"하기 위해 고군분투해 온 것은 바로 이 "고위 백인 남성들"로부터 벗어나기 위한 것이었다고 말한다.

저자들 중 에이미 스탠리를 포함한 세 사람(Stanley, et al. 2021b)은 필자가 "수십여 년간의 역사적 연구와는 반대되는" 결론에 도달했기 때문에 "비난의 물결을 불러일으켰다"고 썼다. 말도 안 된다. 분명히 필자는 매춘과 일본제국주의, 그리고 그 외 여러 주제들과 관련하여 '워크Woke'적인 신앙고백에 반대한다. (역주: '워크Woke'는 '각성한', '깨어 있는'이라는 뜻으로, '정치적 올바름Political Correctness'과 비슷한 의미다.) 그러나 본 논문의 F절에서 언급했듯이, 필자는 오직 영어권 세계만의 "수십 년간의 역사적 연구"를 기반으로 한 "합의"에도 반대한다. 나아가, 그 영어권 세계에서의 "합의"라는 것은 이 탈식민주의자들이 자신들과 다른 무엇인가를 제안하는 사람을 공격할 때의 사악함을 위해서만 존재하는 것이다. 일본의 학자들, 그리고 심지어 한국의 많은 학자들과 마찬가지로(경제사학자인 이우연의 설명대로), 필자는 위안부 문제와 관련해 그런 식의 어떠한 합의에도 절대 반대한다.

B. 논박

1. 서론

이어지는 논의에서 필자는 에이미 스탠리 등(Stanley, et al. 2021a)(또는 "에이미 스탠리와 함께하는 비판가들")이 제기한 비판에 대해 반박하겠다. 그들은 필자에 대한 비판의 핵심을 다음과 같이 말한다.

> (램자이어의) 주장에서 근간이 되는 두 가지 사실적 주장이 있다. 하나는 여성과 매춘업소 사이에서 여성에게 고액의 현금 전차금을 제공하는 계약상의 합의가 있었다는 것이다. 다른 하나는 매춘업소에 있는 여성들이 전차금과 기타

빚을 다 갚을 만큼 벌어들인다면 조기에 일을 그만둘 수 있었다는 것이다. 둘 중 어느 쪽도 램자이어가 활용한 증거에 의해 뒷받침되지 않는다. 사실, 어떤 경우에는 그가 인용하는 증거가 이러한 그의 주장과 직접적으로 모순을 일으키기도 한다.

이 진술은 전혀 사실이 아니다.

필자는, 스스로가 보기에도 지겨운 말을 계속하고 싶지는 않다. 하지만 "연구부정행위academic misconduct"에 맞서 싸운다는 에이미 스탠리 등의 자가당착적 주장이 제기된 상황에서 다른 선택의 여지가 없다고 생각한다. 첫째, 앤드루 고든(Gordon 2003)과 카터 에커트(Eckert 1996)가 보여 줬던 그 모든 문제가 에이미 스탠리 등에 의한 글에도 그대로 나타나고 있다. 그들은 분명히 그들이 "역사부정론denialism"이라고 칭하는 강박관념에 사로잡혀 있다. 그러나 관계된 사실들의 완전한 공개를 요구하는 그들의 그 모든 주장에도 불구하고, 그들은 요시다 세이지가 책을 출판한 이후에야 옛 위안부들이 일본군이 총검을 들이대고 인간사냥식으로 강제연행했다는 증언을 시작한 사실은 말하지 않는다. 그들은 요시다 세이지가 이야기 자체를 날조했다는 사실은 말하지 않는다. 그들은 일본에서의 요시다 세이지 스캔들에 대해서는 일체 말하지 않는다. 그들은 일본군이 총검으로 위협해 인간사냥식으로 강제연행되었다고 주장하는 옛 위안부들 중 몇몇이 북한과 관련 있다고 오랫동안 의심받아 온 여성(윤미향)과 관계된 집단거주시설에 살고 있다는 사실을 말하지 않는다(그리고 그들이 필자를 공격할 당시에 이 단체는 이미 위안부 관련 기금을 횡령한 혐의로 기소까지 된 상태였다). 그들은 요시다 세이지의 책이 출판되기 전에는 한국 언론에서 위안부 문제에 대해 보도한 적이 거의 없었다는 사실은 말하지 않는다. 그들은 일본군에 의한 총검 위협으로 인간사냥식 강제연행되었다고 증언하는 여러 옛 위안부들이 이전에는 전혀 다른 증언을 했다는 사실은 말하지 않는다.

둘째, 폴라 커티스(Curtis 2021b)가 "연구진실성의 모범a model of academic integrity"이라고 말한 바 있는 이들의 비판 성명은 일부 출처를 중대하게 잘못 기재했다. 비판가들은 (위안부가 아닌) 매춘 여성 오사키가 성관계를 하라는 말을 처음 들었을 때 항의했다는 사실을 필자가 놓친 것에 매우 집착한다. 필자는 물론 그 사실을 누락했고 그에 대해 깊은 당혹감을 느낀다. 그들은 그녀의 항의만을 강조하지만, 필자가 아래에서 자세히 부연한 것처럼, 해당 구절의 몇 페이지 앞에 오사키 스스로가(사실 그녀의 자매, 이복 자매, 사촌이 모두 매춘부로 일하기 위해 일본 바깥으로 나갔다) 그 직업에 수반되는 일의 대략적인 윤곽을 알면서 그 직업을 선택했다고 확인해 준 사실은 말하지 않는다.

유사하게 에이미 스탠리 등은 옛 위안부 문옥주에 대한 필자의 논의에 대해서 길게 불만을 제기한다. 사실 필자는 문옥주에 대해 틀린 얘기를 한 부분이 없다. 에이미 스탠리 등은 문옥주가 강제로 그 일을 하게 되었다고 증언한 사실을 강조하는 반면, 독자들에게 문옥주 이야기의 중요한 결말은 말하지 않는다. 자신의 계약 조건을 이행하고 조선으로 돌아갈 권리를 얻은 문옥주는 항구로 갔다. 그러고는 다시 돌아섰다. 그녀는 어떤 압력도 받지 않고 자신의 의지로 더 많은 돈을 벌기 위해 매춘업소로 돌아가기로 결정했다. 이에 관하여 이하에서 더 자세히 설명하기로 한다.

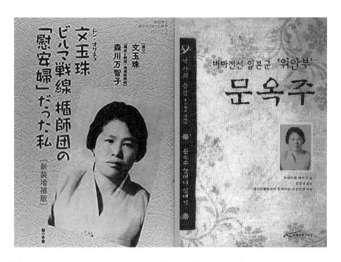

모리카와 마치코森川万智子가 1996년도에 문옥주의 구술을 바탕으로 정리한 전기 『문옥주, 버마전선 방패사단의 위안부였던 나文玉珠—ビルマ戦線 楯師団の「慰安婦」だった私』. 2005년도에 『버마전선 일본군 위안부 문옥주』라는 제목의 한국어판으로 번역돼 나왔다.

그리고 에이미 스탠리(Stanley 2021)는 5월경 자신의 웹사이트에 올린 글에서 인도네시아에 있는 악명 높고 불량한 일본군 포로수용소에 대해 자세히 설명했다. 이 수용소의 간수들은 자신들을 위해 "매춘업소"를 만들어 그 안에서 젊은 여성 포로들을 일상적으로 강간하였다. 에이미 스탠리는 필자의 논문이 일본, 그리고 일본의 일부였던 조선에서 온 위안부를 대상으로 한 논문이라는 사실에 대해서는 신경을 쓰지 않는다. 에이미 스탠리는 또한 필자가 필자의 논문에서 연구 주제를 "위안소"로 제한했고 인도네시아의 포로수용소는 위안소 규칙은 물론, 심지어 포로에 대한 군의 기본 규율마저도 분명히 위반했다는 사실에 대해서도 신경을 쓰지 않는다. 일본군 사령부는 규율을 엄격하게 지키고자 했다. 악성 "매춘업소"에 대해 알게 되자 즉시 이를 폐쇄했다.

하지만 일본군 사령부가 스마랑에서의 "매춘업소"를 군 규율 위반을 이유로 즉각 폐쇄하도록 명령했던 사실을 진지한 역사학자들이 언급하자, 에이미 스탠리는 이들을 "역사부정론자"라고 부르면서 비난을 퍼부었던 것이다. 그녀와 그녀의 동료들이 오사키와 문옥주의 경우에서 그랬던 것처럼, 에이미 스탠리는 또다시 독자들에게 핵심적인 사실은 말하지 않았다. 그녀와 그녀의 동료들이 분명히 말하고 싶어 하는 워크Woke식 이야기와 달리, 스마랑에서 일본군 사령부는 여성에 대한 폭력에 눈을 감지 않았다. 일본군 사령부는 포로수용소 내 "매춘업소"의 존재를 알게 된 즉시 폐쇄했다. 에이미 스탠리의 더 큰 문제는, 한 간수가 젊은 여성 수감자들을 강간하는 이전 관행을 계속하려고 하자 새로운 지휘관이 포로수용소의 인원들을 소집하고 그 간수를 여러 사람 앞으로 불러냈다는 사실에 대해서는 말하지 않았다는 것이다. 새로운 지휘관은 그 간수에게 권총을 건넸고 간수가 순종적으로 자신의 머리를 날려 버릴 때까지 그 자리에 서 있었다(Ruff-O'Herne 2008). (역주: '스마랑 위안소 사건'으로 알려진 이 사건은 1944년 2월에 일본군이 점령 중이던 네덜란드령 동인도(현재의 인도네시아) 자바섬 스마랑에서 군령軍令을 무시하고 일본 군인들 중 일부가 네덜란드 여성을 위안소로 강제연행해 강제매춘시키며 감금 강간한 전쟁범죄 사건이다. 일본군 사령부는 사건이 벌어진 직후에 사건의 심각성을 인식해 즉각 위안소 폐쇄를 명령했다. 전후 국제군사재판에서 관련자들은 전원 유죄, 책임자에게는 사형이 선고됐다.)

그 외 에이미 스탠리 등의 다른 잘못된 설명과 관련해서는 이하를 계속 읽어 주기 바란다.

1) 전차금

에이미 스탠리 등은 먼저 "여성들에게 고액의 현금 전차금을 지불하는 계약상 합의가 있었다"는 요지의 필자 주장에 이의를 제기했다.

애석하지만, 필자는 이런 요지의 주장을 비판하는 이들이 무엇을 의도하는 것인지 잘 모르겠다. 첫째, 이들은 위안부 여성들의 상당수가 고액의 전차금을 받았다는 사실을 부인하는 것인가? 아니면 마이클 최의 '우려하는 경제학자들'처럼 조선인 여성들이 그 일을 위해서 일본군에 의해 인간사냥식 강제연행이 됐다고 주장하는 것인가? 그것도 아니면 조선인 여성들이 일당이나 주급으로 일하기로 합의했으므로 전차금을 받은 것이 아니라고 주장하는 것인가? 그런 주장은 적어도 필자가 확인한 그 어떤 문헌으로도 뒷받침되기 어려울 것이다. 마지막으로, 그들은 위안부가 전차금은 받았지만 계약서에는 서명하지 않았다고 주장하려는 것인가? 필자는 모집업자나 매춘업소가 문서도 없이 거액의 돈을 전차금으로 내준다는 것은 개연성이 없다고 본다.

위안부들이 실제로 고액의 전차금을 선금으로 받는 계약을 맺고 일했다는 증거는 〈제4장 부록 III〉을 참조하라. 계약서 관련 출처의 목록은 영문판 기준으로 다섯 페이지에 이른다. 또다시 강조하는 바, 필자의 주장은 순전히 기술적이다. 많은 전차금이 지급되었다고 해서 그 제도가 도덕적으로 수용 가능하다는 입장이 아니다. 필자의 연구는 규범과 관련된 것이 아니다.

2) 퇴직

에이미 스탠리 등은 "매춘부는 돈을 벌어서 전차금과 기타 빚을 갚고 나면 조기에 퇴직할 수 있었다"는 요지의 필자 주장에도 이의를 제기한다. 다시 지적하지만, 필자의 이런 주장에 대한 그들의 이의 제기가 무슨 의미인지를 이해할 수가 없다. 그들은 계약서상에 기간의 제한이 명시되어 있었다는 사실을 부인하는 것인가? 아니면 여성들이 빚을 상환하면 그만둘 수 있었다는 사실을 부정하는 것인가? 어느 쪽이든 그들은 완전히 틀렸다. 한국의 경제사학자 이우연은 「디플로매트」에서 다음과 같이 썼고(Lee Wooyoun 2021b), 그는 데이비드 앰버러스, 에이미 스탠리, 사야카 차타니가 잡지 편집진들을 협박하여 이 글의 게재를 철회하도록 검열 행위를 한 사실을 폭로했다.

> '위안부'라는 직업은 '고위험·고소득'high risk, high return 직군에 해당하는 것이었고, 거액을 번 사람도 종종 발견된다. 계약 기간 등 고용계약에 따라 퇴직한 후 조선으로 귀환하거나 재취업한 경우도 매우 많다. (……) 결론적으로, 위안부는 '성노예'가 아니라, 지금의 성산업 노동자와 근본적으로 동일한, '성노동자'였던 것이다.

에이미 스탠리 등은 인도네시아 보르네오의 매춘업소에서 일자리를 찾기 위해 싱가포르의 매춘업소를 떠난 세 사람의 매춘부와 관련한 필자의 논의를 공격한다. 필자의 논문 「국제법경제학논총IRLE」 2.2.4절에서 싱가포르의 매춘업소에 만족하지 못한 세 사람의 매춘부(엄격히 말하면, 그녀들은 군과 관계된 위안부는 아니다)에 대해 논한 바 있다. 그녀들은 항구로 가서 보르네오로 가는 배를 탔고 보르네오에서 새로운 매춘업소를 발견했다. 그녀들 중 두 사람은 새로운 매춘업소 주인을 설득하여 이전 매춘업소에서 진 빚을 갚게 하고 대신 새 매춘업소에 머물렀다. 세 번째 여성은 새로운 매춘업소 주인에게 자신의 빚을 갚도록 설득하지 못해 결국 이전 매춘업소로 되돌아갔다.

필자 논문의 요지는 간단하다. 여성들은 그만둘 수 있었으며, 만일 그녀들이 빚을 갚지 못했다면 그녀들이 받은 전차금(대부금)에 대한 미상환 잔액을 지불할 채무가 있었다는 것이다. 이와 같은 약정을 바로 계약이라고 한다.

에이미 스탠리 등은 전쟁 중에 여성들이 일본이나 조선으로 돌아갈 때 당면해야 했던 현실적 어려움을 강조하는 것 같다. 그러한 현실적 문제들은 분명 존재했다. 바로 그렇기에 필자가 이와 관련된 문제를 논문에서도 명시적으로 논의했던 것이다. 그러나 그런 문제들은 어디까지나 전쟁 자체와 관련된 것이라는 점에 유의해야 한다. 그런 문제들은 계약 조건의 이행이나 준수에 관련된 것이 아니었다.

여성이 중도 퇴직할 수 있는 법적 권리에 대해 위안부 관련 계약서 견본 양식에 포함된 아래와 같은 조항을 검토해 보자(에이미 스탠리 등이 읽었다고 주장하는 출처에 있다).[22]

> 계약 기간 도중에 해약할 경우에는 그 금액의 잔액, 위약금 (아래에서 10%로 규정) 및 귀국할 때의 모든 비용 일체를 즉시 지불해야 한다.

어떤 계약 아래에서든 (적어도 필자가 봤던 논의에 따르면) 여성은 전차금을 상환하면 계약 기간이 끝나기 전에 일을 그만둘 수 있었다. 그러나 저 위안부 관련 계약서 견본 양식의 조건에 따르면 여성들은 심지어 전차금을 갚지 않아도 계약 기간이 끝나기 전에 그만둘 수 있었다.

그녀들은 전차금 중 미상환 부분에 대해서는 계속 채무를 지게 되지만 합법적으로 그만둘 수 있었다.

일본 내에서 재판소는 공창의 매춘부가 자신의 선택에 따라 언제든지 그만둘 수 있다는 점을 분명히 했다. 이미 1896년에 일본 최고재판소(당시 대심원)는 매춘업소가 공창으로 일하기로 한 여성의 용역계약(근로계약) 이행을 법적으로 강요할 수는 없다고 판결하였다. 매춘업소는 대개 (항상 그런 것은 아니지만) 초기 전차금의 미상환 부분을 회수할 수 있었지만, 개인의 용역계약 이행을 법적으로 강요할 수 없다는 것은 재판소가 몇 번이고 되풀이하여 판결한 내용이다. 일본 내에서는 여성이 대부금(전차금)을 상환하지 않아도 그만둘 수는 있었다. 예를 들어, Musashino v. Kushi, 2-3 Daihan minroku(大審院民事判決錄, 대심원민사판결록) 50 (Sup. Ct. Mar. 11, 1896); Sakai v. Yamada, 6-2 Daihan minroku(大審院民事判決錄, 대심원민사판결록) 81 (Sup. Ct. Feb. 23, 1900)를 참조해 볼 수 있다.

한국 서울대학교의 경제사학자 이영훈(Lee 2019: p.320)도 필자 주장의 논점을 정확히 똑같이 주장하고 있다. "위안소는 (……) 대단히 유동성이 높은 곳이었다. 계약 기간이 만료되거나 위안부가 목표한 만큼의 돈을 벌거나 혹은 전차금 채무를 청산하고 나면, 많은 위안부가 위안소를 떠났다."

다시 말하지만, 특정 조항이 계약에 포함되어 있다는 사실은 그 계약이 도덕적으로 정당한지 여부에 대해서는 아무것도 시사하지 않는다. 필자의 논문은 순전히 기술적인 프로젝트일 뿐이다.

C. 세부 사항

필자의 논문을 매장시켜야 한다는 자신들의 요구를 뒷받침하기 위해서 에이미 스탠리 등의 비판가들이 학술지 편집인들에게 제기했던 나머지 이의들도 하나씩 살펴보겠다. 필자 논문에 오류가 있다는 주장은 다음의 세 가지 외에는 근거가 없다고 생각한다.

첫째, 필자는 오사키 전기의 내용을 잘못 특징지었다(아래 2. a절). 이 오류는 필자 논문의 본질과는 관련이 없지만 그럼에도 불구하고 매우 당혹스럽다. 둘째, 비판가들은 필자가 특정한 일본 내무성 문서(5. a절)에 있는 전차금 금액을 설명하는 데 잘못이 있다는 점을 정확히 지적했다. 셋째, 이들 비판가들은 필자가 또 다른 문서에 대해 논의할 때 이를 조선총독부에 제출한 청원이라고 언급했지만, 그 문서가 실제로는 일본군이 허가한 청원이라는 점(9절)을 지적한다.

이 세 가지 사항이 에이미 스탠리 등이 필자 논문에서 찾은 철자(스펠링) 외의 오류의 전부다. 그런데 이 세 가지 사항조차, 그 어느 것도 필자가 분석한 본질과는 상관이 없다. 그럼에도 불구하고 다음과 같은 일이 발생했다. 2020년 5월 11일 에이미 스탠리는 흥분하여 트위터에 다음과 같이 게시했다.

> 우리의 원탁회의 "그 일은 여기에서도 일어날 수 있다: 역사 부정론에 대응하는 학제 간 공조It Can Happen Here: Confronting Denialism Through Interdisciplinary Collaboration"가 (뉴올리언스의 미국역사학회 AHA 2022에서) 개최될 예정임을 발표하게 되어 기쁩니다! 램자이어 사태에 대한 우리의 대응 및 그다음 일에 대해 들어

보시려면 참여하십시오!!!

에이미 스탠리 등에게 있어서는 일본군이 조선의 여성을 총검으로 위협해 인간사냥식으로 강제연행했다는 주장에 의문을 제기하는 사람은 누구나 "역사부정론자"다(홀로코스트를 부정한다는 암시도 명백하다). 결과적으로 "역사부정론"의 망령은 그러한 논문을 게재하려는 편집인에 대한 무제한적인 공격을 정당화한다. 그리고 겉보기에 일단 미국역사학회AHA가 이에 동참하고 있다.

필자는 이번 논문에서 대체로 에이미 스탠리 등의 비판가들이 주장하는 순서대로 대응해 나갈 것이다.

1. 증거의 부재를 인정하지 않음

a. 실제 계약서의 부재

앤드루 고든과 카터 에커트는 조선인 위안부 역시 일본인 위안부처럼 계약을 맺고 일했음을 인정한다. 필자는 에이미 스탠리 등도 계약 자체가 존재한다는 사실은 인정한다고 본다. 다만 그들은 위안소에서 일하기 위해 서명한 계약서 실물이 필자에게 없다는 사실을 필자가 인정하지 않는다고 주장하는 듯하다.

이것은 앤드루 고든과 카터 에커트의 서신이 오도하는 것과 동일한 이유로 독자들을 전적으로 오도하는 것이다. 필자는 쌍방이 서명한 계약서 실물들을 보유했다고 주장한 적이 없다. 이 분야의 학자라면 누구나 알 수 있겠지만, 위안소와 위안부 사이의 사문서로서의 계약서는 전쟁 중에 잔존하지 못했던 것으로 보인다. 대신, 필자가 연구하는 영역에서의 일반적인 관행대로, 필자가 이용할 수 있는 가장 적절한 역사적 증거와 기본 경제 원칙에 입각한 추론으로써 이를 일반화하기 위해 노력했다. 에이미 스탠리 등은 앤드루 고든과 카터 에커트와 마찬가지로 필자가 제시한 역사적 증거가 가장 적절한 역사적 증거가 아니거나, 어쨌든 본질적으로 신뢰할 수 없는 역사적 증거라고는 주장하지 못하고 있다.

b. 대표성

에이미 스탠리 등은 "독자들은, 아무런 정당한 근거가 제시된 바 없음에도 불구하고, 램자이어가 인용한 몇 가지 사례가 특이 사례outliers가 아니라 대표 사례representative라고 가정할 것을 요구받는다"고 주장한다. 해당 글의 3.2절 및 3.3절(p.6)을 살펴보라. 필자는 산발적인 관찰 결과들만을 갖고 있다는 사실을 숨긴 바가 없다. 필자가 갖고 있는 자료가 대표성이 있다고 주장한 사실도 없다. 그보다는 필자가 갖고 있는 자료들에 대해 기술하고서 그에 기반하여 연구했을 뿐이다. 〈제4장 부록 III〉에서 필자가 제공한 계약 사례들의 목록을 참조해 보라.

좀 더 일반적인 사실로서, 조선은 일본의 일부였으며 조선인은 일본 국민이었다. 수십 년 동안 한국의 공창과 일본의 공창은 동일한 구조를 가진 계약 아래에서 일하였다. 위안부를 위한 계약이 공창을 위한 계약과 같은 구조를 가졌다는 것은 우연이 아니다. 일본 정부는 의도적으로 일본 내에서의 공창 제도를 위안소 제도의 모델로 삼았다. 일본군이 일본인 위안부를 모집하는 방식과는 다른 방식으로 조선인 위안부를 모집했다는 유일무이한 증거는 오직 일부 옛 위안부들의 인생 말년의 증언뿐이다. 위에서 길게 논의한 근거들을 살펴보면 알겠지만, 이 옛 위안부들의 증언은 신빙성이 없다. 달리 반박할 수 있는 증거가 없다면, 합리적인 추론의 결과는 결국 필자가 채택한 내용이 되어야만 한다. 즉, 위안부(조선인과 일본인 모두)는 일본 내 공창과 동일한 구조의 계약 아래에서 일했으며, 이는 〈제4장 부록 Ⅲ〉에 수록된 사례들이 보여 주고 있다.

비판가들이 필자가 자세히 설명하는 사례가 진정으로 특이 사례라는 것을 증거에 입각하여 주장하고 싶다면, 그들에게는 분명 그렇게 할 자유가 있다. 그것이 학문이 발전하는 과정이다. 그러나 필자는 이렇게 말할 것이다. 현재로서는 필자가 제시한 사례들이야말로 대표적인 사례들이며, 그렇지 않다고 생각할 이유가 없다.

2. 야마자키 토모코의 책에 대한 잘못된 해석

a. 일의 성격에 대한 인지

에이미 스탠리 등은 필자가 오사키라는 소녀의 사례를 잘못 설명했다는 점에 관해서는 정확하게 관찰했다. 20세기 초에 오사키는 (태평양전쟁의 일본군과 관련된) 위안소와는 전혀 관련 없는 사설 매춘부로 일하기 위해 일본 바깥으로 떠났고, 야마자키 토모코山崎朋子는 비공식 전기 기록물(『산다칸 8번 창관サンダカン八番娼館』)을 위해 그녀를 인터뷰했다 (Tomoko Yamazaki 1972). 2.2절에서 필자는 그녀가 속은 것은 아니었고 "그 직업에 수반되는 일이 무엇인지 알고 있었다"고 썼다. 이에 대해 비판가들은 그녀가 처음으로 성관계를 요구받았을 때 충격을 받았던 상황에 대해서 지적했다.

이 비판은 옳다. 에이미 스탠리와 그녀의 공동 저자들은 오사키의 항의 사실을 제대로 지적했다. 그럼에도 불구하고 독자들은 에이미 스탠리 등이 무엇을 생략하고 있는지 알아야 한다. 필자가 그 내용을 알

렸던 오사키에 대한 전기의 87페이지에서 오사키(그녀의 자매, 이복 자매, 사촌은 모두 매춘부로 일하기 위해 일본 바깥으로 나갔다)는 비록 아무도 그녀에게 매춘부라는 직업이 무엇을 수반하는 일인지 설명해 주지 않았지만, 매춘부가 실제로 무슨 일을 하는지에 대해 "어렴풋이" 짐작("어렴풋이 짐작은 할 수 있었다薄薄は見当が付いとって")하고 있었다고 말하고 있다. 이와 유사하게, 저자 야마자키 토모코 역시 전기의 152페이지에서 오사키가 "역사적으로 가장 많은 해외 매춘부들을 배출한" 섬에서 왔으며, 실제로 자신이 하게 될 일에 대해 "어느 정도는" 이해("어느 정도는 이해를 한 위에서薄薄は承知の上で")하고 있었고, 자신의 뜻으로 그 일을 수용했다고 기록하고 있다.

오사키의 항의 사실을 놓친 것은 필자로서는 매우 당혹스러운 부분이지만, 그런 사실은 필자 논문의 핵심에는 아무런 영향을 미치지 않는다. 필자는 상대적으로 무미건조할 법한 토론에 생생한 실제 경험적 사례를 제공하기 위해 오사키의 이야기를 포함시켰던 것이다. 이는 일본인 위안부나 조선인 위안부 계약의 경제적 논리와는 아무 관련이 없다. 오사키는 어쨌든 사설 매춘업소에서 일했다. 그녀는 (일본군과 관계된) 위안부가 아니었다. 그리고 그녀는 제2차 세계대전이 일어나기 수십 년 전에 해외로 나간 경우였다.

b. 매춘업소의 회계

비판가들은 필자가 매춘업소 내부의 회계 문제에 대해 충분히 논의하지 않았다고 지적한다. 그와 관련하여 이 비판가들은 오사키의 전기에서 아홉 줄을 인용했는데, 사실 금전적 분쟁에 관한 내용은 전기의 92페이지부터 97페이지에 걸쳐 있다. 더욱이 금전 문제에 대한 전기에서의 논의는 비판가들이 생각하는 것처럼 일방적으로 착취적이지 않다. 필자는 오사키가 한 달에 100엔을 상환할 수 있었다고 썼다. 그 것은 더구나 오사키 본인이 한 말이다. 필자는 매춘업소 측에 의한 회 계상의 사기 가능성을 절대 무시하지 않는다. 무엇보다 필자는 오사키 가 최초의 대부금 300엔이 2,000엔으로 불어난 사실을 알게 된 것도 분명히 인정했다. 필자가 논문에서도 밝혔듯이 사기 행각이 발생했고, 위안소 업주가 때때로 여성들을 이용했다는 점을 인식하는 것이 중요 하다. 규범적 문제로서 이를 지적하는 것은 가치가 있다. 다만, 필자의 논문은 전적으로 기술적記述的이며 특히 모집 시점에서 (이를 알면서도) 맺 은 계약 구조를 대상으로 하고 있다는 점을 강조하고 싶다.

c. 퇴직

에이미 스탠리 등은 "심지어 해외에서도, 어떤 매춘업소에서의 일 을 싫어하는 여성들은 종적을 감출 수 있었고, 실제로 그렇게 했다"는 필자의 주장에 대해 이의를 제기한다. 필자의 주장에 대한 이의는 존 중하지만, 관련 증거에 대한 필자의 인식에 따라 기존 주장을 고수하 겠다. 앞서 논한 바와 같이 비판가들은 오사키의 동료 중 한 여성이 새 로운 매춘업소가 그녀의 계약을 인수하기를 거부하자 그녀가 이전 매 춘업소로 돌아갔다는 사실을 관찰했다. 그 과정에서 비판가들은 명백 한 사실을 무시한다. 이 세 여성들은 그저 싱가포르 매춘업소에서 걸 어 나와서 보르네오로 향하는 배를 타고 사라졌다. 오사키와 그녀의 동료 중 한 여성이 그녀들의 채무를 매입하는 데 동의한 우호적인 매 춘업소를 만난 것은 사실이다(단, 세 번째 동료 여성의 채무는 아니었다). 그 렇지만 보르네오는 익명성을 갖춘 커다란 도시였다. 그녀들은 종적을 감출 수 있었다. 당시 보르네오에서는 그 어떤 상황에서도 굳이 그녀들의 채무를 매입해 줄 사람을 찾을 필요가 없었기 때문이다. 이것은 법이 아니라 상식에 관한 것이다.

이 세 젊은 여성은 항구로 걸어가 배를 타고 보르네오로 갔다. 그녀들이 원하면 종적을 감출 수 있었다.

3. 문옥주의 증언에 대한 잘못된 해석

에이미 스탠리 등은 필자가 문옥주의 증언을 잘못 해석했다고 주장한다. 필자는 결코 문옥주에 대해 어떤 것도 잘못 해석한 바 없다. 필자는 이 비난에서 특히 세 가지 양상이 문제가 된다고 판단했다.

a. 일본군에 의한 인간사냥식 강제연행

첫째, 에이미 스탠리 등은 문옥주가 헌병에 의해 납치되었다고 증언한 사실을 기술하지 않았다는 이유로 필자를 공격한다. 필자가 앞서 언급한 것처럼, 실제로 옛 위안부 중 몇몇이 지금 이러한 증언을 하고 있기는 하다. 문옥주도 그런 옛 위안부 중에 한 사람이었다. 필자는 문옥주가 그러한 증언을 한 사실에 대해서는 이의를 제기하지 않는다. 그러나 그 증언은 문옥주가 매춘업소에서 번 돈에 관하여 필자의 논문에서 제시하고 있는 요점과 전혀 관련이 없다. 핵심 쟁점 중 하나는, 특히 문서라든지 기타 확인할 수 있는 증거 자료가 없는 상황에서 그런 납치 증언을 어느 정도 신뢰할 수 있는가 하는 것이다.

b. 요시미 요시아키

둘째, 요시미 요시아키(Yoshiaki Yoshimi 1995, p.98)는 앤드루 고든과

2015년 청원서(위의 D. 5; 〈제4장 부록 II〉 참조)에 서명한 많은 역사학자들이 존경하는 원로학자로, 그도 역시 문옥주의 증언을 의심한다. 에이미 스탠리 등은 "2명의 헌병"이 그녀를 납치했다고 기록했다. 실제로 요시미 요시아키(Yoshimi 1995, p.98) 자신은 다음과 같이 쓰고 있다.

> (문옥주를) 유괴한 일본인이 군인인지, 경찰인지, 카키색 민간인 복장을 한 민간인인지는 확인할 수 없다. 그러나 시간대는 해질 무렵이었다. 동행한 사람도 없었다. 그녀는 민간인 같은 사람에게 인도되었다. 이것은 그녀가 민간인에 의해 유괴되었을 가능성이 높다는 것을 의미한다.

c. 위안소로의 자발적인 복귀

셋째, 에이미 스탠리 등은 문옥주의 경력에서 결정적인 사항, 즉 그녀가 조선으로 돌아가기보다 위안소로 돌아가기를 자발적으로 선택했다는 사실을 생략한다. 에이미 스탠리 등은 위안부가 일을 그만둘 수 없었다고 주장한다. 그러나 위안부 계약을 체결한 여성들 중 일부는 높은 수입을 원했기 때문에 계약 완료 이후에도 자발적으로 위안소에 머물기를 선택했다. 문옥주도 그중 한 사람이었다. 1944년까지 문옥주는 2년 동안 버마에 있었고 전차금을 상환했다. 그녀는 귀국 허가를 얻은 후에 조선으로 돌아가는 배를 타기 위해 사이공으로 갔다.

문옥주는 마지막 순간에 자의로 배에 오르지 않기로 하고 랑군 위안소로 복귀했다(Lee 2019: pp.279-280; Mun 1996: pp.114-122). 이 사실은 에이미 스탠리 등이 인용한 바로 그 문옥주 회고록에 기록되어 있다. 그 회고록에서 문옥주는 자신이 일을 그만둘 수 있도록 허락받았지만,

자의로 즉 자신의 의지로 일을 계속 하기로 결정했음을 분명히 밝히고 있다. 그녀는 결국 위안소로 돌아갔다. 문옥주는 말한다. "우리가 랑군 회관(위안소)에 도착하자 다들 놀라며 '왜 조선으로 돌아가지 않았나, 어떻게 여기까지 돌아올 수 있었나.' 하고 물었다. 그래도 다들 반겨 주었기 때문에 기뻤다."(Mun 1996: p.122).

d. 그 외의 비판

비판가들은 필자가 문옥주의 일본어 회고록이나 한국어 회고록을 사용하지 않고 공개적으로 이용 가능한, 웹사이트에서 훌륭하게 완성된 영어 번역문을 인용하는 것을 비판한다(Mun 1996 참조). 그들은 비판하지만, 필자는 전문가가 아닌 일부 독자들은 자신들이 (영어로) 읽을 수 있는 출처를 인용한 것에 대해 필자에게 감사하지 않을까 생각한다. 어쨌거나 비판가들은 필자가 인용한 자료 내용의 정확성에는 이의를 제기하지 않았다. 필자는 아래의 몇 가지 구체적인 쟁점에 대해서도 반박하겠다.

(i) 팁과 급여

비판가들은 문옥주가 임금보다는 팁을 통해 돈을 번 사실을 회고했다고 지적한다. 첫째, 이는 필자도 알고 있는 사실이다. 필자는 팁으로 돈을 벌었다는 문옥주의 회고를 명시적으로 인용했다(「법경제학국제논총IRLE」 논문, p.6, 3.5절 참조). 둘째, 그런 지적은 실질성이 없는 구분이다. 웨이터나 웨이트리스로 일해 본 사람이라면 누구나 알 수 있듯이, 팁은 접대 산업 전반에 걸쳐 근로자 수입에 중요한 부분이다. 보통의 현대식 일본 요리 식당에서는 팁을 주는 관행이 없지만 일부 전통식 최고급 가이세키(会席, kaiseki) 식당에서는 팁을 주는 것이 상례다. 팁을 주는 것이 관행인 경우, 노동자의 시장 임금은 직원이 받을 것이라고 기대할 수 있는 팁의 액수 역시 반영되어 정해진다(즉, 그만큼 낮아진다).

(ii) 시내 외출

비판가들은 시내로 나가는 것이 "완전히 자유롭지는 않았다"는 문옥주의 회고 대신에, 필자가 "조선인 주인의 허락을 받아 일주일에 한 번이나 한 달에 두 번 나갈 수 있었다"는 회고를 인용한 사실을 지적한다. 필자가 앞의 회고를 인용하지 않았던 것은 사실이지만, 시내로 나가는 것이 완전히 자유롭지 않았다는 문옥주의 회고 역시 필자가 원논문에서 주장한 그 어떤 내용과도 모순되지 않는다. 위안소는 일본제국 군대가 진출한 전역에 위치해 있었다. 여성이 위안소에서 나와 시내를 여행할 수 있는지에 대한 현지에서의 규정은 수많은 고려 사항, 가장 분명하게는 전선과의 거리 및 현지 반일 저항세력과의 교전 문제 등에 따라 결정되었을 것이다.

실제로, 「법경제학국제논총IRLE」 논문 6페이지의 3.2절에서 필자는 다음과 같이 명시적으로 이 점을 지적한다.

> 도쿄에서 여성은 매춘업소를 빠져나와 대도시의 익명성 속으로 사라질 수도 있었다. 전선에서도 이것이 가능한지 여부는 위안소의 구체적인 소재지에 따라 달랐다.

더 기본적으로, 데이비드 앰버러스, 에이미 스탠리, 사야카 차타니가 검열을 하도록 편집진들을 위협했던 「디플로매트」의 기고문(한국의 경제사학자 이우연[Lee 2021b]이 기고)에서도 아래에 설명된 바와 같이 일부 위안소는 전쟁터에 있었다.

> 일상의 자유에 대한 제한을 받았던 것은—전장戰場이라는 특수한 환경 때문에—군인·군속·간호부 등도 마찬가지였다.

(iii) 학대

에이미 스탠리 등은 문옥주가 학대를 당한 사실도 증언했다고 썼다. 이것은 맞는 얘기이며, 필자의 「법경제학국제논총IRLE」 논문 6페이지 3.2절에서 이 문제를 정확히 논의하고 있다. 바로 위 (b)항에 있는 인용문의 좀 더 포괄적인 버전을 제시하면 다음과 같다.

> 그녀가 직면한 더 심각한 위험은 위안소가 약속을 불이행할 가능성이었다. 도쿄에 있는 매춘업소 업주가 계약을 위반하려고 하면 매춘부는 이를 경찰에 신고할 수 있었다. 하지만 전선의 경우에는 헌병 외에는 어떤 경찰도 찾을 수 없었다. 도쿄에서 그녀는 매춘업소 업주를 상대로 계약 위반 소송을 제기할 수 있었다. 하지만 전선에는 그런 선택권이 없었다. 도쿄에서 여성은 매춘업소를 빠져나와 대도시의 익명성 속으로 사라질 수도 있었다. 전선에서도 이것이 가능한지 여부는 위안소의 구체적인 소재지에 따라 달랐다.

(iv) 저축한 돈의 인출

비판가들은 종전 후에 문옥주가 저금한 돈을 찾지 못했다고 적었다. "(……) 시모노세키 우체국은 1952년 샌프란시스코 평화조약 이후 그녀가 더 이상 일본 국민이 아니라는 이유로 돈을 돌려주지 않았다." 이 주장은 흥미롭다. 필자는 아직 이 문제에 대해서는 제대로 조사해 보지 않았지만, 만일 그것이 사실이라면, 그녀의 저축 계좌에 걸려 있는 제한은 그녀뿐만 아니라 전쟁이 끝나기 전 일본 우체국에 계좌를 가진 모든 조선인에게 적용되었을 것이다. 이는 누군가가 위안부로 일했다는 사실과는 아무 상관이 없는 문제다. 필자는 요시미 요시아키에 대한 필자의 반론 〈제4장 부록 Ⅱ〉에서 이 문제를 더 상세히 논의하겠다.

4. 군사적 자료에서 나온 증거의 선택적 사용

a. 모집업자의 사기

비판가들은 모집업자의 취업 사기에 대해 자세히 기술하는 1944년 미국 조사 보고서를 인용한다. 취업 사기는 확실히 존재했다. 취업 사기는 실제로 조선에서 큰 문제이기도 했다. 이를 염두에 두고 필자의 논문에서도 이 점을 강조했다(예를 들어 5페이지의 2.4.2절).

b. 귀국

비판가들은 1943년경 '전쟁 상황'으로 인해 계약을 마친 여성들이 집으로 돌아오기가 어려웠다는 사실을 나타내는 1945년 보고서를 인용한다(p.7, 4절). 필자는 이와 관련하여 한정 어구를 정확히 포함시켰다. "전쟁의 마지막 몇 달 전까지, 여성들은 계약 기간을 채우거나 빚을 조기에 갚으면, 집으로 돌아갔다."

c. 인용 오류

필자의 논문을 샅샅이 뒤져서 어떻게든 오류를 찾아내 보겠다는 그들의 코미디 같은 결심 속에서, 에이미 스탠리 등(p.13, n.28)은 필자가 미군 '보고서 49'를 "잘못 인용"했다고 썼다. '보고서 49'의 정확한 제목은 '일본 전쟁포로 심문보고서 제49호Japanese Prisoner of War Interrogation Report n.49'이다. 에이미 스탠리 등은 이것을 "정보 보고서Information Report"라고 불러야 한다고 썼다. 이 대체代替 제목은 일본의 편집자가 이 자료를 '여성을 위한 아시아평화기금(Josei, 여성)' 시리즈 제5권을 편집할 때 실수로 해당 보고서에 붙였던 제목에서 유래한다. 정중히 말씀드리거니와, 필자는 지금도 필자가 사용한 제목이 더 정확하다고 생각한다.

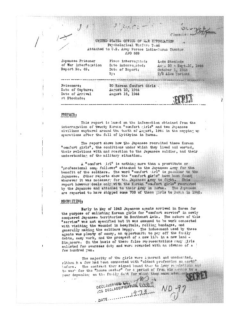

일본 전쟁포로 심문보고서 제49호: 조선인 위안부들(Japanese Prisoner of War Interrogation Report n.49: Korean Comfort Women)

5. 일본 내무성 문서에 대한 잘못된 해석

a. 전차금

에이미 스탠리 등은 필자의 「법경제학국제논총IRLE」 논문, 3.3절, 6페이지에 있는 위안부에게 지불된 전차금의 액수, 특히 지불금액의 범위에 대한 필자의 논의에 초점을 맞춘다. 이것은 토론 가치가 있는 논점이다. 그리고 필자는 전차금 액수를 추정하는 데 있어서 적용되는 한계를 분명히 밝혔다. 필자는 "계약서 견본을 살펴보면 1937년 상하이 위안소에서 모집한 일본인 여성들은 500엔에서 1,000엔의 전차금을 받았다"고 썼으며, "1938년 일본 내무성 문서에 따르면 상하이 위안소로 향하는 일본인 여성들은 600~700엔을 전차금으로 받았으며, 1명은 700~800엔, 그리고 2명은 300~500엔 정도의 전차금을 받았다"고 썼다.

필자는 500~1,000엔이라는 숫자는 "계약서 견본"에서 나온 것임을 분명히 했다. 비판가들은 필자가 실제의 "계약서 실물"을 사용하지 않았다고 불평한다. 그리고 필자가 썼던 것처럼 그것은 맞는 말이다. 필자는 계약서 실물을 사용했다는 뜻으로 말하지 않았다. 필자는 정부와 기타 자료의 개요로부터 계약의 구조적이고 특수한 계약 조건에 대해 추론했다. 그 이유는 필자를 비판하는 전문가들도 잘 알고 있듯이, 단지 전쟁 후에 계약서 실물이 남아 있지 않았기 때문이다. 그러나 그러한 비판가들도 잘 알고 있듯이 계약서 실물도 한때 실존했던 것이 사실이다.

필자는 "1938년 일본 내무성 문서에 따르면 상하이 위안소로 향하는 일본인 여성들"의 전차금이 다양하다고 썼다. 비판가들은 이 내무성 문서가 "실제 계약 조건에 대한 구체적인 정보를 포함하지 않은"

"간접적인 보고_{indirect report}"라고 불평한다. 이 비판은 옳다. 그러나 필자는 논문에서 명시한 것 외에 그와 관련한 어떤 사실도 주장한 적이 없다.

한 가지 중요한 것은 에이미 스탠리 등은 1938년 자료에 700~800엔의 전차금에 대한 내용은 존재하지 않는다고 주장했다는 점이다. 원본 문서를 확인해 본 결과 이 지적은 옳다고 생각한다. 필자의 잘못이다. 오류에 대해 사과하고 이 부분의 주장을 철회한다. 다만 필자는 가장 수긍할 만한 이 오류 정정도 1차적 주장(범위가 500~1,000엔이었다고 하는)을 훼손한다고 생각하지는 않는다.

b. 페이지 번호

비판가들은 필자가 문서를 인용할 때 보고서 내부의 페이지 번호까지 제공하지 않았다고 불평한다. 해당 보고서 길이는 14페이지에 불과하지만, 문서 내 페이지 번호를 제공하는 편이 더 친절한 방식이었을 것이라는 데 동의한다(법률 관련 학술지에서는 이를 '핀포인트 인용_{pin cites}'이라고 한다). 그러나 에이미 스탠리 등은 필자의 인용 방식을 두고서 "확인 작업"을 차단하는 행위였다고까지 주장하는데, 그것은 지나친 과장이라고 생각한다. 어쨌거나 해당 문서는 고작 14페이지에 불과하다.

c. 올바른 인용

에이미 스탠리 등은 또한 문제의 1938년 내무성 문서에 대한 "올바른 인용"은 일본 국립 기록보관소를 출처로 제시해야 한다고 선언한다. 아마도 그것이 올바른 일일 것이다. 만일 이것이 에이미 스탠리 등에게 중요한 일이라면 일본 국립 기록보관소를 출처로 제시하는 인용이 더 "올바른" 일일 수 있음을 기꺼이 인정한다. 원 논문에서 필자는 일본 국립 기록보관소가 아니라, 원문을 복제하여 쉽게 접근할 수 있는 책자 쪽으로 독자들을 안내했다. 사람들이 주요 대학 도서관에서 구할 수 있는 자료보다 도쿄에 있는 일본 정부 기록보관소의 원문으로 독자들을 인도하는 방식을 더 선호한다고는 별로 믿어지지 않지만 말이다.

6. 일본 내무성 문건(Shina 1938) 및 일본군 문건(Gun'ianjo 1938)에 대한 잘못된 해석

a. 번역

에이미 스탠리 등은 필자가 일본 정부의 규정을 선택적으로 번역했다고 지적했다. 필자 논문의 5페이지 2.4.1절에서 필자는 일본 내무성 문건(Shina 1938, '지나 도항 부녀의 취급에 관한 건支那渡航婦女ノ取扱ニ關スル件')을 다음과 같이 직접 인용했다.

> 추업醜業을 목적으로 하는 부녀자의 도항은 현재 일본 내지에서 창기 및 그밖에 사실상 추업을 영위하여 만 21세 이상 또 화류병 기타 전염성 질환이 없는 자로서 중국 북부나 중국 중부로 향하는 자에 한하여 (······) 신분증을 발급한다.

비판가들은 올바른 번역이 다음과 같다고 주장한다.

> 추업을 목적으로 하는 부녀자의 도항은 (······) 당분간 묵인하기로 하고 (······)

비판가들은 필자가 생략 부호를 사용함으로써 밑줄 친 한정 어구의 존재를 알리지 않았음을 말하고자 하는 듯하다. 그러나 실제로 일본어 원본에서는 위와 같이 밑줄을 친 한정 어구가 문장의 거의 끝에서야 나온다. 그리고 해당 한정 어구의 내용도 필자가 삽입한 생략 부호 안에 완전히 포함된다.

또한, 필자 논문의 2.4.1절에서 명확히 밝힌 것처럼, 애초 필자가 저 규정을 인용한 것은 일본 정부가 이미 매춘 산업에 종사하고 있던 여성으로 위안부 모집을 제한하려던 조치를 강조하기 위해서다. 게다가 일본 정부의 이런 조치는 자국 내 매춘을 금지하기 위해 수십 년간 노력해 온 단체들의 압력을 피하기 위한 것이었다.

필자가 말하고자 하는 요점은, 어떤 정책이 "한시적"인지 아니면 영구적인지의 문제는 중요하지 않다는 것이었다. 결국 정부는 명목상으로 영구적인 규정도 언제든지 폐지하기 때문이다. 승인이 "묵시적"인지, 또는 보다 노골적인지도 역시 관련이 없다. 필자가 말하고자 하는 요점은 어떻든 일본 정부가 위안부 종사자를 이미 매춘에 종사하던 여성으로 제한하려고 했다는 것이다.

b. 국제조약

이와 같은 논의 뒤에, 비판가들은 명시된 연령 제한과 국제조약 사이의 관련성에 대해 긴 설명을 제시한다. 설령 그것이 사실이라고 해도, 이 계약의 구조에 대해 필자가 설명하려는 논점이 그와 어떤 관련이 있는지 모르겠다.

사실 비판가들의 설명은 틀렸다. 와세다대학의 역사가이자 일본 정부 문서 전문가인 아리마 테츠오有馬哲夫는 에이미 스탠리 등이 문서의 논점을 전혀 파악하지 못하고 있다는 견해를 밝혔다(Tetsuo Arima 2021a; 2021c, p.161-164).

c. 폐창운동가

필자를 공격하는 글 17~18페이지에 있는 "폐창운동가"에 대한 그들의 긴 논의를 보니, 비판가들은 원 논문에서 필자가 말하고자 했던 논점을 오해하고 있는 것 같다. 필자의 원 논문 2.4.1절, 5페이지에서 필자는 일본의 공창제에 대한 필자의 연구 작업을 개괄했다(Ramseyer 1991). 전쟁 전 수십 년 동안 활동가들(필자가 '폐창운동가들'이라고 부르는 사람들)은 매춘을 금지시키기 위해 분투했다. 폐창운동가들 중에서 많은 이들이 기독교 교회 측과 연결되어 있었다. 아마도 에이미 스탠리 등은 이 사실을 알지 못할 것이다. 이 절에서 필자는 일본 정부가 우회하려고 했던 것은 그러한 단체들로부터의 압력이었다고 주장했다.

필자는 원 논문 5페이지에 있는 필자의 논의를 다시 읽어 보았다. 필자는 거기서 모호하게 말했다고 생각하지 않는다. 그러나 이 자리에서 명확한 설명을 제공한 것이 도움이 된다면 좋겠다.

7. '일본군 위안소 관리인의 일기'에 대한 잘못된 해석

필자는 '일본군 위안소 관리인의 일기'를 잘못 해석하지 않았다. 필자가 최길성(Choe 2017)으로부터 인용한 출처의 정확한 서지 정보는 2017년도에 일본 하트슈판ハート出版에서 출간한 『조선 출신의 조바帳場人가 본 위안부의 진실朝鮮出身の帳場人が見た慰安婦の真実』이다. (역주: 한국에서는 서울대학교 명예교수 안병직이 일기 원문을 기초로 하여, 2013년 이숲출판사에서 『일본군 위안소 관리인의 일기』를 펴냈다. 최길성의 저서는 이를 이용한 것이다.

'관리인'을 일본어로 '조바帳場'라 부른다.) 필자는 관리인이 위안부를 위해서 집으로 돈을 송금해 줄 때마다 송금 확인 전보도 받았다고 썼다. 비판가들은 그렇지 않았다고 주장하지만, 관리인이 확인 전보를 받은 것은 사실이다. 일본 도아東亞대학 교수인 최길성(Choe 2017: p.207)은 관리인 일기의 내용을 다음과 같이 소개했다.

> 여성 각자가 보수를 받아 개인적으로 조선으로 송금하고 확인 전보를 받았다. 결혼하고서 위안부 일을 잠시 접었다가 일터로 다시 복귀한 여성도 있었다. 그저 단순히 가정을 꾸린 여성도 있었다. 전반적으로 상당히 자유로웠고, 그녀들은 마치 영화관에 가는 것처럼 그 일을 했다.

좀 더 최근에 최길성(Choe 2021a, 2021b 참조)은 위안소 관리인의 일기에 대한 필자의 해석을 확인해 주었다. 그는 다음과 같이 썼다.

> 램자이어의 논문 내용은 관리인의 일기 및 내가 여러 곳에서 조사한 내용과 들어맞는다. 이를 종합해 보면, "위안부는 매춘부였다"는 것이 객관적 결론이다.

비판가들은 "강제 저축이란 (……) 조선인 전시 노동자의 고용주가 노동자의 도주를 막기 위해 사용한 전략으로 널리 알려져 있다"고 말한다. 사실일 수도 있고 아닐 수도 있다. 필자는 어느 쪽이 정답인지 모르겠다. 그러나 필자의 원 논문 6페이지 3.5절에서 위안부 문옥주의 회고로 구성된 긴 인용문을 살펴보라. 그녀는 자발적으로, 자신이 주도하여 우체국에 저축 계좌를 개설했으며 자신이 저축한 돈의 액수를 매우 자랑스러워했다.

비판가들은 많은 위안부 여성들이 전후에 저축한 돈을 결국 회수하지 못했다고 기술했다. 사실일 수도 있고 아닐 수도 있지만, 이 문제는 그녀들이 위안부라는 사실과는 아무 관련이 없다. 필자는 요시미 요시아키에 대한 필자의 반론에서 이에 대해 더 자세히 논의한다(〈제4장 부록 II〉).

8. 요시마사 타케이(Takei 2012) 1차 출처에 대한 잘못된 해석

필자의 논문 2.3.2절(pp.4-5)에서 필자는 1932년 최초의 위안소가 문을 열기 훨씬 이전부터 조선의 여성들이 매춘부로 일하기 위해 해외로 나갔다는 사실에 주목했다. 필자는 비판가들이 이러한 일반적인 사실에 대해 다투고자 하는 것은 아니라고 이해하겠다. 2.3절 및 그에 부속된 각주 5번에서 필자는 이 사실에 관한 다양하게 변형된 여러 출처를 인용했기 때문에, 부디 그런 의도가 아니길 바란다. 거의 무작위로 또 다른 출처를 골라 본다면, 한국의 사회학자 이동진은 1940년 만주국에서 19,059명의 중국인, 2,264명의 일본인, 3,586명의 조선인이 "작부(酌婦, shakufu)"(작부는 매춘부에 대한 일반적인 완곡어법이다)로 일했다고 썼다(Lee Dong-Jin 2020, tab. 5). 역사학자 하타 이쿠히코는 1930년에 712명의 일본 여성이 상하이에서 매춘부로 일했고, 1,173명의 조선 여성 또한 그곳에서 매춘부로 일했다고 말한다(Ikuhito Hata 1999: p.51).

비판가들은 구체적인 숫자(상하이에 있는 조선인 위안부 12명, 조선인 사창 527명)를 놓고 다투려는 듯하다. 필자가 각주 5번에서 출처로 기재한 요시마사 타케이(Takei 2012)의 출처는 인터넷이었다. 비판가들은 이

자료를 더 이상 찾을 수 없다고 말한다. 그들은 캐시cache로 저장된 웹 페이지를 통해 결국 이를 찾은 듯하지만, 필자는 찾을 수 없었다. 어쨌든 필자가 말하고자 하는 바는, (적어도 이 주장에 관해서는 에이미 스탠리 등이 다투지 않을 것으로 믿는다) 다수의 조선인 여성들이 전쟁 이전부터 매춘부로 일하기 위해 해외로 나갔다는 사실이다.

9. 북지나 파견군 사무관의 서류(Kitashina 1938)와 관련한 문제

여기에서 에이미 스탠리 등은 필자의 논문 2.3.2절(pp.4-5)에 대한 공격을 계속한다. 다시 말하지만, 필자로서는 조선의 여성들이 매춘을 위해서 대거 해외로 나갔다는 주장에 대해 그들이 이의를 제기할 것이라고는 믿기 어렵다. 바로 위에서 인용한 이영훈(Lee 2020) 및 하타 이쿠히코(Hata 1999)의 저작에서 정확히 그 사실을 보여 주는 다른 자료를 쉽게 찾을 수 있다.

어쨌든 필자는 2.3.2절에서 북지나 파견군 사무관(Kitashina 1938)의 서류('지난행 여객의 제한 철폐에 관한 건濟南行旅客の制限撤廃に関する件')를 인용하면서 조선인 여성 90명이 매춘부로 일하기 위해 톈진행 출국 허가를 신청했다고 썼다. 비판가들은 90명은 어디까지나 허가를 받은 숫자라고 지적한다. 그러한 지적은 옳다. 그렇다면 허가를 신청한 사람의 수는 그보다 더 많았을 것이다.

필자는 이 지적에 감사하며, 이 지적은 절대적으로 옳다. 필자는 이 지적을 분명히 받아들이며 오류에 대해서도 사과한다. 다만, 신청자들의 숫자가 더 많다는 사실은 수많은 조선의 여성들이 매춘업을 위해 해외로 나갔다는 주장의 논지를 손상시키기보다는 더 강화한다.

또한 에이미 스탠리 등은 허가증이 조선총독부가 아니라 일본군이 발굴한 것이라고 지적한다. 이 지적 또한 옳고, 이 오류를 정정하게 해준 데 대해서도 감사하다. 그러나 필자는 비록 이 두 건의 지적이 옳다 해도, 이것이 최초의 위안소가 문을 열기도 전에 많은 조선인 여성들이 매춘을 위해 해외로 나갔다는 필자의 논지를 훼손한다고는 생각하지 않는다. 이러한 오류 지적은 가치 있는 기여이다. 그러나 그런 지적은 현재의 쟁점과는 아무런 상관이 없다.

그들의 지적에 대한 이러한 정정이 과연 보다 넓은 범위에서 필자의 주장을 훼손한다고 보는 것인지에 관해 필자가 미처 생각지 못한 점이 있다면 에이미 스탠리 등에게 사과하겠다. 또한 당연히 이에 대한 추가 토론을 환영한다.

10. 김부자와 김영에 대한 선택적 인용

비판가들은 필자가 김부자金富子와 김영金榮의 책(『식민지유곽: 일본 군대와 조선반도植民地遊廓 日本の軍隊と朝鮮半島』)(Kim & Kim 2018)에서 인용한 자료들이 "정확하다"고 말한다. 그러나 그들은 필자가 "이 책이 주장하는 바를 무시하고, 이 책의 사실관계에 관한 주장 중 일부를 경시했다"고 주장한다.

필자가 이 비판의 내용을 제대로 이해한 것인지 잘 모르겠다. 논문의 해당 절에서 필자는 김부자와 김영의 책을 인용했는데, 김부자와 김영의 2차 자료는 어떤 면에서 필자가 주장하는 논점과 반대되는 주장을 펼치고 있는 것이 사실이다. 그런데 이것이 왜 문제가 된다는 것인지 이해가 되지 않는다. 필자는 김부자와 김영이 필자 논문의 논지를 지지한다고 말하거나, 그러한 암시조차 한 바 없다. 필자는 김부자와 김영의 책에서 특정한 자료를 인용했을 뿐이다. 굳이 말하자면, 필자의 논문과 결론에 동의하지 않는 저자들의 글에도 중요한 내용이 있다면 인용을 하는 것이 오히려 바람직한 행위라고 생각한다.

에이미 스탠리 등의 공격에서 중심이 되는 논지는 일본군이 조선의 여성들을 위안소로 강제연행했다는 주장이다. 위에서 설명한 것처럼 필자의 원 논문은 이 주장에 대해서는 논하지 않았다. 그러나 위에서도 논한 바와 같이 필자는 에이미 스탠리 등이 틀렸다고 생각한다. 일본군이 조선의 여성들을 총검으로 위협해서 인간사냥식으로 강제연행한 바는 없으며, (필자가 김부자와 김영의 책을 읽은 바에 따르면) 김부자와 김영도 일본군이 인간사냥을 벌였다고 주장하지 않는다. 조선에서는 이미 취업 사기와 관련한 문제가 있었다. 일본군은 그런 사기 행위를 용납하지 않았고 이를 막으려 했다. 김부자와 김영의 저작에서 이와 양립하지 않는 부분은 없다.

11. 하타 이쿠히코에 대한 잘못된 해석과 선택적 인용

필자는 하타 이쿠히코에 대해서 어떤 것도 잘못 해석한 바가 없다. 필자는 "매춘업소와 고급식당이 점차 문을 닫기 시작했다"고 썼다(「법경제학국제논총」 논문, p.7, 3.2절). 비판가들은 필자가 "'매춘업소'와 '위안소'를 혼동하고 있는 것처럼 보인다"고 주장하면서 그것이 실수인 이유를 설명했다.

필자는 여기서 매춘업소와 (군과 관계된 매춘업소인) 위안소를 혼동하는 경우 실수를 할 수 있다는 데 동의한다. 따라서 필자는 그러한 실수를 하지 않았다. 여기서 필자가 "매춘업소"라고 쓴 것은 말 그대로 매춘업소를 의미하며 "위안소"를 의미하는 것이 아니다. 필자는 매춘업소가 문을 닫기 시작했다는 사실을 알리려는 의도로 쓴 것이다. 왜 필

자가 저 문장에서 매춘업소와 위안소를 혼동하고 있는 것처럼 보인다
고 주장하는지 이해할 수 없다.

〈제4장 부록 II〉

요시미 요시아키의 '태평양전쟁에서의 매춘 계약' 논평(Yoshimi 2021a)에 대한 반론

A. 서론

서구권 독자들은 이 위안부 논쟁에서 요시미 요시아키吉見義明의 핵심적 역할에 대해 이해할 필요가 있다. 요시다 세이지의 일본군에 의한 인간사냥식 위안부 강제연행에 대한 날조된 이야기가 퍼진 이후에야 몇몇 위안부 출신 여성들이 일본 정부에 보상을 요구하기 시작했다는 사실을 상기하자. 그리고 「아사히신문」이 요시다 세이지의 글을 대서특필했던 사실을 떠올리자. 요시미 요시아키는 그 당시 이 위안소 제도에 대한 일본 정부의 책임을 보여 주는 문서를 발견했다고 발표한 학자다.

요시미 요시아키는 위안부 문제에 대해 일본 정부가 책임을 져야 한다고 주장하면서 위안부 운동의 스타 학자로 변모하였다. 2002년도에 미국의 컬럼비아대학교 출판사는 요시미 요시아키의 위안부 문

제 관련 일본어 학술서인『종군위안부從軍慰安婦』를『위안부: 제2차 세계
대전에서의 일본군 성노예Comfort Women: Sexual Slavery in the Japanese Military During
World War II』라는 제목의 영어판으로 번역 출간하기도 했다. 앤드루 고
든과 다른 학자들이 위안부 문제로 맥그로힐 출판사의 미국 고등학
교 세계사 교과서를 옹호하면서 일본 정부를 비난하고 나섰을 때, 그
들은 요시미 요시아키의 위안부 문제와 관련한 "신중한 연구"(Dudden
2015)를 찬양하기도 했다. 일본의 한 지성 잡지(「세카이世界」)가 2021년
봄에 필자의「법경제학국제논총IRLE」논문에 대한 비판의 글을 게재하
기로 결정했을 때, 요시미 요사아키는 해당 지성 잡지가 곧바로 선택
한 학자이기도 했다. 사야카 차타니(에이미 스탠리 등[Stanley, et al. 2021a]
의 공동저자다)가 이 논의를 소개했다(Chatani 2021). 요시미 요시아키
(Yoshimi 2021b)는 이하에서 필자가 반박하는 글을 썼다.

　　요시미 요시아키가「법경제학국제논총IRLE」에 보낸 서신의 주된 내
용도 바로 이 기고문의 내용이었다(Yoshimi 2021b). 옛 위안부들의 주
장을 지지하는 학자로서는 이것이 할 수 있는 최선인 듯하다. 그러나
이런 식의 공격은 필자에게는 일종의 수수께끼가 아닐 수 없다. 논문
에서 필자는 매춘산업에서 사용되는 계약 이면의 경제적 논리를 이해
하고자 했다. 요시미 요시아키 서신의 내용 중 많은 부분은 이런 논문
의 핵심과 아무런 관계가 없다. 그의 서신 내용은 그저 인권에 대한 규
범적 진술이거나 그가 수십 년 동안 제기해 온 위안부 제도에 대한 일
본 정부의 책임에 관한 논리 따위일 뿐이다. 또한 요시미 요시아키가
위안부 문제와 관련하여 중요한 법적 또는 사실적 주장을 하는 부분
곳곳에서 명백히 틀린 주장이 보인다.

B. 요시미 요시아키에 대한 반론

서론(이하 요시미 요시아키 기고문 페이지 번호, pp.1-2)

제1단락

자신의 기고문(Yoshimi 2021b)의 각주 5번에서 요시미 요시아키는 일본군이 위안소를 "소유"했다고 선언한다. 필자에게는 이 말이 수수께끼처럼 들렸고, 요시미 요시아키가 일본군이 때때로 건물을 소유하고 "개인사업자"에게 이를 임대했다는 주장을 하는 것이라고 추측했다. 최길성(Choe 2021a)이 소개한 '일본군 위안소 관리인의 일기'(앞에서 논의)에 따르면 위안소 자체를 매매할 수 있었고 실제 그러했다. 요시미 요시아키는 위안소에 대한 몇 가지의 소유권 모델이 있었다고 주장한다(p.9). 그럴듯하다. 최전선 부근에서 군대는 민간 사업자를 유치하기가 쉽지 않았을 것이기 때문이다.

필자의 논문에서는 일본인 위안부와 조선인 위안부를 고용한 위안소만을 한정하여 다루고 있다. 지금까지 살펴본 모든 논의들은 이러한 위안소에서의 민간 사업자가 '잔여청구권자residual claimant'임을 나타낸다. 그(또는 그녀 또는 그들, 일부는 부부였다)가 군대에 고정 임대료를 지불했을 수 있지만, 어떻든 여성들에게 계약에 따른 전차금을 지불하고 주요 경제적 위험을 부담하는 사람들은 일반적으로 민간 사업자였다. 이영훈(Lee 2019: p.275)도 이 점을 확인했다.

제2단락: 요시미 요시아키의 세 가지 주장

(i) 요시미 요시아키는 필자가 "계약서 실물을 제공하지 않았다"고 썼다. 필자는 이 논문의 앞부분에서 이에 관하여 자세히 설명했으며

여기서 그 논의를 반복하지는 않겠다.

(ii) 요시미 요시아키는 필자가 "여성이 자유롭게 행동할 수 있다는 것을 전제한다"고 썼다. 사실, 필자는 일부 여성들이 그녀들의 부모에 의해 그 일을 하도록 강요받았다는 점도 분명히 언급했지만(『법경제학 국제논총IRLE』 논문, p.2, 2.1절), 대다수는 스스로 일을 선택했다고 "전제" 한다. 이에 대해서는 아래 1.1절에서 상세히 논의할 것이다.

(iii) 요시미 요시아키는 "(램자이어가 언급한 계약은) 인신매매의 한 형태이며 보통의 시민사회에서 합법적인 계약이 아니다"라고 쓰고 있다 (p.2). 원 논문에서 필자는 이 산업에서 사용되는 계약 구조의 이면에 있는 경제 논리를 설명하려고 했다. 그런 만큼 필자는 기술적인 탐구를 수행한 것이다. 필자의 질문은 이러하다. 이 업계에 종사했던 남성들과 여성들이 이러한 거래에 합의한 이유는 무엇이었을까?

필자는 이러한 계약이 "정당한 것"인지 여부에 대해서 어떠한 입장도 취하지 않았다. 그 대신 필자는 그 남성들과 여성들이 왜 그렇게 행동했는지 이해하는 것에 필자의 역할을 제한했다. 이러한 실증주의적 질문과, 일본 정부가 공창을 허용했어야 마땅했는지 또는 재판소가 이렇게 맺어진 계약의 이행을 법적으로 강요했어야 옳은지에 대한 주제는 애초에 필자의 논의와는 아무런 관련이 없다. 다양한 조건 하에서 (예로서 이하 1-1절 참조. 이러한 다양한 조건에 대해서는 필자가 오래전에 발표한 논문[Ramseyer 1991]에서 더 자세히 논의했다) 재판소는 실제로 이 채무계약의 이행을 법적으로 강요했다.

요시미 요시아키는 자신의 규범주의적 주장을 반복해서 끼워 넣는다. 이 모든 규범적 의견은 필자의 엄격하게 기술적인 프로젝트와는 무관하다. 지금쯤이면 독자들은 필자의 연구가 실제 일어났을 수도 있는 그 어떤 사건도 정당화하지 않음을 계속 상기시키는 것에 지겨움을 느낄지도 모르겠다. 진정으로, 필자는 규범적인 주장을 하는 것이 결코 아니다. 요시미 요시아키가 규범적 진술을 할 때마다 이 내용을 반복하기보다는 이 한 번의 반박으로 대신하고자 한다.

1-1. 동시대의 법적 문제(pp.2-3)

요시미 요시아키는 일본의 공창 매춘부들이 친족들에 의해 업소로 팔려간 경우였다고 주장한다.

(a) 서론

도쿄의 매춘부는 공창제 아래 매춘업소에서 체결된 연계계약에 따라 일했다. 매춘부는 초기에 큰 금액을 일시불로 받았다. 매춘부는 최대 연수(일반적으로 6년) 동안 일하는 데 동의했다. 또한 매춘업소는 매춘부가 매춘업소에서 벌어들인 수입을 통해 전차금을 상환하면 일찍 퇴직할 수 있다는 데 동의했다(관련된 회계 문제의 일부에 대해「법경제학국제논총IRLE」논문의 3페이지, 2.2.1(c)절에서 자세히 설명했다).

그의 기고문 여러 곳에서 요시미 요시아키는 여성이 "매춘부가 되기 위해 그녀들의 계약 체결의 자유를 행사"한 적이 결코 없다고 단언한다(예를 들어 그의 기고문 1페이지). 당시 여성이 자유를 누렸다는 관념은 "사실에 어긋난다"고 썼다. 필자는 여성들 중에서 일부가 가학적인 부모들에 의해 이 일로 내몰렸다는 데 동의한다(비록 계약의 성격에 대한 경제적 논리의 대부분은 여성이 내리는 결정뿐 아니라 부모가 내리는 결정에도 적용되겠지만). 또한 필자는 그런 부모의 압력에 대해 명시적으로 논하기도 했다(「법경제학국제논총IRLE」논문, p.2, 2.1절). 필자는 "물론, 부모들은 때때로 자신들의 딸들을 팔았다"고 썼다.

사실, 요시미 요시아키는 이런 문제는 얘기하지 않는 편이 낫다는 것을 본인이 더 잘 알 것이다. 왜냐하면 그는 1995년 자신의 관련 일본어 학술서인 『종군위안부從軍慰安婦』에서 일부 여성들이 실제로 자신의 선택으로 위안부가 되었다고 기록했기 때문이다. 사이판과 팔라우에서 매춘부로 일했으나 1939년에 일본으로 돌아온 한 여성에 대해서 그는 이야기했다. 이 여성은 속으로 생각했다(요시미 요시아키의 말이다). "장사가 잘되면 돈을 벌 수 있을 것 같다"(Yoshimi 1995: p.89). 그리고 그녀는 중국으로 가 난징의 위안소에서 위안부로 일했다(그녀의 많은 나이를 감안할 때 요시미 요시아키는 그녀가 매춘부로 일하면서 다른 일도 했을 것이라고 추측한다).

아래 (c)항에 서술한 근거로 봤을 때 부모의 압력이 모든 여성들의 동기를 설명한다는 주장은 그 자체로 신빙성이 없다.

(b) 연령

일본에서 공창이 되려면 최소 18세가 되어야 했다. 대부분이 20대였다. 미성년자(18, 19세)가 이 계약을 체결하려면 부모의 동의가 필요했지만 이미 20대인 사람에게는 해당되지 않는다. 일본의 성인 여성은 스스로 자유롭게 계약할 수 있었다.

원칙은 그렇지만 대부분의 매춘업소는 여성이 20세가 넘은 경우에도 계약을 하는 데 있어 부모의 동의를 요구했을 것이라 생각한다. 이유는 간단하다. 그들은 상당한 금액을 일시불로 선지급했으며, 이 부채에 대한 또 다른 보증인을 원했을 것이다.

(c) 일을 그만둘 권리

일본에서 공창제 아래 매춘부는 그녀들이 원할 때 자유롭게, 합법적으로 일을 그만둘 수 있었다. 그만둔 이후에도 여전히 미상환 전차금의 상환 의무는 계속 부담하지만 매춘업소가 그녀를 매춘부로 일하도록 강요할 수는 없었다. 만약 여성들이 학대당하는 부모에 의해서이 일을 하도록 팔렸다면, 그녀들 중에 일부는 일을 그만두었을 것이고 해당 여성은 자신을 학대한 부모를 상대로 매춘업소로 하여금 적극적으로 소를 제기하도록 하여 돈을 받아내게 만들었을 것이라고 필자는 추측한다. 여성 자신이 아무 자산이 없는 상황에서 매춘업소는 결국 그 부모에게 소송를 제기하고 부모의 집, 자산 또는 토지(소유하고 있다면)를 압류했을 것이다. 그녀의 부모가 그녀에게 매춘을 하도록 강요했다면 당사자인 여성은 매춘업소 측의 그런 채권 회수 행위에 대해서신경 쓰지 않았을 것이다. 유교 윤리조차도 그런 상황에서는 어떻게할 수가 없었을 것이다. 그렇지만 그런 일은 거의 일어나지 않았다. 그리고 여성들이 채무를 다 갚기 전에 그만두는 경우가 거의 없다는 바로 그 사실이야말로 의지에 반하여 이 일을 위해 매매된 여성은 거의없었음을 강력하게 시사한다.

필자는, 그만둘 수 있는 합법적 권리에 관한 요시미 요시아키의 말은 독자를 크게 호도한다고 생각한다. 여러 곳에서 그는 일본의 공창매춘부가 전차금을 갚기 전까지는 일을 그만둘 수 없다고 말했다. 예를 들어, 그는 기고문의 3~4페이지에서 이렇게 썼다. "떠날 자유란 여성들이 원할 때 언제든지 매춘을 중단할 수 있는 자유를 의미해야 하지만, 이 여성들에게는 그러한 자유가 없었다." 한마디로 이 주장은 사실이 아니다. 일본 최고재판소(당시 대심원)는 이미 1896년에 전차금을 갚았는지 여부에 관계없이 매춘부 본인이 원할 때 실제로 일을 그만 둘 수 있다는 점을 분명히 했다. 예를 들어, Musashino v. Kushi, 2-3 Daihan minroku(大審院民事判決錄, 대심원민사판결록) 50 (Sup. Ct. Mar. 11, 1896), 그리고 Sakai v. Yamada, 6-2 Daihan minroku(大審院民事 判決錄, 대심원민사판결록) 81 (Sup. Ct. Feb. 23, 1900)를 참조하라.

최고재판소(대심원)의 논리는 명쾌했다. 그 고용계약은 금전대차계 약과 개인용역계약이 결합된 것으로, 이 둘은 분리할 수 있는 것이었 다. 금전대차계약은 일반적으로(항상 그런 것은 아니지만) 그 이행을 법적 으로 강요하는 것이 가능했다. 하지만 개인용역계약은 그렇지 않았다. 매춘부가 그만두기를 원할 경우에 그녀(및 보증인)는 (일반적으로) 여전히 미상환 전차금을 부채로 짊어진다. 그러나 매춘업소가 그녀에게 매춘 을 하도록 강제할 수는 없었다.

뿐만 아니라 요시미 요시아키는 자신의 주장이 사실을 호도한다는 것을 스스로 더 잘 알고 있다. 요시미 요시아키(Yoshimi 1995: p.227)는 1995년도에 일본어로 쓴 책을 통해 1900년 이후 법에 따라 일본에서 는 공창제 아래 매춘부가 자유롭게 일을 그만둘 수 있다고 주장했다. 매춘부로 일하기로 한 그녀의 약속은 "이행을 법적으로 강요할 수 없 다無效". 갚아야 할 빚 문제는 여전히 유효했고, 따라서 요시미 요시아 키(Yoshimi 1995: p.227)가 덧붙이기를, 계약 기한이 끝나기 전에 그만두 는 것은 "실질적으로는 어렵다事実上困難". 이 공격에서 그는 (정확하게는) "매춘 노동계약은 불법이자 무효"라고 썼지만(p.2), 그럼에도 불구하 고 여성들은 "매춘업소의 통제하에 놓여져 그만둘 수 없었다"고 단호 하게 주장한다.

(d) 한계분석의 결정적 중요성

이 모든 논의에서 요시미 요시아키는 분명히 '한계분석marginal analysis'의 논점을 놓치고 있다. 무시할 수 없는 비율의 여성들이 스스로 매춘부가 되기로 선택했다면, 또 다른 무시할 수 없는 비율의 여성들은 그렇게 선택하지 않았을 수도 있다는 사실은 필자의 분석과는 관련이 없다. 필자의 원 논문의 요점은 관련된 계약 구조 뒤에 있는 논리를 설명하는 것이라는 점을 상기하기 바란다. 그리고 필자가 본 논문의 서두에서 설명했듯이 매춘업소는 표준 양식의 계약서를 사용했다. 매춘업소 측은 각각의 여성에게 다른 전차금을 지불했지만 각각 다른 규정의 계약은 하지 않는 것이 일반적이었다. 이 시장에서 매춘업소와 매춘부는, 매춘업소와 가장 소극적인 신규 매춘부의 결합후생joint welfare을 극대화하는 계약을 했을 것이다. 이들은 자발적으로 매춘을 선택한 여성들이었다.

이 논지를 다른 방식으로 서술하자면, 학대하는 부모에 의해 매춘업소로 팔린 여성은 한계이하infra-marginal였다. '한계이하'였기 때문에 업계에서 사용되는 표준 양식의 계약서에는 아무런 영향을 미치지 못했을 것이다. 이런 논리는 현대 경제학의 기본이다. 물론 이것은 역사학의 학문적 훈련에서 기본적인 요소는 아닐 것이고, 요시미 요시아키는 명백히 이를 이해하지 못하고 있다.

(e) 전쟁 전 민법에 따른 가족 관계

요시미 요시아키는 전쟁 전 일본 가족법을 잘못 설명한다. 필자의 책『일본 역사 속의 이상한 시장: 법과 경제 성장Odd Markets in Japanese History: Law and Economic Growth』제5장에서 필자는 전쟁 전 일본 민법이 가구의 "세대주"에게 부여한 권한에 대해 자세히 설명했다(Ramseyer 1996). 이와 관련하여 일반적으로 설명되어 온 것과는 달리, 일본 민법은 가족 구성원이 거주할 장소에 대한 실질적인 권한을 세대주에게 부여한 바가 없다. 일본 민법은 또한 세대주가 가족 구성원에게 어떤 직업을 가져야 하는지 정할 수 있는 유효한 권한도 인정한 바가 없다. 일본 민법은 단지 세대주에게 법적인 "주택"에서 비협조적인 가족 구성원을 배제할 수 있는 권한만 주었다(실제로 구속력은 없는 제재이다). 다음으로, 장자상속長子相續도 단지 유언없이 사망한 경우에 적용되는 규칙이었다. 자신의 자산을 가족 구성원에게 나누어 주고자 하는 세대주는 유언장을 작성하여 이를 자유롭게 분배할 수 있었다(후손의 "유언에 반하는 취득"에 대한 다른 규칙에 따라 그러했다).

1-2. 매춘업소에서 여성이 직면하는 조건(pp.3-5)

요시미 요시아키는 여성들이 "매춘업소를 떠나 (일본 내) 익명성의 도시 환경 속으로 사라질 수 있었다"는 필자의 주장을 두고 "부정확한 것"이라고 썼다.

필자는 주장을 고수하겠다. 그 이유는 첫째, 항목 1(c)에서 자세히 설명한 바와 같이, 필자는 요시미 요시아키가 관련 법률에 대해 잘못 판단하고 있다고 본다. 여성은 대부금을 모두 상환하지 않더라도 합법적으로 일을 그만둘 수 있었고, 매춘업소는 그녀에게 계속 일하도록 강제할 수 없었다. 둘째, 1928년경에 도쿄의 인구는 이미 500만 명을 넘어섰다. 남자건 여자건 500만 인구의 도시라면 그 속으로 "종적을 감출 수 있다"는 것은 상식에 속한다.

요시미 요시아키는 "매춘 여성은 채무를 완전히 상환하지 않거나

각 현에서 정한 필요한 기한을 다 채우지 않으면 그 직업에서 빠져나
갈 수 없었다"고 썼다.

위에서 수차례 지적했듯이 요시미 요시아키는 관련 법률에 대해서
일단 틀린 주장을 하는 것이다. 더구나 일부 현에서 최대 기한을 정했
을 수 있지만(다만 필자는 이런 주장에 대해서는 들어본 적이 없다), 일반적으
로 기한은 당사자들의 계약으로 정해졌다.

2. 조선의 공창제(p.5)

(a) 그녀들은 일을 그만둘 수 있는가?

요시미 요시아키는 "조선에서 매춘부가 그 직업에서 빠져 나오는
것은 사실상 불가능했다"고 적었다.

필자는 우선 요시미 요시아키가 사실관계에 있어서 틀렸다고 생각
한다. 조선의 공창제 아래 매춘부는 약 3년 후에 그만둘 수 있었고 실
제로도 그렇게 했다. 1924년 조선의 2개 도에 대한 통계를 고려해 보
자(Doke 1928).

〈표 4-3〉 1924년 조선의 공창 매춘부 연령 분포(Doke 1928: p.787, p.800)

경기도			경상남도		
18-19세	104	9.45%	18-19세	176	19.22%
20-24세	680	61.76%	20-24세	415	45.30%
25-29세	273	24.80%	25-29세	230	25.11%
30세 이상	44	3.99%	30세 이상	95	10.37%

공창 매춘부는 20대 초반이 가장 많았다. 그녀들이 일을 그만두는
것이 "사실상 불가능했다"(요시미 요시아키의 주장대로)고 한다면, 매춘업

소 측은 20대 후반까지 일하도록 그녀들을 종용했을 것이다. 하지만 업소 측은 그렇게 하지 않았다.

〈표 4-4〉1924년 조선의 공창 매춘부의 매춘 종사 연수(Doke 1928: p.788, p.801)

경기도			경상남도		
1년 미만	134	11.17%	1년 미만	328	35.81%
1년	154	13.99%	1년	198	21.61%
2년	186	16.89%	2년	158	17.25%
3년	222	21.16%	3년	99	10.81%
4년	294	26.70%	4년	65	7.10%
5년	65	5.90%	5년	44	4.80%
6년	17	1.55%	6년	20	2.18%
7년 이상	29	2.64%	7년 이상	4	0.44%

대부분의 매춘부들이 20대 초반인 사실에서 알 수 있듯이, 그녀들 대부분은 몇 년 동안만 일했다. 조선의 경기도에서 매춘부는 4년 내지 5년 정도 일하다 그만둔 것으로 보인다. 조선의 경상남도에서는 2년 내지 3년 일하다가 그만두었다. 그만두는 것이 "사실상 불가능했다"(요시미 요시아키의 주장대로)고 하면, 그녀들은 이보다 훨씬 더 오래 일했을 것이다. 그러나 그렇지 않았고, 분명 몇 년 동안만 일하다가 그만두었다.

이영훈(Lee 2019: p.284)은 1924년 한 해 동안 조선에서 3,494명의 여성이 매춘업에 발을 들였고, 3,388명이 그만두었다는 유사한 결과를 제시하고 있다. 1923년 말에는 7,527명의 매춘부가 있었다. 다시 말해 매년 매춘부의 3분의 1 이상이 업소를 그만두었다. 이영훈은 매춘부가 평균 2.5년 일한 것으로 추정한다.

(b) 건강 검진

요시미 요시아키는 조선의 매춘부가 "성병 문제로 비자발적 검진을 받아야 했다"고 기록했다(p.5). 이 문제는 분명히 필자 논문과는 관련이 없는 문제이지만, 어떻든 필자는 (i) 검진이 매춘부에게 유익했고, (ii) 여성이 그 직업을 갖기로 결정했을 때 이러한 검진에 동의했다는 점을 지적하겠다.

(c) 모집업자

요시미 요시아키는(p.5) "(램자이어는) 조선의 문제는 모집업자의 숫자가 아주 많은 점이라고 말했다"라고 썼다. 필자는 모집업자가 많은 것이 문제라고 쓰지 않았다. 필자는 "사기를 치는" 모집업자가 많다는 것이 문제라고 썼다(「법경제학국제논총IRLE」 논문, p.5, 2.4.2절). 일본에서 모집업자의 사기에 대해 비슷한 수준의 문제가 있었는지 들어본 적이 없다. 그리고 대만과 만주에서 그런 문제가 있었는지는 필자의 논문 주제와 아무 관련이 없다.

3. 가라유키상(pp.6-7)

(a) 그녀가 알고 있었던 것

원 논문에서 필자는 매춘부로 일하기로 계약한 오사키라는 어린 소녀의 처지에 대해 논했다. 필자는 원 논문(「법경제학국제논총IRLE」 논문, p.4, 2.2.4절)에서 그녀가 매춘부로 일하기로 승낙했을 때 자신이 무슨 일을 하게 될지 알고 있었다고 썼다. 에이미 스탠리 등과 마찬가지로 요시미 요시아키도 오사키는 자신이 선택한 직업이 무슨 일을 수반하는 것인지 이해하지 못했다고 지적한다.

요시미 요시아키가 올바르게 지적했듯이(또한 에이미 스탠리 외, 〈제4장 부록 I〉, 2(a)절에 대한 필자의 반론에서 논의한 바와 같이), 오사키는 처음으로 성관계를 하라는 말을 들었을 때 놀랐고 황망해했다. 필자가 이를 언급하지 않은 것은 실수였다.

다만, 그렇다고 해도 요시미 요시아키는 정직하지 않다(에이미 스탠리 등의 경우처럼 말이다). 오사키의 일대기가 담긴 책『산다칸 8번 창관 サンダカン八番娼館』(Yamazaki 1972)의 87페이지에서, 오사키는 주변에서 아무도 그녀가 앞으로 어떤 일을 하게 될지 말해 주지 않았음에도 불구하고 그 일이 무엇을 수반하는지 "어렴풋이 짐작은 할 수 있었다薄薄は見当が付いとって"(비록 매우 불완전한 느낌일지라도)고 말했다. 152페이지에서 저자(야마자키 토모코)는 이와 비슷하게 오사키가 해외 원정 매춘 여성을 가장 많이 배출한 지역 출신이며 관련된 일에 대해 "어느 정도는 이해를 한 상태에서薄薄は承知の上で" 자의로 그 일을 수락했다고 기록하고 있다.

(b) 그것이 중요한가?

오사키에 대한 논의는 실은 필자의 원 논문의 핵심 그 어느 부분과도 관련이 없다. 그녀는 (군과 관계된 매춘부인) 위안부가 아니었다. 그리고 오사키의 일은 제2차 세계대전이 발생하기 수십 년 전에 일어난 일이다. 필자는 그녀의 이야기가 일부 가난한 일본 여성들이 경제적 압박 때문에 해외로 나가 매춘부로 일하게 된 가슴 아픈 이야기이므로 이를 논문에 포함시켰을 뿐이다.

(c) 계약에 서명한 사람

요시미 요시아키는 오사키가 해외로 나가는 문제를 그녀의 남자 형제가 결정한 것이라고 주장한다. 사실이 아니다. 오사키에게는 언니와 오빠가 있었다. 오사키의 부친이 사망한 후 오사키의 모친은 연인을 위해서 자녀들을 버렸다. 오사키의 언니가 먼저 일본 바깥으로 떠나 매춘부가 되었고, 오사키와 동생은 판잣집에서 음식 부스러기를 닥치는 대로 먹고 살아야 했다. 모집업자가 찾아왔을 때, 오사키는 그녀의 오빠와 함께 자신의 취업 문제를 논의했다. 오빠는 여동생에게 취업을 하라고 요청했고 여동생은 오빠가 농장을 차릴 돈을 마련할 수 있도록 해외에서 일하는 데 동의했다. 그녀는 자신의 의지로 그 일을 택한 것이라고 말한다(그에 수반되는 일이 무엇이라고 생각했든지 간에 말이다). 그녀의 오빠는 돈을 받았기 때문에 서류에 서명한 것이다.

(d) 해외 취업 매춘부는 무엇을 하였나?

요시미 요시아키는 해외에서 일하는 매춘부가 일본 국내에서 버는 것보다 더 많이 벌었다는 필자의 주장에 이의를 제기한다(p.6). 요시미 요시아키는 필자가 인용한 책 『제국의 위안부』(Park 2014, 일본어판)의 인용 표기 가운데, 페이지 번호 451이 실제로는 존재하지 않는다는 점에 주목했다. 정확한 페이지 번호는 41이며(필자의 실수다), 여기서 박유하는 실제로 매춘부가 일본보다 일본 바깥에서 더 많은 임금을 받았다고 명시하고 있다.

필자는 오사키가 한 달에 약 100엔을 상환할 수 있다는 것을 알았다고 서술했다. 요시미 요시아키는 이 인용에 대해서는 문제를 제기하지 않는다. 대신 그는 이런 회계(계산법) 문제에 대한 그녀의 불만을 인용하지 않았다고 필자를 비판한다(p.7). 하지만 필자는 초기에 300엔이었던 전차금이 오사키가 매춘부로 일하기 시작할 무렵에는 2,000엔으로 불어났음을 알게 되었다고 분명히 썼다(『국제법경제학논총IRLE』 논문, p.4, 2.2.4절).

(e) 계약의 이전

요시미 요시아키는 "그녀가 매매된 후에 또다시 매매됐다는 중요한 사실을 모호하게 얼버무리고 있다"고 필자를 비판한다(p.7). 필자는 그렇게 한 바 없다. 필자가 이미 언급했듯이(「법경제학국제논총IRLE」 논문, p.4, 2.2.4절), 오사키는 "이속移屬"되었다. 이는 그저 그녀가 일했던 매춘업소가 그녀의 부채를 다른 매춘업소로 이전했음을 표현하는 또 다른 방식이다. 오늘날에 채권자들은 사업 부채를 이전하는데, 20세기 초 일본에서는 매춘부의 부채를 이전하기도 했다. 필자는 이 사실을 "얼버무리지" 않았다.

본 논문의 A절에 포함시킨 위안부 현병숙의 인터뷰를 상기하자. 그녀의 취업에 이르는 협상 과정에서 현병숙의 아버지는 매춘업소가 그녀의 계약을 이전하지 못하도록 하는 조항을 삽입할 것을 주장했다. 매춘업소는 이에 동의했다.

(f) 여성이 종적을 감출 수 있었는가?

필자는 보르네오와 싱가포르 같은 대도시의 매춘부는 "종적을 감출 수 있다"고 주장했다. 요시미 요시아키(p.7)는 이것을 "날조"라고까지 말한다. 두 지역은 거대한 도시였다. 필자는 주장을 고수하겠다. 이것은 법적 문제가 아니다. 필자에게 이것은 상식이다. 요시미 요시아키가 보르네오와 싱가포르 같은 도시가 갖는 익명성에 대해 동의하지 않는다면, 이런 도시들이 실제로는 사람들이 "종적을 감추는 일"을 방지할 수 있는 사회적 자본의 긴밀한 네트워크, 그리고 잘 정돈된 환경이었다는 증거를 필자에게 알려 주기 바란다. 또다시 말하지만, 이런 논쟁이야말로 학문이 발전하는 방식이다.

4.1. 1938년 내무성 지침(pp.7-8)

요시미 요시아키는 이 지침이 위안소에 대한 일본 정부의 도덕적 책임의 존재를 입증한다고 주장하면서 자신의 경력을 쌓아 왔다. 필자는 이 지침이 그런 역할을 한다고 생각하지 않지만, 요시미 요시아키의 입장은 이해한다. 이 시점에서 필자는 그 문제가 원 논문의 현안, 즉 계약에 대한 경제적 논리와는 관련이 없다는 점만 언급하고자 한다.

4.2. 조선의 모집업자들과 군, 총독부에 의한 납치(pp.8-11)

(a) 납치

요시미 요시아키는 많은 조선인 위안부들이 "납치되었다"고 주장한다. 보다 구체적으로, "'위안부'로 쓸 여성을 납치하는 일은 넘치도록 흔한 일이었다"고 적었다(p.9). 이미 언급했듯이(「법경제학국제논총 IRLE」 논문, p.5, 2.4.2절), 조선인 모집업자들은 종종 농간을 부렸다. 그러나 필자는 납치에 관한 기록은 전전戰前이건 전시戰時건 전혀 알지 못한다.

본 논문 서두에 소개한 요시미 요시아키의 2019년 「마이니치신문」 인터뷰를 다시 인용하겠다(Yoshimi 2019).

그렇다면 위안부는 어떻게 모이게 된 것인가. 대략 세 가지 형태가 있습니다. ① 군이 선택한 업자가 여성의 친족에게 돈(전차금)을 빌려주는 대신 여성을 위안소에서 사역하는 '인신매매' ② 업자가 술자리 도우미라든가 간호사 같은 일이라고 속여서 데려가는 '유괴' ③ 관헌이나 업자가 협박이나 폭력으로 강제연행하는 '약취' 등입니다. 식민지인 조선반도에서는 ①이나 ②가 많았습니다. ③은 중국과 동남아시아 등지의 점령지에서 관헌에 의한 강제연행이 이루어졌음을 보여 주는 재판 자료와 증언이 있습니다.

요시미 요시아키는 모집업자와 정부 관리들이 중국과 동남아시아에서는 여성을 강제연행했다고 설명했다. 그리고 조선에서는 여성들이 돈을 빌린 대가로 위안소에서 일하기로 계약했거나 그 일을 택하도록 "기망을 당했다"고 썼다.

이것은 분명히 언어적 속임수이다. 대부분의 사람들은 강제연행의 경우에는 그것을 지칭하는 다른 단어로 "납치kidnapping"를 사용할 것이다. 하지만 모집업자가 거짓말로 여성을 속이는 경우에 대해서는 "사기fraud"라는 단어를 쓴다. 요시미 요시아키는 인터뷰에서 그 누구도 조선인 여성을 위안소로 보내기 위해 강제연행을 한 바는 없다고 분명히 밝혔다. 모집업자들이 여성들에게 거짓말을 하고 그녀들이 그 일을 선택하도록 종종 농간을 부렸던 것이다. 그것은 바로 필자의 논지이기도 하다(「법경제학국제논총IRLE」 논문, p.5, 2.4.2절).

(b) 퇴직

미군의 버마 주재 일본 전쟁포로 심문보고서 49호(1944. U.S. Office) 에는 20명의 조선인 위안부들을 인터뷰한 기록이 있다. 요시미 요시아키는 이 여성들이 1942년 8월에 버마 랑군에 도착했고, 2년 후인 1944년 8월에 포로로 잡힐 때까지 여전히 거기에 남아 있었다는 사실을 알게 되었다. 요시미 요시아키는 그녀들이 애초부터 6개월에서 1년의 기간으로 계약했다는 점을 지적하면서 1944년에도 그녀들이 계속 거기에 남아 있었다는 것은 곧 여성들이 일을 그만둘 수 있다는 필자의 주장이 틀렸음을 입증한다고 주장한다.

하지만 저 문서는 그런 의미를 담은 어떤 증거도 제공하지 않는다. 첫째, 가장 본질적으로 요시미 요시아키는 이 문제에서 정직하지 않다. 문서는 다음과 같이 명시하고 있다(U.S. Office 1944: p.205).

> 1943년 후반에 일본 육군은 빚을 갚은 여성들에게 집으로 돌아갈 수 있다는 명령을 내렸다. 그에 따라 여성들 중에서 일부는 조선으로 돌아갈 수 있었다.

둘째, 필자의 결론(「법경제학국제논총IRLE」 논문, p.7, 4절)에서 명시적으로 언급했듯이 여성들은 "전쟁의 마지막 몇 달 전까지" 집으로 돌아갈 수 있었다. 마지막 몇 달 동안은 전쟁 상황으로 인해 간혹 누군가의 귀환이 불가능하게 된 경우도 있었다.

셋째, 계약이 종료된 여성 중 일부는 높은 수입을 원했기 때문에 계약이 끝난 이후에도 매춘업소에 머물렀다. 실제로 요시미 요시아키가 자신의 기고문 14~16페이지에서 언급한 문옥주의 경우가 그러했다.

1944년까지 문옥주는 2년 동안 버마에 있었고 거기서 전차금을 다 갚았다. 그녀는 귀환 허가를 받고 조선행 선박을 타기 위해 사이공으로 갔지만 마지막 순간에 배를 타지 않기로 결정하고 대신 랑군에 있는 위안소로 되돌아왔다(Lee 2019: pp.279-280).

요시미 요시아키는 일본 정부가 조선에서의 모집 문제에 대해 책임이 있다는 주장에 대해 거듭 많은 관심을 쏟는다. 위에서 언급했듯이 이 문제는 필자의 논문 주제와 관련이 없다.

4.3. 위안소 설치 목적과 설치의 실질적 주체(pp.11-12)

필자는 일본군이 성병에 대한 우려 때문에 위안소 제도를 도입했다고 주장한다. 요시미 요시아키는 일본군에 있어서 그것은 부차적인 문제였다고 주장한다. 그러면서 요시미 요시아키는 또다시 위안소 제도에 대해 일본 정부가 책임져야 한다는 자신의 생각을 강조한다. 이러한 문제는 필자의 논문 주제와는 아무런 관련이 없다.

4.4. 계약 기간 및 수입(pp.12-13)

(a) 고소득

요시미 요시아키는 위안부가 일본 국내 매춘부보다 수입이 높았다는 필자의 주장에 이의를 제기한다.

경제사학자인 이영훈 역시 필자와 유사하게 위안부가 높은 급여를 받았다고 주장한다. "민간의 공창제에 비해 군 위안부제는 고노동, 고수익, 고위험이었다"(Lee 2019: p.261). 위안부는 하루에 더 많은 남성을 상대해야 하고, 또 최전선에서 일해야 하는 위험에 직면했지만, "위안소는 위안부의 입장에선 수요가 확보된 고수익의 시장이었다"(Lee

2019: p.262). 이와 유사하게 하타 이쿠히코(Hata 1999: p.392)는 위안부가 일본 내지 매춘부의 5배, 조선 평양 매춘부의 10배의 수입을 올렸다고 추정한다.

이우연은 「디플로매트」에 보낸 기고문(데이비드 앰버러스와 에이미 스탠리, 사야카 차타니는 이 기고문의 게재를 취소해야 한다고 잡지사를 괴롭혔다)을 통해 다음과 같이 말했다(Lee Wooyoun 2021b).

> '위안부'라는 직업은 '고위험·고소득high risk, high return' 직군에 해당하는 것이었고, 거액을 번 사람도 종종 발견된다. 계약 기간 등 고용계약에 따라 퇴직한 후 조선으로 귀환하거나 재취업한 경우도 매우 많다. 일상의 자유에 대한 제한을 받았던 것은—전장戰場이라는 특수한 환경 때문에—군인·군속·간호부 등도 마찬가지였다. 결론적으로, 위안부는 '성노예'가 아니라, 지금의 성산업 노동자와 근본적으로 동일한, '성노동자'였던 것이다.

요시미 요시아키는 필자가 「법경제학국제논총IRLE」의 6페이지 3.2절에서 약 6~12개월이라는 기간과 관련해 그 출처를 제시하지 않았다고 주장한다. 정확한 인용은 앞서 논의한 미군 전쟁포로 심문보고서 49호(U.S. Office 1944: p.203)이다. 사실, 요시미 요시아키는 단락 후반부에서 이 출처를 정확히 식별하였으면서도 "이것은 단지 하나의 특정 위안소에 불과하다"고 불만을 표시한다(p.12).

또한 요시미 요시아키(p.13)는 앞서 4.11절에서 언급한 1938년 일본 내무성 문서에 대해 논한다. 그는 문서에 대한 필자의 설명에 이의를 제기하지는 않았지만, "모든 일본인 '위안부'에게 일반화시킬 수는 없다"고 썼다.

(b) 십 년 단위의 비교

요시미 요시아키는 필자가 1920년대 도쿄에서의 매춘 계약과 1930년대 위안소에서의 매춘 계약을 과연 적절하게 비교할 수 있는지 의심한다.

먼저 일반적인 물가 수준은 1930년대 후반까지 안정되었다가 1940년대에 들어 폭발한다. 도매물가지수는 1921년 1.296, 1926년 1.157, 1931년 0.748, 1936년 1.036이었다. 그러다 1939년 1.466, 1941년 1.758, 1943년 2.046로 뛰어올랐다(Ando 1987: pp.2-3).

둘째, 1940년대의 물가는 엄격히 임금과 물가를 통제하려는 일본 정부의 시도로 복잡한 양상을 띠었다. 1930년대 후반과 1940년대 초반에 걸쳐 일본 정부는 꾸준하게 더욱 엄격한 통제를 시행하려고 했다. 효과는 정확히 경제학자가 예상할 수 있는 바와 같았다. 일본 정부는 일부 명목가격의 안정화에는 성공했지만 다른 부문에서는 대규모 부족 사태가 일어났으며, 가격은 천정부지로 뛰었고, 자원의 배분이 크게 교란되었다. 그와 같은 상황을 아는 상황에서 필자가 당시 도매물가지수에 의존해야 하는지 의문스럽다.

셋째, 위안부들의 '그림자 임금'은 1920년대에서 1930년대에 걸쳐 하락했다. 그녀들은 본래 공장이나 농장에서 일할 여성들이었다. 여성의 공장 임금은 1920년대보다 1930년대에 더 낮았다. 표준적인 경제 참고문헌(Ando 1987: p.12)에서는, 당시 제조업 여성의 1일 임금(단위: 센 =1/100엔)을 1920-96, 1925-103, 1930-92, 1935-67, 1939-82(표는 1939에 끝난다)로 제시한다. 농업 부문 여성의 임금 변동폭은 더욱 커서(Ando 1987: p.12), 1920-94, 1925-131, 1930-86, 1935-70, 1939-131이었다.

4.5. 퇴직의 조건(pp.13-14)

필자는 매춘부가 계약을 마치면 집으로 돌아갈 수 있다고 주장했다. 마찬가지로 경제사학자 이영훈은 "위안소는 (……) 대단히 유동성이 높은 곳이었다. 계약 기간이 만료되거나 위안부가 목표한 만큼의 돈을 벌거나 혹은 전차금 채무를 청산하고 나면, 많은 위안부가 위안소를 떠났다"고 주장한다(Lee Younghoon 2019: p.320).

요시미 요시아키는 위안부가 일을 그만두기 위해서는 매춘업소 업주의 허락을 받아야 했다고 주장한다. 업주가 퇴직을 반대할 수 있는 상황은 전체 계약 기간을 채우지 않았거나 전차금을 모두 상환하지 못했을 때였다.

요시미 요시아키는 전쟁터에서의 상황 때문에 여성들이 집으로 돌아오지 못하는 경우가 있었다고 지적한다. 필자는 이 점을 「법경제학 국제논총IRLE」 논문의 7페이지, 4절에서 명시적으로 언급했다. "전쟁의 마지막 몇 달 전까지, 여성들은 계약 기간을 채우거나 빚을 조기에 갚으면, 집으로 돌아갔다."

요시미 요시아키는 중국, 필리핀, 자바에서의 사례를 제시한다. 하지만 필자의 의도는 일본과 조선의 위안부로 논의를 제한하는 것이었다. 요시미 요시아키도 「마이니치신문」과의 인터뷰에서 이 지역의 위안부를 일본인 위안부 및 조선인 위안부와는 구별했다.

요시미 요시아키는 센다 가코의 책(Senda 1973)에 인용된 모집업자를 두고 이기적self-intrested이었다고 말한다. 필자도 정확히 그러한 언급을 했다(「법경제학국제논총IRLE」 논문, p.6, 3.4절).

4.6 고소득 "위안부"(pp.14-16)

(a) 문옥주의 수입

요시미 요시아키는 장교들이 문옥주에게 팁을 풍족하게 주었는데 이는 그 팁이 무가치한 군표였기 때문이라고 주장한다. 위안부는 높은 급여를 받지 못했다고 그는 기록한다. 초인플레이션 때문에 급여가 높아 보일 뿐이라고도 했다.

이것은 사실관계를 심각하게 호도하는 언급이다. 문옥주 자신도 저축예금통장을 갖고 있었는데 이는 엔화로 표시된 계좌였다. 매춘업소 내의 거래는 군표로 했을 수도 있고 아닐 수도 있다. 팁에는 군표가 포함됐거나 포함되지 않을 수도 있다. 그러나 포함됐다고 해도 문옥주가 군표를 엔화로 바꾸는 데는 아무런 문제가 없었던 것 같다. 왜냐하면 그녀가 자신의 계좌에 예금한 돈은 엔화였기 때문이다.

문옥주가 그녀의 수입을 설명한 내용을 여기에 소개한다. 순전히 독자의 편의를 위해서, 비록 에이미 스탠리 등도 요시미 요시아키도 좋아하지 않는 출처이지만(요시미 요시아키는 그의 기고문 15페이지에서 이 웹사이트를 "우익"이라고 부르고 있다), 어떻든 그들이 내용의 정확성에는 이의를 제기하지 않는 어느 웹사이트에서 인용한다.[23]

> 나는 조금씩 받은 팁을 모아 큰돈을 가지고 있었다. (……) 병사들도 전원 자기의 급료를 야전우체국에 저금하고 있다는 것을 나는 알고 있었다. 나도 저금하기로 마음먹고 병사들에게 부탁해서 이자가 붙도록 통장을 만들어 오백 원을 저

금했다. 내 이름으로 된 저금통장이 만들어졌고 거기에는 틀림없이 오백원이라고 적혀 있었다.

태어나서 처음으로 한 저금이었다. 대구에서 어렸을 때부터 아이 보기를 하거나 물건을 팔아 그렇게 돈을 벌었어도 어려운 생활에서 벗어나지 못했던 내가 그런 큰돈을 저금할 수 있다니 믿을 수 없는 일이었다. 그 당시엔 천 원이면 대구에 작은 집 한 채를 살 수 있었다. 그 정도 돈이면 어머니가 조금은 편한 생활을 할 수 있도록 해드릴 수도 있다고 생각하니 쑥스러우면서도 정말 기뻤다. 그때부터 저금통장은 내 보물이 되었다. (……) (역주: 문옥주의 회고록 『버마전선 일본군 '위안부' 문옥주』 한국어판을 인용했다.)

같은 웹사이트에는 문옥주의 우체국 계좌 기록을 보여 주는 사진도 실려 있다. '엔'이라고 분명히 표기되어 있다.[24]

문옥주는 또한 랑군에서 귀중품을 살 만큼 충분한 현금도 갖고 있었다. 그녀는 다이아몬드를 사기 위해 랑군을 돌아다녔다고 말했다(동일 출처로부터 인용).

랑군에서는 이전과 비교하면 활동이 자유로운 편이었다. 물론 완전한 자유라곤 할 수 없었지만 이전과 비교하면 월등하게 자유로워져 한 주에 한 번이나 매달 두 번은 허가를 받아 외출을 할 수도 있었다. 그때는 인력거를 타고 물건을 사러 다니는 것이 하나의 재밋거리였다. (……) 랑군의 시장에서 물건을 사던 기억을 잊을 수가 없다. (……) 랑군 시장에는 보석가게도 있었다. 버마는 보석이 많이 나는 곳이었기 때문에 루비나 비취가 특히 싼 편이었다. 친구들 중에는 보석을 많이 모으는 사람도 있었다. 나도 하나 정도는 가지고 있는 게 좋을 것 같아서 큰맘 먹고 다이아몬드를 사기도 했다. (역주: 문옥주의 회고록 『버마전선 일본군 '위안부' 문옥주』 한국어판을 인용했다.)

요시미 요시아키는 위안부 제도에 대하여 일본 정부의 책임을 묻기 위해 다시 열심히 분투하고 있다. 하지만 앞서 언급한 대로 그 문제는 필자의 논문 주제와는 관련이 없다.

(b) 팁과 급여

필자가 에이미 스탠리 등에 대한 반론에서 논한 것처럼(〈제4장 부록 I〉, 3. a절), 서비스업에서 임금과 팁의 구분은 큰 의미가 없다.

(c) 생계비에 의한 조정

요시미 요시아키는 전쟁 말기 일본제국 전역의 생활비가 달랐기 때문에 문옥주의 저축은 아무 쓸모가 없었다고 주장한다.

요시미 요시아키의 논리는 말이 안 된다. 문옥주의 우체국 저축예금계좌는 엔화로 표시됐다. 그것은 군표로 표시되지 않았으며, 버마나 경성(서울), 도쿄 또는 그 밖의 어느 특정한 곳에 한정되는 특정 화폐로 표시되지 않았다. 그냥 엔화로 표기되었다. 그녀의 예금이 25,142엔이었다면 도쿄에서도 정확히 25,142엔, 경성에서도 25,142엔의 가치가 있었다. 124.8엔이나 21.8엔, 기타 요시미 요시아키가 제시한 다른 어떤 수치가 아니다.

초인플레이션으로 인해 문옥주가 겪었다는 손실은 그녀가 위안부라는 사실과는 아무 관련이 없었다. 남녀를 불문하고 엔화로 표시된 저축을 한 모든 사람은 동일한 손실을 입었다.

(d) 출금에 대한 제한

요시미 요시아키는 문옥주가 저금한 돈은 결국 출금을 할 수 없었기 때문에 가치가 없었던 것이라고 주장한다.

경제사학자 이영훈은 위안부들이 최소한 1944년 초까지는 자신들이 예금한 돈을 조선과 일본으로 자유롭게 송금할 수 있었을 것으로 결론짓고 있다(Lee Younghoon 2020: pp.67-71). 문옥주가 태평양전쟁 막바지에 출금을 할 수 없어서 손실을 입었다고 해도 그것은 그녀가 위안부라는 사실과는 아무런 상관이 없는 일이다.

〈제4장 부록 III〉

위안부 계약에 관한 정보

[주의] 필자를 비판하는 이들이 자료의 분량에도 중점을 둔다는 사실로 인해서, 필자는 그런 식의 비판을 받게 된 이후로 계속해서 위안부 계약과 관련하여 추가적인 문서상의 증거들을 찾기 위해 노력했다. 아래 G항부터 M항은 필자의 「법경제학국제논총IRLE」 논문(이 책의 제3장)에서 인용되지 않았던 출처다. 이는 아래 A항부터 F항까지의 자료와 필자 원 논문의 계약 분석과 완전히 양립 가능한 것이다.

A. Naimu sho keiho kyoku(內務省警保局, 내무성 경보국), Shina toko fujo no toriatsukai ni kansuru ken(支那渡航婦女ノ取扱二關スル件, 지나 도항 부녀의 취급에 관한 건) 〈Case Regarding the Treatment of the Passage of Women to China〉, Feb. 18, 1938, Yuko Suzuki(鈴木裕子, 스즈키 유코), et al., eds., Nihongun "ianfu" kankei shiryo shusei(日本軍'慰安婦'関係資料集成, 일본군 위안부 관계 자료 집성) 〈Collection of Materials Relation to the "Comfort Women" of the Japanese Military〉 (Tokyo: Akashi sho-ten[明石書店, 아카시쇼텐], 2006), v.1, pp.124-138.

- 고베 매춘업소 업주는 북지나(북중국) 위안소로 가서 일할 500명의 여성을 일본 야마가타 현에서 모집하려고 했다(2,500명의 여성을 모집하려는 노력 중의 일부), 16~30세, 전차금 500~1,000엔, 최대 2년 기한을 명시했다(p.127).

- 고베 매춘업소 업주는 일본 군마 현에서 500명의 여성을 모집하려고 했다(3,000명의 여성을 모집하려는 노력 중의 일부). 첫 번째 계약서 견본은 사전에 전차금의 액수 또는 최대 기간을 지정하지 않았다. 두 번째 계약서 견본은 16~30세, 전차금 500~1,000엔, 최대 2년 기간을 지정하고 있다(pp.127-129).

- 미야기 현 지사는 상하이 위안소에서 일할 약 30명의 여성을 모집한 후쿠시마의 기업가에 대해 보고했다. 20~35세, 전차금 600엔, 계약 기간은 명시되지 않았다(p.130).

- 이바라키 현 지사는 상하이 위안소로 갈 2명의 여성(이미 매춘부로 활동하고 있었다)을 모집한 고베 매춘업소 업주에 대해 보고했다. 한 사람은 642엔, 다른 한 사람은 691엔의 전차금이었다. 계약서 견본이 포함되어 있지만(p.131), 최대 기한 및 전차금 금액은 명시되지 않았다. 또 다른 계약서 견본도 있는데(p.132), 여기에서는 16~30세, 500~1,000엔의 전차금, 최대 2년의 기한(pp.131-132)을 명시하고 있다.

- 와카야마 현 지사는 상하이 위안소로 갈 여성 70명을 모집하려는 노력(3,000명의 여성을 모집하려는 노력 중의 일부)에 관하여 보고했다.

관련 광고는 전차금 최대 상한액 800엔을 명시하고 있다. 그 외이 보고서는 470엔을 받은 26세의 여성과 362엔을 받은 28세 여성에 대해 설명하고 있다(pp.134-135).

- 일본인 여성을 위한 모든 계약과 관련하여 「법경제학국제논총 IRLE」, 5페이지, 2.4절에 인용된 경찰 명령에 주목하라. 매춘부로 일하기 위해 일본에서 중국 북부 또는 중국 중부로 가려는 모든 여성은 각자 계약서를 지참하고 경찰서에서 본인이 직접 출국 허가를 신청해야 한다. "그녀들의 계약 기간이 종료되면"(p.125) 일본으로 돌아오라는 지시를 받게 된다. 역사학자이자 일본 정부 문서 전문가인 아리마 테츠오는 데이비드 앰버러스가 당시 일본 정부의 관행을 오해하고 있다고 설명하면서 이 지침이 조선을 떠난 여성에게도 적용되었을 것이라고 지적한다(Tetsuo Arima 2021c: ch. 11).

B. SCAP, Research Report: Amenities in the Japanese Armed Forces, Nov. 15, 1945, in Josei no tameno Ajia heiwa kokumin kikin(女性のためのアジア平和国民基金, 여성을 위한 아시아평화국민기금), ed., Seifu chosa: "Jugun ianfu" kankei shiryoshusei(政府調査: '從軍慰安婦'関係資料集成, 정부조사: '종군위안부' 관계자료집성) 〈Government Investigation: Documents Relating to the "Military Comfort Women"〉(Tokyo: Ryukei shosha[龍渓書舍, 류케이쇼샤], 1998), v.5, pp.137-166.

- 이 자료는 "가족들에게 300엔부터 1,000엔까지 주고 조선인 여

성 22명 사들인 (……)" 위안소 업주에 대해 거론했다. 여성들은 19~31세, 1942년에 도착했다(p.151).
- 자료에는 다음과 같은 내용도 있다. "모든 '위안부'는 다음과 같은 계약 조건에 따라 고용되었다. 그녀는 자신의 총수입의 50%를 받았고 무료 도항渡航, 무료 음식 및 무료 의료를 제공받았다."(p.152).

C. U.S. Office of War Information, Interrogation Report n.49, Oct. 1, 1944, in Josei no tameno Ajia heiwa kokumin kikin, ed., Seifu chosa: "Jugun ianfu" kankei shiryoshusei(政府調査: '從軍慰安婦'関係資料集成, 정부조사: '종군위안부' 관계자료집성) 〈Government Investigation: Documents Relating to the "Military Comfort Women"〉 (Tokyo: Ryukei shosha[龍渓書舍, 류케이쇼샤], 1998), v.5, pp.203-209.

- 1944년 버마에서의 조선인 위안부 20명에 대한 조사 기록이다. 1942년도에 취업 사기 등을 포함하여 여러 경위로 모집된 이 여성들은 "수백 엔의 전차금"을 받았고, 최대 계약 기간은 6개월 내지 12개월이었다(p.203). 요시미 요시아키는 그녀들이 300~1,000엔의 전차금을 받았다고 기술한다(p.95).
- 자료에 따르면, 이를 통해 약 800명의 여성이 모집되었다(p.204).
- 자료에 따르면, 일본 육군은 "빚을 갚은 일부 여자들"이 집으로 돌아갈 수 있도록 허가했다(p.205).
- 위안소와 위안부의 수익 배분은 50:50 또는 60:40이지만, 위안소는 여성들에게 다양한 물품에 대해 높은 가격을 부과했다고 보고

하고 있다(p.205).

D. Fukuoka ken chiji(福岡県知事, 후쿠오카현 지사), Shina tokosha ni taisu-
ru mibun shomeisho hakkyu ni kansuru ken(支那渡航者二対スル身
分証明書発給ニ関スル件, 지나 도항자 신분증명서 발급에 관한 건) 〈Case Re-
garding the Issuance of Identification Documents for People Travel-
ling to China〉 Dec. 15, 1937, in Josei no tameno Ajia heiwa kokumin
kikin, ed., Seifu chosa: "Jugun ianfu" kankei shiryoshusei(政府調査:
'從軍慰安婦'関係資料集成, 정부조사: '종군위안부' 관계자료집성) 〈Govern-
ment Investigation: Documents Relating to the "Military Comfort
Women"〉(Tokyo: Ryukei shosha[龍渓書舎, 류케이쇼샤], 1997) v.1, pp.113-
115.

· 이 자료는 1937년 상하이 위안소로 가고자 도항渡航을 신청한 두
명의 매춘부에 대해 기술하고 있다. 한 사람은 1년, 다른 한 사람
은 1년 9개월의 기한이다(p.115).

E. Park, Yu-ha(박유하), Teikoku no ianfu(帝国の慰安婦, 제국의 위안부)
〈Comfort Women of the Empire〉 (Asahi shimbun shuppan[朝日新聞出
版, 아사히신문출판], 2014).

· 박유하는 1937년 조선의 한 신문 기사를 인용했다(p.29).

김제군 월촌면 연정리 최재현(37)과 그의 처 이성녀(24)는 수일 전 서로 공모하여 동면 동리에 있는 김인섭의 둘째딸 양근(12)을 유인해다가 군산부 개복정 2정목 지나支那 요리업자 장우경에게 몸값 50원을 받고 작부로 팔고자 계약서를 작성하던 중 경찰에 발각되어 엄중한 취조를 받고 있다 한다. (일제강점하강제동원피해진상규명위원회, 55쪽에서 재인용. 1937년 1월 11일자 「매일신보」의 기사)

• 박유하는 위안부 모집과 관련해 1944년도 조선의 신문 광고 두 개를 소개했다(p.33). 하나는 18~30세로 모집할 여성의 나이를 지정하고, 계약 세부 조건은 면접에서 결정된다고 했다. 다른 하나는 17~23세로 모집할 여성의 나이를 지정하고, 월 소득 300엔 이상, 최대 3,000엔의 전차금을 명시했다.

F. Senda, Kako(千田夏光, 센다 가코) Jugun ianfu(從軍慰安婦, 종군위안부) 〈Military Comfort Women〉(Tokyo:Futaba sha[双葉社, 후타바샤], 1973).

• 일본 북규슈에서 위안부 일을 위해 100명 이상의 조선인 여성과 일본인 여성을 모집했던 사실을 전하고 있다(pp.24-28). 전차금은 일반적으로 1,000엔 정도였으며, 여성들은 부채를 상환하면 자유롭게 떠날 수 있었다.
• 1938년 상하이 매춘업소에서 위안부로 일할 20명의 여성을 데려온 일본 북규슈 출신 모집업자에 대해 전하고 있다(pp.60-62). 모

집업자는 여성들이 도항 도중에 역에서 일본 군인들에게 섹스 서
비스를 제공했으며, 기차가 상하이에 도착할 때까지 이미 전차금
1,000엔을 다 갚고 자유를 얻었다고 말했다(필자는 이 이야기는 현실
성이 없다고 생각한다).

G. Lee, Younghoon(이영훈), Hannichi shuzoku shugi(反日種族主義, 반일종
족주의) ⟨Anti-Japanese Tribalism⟩ (Tokyo: Bungei shunju[文藝春秋, 분게
이슌주], 2019).

- 1937년도에 1,300엔의 전차금을 받은 아버지에 의해 만주의 매춘
  업소에 팔린 22세 조선인 딸에 대하여 전하고 있다. 그녀는 매춘
  업소로 가길 거부했으며, 경찰에 신고했다(p.251).
- 1942년 버마에서 조선인이 운영하던 위안소의 위안부들은 6개월
  만에 전차금을 모두 상환했다(pp.273-274).
- 1944년도에 랑군 위안소의 위안부 20명 중 15명이 계약상의 의무
  를 완료하고 조선으로 돌아간 사례에 대해 전하고 있다. 그 해에
  해당 위안부들 중 한 여성은 11,000엔을 집으로 송금했다(p.275,
  p.283, p.320).

H. Yoshimi, Yoshiaki(吉見義明, 요시미 요시아키) Jugun ianfu(從軍慰安婦, 종
군위안부) ⟨Military Comfort Women⟩ (Tokyo: Iwanami shoten[岩波書店,
이와나미쇼텐], 1995).

- 1938년 초에 1,000엔을 전차금으로 받고 상하이 위안소로 간 한 일본인 여성의 사례를 기록했다(pp.88-89).
- 1939년 사이판과 팔라우에서 매춘 일을 마치고 돌아온 한 일본인 여성의 사례도 기록했다. 그녀는 전차금을 다 갚았지만 다른 여성들과 함께 난징의 위안소에서 일하기 위해 자원했다(p.89).
- 1942년에 한 일본인 게이샤가 자신이 일하고 있던 업소(오키야置屋)에 빚진 4,000엔 가까운 부채를 인수하는 데 동의한, 트럭Truk섬에 있는 해군 운영 위안소에 1년에서 1년 반 기한으로 취업하러 갔다고 기록했다(p.89).

I. Lee, Wooyoun(이우연) Chosenjin gyosha to keiyaku shi ianjo wo tenten to shita ianfu no shogen(朝鮮人業者と契約し慰安所を転々とした慰安婦の証言, 조선인 업자와 계약하고 위안소를 전전한 위안부의 증언) 〈The Testimony of a Comfort Woman Who Contracted with a Korean Member of the Industry and Moved from Comfort Station to Comfort Station〉, Yahoo News Japan, Mar. 7, 2021(originally JB Press).

- 16세의 조선인이 3,000엔을 전차금으로 받고 3년 기한의 매춘 계약에 서명했다. 종국에 그녀는 자신의 계약을 위안소로 이전하는 데 동의했다. 날짜 불확실.

J. Yamada, Seikichi(山田清吉, 야마다 세이키치) Bukan heitan(支那軍派遣慰

安婦係長の手記武漢兵站, 중국군 파견 위안부 계장의 수기, 우한병참) 〈Wuhan Logistics〉 (Tokyo: Tosho shuppan[図書出版, 토쇼슈판], 1978).

- 1943~1944년(이 당시 인플레이션이 심각했다)에 중국 우한 지역 위안부(일본인 130명, 조선인 150명)의 평균 전차금은 6,000~7,000엔이었고, 월 400~500엔을 상환할 수 있었으며, 약 1년에서 1년 반 후에 전차금을 전부 상환하고 귀가할 수 있었다고 기록했다(p.77, p.84).
- 우한 지역 위안소에서 위안소와 위안부의 수입 배분은 채무가 있는 여성의 경우 60:40, 채무가 없는 여성의 경우 50:50이었다.
- 10,000엔의 전차금을 받고 오사카에서 온 한 20세 위안부에 대해 기록했다(p.87).

K. Nishino, Rumiko(西野瑠美子, 니시노 루미코), et al., eds., "Ianfu" basshin-gu wo koeta('慰安婦'バッシングを超えて, 위안부 두들기기를 넘어서) 〈Beyond "Comfort Women" Bashing〉 (Otsuki shoten[大月書店, 오츠키쇼텐], 2013).

- 일본인 매춘부들이 위안부로 자원하고 1년 내지 2년 만에 자신들의 전차금을 다 갚고 귀국한 이야기를 썼다(p.37).
- 1942년에 위안부로 일하기 위해 떠난 18세 일본인 여성에 관해 썼다. 그녀는 4,000엔의 전차금을 상환하고 10,000엔을 추가로 저축하여 1943년에 귀환했다(p.37, pp.53-54). 앞선 요시미 요시아키의 자료에서도 보고된 여성과 동일인으로 보인다.

- 1년 계약으로 위안부 일을 하기 위해 2,300엔을 전차금으로 받은 일본인 게이샤에 관해 썼다(p.37).
- 1,500엔의 전차금을 받고 상하이에서 위안부로 합류한 일본인 매춘부에 대해 썼다. 그녀는 2년 후 일본으로 돌아와 식당을 열었다(pp.37-38). 그녀는 상하이의 위안부들은 전차금을 1개월 내지 3개월 만에 다 갚았다고 말했다.

L. Soh, C. Sarah(소정희). The Comfort Women: Sexual Violence and Postcolonial Memory in Korea and Japan(Chicago: University of Chicago Press, 2008).

- "일부 옛 위안부들의 생생한 경험"은 고액의 전차금, 계약 기한, 채무 상환으로 인한 조기 퇴직 허용 등 일본의 공창 매춘부가 체결했던 계약 구조를 반영하고 있음을 확인했다(p.114).

M. Hata, Ikuhito(秦郁彦, 하타 이쿠히코), Ianfu to senjo no sei(慰安婦と戦場の性, 위안부와 전쟁터의 성) 〈Comfort Women and Sex on the Battlefield〉 (Tokyo: Shincho sensho[新潮選書, 신초센쇼], 1999).

- 트럭Truk섬에서 자발적으로 위안부로 복무한 여성이 2년 만에 4,000엔의 전차금을 상환한 사실에 대해서 썼다(p.224). 앞선 요시미 요시아키의 자료에서도 보고된 여성과 동일인으로 보인다.

- 중국에 있는 위안소의 조선인 업주는 여성들이 300~500엔에 달하는 전차금을 1년 내지 2년 안에 다 갚는 경향이 있다고 전했다. 그녀들은 추가로 돈을 더 모은 후에 대체로 결혼을 하거나 집으로 돌아갔다. 그녀들의 후임자를 고용하는 것이 그의 가장 큰 문제 중 하나였다(p.382-383).

N. Hosoya, Kiyoshi(細谷清, 호소야 키요시), Nihon gunjin ga shogen susu senjo no hana: Chosenjin ianfu(日本軍が証言する戦場の花, 일본군이 증언하는 전장의 꽃) 〈The Flowers of War, Reported by Japanese Soldiers〉 (Tokyo: Haato shuppan[ハート出版, 하트슈판], 2019).

- 전 만주국 경찰이 위안소와 위안부가 수입을 60:40으로 분할했다고 기록했다. 위안부 측의 채무가 늘었다는 주장에 대해 기술하고 그러한 위안소 측의 계략을 저지하는 경찰의 역할도 설명했다. 모든 조선인 위안부들이 이전에 조선에서도 매춘을 했다고 보고했다. 이 기록은 대부분 조선인 위안부에 대한 것이고, 일부는 일본인 위안부에 관한 것이다(p.42-43).
- 1940년대에 어느 전 해군장교는 위안소 여성들이 1년의 계약 기간에 4,000~5,000엔을 전차금으로 받고 모집됐으며 대부분의 여성이 6개월 후에 전차금을 상환할 수 있었지만 일부는 3개월 이내에도 상환할 수 있었다고 기록했다. 또 여성들은 5,000~10,000엔을 저축할 수 있었다고 기록했다(p.140).
- 필리핀 위안소에서의 50:50 수입 배분에 대해 기록했다(p.145).

- 위안소와 위안부가 60:40 또는 70:30으로 수입을 배분했다고 기록했다(장소 불분명, p.172).

O. Hasegawa, Shin(長谷川伸, 하세가와 신) Ikiteiru shosetsu(生きている小説, 살아 있는 소설) 〈A Living Novel〉 (Tokyo: Chuo koro[中央公論社, 주오코론 1990 reprint](orig. pub. 1958). (주의: 제목과는 달리 이 책은 소설이 아닌 회고록이다.)

- 중국 남방의 섬에 있는 위안소에 관한 자료로, 위안소 내에서 너무 많은 문제를 일으킨 한 여성에게 업주가 추가 비용을 지불하고 그녀를 대만에 있는 집으로 돌려보낸 사례에 대해 기록했다(pp.103-104). 이곳에 도착한 여성들은 속아서 온 것이라는 선박업주의 진술도 기록했다(p.106).
- 그 섬에 있는 위안소(1938년)의 전차금은 500~600엔에서 1,200~1,300엔(대만 출신 여성)에 이른다고 기록했다. 여성은 5엔에 장교를 상대하는 것보다 2엔에 병사을 상대하는 것을 선호했는데, 그 이유는 더 많은 횟수가 더 큰 수입을 가져다주기 때문이라고 쓰고 있다.
- 군의관이 신규로 온 여성이 처녀임을 발견한 사례에 대해서 기록했다. 장교들은 자신들의 저금을 모아 그녀의 전차금을 갚아 주고 즉시 송환을 협상하였다고 한다(p.107-109).

1   티모시 W. 마틴Timothy W. Martin 기자와 윤다슬 기자의 「월스트리트저널Wall Street
     Journal」 기사(Martin & Yun 2021)가 나온 후에 류석춘은 페이스북에 다음과 같이 댓
     글을 남겼다(Uooru 2021). "월스트릿저널이 내 문제를 제법 크게 다뤘네요. 외견상
     찬반 적절히 섞어서 균형이 있는 듯이 보이긴 하지만 (……) 내가 인터뷰에 응하면
     서 엄청 자세히 설명해 준 위안부 증언의 변화, 유엔 쿠마라스와미 보고서가 허위
     로 판명난 요시다 세이지의 책 《나의 전쟁범죄》에 의존하고 있는 사실, 그리고 무
     엇보다 정대협과 윤미향이 횡령 등의 혐의로 재판받고 있는 사실 등을 모두 빠뜨려
     서 찜찜합니다." (역주: 한국어 원문을 인용했다.)
2   이 주제에 대한 미국 인문학자들의 검열은 (적어도 필자와 관련해서는) 끝이 없
     는 것 같다. H-Japan은 일본을 주제로 하는 'H-Net Humanities & Social Sciences
     Online' 내에 있는 웹사이트이다. 이 웹사이트는 "학자, 대학원생, 그리고 전문가들
     에게 일본의 역사, 문화, 종교 및 사회 (……) 등에 관한 자유로운 토론장을 항상 제
     공할 것"을 약속하고 있다. 2021년 11월 20일, 폴라 커티스Paula Curtis는 이 웹사이트
     에서 필자를 대상으로 한 공격성 글을 게시하였다(Curtis 2021b). 3일 후인 11월 23
     일에 제이슨 모건(Jason Morgan 2021a, 2021b, 2021c)은 위안부 논쟁과 관련하여
     일본 와세다대학 역사학자 아리마 테츠오有馬哲夫와의 3부로 이루어진 인터뷰를 게시
     해 달라고 요청했다. 웹사이트 편집자이자 역사학자인 자넷 굿윈Janet Goodwin은 "이
     게시물은 폴라 커티스의 글에 대한 응답이라 생각한다"라고 답했다. 그러면서 그녀
     는 "구체적인 문제를 다루거나 위안부들이 계약을 맺었다는 증거를 제시하는 데 충
     분한 공간을 할애하지 않았다"는 추정적 이유만으로 제이슨 모건의 인터뷰 게시 요
     청를 거부했다.
3   https://twitter.com/dambaras/status/1460099767279755269. 이우연은 자신의 경험
     을 회고한다(Lee 2021b). 「재팬포워드Japan Forward」에 기고한 글의 부제를 통해 그는
     "위안부 문제는 단지 여러분이 듣고 싶은 말이 아니라는 이유로 사실을 외면하고
     토론을 억압한다고 해서 해결이 되지는 않을 것"이라 말했다.
4   https://twitter.com/dambaras/status/1460112141684559875
5   데이비드 앰버러스에게는 이조차 충분하지 않았다. "편집자들은 왜 애초에 그것이
     게재되도록 허용했으며 앞으로 그러한 실수의 재발을 피하기 위해 어떤 조치를 취
     할 것인지 공중에게 설명해야 할 의무를 지고 있습니다." 이에 대해 미치 신은 다음

과 같이 답변했다. "데이비드 앰버러스, 그 말씀에 대해서 저희 공식 입장으로 답변할 예정입니다. 다시 한번 변명의 여지가 없다는 말씀을 드립니다. 저는 남북한 문제에 관한 수석 담당자로서 외부 기고자들의 기고문을 검토하기 위해 편집자들과 더욱 긴밀히 협력하도록 최선을 다하겠습니다." 데이비드 앰버러스는 이어서 "감사합니다, 미치 신. 우리 모두는 역사부정론을 다룰 때 함께 일을 맡아서 처리해야 합니다"라고 말했다. 그러나 미치 신의 사과는 거기에서 그치지 않았다. "마지막으로, 이 문제를 제기해 주시고 저와 저희 기관이 적시에 조치를 취해 줄 것을 직접 요청해 주신 분들께 깊은 감사의 말씀을 드립니다. 저희 콘텐츠를 계속 확인하시고 가능할 때마다 귀하의 깊은 통찰을 공유해 주십시오. 감사합니다." https://twitter.com/dambaras/status/1460266541434429455/photo/1. 데이비드 앰버러스, 에이미 스탠리, 사야카 차타니가 「디플로매트」로 하여금 검열을 하도록 괴롭힌 글에 관심 있는 독자는 이우연(Lee 2021b)의 글, 그리고 https://archive.ph/20211115071637/ 및 https://thediplomat.com/2021/11/anti-japan-tribalism-on-the-comfort-women-issue/을 참조하라.

6 앤드루 고든과 카터 에커트는 '작부(酌婦, shakufu)'라는 용어의 사용이 독자들을 호도할 수 있다고 경고한다. 그러나 전 만주국 경찰인 스즈키 다케오Takeo Suzuki(Hosoya 2019: p.33, p.35)는 당시 그 여성들을 '매춘부(賣春婦, baishunfu)' 또는 '위안부(慰安婦, ianfu)'라고 부르지 않고, 대신 '작부'라고 불렀다고 보고하고 있다. 와세다대학의 역사가이자 정부 문서 전문가인 아리마 테츠오는 앤드루 고든과 카터 에커트가 '작부'를 모호한 용어일 수 있다고 경고하고 나선다면 이는 "기본적인 지식의 부족"으로 인하여 문서 내용을 "오독"한 것이라고 지적하고 있다(Arima 2021c: p.153).

7 앤드루 고든과 카터 에커트는 필자의 원 논문 3.2절의 말미에서 필자가 잘못된 출처를 인용했음을 정확히 지적했다. 정확한 출처는 '미군 전시정보국 심문보고서 49호(U.S. Office of War Information, Interrogation Report n.49, Oct. 1, 1944, compiled in Josei[女性, 여성]: 1998, v.5, pp203-209)'이다. 필자는 이 실수에 당혹감을 느끼며, 오류를 지적해 준 데 대해서 감사한다.

8 앤드루 고든과 카터 에커트는 이제 공개된 그들의 성명에서도 이를 인정하고 있다. 다만 이 단서但書는 그들이 학술지에 보낸 논문 철회 요구서에는 없었다.

9 독자들은 다음과 같은 기괴한 타이밍으로부터 이 문제와 관련하여 나름의 결론을 도출할 수도 있을 것이다. 필자의 논문은 2021년 2월 1일 월요일에 처음으로 대중의 관심을 끌었다. 6일 후인 2월 7일 일요일에 앤드루 고든은 자신과 카터 에커트 공동명의로 완성된 논문 철회 요구서를 필자에게 보냈다. 이 기간 동안 모든 하버드도서관은 코비드Covid 때문에 문을 닫고 있었다. 그리고 (논문에 인용된) 출처를

알려 주는 하버드대학교 소장 자료들은 모두 필자의 하버드 연구실 바닥에 쌓여 있었다(즉 필자가 대출받아 열람 중이어서 다른 사람들은 열람할 수 없었다). 공개된 앤드루 고든과 카터 에커트의 공동명의 논문 철회 요구서는, 그들이 2월 7일에 학술지에 보낸 논문 철회 요구서 이후의 확장된 버전이다.

10 특히 앤드루 고든은 위안부 숫자에 대하여 조지 힉스의 책『위안부: 일본제국군의 성노예The comfort women: sex slaves of the Japanese imperial forces』1996년 편집본의 한 챕터를 인용한다. 조지 힉스의 연구는 1994년판이 기본이다.

11 소정희(Soh 2008: pp.152-55)는 주의 깊게 작성된 연대기를 제공한다. 다른 신문들만큼 필자의 입장에 대해 적대적인「뉴욕타임스」(Fackler 2014)는 2014년「아사히신문」의 기사 철회 사건을 취재해 보도하면서 "요시다 세이지는 20년 전에 이미 신뢰를 잃었다"고 썼다. 이것은 명백히 1994년을 가리키는 것이다.

12 "Yoshida shogen" 2014; Jiyu 2014; Saishuto 2014; Asahi shimbun moto 2014. 요시다 소동을 다룬 문헌 중 독보적으로 뛰어난 문헌은 하타 이쿠히코(Hata 1999: ch.7)의 것이다. (역주: 하타 이쿠히코의 책 한국어판 제목은『위안부와 전쟁터의 성性』으로 미디어워치 출판사에서 2022년도에 출간됐다.) 하타 이쿠히코는 요시다 세이지와 여러 차례에 걸쳐 장시간 전화로 인터뷰를 하였으며, 요시다 세이지 거짓말 소동의 파탄을 생생하고 자세하게 기록하고 있다.

13 관계자의 직접적 간첩 행위에 대한 유죄판결은 재심에서 결국 (일부) 파기되었다.

14 불행히도 이것이 일본사 분야의 연구에서 표준적인 관행인 듯하다. 위안부 문제와 관련하여 원로 학자이자 일본사 관련 저명한 학자인 컬럼비아대학의 캐롤 글럭(Carol Gluck 2021)조차도 요시다 세이지의 거짓말에서 위안부 운동이 비롯되었다는 사실 또는 부패 의혹이 있는 옛 위안부 집단거주시설 운영자가 위안부 운동을 추진하면서 저질렀던 악행에 대해서는 전혀 언급하지 않는 문헌 조사 보고서를 작성한 바 있다. 대신 그녀는 그러한 역사에 대한 "부정denial"을 일본의 "우익 민족주의" 탓으로 돌린다.

15 정확히 말하면, 앤드루 고든(Gordon 2003)은 위안부의 숫자를 추정하기 위해 조지 힉스(Hicks 1996) 및 다른 한 출처를 인용하였다. 그는 위안부 문제와 관련한 자기 글의 나머지 주장들을 위해서는 아무런 인용조차 하지 않았다.

16 예를 들어 https://twitter.com/SzendiChelsea/status/1379969613631393794

17 앞서 언급했듯이 정대협 대표(윤미향)에 대한 비판이 거세지면서 그녀와 이용수 사이의 관계는 깨졌다. 2020년도 중반에 '윤미향'(정대협 대표)은 '이용수'(정대협의 위안부 대표자)가 인생 전체를 꾸며 냈다는 식으로 공개적으로 비난함으로써 보복했다. 윤미향은 자신의 페이스북에 이용수와의 첫 만남에 대한 기억을 게시했다. 당시 이용수는 윤미향에게 전화를 걸어 말했다. "저는 피해자가 아니고, 제

친구가요. (······)" (Yamaoka 2021, Murotani 2021). 한양대 교수 이유진은 위안부 집단거주시설 관련 단체가 이용수와 관련하여 이런 뒷이야기를 공개한 경위를 설명하면서(Joseph Yi 2020: p. 10), "문제가 많다는 것을 그쪽에서도 이미 알고 있었을 가능성이 크다"라고 썼다. 그런 다음 이유진은 이용수의 증언이 지난 수십 년간에 걸쳐 어떻게 변했는지 기술했다.

18 그들은 그래도 예의가 있는 편에 속하는 사람들이었다. 그러나 아이비리그 사람들에게는 항상 그 나름의 클래스를 기대할 수 있다: 컬럼비아대학교 일본사 조교수인 폴 크라이트만Paul Kreitman은 필자의 논문에 대해 "개떡 같은 여성혐오적인 매카시즘의 장광설"이라고 묘사했다.

19 https://twitter.com/dambaras/status/1460099767279755269

20 https://twitter.com/dambaras/status/1460112141684559875

21 https://twitter.com/dambaras/status/1460266541434429455/photo/1 데이비드 앰버러스, 에이미 스탠리, 사야카 차타니가 「디플로메트」로 하여금 검열을 하도록 괴롭혔다는 사안에 대해 관심이 있는 독자는 이우연의 글(Lee 2021b) 및 다음에서 관련 내용을 찾아볼 수 있다. https://archive.ph/20211115071637/https://thediplomat.com/2021/11/anti-japan-tribalism-on-the-comfort-women- issue/

22 Josei no tameno Ajia heiwa kokumin kikin(女性のためのアジア平和国民基金, 여성을 위한 아시아평화국민기금) pp. 1-50; dated 1938: 이바라키 현 지사 사무실에서 상하이 위안소로 갈 매춘 여성을 모집하는 것과 관련하여 작성된 문서이다.

23 http://scholarsinenglish.blogspot.com/2014/10/former-korean-comfort-woman-mun-oku.html에서 인용.

24 http://scholarsinenglish.blogspot.com/2014/10/former-korean-comfort-woman-mun-oku.html

초록

제2차 세계대전 당시 일본군은 "위안부" 제도를 통해 일본 바깥 군 기지 인근의 매춘업소로 자국의 공창 제도를 확대했다. 당시 일본 정부는 이전의 전쟁(러일전쟁)에서 성병으로 인해 군사력이 약화된 것을 고려하여 성병을 통제하기 위해 이 위안부 제도를 통해 군대가 필요로 하는 엄격한 보건 기준을 부과하고자 했다.

"위안소"는 조선과 일본의 공창제 아래 매춘업소가 사용하던 표준적인 연계계약standard indenture contracts을 변용하여 매춘부(단, 본 논문은 조선과 일본에서 모집했던 여성에 대해서만 논한다)를 모집했다. 위안부 중 일부는 사기꾼 모집업자에게 속아서 그 일을 하게 되었다. 다른 일부는 학대하는 부모의 강요로 모집업자에게 팔렸다. 하지만 또 다른 일부는 돈을 벌기 위해 그 일을 한 것으로 보인다.

그러나 위안소의 경우 이와는 다른 어떤 곳이라는 개념이 1980년대부터 만들어지기 시작했다. 1983년도에 일본의 한 작가가 과거 자신이 조선으로 가서 다른 군인들과 함께 총검으로 여성들을 위협하여 그녀들을 위안부로 삼기 위해 강제연행했다는 주장이 담긴 회고록을 출판했다. 그 이후로 한국의 몇몇 옛 위안부들이 일본 정부를 상대로 보상을 요구하고 나섰다. 일본 정부는 사과했고

Comfort Women:
The North Korean Connec

제5장

위안부 문제: 북한과의 커넥션

(존 마크 램자이어·아리마 테츠오 공저)

(고노담화), 유엔에서도 이와 관련하여 두 개의 준열한 보고서가 발표됐다.
하지만 그 일본인 작가가 쓴 위안부 이야기는 실은 모두 지어낸 이야기였다.
2000년대 이전부터 한국과 일본의 역사학자들과 언론인들은 이미 그 작가의
회고록 내용 전체가 날조된 것이라고 판단했다. 그러나 위안부 강제연행이라는
날조된 이야기가 횡행하던 이 시기에, 결국 북한과 긴밀히 연계되었다는 의혹
과 더불어 부패 의혹까지 받고 있는 한 단체(현재 이 단체의 우두머리는 횡령 등
의 혐의로 재판을 받고 있다)가 위안부 운동을 장악했다. 이 단체는 한국 내 '종
족적 민족주의ethno-nationalism'를 꾸준히 부추기면서 한국과 일본의 우호적 관계를
가로막아 왔다.
한편, 이 모든 일들은 북한이 핵무기를 꾸준하게 개발하는 동안 벌어졌다. 북한
과 위안부 운동을 장악한 단체의 밀접한 관계를 감안하면, 이 문제야말로 바로
위안부 문제에 있어서 핵심일 수 있다. 그러나 좌파의 압력을 받아 온 한국 정
부는, 엉터리로 날조된 회고록에서 위안부 운동이 발단했음을 지적하는 학자들
에 대한 입건은 물론이거니와 기소까지 강행해 오고 있다. 한국에서는 위안부
문제가 날조됐음을 지적하는 학자들이 잠재적으로 징역형에 처해질 수도 있다.
이는 영어권 독자들이 명심해야 할 사실이다.

제5장

위안부 문제:
북한과의 커넥션
Comfort Women: The North Korean Connection

(존 마크 램자이어 · 아리마 테츠오 공저)

이 논문의 원 제목은 다음과 같다. Tetsuo Arima & J. Mark Ramseyer, 2022, "Comfort Women: the North Korean Connection", The Harvard John M. Olin Center For Law, Economics, and Business, Discussion Paper No.1084. 이 논문의 공동저자인 우리(존 마크 램자이어, 아리마 테츠오)는 여러 많은 학자들로부터 유용한 의견과 제안을 받았고, 이를 매우 감사하게 생각한다. 한편, 우리는 이 논문에 대한 저작권을 갖고 있다.

오늘날 일본과 한국의 정치 문제를 다루지 않고 태평양전쟁 당시 일본제국의 매춘 역사를 논하기는 어렵다.

한국 내 좌파(이들은 한국을 북한과 중국에 가깝게 만들려는 의도를 갖고 있다)와 우파(이들은 한국이 일본, 미국과의 우호관계를 유지해야 한다는 입장이다)의 당파적인 양극화 문제를 고려하지 않고서 당시 역사를 논하기는 어렵다. 그리고 한국에서는 좌파가 선호하는 주장을 반대하는 학자들이 형사소추까지 당할 수 있는 불편한 정치 환경 문제에 대해 다루지 않고서 당시의 역사를 논하기 어렵다.

그리고 무엇보다도 오늘날 북한의 핵 프로그램을 언급하지 않고서 당시 역사를 논하기는 어렵다. 지난 30년 동안 북한은 더 크고 더 치명적인 핵탄두와 미사일을 개발해 왔다. 북한은 오랜 세월에 걸쳐서 화학무기로 서울을 위협해 왔다. 이제 북한은 화학무기 외에도 핵무기로 한국을 위협하고 일본도 위협한다.

그러나 북한과 가장 가까운 두 나라인 한국과 일본은 자신들이 처한 실존적 위협을 제어하기 위해 협력하기보다는, 제2차 세계대전 당시의 과거를 둘러싼 기이한 싸움에 매몰되어 있는 실정이다. 묘한 것은, 그래도 양국은 이미 여러 차례 이런 갈등 문제를 잘 해결해 왔다는 것이다. 양국은 1965년에 처음으로 이 문제에 대한 해결을 보았다. 그때 일본은 한국에 총 3억 달러의 배상금reparations을 지불했다. (역주: 다만 이 돈의 성격에 대해 당시 한국은 '식민지배에 대한 배상금', 일본은 '독립축하금', 또는 '경제협력자금'이라는 서로 다른 해석을 했다.) 이 금액은 당시 일본 국가 예산의 10%에 달했고, 일본은 이 외에도 한국에 추가로 5억 달러를 장기 저금리로 빌려주었다. 이에 대한 반대급부로 한국 정부는 일본 정부에 대해 태평양전쟁 및 일본의 초기 지배 과정에서 발생한 민간 및 공공의 모든 피해 문제와 관련한 청구권을 명시적으로 포기했다.[1]

1991년도에 몇몇 옛 위안부들이 일본 정부를 상대로 소를 제기했다. 이 여성들은 태평양전쟁 중에 자신들을 "위안부", 즉 매춘부로 일하도록 일본군이 강제연행했다고 주장했다. 이 사건은 2004년도에 일본 최고재판소에서도 다뤄졌다. 일본 최고재판소는 1965년 협정에 의해 한국 정부가 청구권 일체를 포기했다는 이유로 소송을 기각했다.[2]

JEL: J47, K12 K36, N15, N35, N45
Key words: prostitution, indentured servitude, Japan, Korea

Address correspondence to:
Tetsuo Arima
tarima@waseda.edu
J. Mark Ramseyer
ramseyer@law.harvard.edu

August 8, 2022

Comfort Women: The North Korean Connection

By Tetsuo Arima & J. Mark Ramseyer*

Abstract: Through its "comfort women" framework, the World War II Japanese military extended its licensing regime for domestic prostitution to the brothels next to its overseas bases. That regime imposed strenuous health standards, which the military needed to control the venereal disease that had debilitated its troops in earlier wars. These "comfort stations" recruited their prostitutes (we limit this article to women recruited from Korea and Japan) through variations on the standard indenture contracts that the licensed brothels had used in Korea and Japan. Some women took the jobs because they were tricked by fraudulent recruiters. Some took them under pressure from abusive parents. But the rest seem to have taken the jobs for the money.

The notion that the comfort stations were anything else dates from the 1980s. In 1983, a Japanese writer published a memoir in which he claimed to have led a posse of soldiers to Korea and conscripted women at bayonet-point. Soon, several women sued the Japanese government for compensation. The government apologized (the Kono statement), and the U.N. issued two scathing reports.

In fact, the Japanese author had made up the story. By the end of the century, historians and journalists (in both Japan and South Korea) had determined that he had fabricated the entire memoir. In the meantime, however, an apparently corrupt organization (its leader is currently on trial for embezzlement) with close ties to North Korea (the leader's husband served prison time for passing documents to a North Korean agent) took control of the comfort-women movement. Steadily, it inflamed the ethno-nationalism within South Korea and stalled rapprochement with Japan.

All this took place while North Korea steadily developed its nuclear weapons arsenal. Given the close ties between North Korea and the organization running the comfort women movement, that may be the point. Under pressure from the South Korean left, however, the government continues to launch criminal prosecutions against scholars who point out the genesis of the movement in the fabricated memoir. Readers in the Anglophone world need to realize that scholars who contest the fabricated comfort women story in South Korea face potential prison time for doing so.

* Professor of Social Science, Waseda University, and Mitsubishi Professor of Japanese Legal Studies, Harvard University, respectively. We received helpful comments and suggestions from a wide variety of scholars; we are enormously grateful. We retain copyright over this article.

The convention in the English language press seems to be to give Japanese given names first and family names last. The convention also seems to be to give Korean family names first and given names last. We do not understand the logic for the difference, but generally adhere to these two apparent conventions.

논문 제1면.

일본 정부는 1990년대 초에 옛 위안부들을 상대로 사과도 했다. 일본 정부는 자체 예산과 민간 기부금을 합하여 50억 엔에 달하는 보상 기금compensation fund을 출연했다. (역주: 이 보상 기금의 공식 일본어 명칭은 '償い金', 공식 영어 명칭은 'atonement fee'이며, 한국어로는 '속죄금'과 비슷한 뉘앙스이다.) 각각의 옛 위안부에게 200만 엔씩 지급하고, 의료비로 최대 300만 엔을 추가로 지원할 것도 제안했다.[3]

그럼에도 불구하고 이 논란은 끝나지 않았다. 1996년도에 유엔 인권위원회는 위안소에 관한 아주 신랄한 내용의 보고서를 발표했다.[4] 2000년도부터 옛 위안부들은 일본 정부를 상대로 미국 법원Columbia n.d.에 여러 건의 소송을 제기하기도 했다(모두 각하됐다).[5] 그리고 2007년도에 미국 하원 외교위원회는 자체적으로 일본을 규탄하는 보고서를 발표했다.[6]

2007년도에 일본 정부는 재차 사과했고, 2015년 12월에는 아베 신조 수상이 또다시 사죄했다. 당시 기시다 후미오 외무상은 "아베 내각 총리대신은 일본국 내각 총리대신으로서 다시 한번 많은 고통을 겪고 심신에 걸쳐 치유하기 어려운 상처를 입은 모든 '위안부' 분들에 대해 마음으로부터 사과와 반성을 표명한다"고 대독했다. 일본 정부는 약 800만 달러의 보상금을 추가했고, 한국 정부는 더 이상의 요구를 하지 않기로 합의했다. 양국이 서로에게 약속한 이 합의는 "최종적이고 불가역적인 것"이었다.[7]

하지만 현실은 그렇지 않았다. 합의 여부와 상관없이, 한국 정부가 설립한 위원회는 2015년 합의가 만족스럽지 못하다고 선언했다. 2018년 초, 새로 선출된 한국의 문재인 대통령은 2015년 합의에 대해 "진실과 정의의 원칙에 어긋날 뿐만 아니라 지난 정부가 할머니들의 의견을 듣지 않고 일방적으로 추진한, 내용과 절차가 모두 잘못된 것"이라고 주장하면서 합의 파기를 시사했다.[8]

이러한 외교적 수렁은 순수 역사 분쟁으로만 설명되지 않는다. 관련되는 역사적 사실 자체는 간단하며, 이는 이 분야에서 실제로 활동하는 학자들 사이에서는 일본에서도 한국에서도 거의 모두 정리된 상태다. 위안부들 중에서 일부는 자식을 학대하는 부모에 의해 팔렸고, 또 일부는 사기를 치는 모집업자들에게 속았다. 나머지 일부는 돈을 벌고자 그 일을 하게 된 극도로 곤궁한 여성들이었다.

한국의 좌파들과 서구의 일부 학자들이 위안부 문제로 집요하게 주장하고 있는 '성노예설'은 과거에는 주장됐던 적이 없는 대안적 설명이다. 그들은 어느 일본인 작가가 과거에 일본군 병사들을 이끌고 조선으로 가서 조선인 여성들을 위안부로 삼으려고 강간한 후에 총검으로 위협해서 강제연행했다는 내용의 책을 출판한 1983년 이후부터 그러한 주장('성노예설')을 펼치기 시작했다. 해당 작가는 사망하기 전 모든 이야기가 날조된 것임을 자백했다. 하지만 그의 날조된 이야기는 사라지기는커녕 스스로 생명력을 갖게 되었다.

한국 내에 뿌리 깊게 조성된 '북한 추종 세력'(음모론적으로 들릴 수 있지만 달리 표현할 방법이 없다)은 과거 일본군이 위안부를 총검으로 위협해 인간사냥식으로 강제연행했다는 이야기를 끊임없이 확산시키면서 한국인들의 일본에 대한 적개심에 불을 붙였다. 북한에 있어서는 이런 적개심이야말로 반드시 필요한 것이었다. 북한은 한국과 일본의 우호를 저지함으로써, 한국, 일본, 미국의 동맹을 파괴하고, 잠재적으로 재앙을 초래할 수 있는 북한의 핵 프로그램을 차단하려는 삼국의 공조를 방해하고자 했다.

좌파의 압력으로 인하여 한국에서는 '과거에 일본군이 총검으로 위협하여 인간사냥식으로 위안부를 강제연행했다'는 설에 이의를 제기하는 학자들을 상대로 정부의 형사소추도 시작됐다. 일본인이 쓴 가짜 회고록에서 비롯된 강제연행설의 기원에 대해 논하는 일은, 옛 위안부들과 옛 위안부들을 통제하는, 북한과 연계되었다는 의심을 받는 한 단체에 대해서도 형사상 명예훼손에 해당한다는 것이 한국 검찰의 입장이다. 서구의 학자들은 이런 위안부 인간사냥 이야기의 기원 문제를 지적하는 학자들이 한국에서는 잠재적으로 징역형에 처해질 수 있다는 사실에 유의해야 한다.

우리는 이 논문에서 세 가지 요점을 미리 강조하고자 한다. 첫째, 우리는 분명히, 거듭 분명히 말해 두지만, 경험적 연구만 수행한다. 매춘 문제와 관련하여 역시 명백하게 중요한 주제이기도 한 규범적, 윤리적, 도덕적 주제에 대해서 우리는 아무런 입장도 취하지 않는다. 물론 다른 모든 사람들과 마찬가지로 우리 역시 이러한 주제들에 대해서 입장을 갖고 있기는 하지만, 이 논문은 그러한 입장 개진과는 무관하다. 이 논문에서 우리는 오로지 실제로 당시에 무슨 일이 일어났었는지에 대해서만 쓸 뿐이다.

둘째, 여기서는 일본과 조선의 위안부에 대해서만 논의한다. 당시 조선은 일본의 일부였고, 조선인은 일본 국적자였다. 군인들은 자국 여성들을 교전 지역에 사는 외국 여성들과 다르게 대우하는 경향이 있다. 위안부 문제와 관련해 일부 증거들은 타국 출신 일부 여성들의 경우 일본과 조선 출신 여성들에 비해 가혹한 대우를 받았음을 시사하고 있다. 그러나 이 논문에서는 일본 열도나 한반도(당시 조선반도) 출신 여성들 등 당시 일본 국적을 가졌던 여성들에게만 초점을 맞춘다.

셋째, 우리는 일반적인 의미의 단어를 사용할 것이며 다른 사람들도 역시 그렇게 해 줄 것을 촉구한다. 우리는 일정한 기간 동안 일하는 것에 동의하고 임금을 미리 전차금으로 받은 사람을 '연계年季계약 노동자indentured servant'라고 호칭한다. 반면, 인간사냥식으로 붙잡혀서 무한정의 노동을 하기 위해 매매되는 사람은 '노예'라고 호칭한다. 많은 유럽 사람들은 연계계약을 통해 대서양 횡단 운임을 지불했다. 반면, 대부분의 아프리카 사람들은 노예 신분으로 미국에 건너왔다. 이 구분은 역사, 사회과학, 그리고 영어권 문헌에서 기본적인 사항이다. 연계 계약 노동자는 노예가 아니다.

이 논문은 먼저 제2차 세계대전 이전 일본과 조선의 매춘 산업에 대한 규제 시스템을 논의하는 것으로 시작한다(1절). 그런 다음에 위안부 제도의 범위와 구조에 대해서 논의한다(2절). 그리고 우리는 일본의 한 가짜 회고록에서 비롯된, 오늘날 위안부 분쟁의 기원에 관한 논의를 하면서 북한과 밀접한 관계가 있는 한 단체의 집요한 조작 문제에 대해서도 논의한다(3절). 아울러 이 단체가 북한과 관련이 있다는 증거에 대해서도 상세히 설명하고(4절), 이와 관련된 한국 학계의 현 상황에 대해 논의하며(5절), 한국의 국내 정치와 위안부 관련 분쟁에서 (암묵적으로) 북한이 어떤 역할을 했는지도 논의한다(6절). 첨부된 제5장 부록에서는 관련된 위안부 고용계약의 세부 정보를 입수할 수 있었던 출처에 대해 상세히 설명한다.

I. 일본과 조선에서의 매춘 관련 규정

A. 일본 내의 기원

일본군 사령부는 매춘에 관한 일본 내의 규정을 점령지까지 확대하기 위해 '위안소' 제도를 만들었다.[9] 1917년 시베리아 출병 당시에는 위안소가 없었기 때문에 당시 일본군 병사들은 각자의 선택에 따라 지역 매춘업소를 방문하곤 했다. 그곳에서 많은 병사들이 성병에 걸렸다. 작가인 센다 가코(千田夏光, Kako Senda)는 한 대대의 의료 기록을 찾아냈다. 1918년 8월부터 1920년 10월까지 이 부대에서 1,387명이 사망하고, 2,066명이 부상을 당했다. 같은 기간 동안 성병은 2,012건 발생했고, 보고되지 않은 사례는 더 많았다.[10]

성병은 군대의 사기를 꺾었다. 어느 순간 일본군 지휘부는 상당수 병사들이 질병으로 인해 병상에 누워서 싸울 수도 없는 상황을 확인했다. 1930년대에 대륙으로 확장한 일본군은 과거 시베리아에서의 재앙을 피할 수 있기를 간절히 바랐다.

더 강력한 군사력을 위해서 군 지휘부는 일본 안의 공창제를 일본 밖으로도 확대하기로 결정했다. 당시 일본군이 필요로 했던 것은 그냥 매춘부가 아니라, 성병으로부터 자유로운 매춘부였다. 매춘부는 어디든지 군대를 따라다녔고, 아시아를 가로질러 일본군의 뒤를 쫓았다. 당시 일본군은 병사를 질병에 걸리지 않게 할 매춘부가 필요했던 것이다.

B. 일본 내의 공창제

매춘은 전쟁 전 일본에서는 합법이었지만, 허가된 형태로만 가능했다.[11] 당시 시스템 하에서 매춘업소와 매춘부는 경찰에서 등록 절차를 거쳐야 했다. 매춘업소와 매춘부는 고객에게 콘돔을 사용하도록 요구할 것에 동의했고, 특히 매춘부는 매주 건강검진을 받는 것에도 동의했다. 성병에 걸리면 다음 검사에서 통과될 때까지 일을 쉬어야 했다.

매춘 시장에 진입하는 대부분의 여성들은 잠시나마 그 일을 했다는 이유만으로도 평판에 큰 타격을 입을 수 있다는 사실을 잘 알고 있었다. 그녀들은 또한 자신들이 벌어들일 소득에 대해서 모집업자들이 과장을 할 수 있다는 것도 알고 있었다. 높은 임금을 제시한 모집업자들은 여성들이 약속을 신뢰할 수 있도록 '표준연계계약standard indenture contract'을 이용했다. 그들은 약속한 금액을 여성들에게 선금으로 지불했으며, 그녀들이 일해야 할 연수年數의 상한을 정했다. 선금을 최대 연수로 나눈 것이 매춘부들에게 지급할 최소한의 연간 임금이다. (역주: 이 선금을 '전차금前借金'이라고 한다.)

매춘업소는 또한 업소 측의 감시가 거의 불가능한 환경에서 여성들이 불쾌한 일을 수행해야 한다는 사실도 잘 알고 있었다. 여성들의 노력을 유인하기 위해, 그들은 여성이 벌어들인 수입의 일부를 빚(전차금) 상환에 배정했다. 그러므로 충분한 수익을 창출한 여성은 최대 근로 연수가 끝나기 전에 업소를 떠날 수 있었다.

여러 증언에 따르면, 여성들 중 일부는 학대하는 부모로부터 압력을 받아 이 일을 하게 됐고, 다른 일부는 모집업자들의 사기에 속아서 하게 됐으며, 증언에 따르면 또 다른 일부는 돈을 벌기 위해서 자발적으로 이 일을 시작했다. 이 일은 보수가 좋았고, 다른 좋은 대안이 없는 여성들이 이 일을 선택하는 경향이 강했다. 독자들은 이런 문제에 있어서 부모가 자식을 학대할 가능성을 간과하지 말아야 하며, 동시에 빈곤한 여성들이 실제로 이 일을 원했다는 사실도 부정해서는 안 된다.

1924년 당시 일본에서는 약 50,100명의 여성이 공창公娼 매춘부로 일했다. 이와 별도로 77,100명의 허가받은 게이샤(종종 매춘도 했다)가 있었고, 약 50,000명의 사창私娼 매춘부도 있었다.[12] 매춘부 지망생들도 사창보다는 대체로 공창에서 일하는 것을 선호했다. 1920년부터 1927년까지 도쿄에서 매춘부로 일하고자 지원한 사람 중 62%만이 일자리를 잡을 수 있었다.[13]

매춘부들이 공창을 선호했던 일반적인 현상은 적어도 다음의 두 가지 요인 때문이다. 첫째, 공창 매춘부가 더 높은 임금을 받았다. 결국 그들은 고객과 자신을 잘 관리해서 평판을 쌓을 수 있는 고용주를 위해 일했다. 결과적으로 그 고용주는 더 높은 수익을 냈고, 그 수익으로 고객이 원하는 여성을 고용할 수 있었다. 둘째, 공창 매춘부의 성병 발생률이 낮았다. 이 사실들을 차례대로 살펴보자.

도쿄의 매춘부들은 일반적으로 높은 임금을 받았다. 1920년대 당시 도쿄의 공창 매춘부들은 보통 1,000엔에서 1,200엔까지의 전차금을 놓고 협상했다.[14] 그녀들은 일반적으로 최대 6년의 계약을 했고,[15] 정해진 기한보다 전차금을 일찍 상환하고 그만두는 경우가 일반적이었다. 1922년에 18,800명의 여성이 신규 매춘부로 등록한 반면 18,300명이 등록을 취소했다. 전체 매춘부 약 50,000명, 그중 대략 1/3이 떠난 것이다.[16] 이는 대략 3년 또는 4년의 노동 기간과 꼭 들어맞는 숫자다. 또한 도쿄의 경우 21세(최소 연령은 18세)가 넘는 공창 매춘부의 숫자가 연령 증가에 따라 꾸준히 감소했다는 사실도 확인할 수 있다. 21세는 737명, 24세는 515명, 27세는 254명이었다.[17]

1920년대에 3년간 1,200엔을 번다는 건 고소득자에 속했다. 매춘부들은 수입에 비례해서 추가로 현금을 배당받았는데, 이를 감안하면 그녀들의 실제 수입은 더 높았을 것이다. 정확성과 신뢰성에 유의하면서 관련한 다양한 자료들을 검토해 보자. 당시 경찰 및 노동 관련 데이터에 따르면, 1920년대 후반에서 1930년대 초반까지 도쿄의 공창 매춘부는 공장에서 일한 여성 노동자들보다 1.5배에서 2.1배까지 더 많은 돈을 벌었다. 가령 1926년에는 공장에서 일한 여성 노동자들은 연간 312엔을 벌었다(공장의 여성 노동자는 숙식을 제공받지 못하는 경우가 많았다). 반면 매춘부는 연간 641엔을 벌었다.[18]

위와 마찬가지로 정확성과 신뢰성에 유의하면서 또 다른 관련 자료를 검토해 보면, 공창 매춘부가 사창 매춘부에 비해 질병에 걸릴 위험이 더 낮았음이 확인된다. 1932년 도쿄의 공창 매춘부 중 3.2%가 성병이나 다른 전염병에 감염되어 있었다. 사창 매춘부는 그 비율이 9.7%였다.[19] 다른 연구들에 따르면, 공창 매춘부의 감염률은 1~3%였 지만 사창 매춘부의 감염률은 10%가 넘는다고 보고되고 있다.[20]

일본 정부는 조선에서도 이와 비슷한 공창제를 시행했는데, 다만 조선에서는 공창 허가 최저 연령이 1살 낮았다. 일본에서 매춘부가 되 려면 18세 이상이어야 했지만 조선에서는 17세 이상이면 가능했다. 그 외에 다른 규제 사항들은 대체로 같았다.

일본인 매춘부와 마찬가지로, 공창제 아래 조선의 매춘업소와 매 춘부도 '연계계약'을 했다. 일본과 마찬가지로 조선의 매춘부는 일반 적으로 3년가량 일했다. 한국의 경제사학자 이영훈은 1923년 말 조선 에서 7,527명의 여성들이 매춘 노동에 종사했다고 기술한다. 1924년 한 해에 3,494명의 여성들이 신규 매춘부로 등록했고, 3,388명이 등록 을 취소했다. 다시 말하자면, 매년 1/3에서 1/2가량의 매춘부가 일을 그만둔 것이다. 이영훈은 매춘부가 평균 2년 반 동안 일했다고 추정한 다.[21]

조선의 지역별 기록을 세부적으로 살펴보면 일반적인 현상을 확인 할 수 있다.[22] 〈표 5-1〉을 보자. 1924년 조선의 두 개 도道에서 조사한 통계다. 공창 매춘부 중에는 20대 초반의 비중이 가장 높았다. 20대 후 반까지 일을 계속하는 경우는 거의 없었다. 대부분의 매춘부가 20대 초반이라는 사실이 보여 주듯이 그녀들 대부분은 몇 년 동안만 일했 다. 경기도의 경우 매춘부는 4~5년 정도 일하다가 그만둔 것으로 보인 다. 경상도의 경우 2~3년 일하고 그만두었다.

<표 5-1> 조선의 공창 매춘부들-1924년 2개 도道

1924년 공창 매춘부의 연령 분포

경기도			경상남도		
18-19세	104	9.45%	18-19세	176	19.22%
20-24세	680	61.76%	20-24세	415	45.30%
25-29세	273	24.80%	25-29세	230	25.11%
30세 이상	44	3.99%	30세 이상	95	10.37%

1924년 공창 매춘부의 경력

경기도			경상남도		
1년 미만	135	11.17%	1년 미만	328	35.81%
1년	154	13.99%	1년	198	21.61%
2년	186	16.89%	2년	158	17.25%
3년	222	21.16%	3년	99	10.81%
4년	294	26.70%	4년	65	7.10%
5년	65	5.90%	5년	44	4.80%
6년	17	1.55%	6년	20	2.18%
7년 이상	29	2.64%	7년 이상	4	0.44%

출처: Saiichiro Doke(道家斉一郎, 도케 사이이치로), Baishunfu ronko(売春婦論考, 매춘부 논고)
〈A Study of Prostitutes〉(Shishi shuppan[史誌出版, 시시슈판], 1928), reproduced in Yuko
Suzuki(鈴木裕子, 스즈키 유코), et al., Nihon gun "ianfu" kankei shiryo shusei(日本軍'慰安婦'関
係資料集成, 일본군 "위안부" 관계 자료 집성) 〈Collection of Materials Related to the "Comfort
Women" of the Japanese Military〉(Tokyo: Akashi shoten[明石書店, 아카시쇼텐], 2006), v.1,
pp.786-820, pp.787-88, pp.800-801.

Ⅱ. 위안소

A. 개요

일본군은 1932년부터 업자에게 해외 일본군 기지 근처에 공창 매춘업소를 설치하도록 장려하기 시작했다. 이들 매춘업소를 "위안소comfort station", 매춘부를 "위안부comfort women"라고 불렀다.

일본과 조선의 많은 여성들이 이미 그전부터 수십 년 동안 사창 매춘부로 일하기 위해 해외로 떠났다. 한국의 사회학자 이동진은 1940년에 만주국 매춘부("작부"는 매춘부에 대한 표준적인 완곡어법이었다) 중에서 중국인 출신이 19,059명, 일본인 출신이 2,264명, 조선인 출신이 3,586명이었다고 기록했다.[23] 일본의 역사학자 하타 이쿠히코는 1930년 상하이의 일본인 매춘부는 712명, 조선인 매춘부는 1,173명이라고 밝혔다.[24]

1930년대에 이르러서는 이미 일본 및 조선 여성들이 매춘에 종사하기 위해 일본제국 바깥으로 떠나고 있었다. 당시 일본군 지휘부는 보건 기준을 준수하는 데 동의한, 성병으로부터 자유로운 매춘부를 확보하고자 했다. 성병의 위험을 억제하기 위해 일본은 위안소 제도를 구축했다. 매춘부 자체가 부족해서 이런 제도를 만든 것이 아니었다.[25]

B. 보건 기준

일본군 지휘부는 병사들이 매춘부들의 단골 고객이 될 것이라는 사실을 알고 있었기 때문에, 그런 병사들이 성병의 위험을 억제할 보건 지침에 동의한 여성들만 상대하기를 원했다. 그래서 일본 내에서의 공창 매춘업소들과 마찬가지로 위안소의 고객들에게 콘돔을 사용하도록 했다. 콘돔 사용을 거절한 남성에 대해서는 여성 쪽에서도 성관계를 맺는 것을 금지했고, 매춘부와 고객 모두 성관계가 끝날 때마다 소독제로 씻게 했다. 그리고 일본군은 매춘부가 매주 건강검진을 받도록 요구했다. 만약 여성이 성병에 걸리면, 군의관이 그녀의 건강을 확인할 때까지 고객과 관계 맺는 것을 금지했다. 일본군은 병사들이 허가받은 위안소 외에 다른 매춘업소를 방문하는 것을 금지했다. 또한 해당 위안소가 군인이 아닌 일반인 고객은 받지 못하도록 금지하는 경우도 많았다.[26]

다수의 증언에 따르면, 위안소들은 이 규칙들을 엄격하게 준수했다. 아마도 그들은 도쿄의 다른 매춘업소보다 더 엄격하게 이를 준수했을 것이다. 도쿄에서는 공창 매춘업소가 경쟁 시장에서 운영되었고, 경찰은 매춘업소에 경찰관을 배치하지는 않았으며 단지 위생 규정을 준수하는지 여부만을 감시했다. 1924년도에 도쿄의 매춘부 한 사람은 하루 평균 2.5명의 손님을 상대했는데, 1931년이 되자 1.8명만 상대하게 되었다.[27] 더 많은 손님을 유치하기 위한 유인은 여성과 매춘업소 양쪽 모두에 있었다. 따라서 만약 고객이 콘돔을 착용하라는 요구사항에 불만을 표했을 경우, 매춘부와 매춘업소 모두 여기에 이의를 제기하지 않았을 것이라고 상상할 수 있다.

이와는 대조적으로, 위안소는 훨씬 더 엄격한 감시하에 운영되었다. 일본군 지휘부는 고객 겸 헌병으로서 위안소에 머물렀다. 군 지휘부가 보건 기준의 준수를 원한 것은 물론 자선 활동이 아니었다. 군대의 전투력을 유지하기 위해서였다. 위안소는 일반적으로 다른 공창 매춘업소와 같은 경쟁자가 거의 없었다. 그들은 이미 최대 수용량에 근접한 상태로(정해진 가격으로 〈표 5-2〉 참조) 운영되었기 때문에 더 많은 고객을 유치하려고 노력할 이유가 없었다. 그렇기에 이런 규제 전략은 대체로 효과를 봤을 것이다. 1945년 말 연합군은 한 보고서에서 "태평양 남서쪽 일본군의 성병 발병률은 상당히 낮다"고 보고하기도 했다.[28]

C. 경제성

위안소 노동의 경제적 논리는 도쿄 매춘업소 노동의 경제적 논리와 비슷하지만 더 극단적인 형태를 띠었다. 전쟁 지역 인근에서 일한다는 것을 고려하면, 일단 매춘부들은 신체적 위험에 직면해 있었다. 외국으로 이주했다는 사실을 감안하면, 그녀들은 위안소 측에서 횡포를 부릴 경우 더 취약한 입장에 서 있기도 했다.

예상 가능한 일이지만, 전쟁 지역 위안부들의 경우 계약 기간은 더 짧았고 연간 임금은 더 높았다. 도쿄의 매춘부들과 관련해서 우리는 일본 경시청이 수집한 종합 데이터를 가지고 있다. 하지만 위안소와 관련해서는 우연한 관찰 자료만 갖고 있을 뿐이다(제5장 부록에서 자세히 설명하겠다). 1930년대와 1940년대(초반)에 위안부들은 500엔에서 1,000엔 정도의 전차금을 받은 것으로 보인다. 1943년부터 1945년이 되자 전차금이 인상됐지만 당시 일본과 조선의 경제적 혼란으로 인해 이 금액의 수준을 정확히 계산하기는 어렵다. 여성들은 최대 2년 기한으로 계약을 한 것으로 보인다.[29]

〈표 5-2〉는 1938년 일본 정부 문서에 기록된 위안부 계약서 견본 양식이다. 이 문서는 일본 이바라키 현의 도지사실에서 나온 것으로, 고베 지역 매춘업소 주인의 위안부 모집 활동을 보여 주고 있다. 이 일본 정부 문서에는 계약서 견본 양식이 단지 정보 제공 목적으로 포함돼 있으며, 계약 조건에 대해서 칭찬하거나 비판하는 내용은 없

다. 다음 사항에 유의하자. (a) 계약 기간은 최대 2년이다. (b) 전차금은 500~1,000엔 사이다. (c) 모집된 여성들은 상하이 육군 위안소에서 근무할 것이다. (d) 여성들은 16세에서 30세 사이다.

〈표 5-2〉 견본 계약 양식

계약

- 계약 연한年限(아래에 2년이라고 명시됨).
- 계약금(아래에 500~1,000엔이라고 명시됨).
- 상하이 파견군 4육군위안소에서 작부酌婦 영업을 할 것.
- 상여금은 매출액의 1할로 한다(단, 반액은 저축할 것).
- 음식, 의상 및 소모품은 포주의 부담으로 한다.
- 계약 기간 도중에 해약할 경우에는 그 금액의 잔액, 위약금 및 귀국할 때의 모든 비용 일체를 즉시 지불해야 한다.

조건

- 계약 연한 만 2년.
- 전차금 5백 엔에서 1천 엔까지. 단, 전차금 내 2할을 공제하여 부대비용 및 개시에 충당한다.
- 연령 만 16세부터 30세까지.
- (부모의 승낙을 요구)
- 전차금 상환 방법은 연한 완료와 동시에 소멸한다. 즉 연한年限 중에 가령 질병으로 휴업할 때는 연한 만료와 동시에 전차금은 완제完濟한다.
- 연한 중에 이자는 없다. 도중 폐업할 경우는 잔금에 대해 월 1%.
- 위약금은 1개년 내 전차금 전액의 1할.

- 연한 도중 폐업할 경우는 날짜에 따라 정산한다.
- 연한 만료하여 귀국할 때의 여비는 포주 부담으로 한다.
- 정산 매출액(필자는 이를 순수입이라고 생각한다)의 1할을 본인(즉 여성) 소득으로 하고 매월 지급한다.
- 연한 무사 만료의 경우는 본인 매출고에 따라 응분의 위로금을 지급한다.

출처: Ibaraki ken chi ji(茨城県知事, 이바라키 현 지사). 1938. Shanhai haken gun nai rikugun ianjo ni okeru shakufu boshu ni kansuru ken(上海派遣軍内陸軍慰安所に於ける酌婦募集に関する件, 상하이 파견군 내 육군위안소 작부 모집에 관한 건) 〈Case Regarding the Recruitment of Prostitutes for the Comfort Station Attached to the Army Stationed in Shanghai〉, Feb. 14, 1938, in Josei no tame no Ajia heiwa kokumin kikin(Josei no tame no Ajia heiwa kokumin kikin(女性のためのアジア平和国民基金, 여성을 위한 아시아평화국민기금) ed., Seifu chosa: "Jugun ianfu" kankei shiryo shusei(政府調査: '從軍慰安婦'関係資料集成, 정부조사: '종군위안부' 관계 자료집성) 〈Government Investigation: Materials Relating to the "Comfort Women Accompanying the Military〉, v.1, pp.47-52, p.50, p.52(Tokyo: 1997).

몇 가지 사항이 관찰된다. 첫째, 이 계약은 여성이 전차금을 상환하는 회계 방식에 대해서는 자세히 설명하지 않았다. 다만 일반적으로 위안소는 여성의 몫 중에서 40~60%를 전차금 상환에 투입했다.[30] 둘째, 이 계약서는 위안소가 여성의 식사와 옷, 그리고 귀향 비용을 지불하도록 명시하고 있다. 셋째, 계약서에는 위안부가 최소 16세부터 가능하다고 명시되어 있지만, 실제 위안부의 대부분은 (확실하게 알 수는 없지만) 20대였던 것으로 보인다.[31]

이 계약을 보면, 여성이 2년의 계약 기한을 마치거나 전차금을 상환하기 전에도 그만둘 수 있다고 구체적으로 명시된 것을 확인할 수 있다. 계약서에는 여성이 그렇게 하는 경우 전차금 중 미지급된 부분과 규정된 위약금을 지불해야 한다고 적혀 있다. 이것은 통상적이지 않은 조항이다.

〈표 5-3〉은 전쟁 말기 위안부들이 각각의 경우에 받았던 금액을 보여 주고 있다. 사병들은 일반적으로 30분간 머물면서 1.5엔에서 2엔을 지불한 반면, 장교들은 60분간 머물거나 하룻밤 숙박을 하고서 금액을 지불했다. 1943년에 이등병이 월 7.5엔을 받았다는 점을 감안하면, 위안소 방문은 대부분의 병사들에게 급여의 상당 부분을 소비하는 선택이었을 것이다. 이는 군인들이 일반적으로 위안소를 한 달에 한 번 정도 방문했다는 분석과도 일치한다. 같은 기간에 일본군 병장은 월 23~30엔을 받았고, 중장의 연봉은 5,800엔이었다.[32]

〈표 5-3〉 위안소 이용 요금

	사병	하사관	장교
마닐라Manila	1.5~2.5엔		
상하이Shanghai	1.5엔	1.5엔	3엔
타클로반Tacloban	1.5엔	2엔	3엔
브라우엔Burauen	1.5엔	2.5엔	5엔
라바울Rabaul	2엔	2.5엔	2.5엔
밋키나Myitkyna	1.5엔	2엔	5엔

주의: 이 수치는 연합군의 군사 보고서에서 나온 것으로, 마닐라 및 상하이에서는 이용 시간이 1시간, 브라우엔에서는 40분, 그리고 다른 모든 경우에는 30분이었다. '사병'에는 선원도 포함된다.
출처: SCAP, Research Report: Amenities in the Japanese Armed Forces, Nov. 15, 1945, in Josei no tameno Ajia heiwa kokumin kikin(女性のためのアジア平和国民金, 여성을 위한 아시아 평화국민기금) ed., Seifu chosa: "Jugun ianfu" kankei shiryoshusei(政府調査 '從軍慰安婦' 関係資料集成, 정부조사: '종군위안부' 관계 자료집성) 〈Government Investigation: Documents Relating to the "Military Comfort Women"〉(Tokyo: Ryukei shosha[龍渓書舍, 류케이쇼샤], 1998), v.5, pp137-166.

최대 근로 기한 2년에 대해서 500~1,000엔은 꽤나 고액의 전차금이다. 이는 일본 내 도쿄 매춘 시장에서 매춘부가 벌어들이는 소득(교육받지 못한 하층 여성임을 감안할 때)과 비교해도 높은 수준이다(도쿄 매춘 시장에서는 계약 기간 최대 6년에 전차금 1,200엔이 일반적이었다). 한국의 경제사학자인 이영훈은 바로 이 점을 지적한다. 그는 "민간의 공창제에 비해 군 위안부제는 고노동, 고수익, 고위험이었다"고 썼다.[33] 그는 위안부가 (민간의 매춘부와 비교하여) 하루 동안 더 많은 남성들을 상대했으며 최전선에서 일하면서 모든 위험에 직면했지만, "위안소는 위안부의 입장에선 수요가 확보된 고수익의 시장이었다"고 덧붙였다.[34] 마찬가지로 한국의 경제사학자인 이우연은 이를 다음과 같이 정리했다.[35]

> '위안부'라는 직업은 '고위험·고소득high risk, high return' 직군에 해당하는 것이었고, 거액을 번 사람도 종종 발견된다. 계약 기간 등 고용 계약에 따라 퇴직한 후 조선으로 귀환하거나 재취업한 경우도 매우 많다. 일상의 자유에 대한 제한을 받았던 것은─전장戰場이라는 특수한 환경 때문에─군인·군속·간호부 등도 마찬가지였다. 결론적으로, 위안부는 '성노예'가 아니라, 지금의 성산업 노동자와 근본적으로 동일한, '성노동자'였던 것이다.

D. 퇴직

일본과 조선에서의 시장과 마찬가지로, 위안소의 여성들도 계약 기간이 끝나기 전에 빚을 조기에 갚고 그만둘 만큼 충분한 수입을 얻은 것으로 보인다. 다시 말하지만, 포괄적인 통계가 없기 때문에 이러한 관찰을 숫자로 확정하기는 어렵다. 그러나 제5장 부록의 자료에서 알 수 있듯이, 여성들이 일반적으로 1년 또는 2년 정도만 일했다는 것은 사실로 보인다. 이우연의 지적처럼 1945년 8월에도 여전히 위안소에서 일하고 있던 사람보다는 전쟁이 끝나기 전에 이미 귀국한 위안부가 훨씬 더 많았을 것이다.[36]

야마다 세이키치山田淸吉는 중국 우한에서 위안소를 감시하는 군인으로 근무했다. 그는 1943년과 1944년에 이 지역의 위안부 280명(일본인 130명, 조선인 150명)이 약 1년에서 1년 반 만에 빚을 모두 상환했다고 보고한다.[37] 다음은 이영훈의 분석이다.[38]

> 위안소는 (……) 대단히 유동성이 높은 곳이었다. 계약 기간이 만료되거나 위안부가 목표한 만큼의 돈을 벌거나 혹은 전차금 채무를 청산하고 나면, 많은 위안부가 위안소를 떠났다.

E. 규모

위안소의 대부분은 개인이 소유하고 운영한 소규모 사업장이었다는 사실을 감안할 때, 위안부의 총 숫자를 밝힐 수 있는 기록을 찾기는 어렵다. 참고로, 북한은 조선인 위안부가 20만 명이었다고 계속 주장해 오고 있다.[39] 물론 북한이 그 숫자를 고집한다고 해서 그것이 사실이 되지는 않는다. 하지만 북한이 말하는 숫자를 가장 과격한 상한선이라고 생각할 수는 있을 것이다. 대부분의 학자들은 일본 바깥으로 나가 있었던 일본군의 숫자를 기반으로 위안부 숫자의 추정을 시도한다. 학자들은 군인 대 매춘부의 비율을 가정한다. 학자들은 또한 매춘부의 근속 기간을 상정하고, 이로써 교체된 이들을 충당하기 위한 이

직률을 추산한다.

　이 분야에서 가장 저명한 학자들의 추정을 예로 들어보자. 하타 이쿠히코는 다양한 계산을 시도했다. 계산을 크게 단순화하면, 일단 해외 원정 일본군 300만 명으로부터 추정해 볼 수 있다.[40] 대부분의 남성들은 한 달에 한 번 위안소 방문을 원했으며 위안부는 하루 평균 5명의 고객을 상대했다고 추정한다. 이렇게 하면 병사 대 위안부의 비율은 150:1, 위안부는 총 20,000명으로 추산할 수 있다. 그러나 하타 이쿠히코는 위안소를 방문할 수 있었던 병사는 250만 명에 불과했다고 지적한다. 그렇게 보면 위안부는 17,000명으로 추정된다. 그는 일부 지역에서는 교체율을 1.5로 추정하지만, 반드시 교체가 이뤄졌던 것은 아니었다고 서술했다. 이를 감안하면 전시 위안부는 총 20,000명이었다고 할 수 있다. 그는 다른 자료를 인용하면서 이 20,000명의 위안부 중 40%는 일본인, 30%는 현지인, 20%는 조선인, 10%는 기타 국적이었다고 결론 내린다.[41]

　요시미 요시아키는 1942년도에 일본군이 일본 바깥에 232만 명, 1945년 8월에는 351만 명을 주둔시켰다고 보고 있다.[42] 이후 그는 하타 이쿠히코와 마찬가지로 일본 바깥의 일본군이 300만 명이었다는 전제로 연구를 진행했다. 요시미 요시아키는 병사 대 위안부의 비율을 100:1에서 30:1 사이로 제시한다. 이 수치는 위안부가 한 시점에서 30,000~100,000명이었음을 의미한다. 요시미 요시아키는 교체율이 1.5~2.0 사이였다고 하는데, 이는 전시 위안부의 총합이 45,000명에서 북한이 주장하는 20만 명 사이였다는 의미다. 요시미 요시아키는 군대가 이동 중일 때 위안소가 현지 여성들을 단기적으로 고용했을 것이라고 주장한다. 이것이 사실이라면 위안부의 숫자는 더 많았을 것이다.

대조적으로, 이동 중인 군대가 위안소에 큰 신경을 쓰지 않았다면 총 숫자는 낮게 유지되었을 것이다.

이영훈은 하타 이쿠히코와 마찬가지로 일본군이 1937년 위안소 제도를 계획할 때 병사 대 매춘부의 비율을 150:1로 설정했다고 본다.[43] 280만 명의 일본군은 18,000명의 위안부를 필요로 했다. 이영훈은 또한 하타 이쿠히코와 같이 일본군이 1942년에 3,210만 개의 콘돔을 공급했다고 본다. 위안부 1명이 하루 평균 5명의 고객을 상대했다고 보고 이 비율을 대입하면, 위안부는 한 시점에서 18,000명이었던 것으로 추정된다. 이영훈은 교체율이 2.0이었다고 본다. 또한 그는 위안부의 40%는 일본인, 30%는 현지인, 20%는 한국인, 10%는 타 지역 출신이었다는 하타 이쿠히코의 분석에 동의하고 있다.

F. 모집에 대한 규제

일본군 사령부는 위안소 제도를 구축하는 과정에서의 정치적 위험을 잘 알고 있었다. 일본군은 젊은 남성들을 병사로서 전쟁에 징집했으며(징집은 일본 열도에서만 했다. 당시 조선인 남성은 징집 대상이 아니었다), 많은 병사들이 전사했다. 이제 일본군은 전쟁 지역에서 일할 젊은 여성들을 고용하기 위해 민간의 매춘업소 업주들도 끌어들였다.

한편, 일본 정부는 조선이(일본은 이보다 덜했지만) 인력 모집 산업에서 오랫동안 사기 범죄 문제를 겪고 있다는 사실도 알고 있었다. 모집 업자들은 고립된 농촌으로 가서 그곳 사람들에게 매력적인 도시 공장의 일자리를 약속했다. 그러면서도 그들은 농촌의 남성들을 도시의 매우 열악한 일자리로, 농촌의 여성들은 도시의 사창가로 보내기도 했다.[44]

일본 정부는 부정적인 언론 보도를 막기 위해 모집업자들에게 이미 매춘부로 일하고 있는 여성들 중심으로 위안부를 충원할 것을 장려했다. 그리고 업자들의 모집 행위를 감시하기 위해, 위안소에서 일하려고 일본 바깥으로 나가는 모든 여성들을 상대로 면접을 실시하기도 했다.[45] 출국 허가를 얻기 위해서 모든 여성들은 직접 경찰서로 가야 했다. 그녀들은 부모의 동의를 받아야 했고, 계약서도 가져와야 했다. 그리고 일본 정부는 면접을 진행하는 경찰관들에게 개별 여성들이 자발적으로 이 일을 선택했는지도 확인하라고 지시했다.[46]

중요한 것은, 일본 정부가 이러한 출국 면접을 일본뿐만 아니라 조선에서도 시행했다는 사실이다. 이런 요건을 상세히 기록한 문서는 일본 열도에서만 발견되긴 했지만, 아리마 테츠오有馬哲夫가 다른 연구를 통해 자세히 설명한 바 있으며, 이우연도 확인한 바와 같이 이는 한반도(당시 조선반도)에서도 적용되었다.[47]

출국 면접이 모든 사기를 막지는 못했다. 모집업자가 면접 과정에 사기꾼을 참석시킬 수도 있었다. 만약 어떤 여성이 사기를 당해서 면접까지 다 본 후에 비로소 자신이 매춘에 종사하게 되었음을 알게 되었더라도, 그 상황에서 그만두려면 미리 받은 전차금을 돌려줘야만 했을 것이다. 만약 그녀의 부모가 그 돈을 보관하고 있었다면(그런 경우가 많았겠지만), 그녀는 돈을 돌려주라고 부모를 설득해야만 했을 것이다. 따라서 출국 면접 등의 조치로서 일본 정부가 모든 사기를 근절할 수 있었던 것은 결코 아니다. 다만 일본 정부도 사기를 줄이기 위해서 고안된 조치를 나름대로 시행했다는 사실은 알 수 있다.

Ⅲ. 성노예설의 기원

A. 개요

오늘날 위안부 문제란 "일본 군인들이 총검으로 여성들을 잡아들여 성노예로 일하도록 강요했다"는 인식과 관련된 것으로, 위안부 문제에 대한 이런 인식은 서구에서도 흔히 찾아볼 수 있다. 그러나 이런 인식은 1983년도에 어느 일본인 작가가 쓴 책에서 비롯된 것이며 이 책 내용이 결국 날조로 판명되었다는 사실은 서구에 널리 알려져 있지 않다.

1991년도에 한국의 일부 옛 위안부들이 자신들을 총검으로 위협하는 일본군에 의해 강제연행되었다고 주장하면서 일본 정부를 상대로 소를 제기했는데, 이 시기는 저 일본인 작가가 책을 출간하고 아직 본인의 거짓말을 자백하기 전이었다. 일본 정부가 그 유명한 '고노담화'를 발표한 것도 이 시기인 1993년이었다. 그리고 유엔이 위안부 문제로 일본에 대해 신랄한 공격을 가한 것도 역시 이 시기인 1996년이었다.

일본 내에서 이상의 이야기는 상식이다. 이 문제에 대해 연구하는 한국의 학자들 사이에서도 이는 역시 상식이다. 미국의 「뉴욕타임스」도 관련 사기극과 그 실체에 대한 기사를 보도했다.[48] 그러나 유엔 보고서의 저자는 나중에 자신의 보고서가 엉터리 거짓 회고록에 의존하여 작성됐다는 사실을 확인하고도 보고서를 철회하는 것은 거부했다.[49] 하지만 이와 관련해 가장 큰 문제를 일으키고 있는 것은 바로 위안부 문제를 연구하고 있는 서구 학자들로, 이들은 성노예설의 기원이 사기였다는 사실을 지금도 여전히 인정하지 않고 있다.

B. 낭패를 본 요시다 세이지

1. 회고록

일본군이 조선의 여성들을 강제하여 위안소 일을 시켰다는 주장의 시작은 1980년대 초로 거슬러 올라간다. 요시다 세이지는 태평양전쟁 직후 초창기에 일본공산당의 공천을 받아 지방선거에 출마한 전력이 있는 인물이다.[50] 그는 1982년도에 자신이 주도했었다고 하는 '위안부 사냥'에 대해 이야기하기 시작했다. 그는 강연을 했고 강연에서 한 이야기들을 소위 '회고록'에 포함시켰다.[51]

요시다 세이지는 자신의 책 제목을 『나의 전쟁범죄』라고 지었다.[52] 그는 1942년부터 일본 야마구치의 노무보국회에서 근무했으며, 그곳에서 조선인 노동자들을 동원하는 일을 감독했다고 말했다. 1943년 5월, 야마구치 노무보국회는 조선인 노동자 2,000명을 충원하라는 명령을 받았다. 더 중요한 것은, 야마구치 노무보국회가 '위안부'로 일할 조선인 여성 200명을 잡아 오라는 명령을 받았다는 것이다.

요시다 세이지는 자신이 9명의 병사들과 함께 조선 제주도로 갔다고 썼다. 거기서 그는 '위안부 사냥'을 했다고 주장했다. 그는 자신이 20~30명의 여성들이 일하는 한 공장을 발견했다고 주장했다.[53] 그와 병사들은 총을 꺼내 들고 진입했다. 여성들이 비명을 지르기 시작하자 근처에 있던 조선인 남성들이 달려왔다. 그와 병사들은 여성들의 팔을 잡고 끌어냈다. 저항하는 남성들의 수가 곧 100명을 넘어섰지만, 요시다 세이지의 병사들은 총검을 뽑아 그들을 저지했다. 이들은 여성들을 트럭에 싣고 5~6km를 달린 뒤 30분 동안 멈춰 서서 여성들을 성폭행했다. 그리고 일본군은 여성들을 항구로 이송하여 배에 실었다. 여성들을 한데 묶고 각각 두 손을 묶었다.

2. 「아사히신문」

「아사히신문」은 요시다 세이지의 이야기를 "최고 권위지"라는 명성답게 일본의 그 어떤 신문보다도 대대적으로 보도했다.[54] 「아사히신문」의 기사는 요시다 세이지의 주장을 오늘날 위안부 문제의 핵심으로 만들었다. 일본 군인들이 10대 조선인 소녀들을 붙잡아 '성노예'로 만든 이야기를 시작한 사람이 요시다 세이지였고, 「아사히신문」은 그런 요시다 세이지를 유명인으로 만든 장본인이었다.

「아사히신문」은 1982년 이후 수년에 걸쳐서 요시다 세이지의 선정적인 이야기를 수십 개의 기사로 다루었다. 설상가상으로, 「아사히신문」 내부에서 이 위안부 주제를 담당했던 수석기자 우에무라 다카시植村隆는 당시 태평양전쟁과 관련된 청구권 문제로 일본 정부를 상대로 소를 제기한 한국의 핵심 활동가의 사위였다(명백한 이해관계 상충conflict of interest 문제지만 그는 이 사실을 숨겼다).[55] 1991년 8월(이 해는 옛 위안부가 일본 정부에 처음 소를 제기했던 해이다), 우에무라 다카시 기자는 위안부로 강제연행된 피해 여성을 한국 서울에서 찾았다고 발표했다.[56] 사실 그 여성은 자신이 기생(조선의 여성 접대부로서 일본의 게이샤와 비슷하다)으로서 훈련을 받았다고 밝힌 바 있는데, 사실은 그녀의 양아버지(기생집 관리인)를 자처하는 이가 그녀를 위안소에 팔아넘겼던 것으로 보인다.[57] 1992년도에 「아사히신문」은 위안부 모집과 관련해 일본 정부가 관여한 증거를 찾아냈다는 역사학자 요시미 요시아키의 주장도 보도했다. 그러나 요시미 요시아키가 찾아낸 증거도 실은 과거 일본 정부가 농간을 부리고 다니는 위안부 모집업자들에 대해 우려하고 있었다는 사실을 보여 줬을 뿐이다.[58]

한국과 일본의 독자들은 곧 요시다 세이지의 이야기에 의문을 갖기 시작했다. 「아사히신문」도 요시다 세이지 주장의 진위를 확인하려 했지만 그것이 불가능하다는 사실을 알게 됐다. 결국 「아사히신문」은 1997년도에 그 주장의 진위 여부는 확인할 수 없다고 발표했다.[59] 2014년도에 「아사히신문」은 결국 요시다 세이지의 주장을 '거짓말'로 판정하고 모든 기사를 철회했다.[60] 「아사히신문」은 "올해(2014년) 4~5월, 제주도 내에서 70대 후반~90대 나이의 40여 명으로부터 이야기를 들었지만 강제연행을 했다는 요시다 세이지 씨의 기술을 뒷받침하는 증언은 얻지 못했습니다"라면서 "요시다 세이지 씨가 제주도에서 위안부를 강제연행했다는 증언은 허위라고 판단해 기사를 취소합니다"라고 밝혔다.[61]

3. 붕괴

실은 요시다 세이지가 이야기를 다 지어냈던 것이다. 그는 긴 대화로 이뤄진, 아주 재미있는 회고록을 썼다. 다만 일본의 저명한 역사학자들은 처음부터 그 내용의 진위를 의심했다. 하타 이쿠히코는 요시다 세이지의 이야기에 가장 먼저 의심을 품었던 학자 중 한 사람이었고, 요시다 세이지의 이야기를 검증하기 위해서 한국의 제주도로 현지 조사를 떠났다.[62] 그는 요시다 세이지가 대규모 납치를 했다고 주장한 마을 중에 하나를 찾아갔지만, 마을 사람들 중 누구도 그런 습격을 기억하는 이가 없었다. 한 노인은 이곳은 작은 마을이라면서, 만약 일본군이 위안부로 데려가기 위해 이곳에서 여성들을 납치했다면 누구라도 그런 사실은 잊지 못할 것이라고 말했다.[63]

일본과 한국의 다른 역사학자들과 기자들도 하타 이쿠히코의 뒤를 이었다. 제주 지역의 한 신문은 이미 1989년에 요시다 세이지의 주장을 사기라고 규정하는 기사를 냈다.[64] 요시다 세이지는 처음에는 분명히 그 사건이 있었다고 계속 주장했다. 하지만 시간이 지나면서 그는 기자들과 학자들을 피하기 시작했고, 결국에는 자신이 이야기를 지어낸 것이라고 시인했다. 1990년대 중반이 되자 일본의 학자들은 요시다 세이지의 주장을 '허구'라고 일축하기에 이르렀다. 심지어 미국 역사학자들이 우상으로 떠받들고 있는 위안부 문제 활동가이자 역사학자인 요시미 요시아키도 1993년도에 이미 "(요시다 세이지의 회고록 내용을 믿을 수 있는) 증언으로 사용하는 건 어렵다고 확인할 수밖에 없었다"고 밝혔다.[65]

4. 고노담화(1993년)

이런 사기극이 벌어지고 있는 와중에 일본 정부는 "고노담화"(고노 요헤이河野洋平 관방장관의 이름을 따서 명명됐다)를 발표했다. 이 시기는 요시다 세이지가 '회고록'을 출간한 후였고, 「아사히신문」이 요시다 세이지 회고록 내용의 진위를 확인할 수 없다고 밝히기 전이었다. 진실이 무엇인지 혼란스러웠던 일본 정부는 자체 조사를 실시했다. 그러나 하타 이쿠히코에 따르면, 당시 일본 정부도 과거 일본군이 조선의 여성들을 강제연행했다는 어떠한 증거도 찾지 못했다고 한다.[66]

그러나 한국 정부는 일본군이 조선의 여성들을 강제연행했다고 주장하고 나섰다. 당시 한국 측은 한 보고서('일제하 군대 위안부 실태조사 중간 보고서', 1992년 7월 31일)를 통해 "위안부는 1943년부터 19세기 아프리카에서 있었던 흑인 노예사냥과 비슷한 방식으로 끌려갔다"고 주장했다.[67] 사실 일부 옛 위안부들이 말년에 한 증언을 제외하면 한국 정부는 일본군이 조선의 여성들을 강제연행했다는 어떤 증거도 제시하지 못했다. 하타 이쿠히코에 따르면 당시 한국 측이 제시한 증거도 요시다 세이지의 회고록이 전부였다.[68]

하지만 당시는 요시다 세이지가 아직 자신의 이야기가 조작이라고 인정하기 전이었고, 「아사히신문」도 기사를 철회하기 전이었다. 양국 정부는 서로 비난을 주고받았으며, 1992년 8월에는 일본 정부가 본격적으로 이의 제기에 나섰다.[69] 이에 한국 정부는 일본에 더 이상 돈을 요구할 생각이 없다고 확언했다.[70] 지루한 협상 끝에 일본 정부에서 고노 요헤이 관방장관이 담화를 발표했다. 일본 정부는 "위안소의 설치, 관리 및 위안부의 이송에 관해서는 옛 일본군이 직접 또는 간접적으로 이에 관여했다"고 했으며, 더욱이 "감언, 강압에 의하는 등 본인들의 의사에 반해 모집된 사례가 많았으며 더욱이 관헌 등이 직접 이에 가담한 적도 있었다는 것이 밝혀졌다"고 발표했다.[71]

5. 소송

과거에 자신이 위안부였다고 밝힌 몇몇 여성들이 1990년대에 일본을 상대로 소송을 제기했다. 언론인이자 활동가인 니시노 루미코西野瑠美子는 이 문제와 관련하여 10건의 소송이 있었음을 확인했는데, 이 중에서 3건이 한국의 옛 위안부가 제기한 소송이었다. 그러나 10건 모두 승소하지 못했다. 2000년에는 옛 위안부 15명이 미국에서 일본을 상대로 집단소송을 제기했는데, 미국 연방지방법원과 항소법원은 여러 고려 끝에 주권면제sovereign immunity와 "정치 문제 법리political question doctrine"를 이유로 소송을 모두 기각했다.[72] 사실 1965년 한일협정, 주권면제, 공소시효, 그리고 확정적인 증인 부재, 확정적인 문서 부재 등등을 감안하면, 일본이나 미국이나 모든 소송들이 필요 이상으로 길게 진행되었던 것이다. 저런 명분 중에서 단 하나의 명분만으로도 소송을 기각 또는 각하하기에 충분했기 때문이다.

반면에 요시다 세이지 쪽 진영의 작가들은 이런 소송에 큰 의미를 둔다. 역사학자인 캐롤 글럭Carol Gluck은 일본의 판사들이 "납치, 잔혹 행위 및 폭력의 피해를 입었다는 원고들(옛 위안부들) 증언의 진실성과 '반박할 수 없는 역사적 증거'를 인정했다"고 주장한다.[73] 미국의 한국계 법학자인 이용식은 그 소송 사건 중 하나가 "군대 성노예제의 불법성을 확인했다"고 주장한다.[74] 니시노 루미코는 "총 93명의 피해자들이 일본 법정에서 증언했고, 판사들은 그녀들의 증언 대부분을 사실로 받아들였다. (……) 도쿄지방재판소와 야마구치지방재판소 모두 (……) 원고들에 대한 성폭력과 일본군의 직접적 개입에 대한 개인적인 증언이 믿을 만하다고 인정했다"고 썼다.[75]

일본의 위안부 문제 관련 재판 중에서 가장 잘 알려진 것이 아마도 이용식과 니시노 루미코가 언급한 판결일 것이다. 이는 야마구치 현 시모노세키지방재판소에서 내린 판결이다. (역주: 이른바 '관부재판關釜裁判'이라고 불린다.) 1994년에 한국의 옛 위안부들이 인간사냥식 강제연행으로 인해 입었다고 하는 피해와 관련해 시모노세키지방재판소에 일본 정부를 상대로 소송을 제기했다. 지방재판소는 피고(일본 정부)가 원고(옛 위안부) 개개인에게 30만 엔과 이자를 지급해야 한다고 판결했다. 그러나 항소심에서 히로시마고등재판소는 주권면제를 이유로 1심 판결을 뒤집었다.[76]

만약 캐롤 글럭, 이용식, 니시노 루미코, 또는 다른 이들이 "납치, 잔혹 행위 및 폭력의 피해를 입었다는 원고들(옛 위안부들) 증언의 진실성" 때문에 이러한 소송을 전개하는 것이라면 그들은 기본적인 법적 원칙을 놓치고 있다. 민사소송에서 판사들은 당사자들이 서로 다투는 문제에 대해서만 판결을 한다. 고노담화를 발표하고 얼마 지나지 않은 상황에서 일본 정부는 당시의 사실관계를 다투자는 원고들의 주장에 대해서 그러한 다툼을 하지 않기로 결정했다. 다툴 이유가 없었다. 원고들이 주장하는 사실의 진위가 무엇이건, 원고들은 일단 일본 정부에 대해서 법적 청구권이 없으며, 결정적으로 한국 정부가 1965년 협정에서 한국 측의 모든 청구권을 포기했기 때문이다. 시모노세키지방재판소는 고노담화를 인용하면서, 원고들의 사실관계 주장에 대해서는 일본 정부가 다투지 않기로 했다고 명시적으로 언급했다. 항소심에서 히로시마고등재판소는 일본 정부가 옛 위안부들이 주장하는 사실관계와 관련해 다투지 않기로 했지만 1965년 협정을 포함한 몇 가지 법적 이유로 1심을 파기한다고 밝혔다. 요점은 명백하다. 민사소송에서 판사들은 당사자들이 다투지 않은 문제에 대해서는 판결하지 않는다. 시모노세키 재판에서는 애초 일본군이 여성들을 강제로 위안소로 보냈는지 여부가 쟁점이 아니었다.

니시노 루미코는 시모노세키 판결 외에도 두 건의 소송(둘 다 도쿄지방재판소에서 제기)에 대해 언급하면서 판사들이 옛 위안부들의 주장을 사실로 받아들였다고 주장한다. 시모노세키 판결과 마찬가지로 도쿄에서의 두 판결에서도 일본의 재판소는 일본 정부가 조선인 위안부를 강제연행했다는 주장에 대해 이의를 제기한 적이 없다는 점을 명확히 했다. 군대가 위안부를 인간사냥식으로 강제연행했는지 여부는 쟁점이 아니었다. 대신, 두 판결 모두에서 일본의 재판소는 고노담화의 취지에 따라 문안을 작성했다.[77]

6. 첫 번째 유엔 보고서(라디카 쿠마라스와미)

1991년 우에무라 다카시는 자신이 기사를 통해 처음 발견한, 인간 사냥식으로 강제연행된 위안부의 이름이 "김학순"이라고 밝혔고, 「아사히신문」은 그의 기사를 대서특필했다. 또한 「아사히신문」은 1992년도에 요시미 요시아키가 위안부 모집에 일본 정부가 관여했다는 내용의 과거 문건을 발견했다고 주장한 데 대해서도 대서특필했다. 일본 정부는 1993년에 "고노담화"를 발표했다. 이런 흐름 속에서 1996년도에 스리랑카의 인권운동가인 라디카 쿠마라스와미Radhika Coomaraswamy가 적의에 가득 찬 반일anti-Japanese 보고서를 유엔에 제출했다.[78] 라디카 쿠마라스와미는 보고서를 작성하는 과정에서 요시다 세이지의 1983년 회고록에 크게 의존했다. 한국계 인류학자 소정희Sarah Soh는 "요시다 세이지의 저작은 국제인권운동가들과 유엔이 위안부 이야기의 패러다임을 형성하는 데 있어서 핵심적인 자료로 사용되었다"고 지적했다.[79]

좀 더 구체적으로 말해서 라디카 쿠마라스와미는 자신의 주장을 입증하기 위해 보고서에서 네 가지 출처를 제시했다. 그것은 △요시다 세이지의 저서, △조지 힉스George Hicks가 1995년도에 출간한 위안부에 대한 책,[80] △국제법률가위원회(International Commission of Jurists, ICJ)의 1994년 보고서,[81] 그리고 △요시미 요시아키가 제공한 불특정 문서였다. 보고서에서 라디카 쿠마라스와미는 요시다 세이지의 저서는 단 한 번 인용했을 뿐이다. 그 책은 일본어로 되어 있었고 라디카 쿠마라스와미는 일본어를 몰랐다. 그러나 라디카 쿠마라스와미는 조지 힉스의 책을 반복적으로 인용했다. 조지 힉스는 호주인이었다. 조지 힉스도 일본어를 몰랐기 때문에 이유미Yumi Lee[82]라는 이름의 한국계 일본인에게 의존했는데, 이유미는 요시다 세이지의 책에 크게 의존했다. 라디카 쿠마라스와미는 ICJ 보고서를 두 번 인용했다. 이 보고서 또한 요시다 세이지와 조지 힉스의 저서를 인용하고 있다.[83] 라디카 쿠마라스와미가 요시미 요시아키의 문서를 인용한 것은 일본 정부가 위안소를 통제했다고 주장하기 위한 것으로 보인다.

또한 보고서에서 라디카 쿠마라스와미는 위안부 세 사람의 증언을 다뤘다. 황소균은 17세였던 1936년에 마을 이장이 공장 일자리를 약속했다고 증언했다.[84] 트럭과 기차를 타고서 이동한 후, 황소균은 결국 자신이 중국의 일본군 위안소에 와 있음을 알게 됐다. 여기서 그녀가 마을 이장(아마도 모집업자와 함께)에게 사기를 당했다고 주장하고 있는데 주목해야 한다. 그녀는 일본군에 의해 강제연행됐다는 증언은 하지 않았다.

황금주는 1940년(역시 17세)에 일본의 동원령에 따라 징집되어 군수공장에서 일하게 되었다고 증언했다.[85] 3년 후 일본군 병사에게 성폭행당한 뒤 군인들에게 정기적으로 성관계를 강요당했다고 주장했다. 하지만 결정적으로, 강제연행 주장과 관련해 그녀가 얘기한 기본 전제가 되는 사실에 오류가 있다. 일본 정부는 1944년 가을 이전까지는 공장 노동을 위해 일본 또는 조선의 민간인을 징집한 일이 없기 때문이다.[86]

역대 가장 이상한 증언을 한 옛 위안부는 정옥순이다. 매우 과격한 내용이어서 활동가형 학자들이 자주 인용하기 때문에(예를 들면 정치학자 마이클 최가 2021년도에 램자이어의 위안부 논문에 대해 철회 청원을 하면서 정옥순의 증언을 인용했다)[87] 여기서 상세히 인용하겠다.[88]

6월 어느 날, 당시 13살이었던 나는 (……) 마을의 우물에 물을 길러 갔습니다. (……) 트럭으로 경찰서로 끌려갔는데, 거기에서 몇 사람의 순사들에게 강간당했습니다. 내가 울며 소리쳤기 때문에, 왼쪽 눈을 세게 때렸습니다. 그 후 나는 왼쪽 눈으로 볼 수가 없습니다.

10일 정도 후에 혜산시의 일본육군 수비대로 끌려갔습니다. 거기에서는 나와 같은 조선인 여자가 400명 정도 있었고, 매일 5,000명 넘는 일본병사를 위해 성노예로 일하게 되었습니다. 하루에 40명까지도 상대했던 것입니다. 항의하면 그때마다 구타하거나 누더기를 입에 밀어 넣었습니다. 내가 복종할 때까지, 내 그곳을 성냥으로 찌른 군인도 있습니다. 내 그곳에서 피가 흘렀습니다.

우리들과 함께 있던 조선인 소녀 중 하나가 왜 하루에 40명이나 상대해야 하냐고 물은 일이 있습니다. 중대장 야마모토는 그녀를 징계하기 위해 칼로 치라고 명령했습니다. 우리들 눈앞에서 그녀를 나체로 만들고 손발을 묶고, 못이 나온 판 위에서 그녀를 굴리고, 못이 그녀의 피와 살점으로 뒤덮일 때까지 멈추지 않았습니다. 마지막으로 그녀의 머리를 베었습니다. 다른 일본인 야마모토는 우리들을 향해 "너희들 모두 죽이는 것은 쉽다. 개를 죽이는 것보다 쉽다"고 말했습니다. "조선인 여자들이 울고 있는 것은 먹을 것이 없기 때문이다. 이 인간의 고기를 삶아먹게 하라"고 말했습니다. 어떤 조선인 소녀는 몇 번이나 강간당했기 때문에 성병에 걸리고, 그 결과 일본 군인이 50명 이상 감염돼 버렸습니다. 성병이 퍼지는 것을 막고 소녀를 "살균소독"하기 위해 그들은 그녀의 그곳에 뜨거운 철봉을 밀어 넣었습니다.

한번은 우리들 중 40명을 트럭에 태워 멀리 물과 뱀이 가득 찬 웅덩이로 데리고 갔습니다. 군인들은 소녀들 몇 명을 때리고선 물속으로 밀어 넣고는 흙으로 덮어 살아 있는 채로 매장했습니다.

그 수비대에 있었던 소녀의 절반 이상이 살해되었다고 생각합니다.

13세 소녀들을 위안부로 데려갔고 400명의 위안부가 5,000명의 병사들을 위해 하루 40명씩 상대했다는 주장이다. 말썽을 부린 소녀들은 못을 박은 널빤지 위에 굴린 후에 목을 베었으며 동료 소녀들은 이 인육을 먹도록 강요당했다. 산 채로 묻히기도 했으며, 절반은 죽임을 당했다. 이것이 정옥순의 주장이다.

역사학자인 하타 이쿠히코는 "시나리오 작가"가 약간의 연구를 한 것 같다고 냉소적으로 지적했다.[89] 정옥순은 자신이 1933년도에 납치를 당했다고 주장하는데, 그녀가 위안부로 일했다고 밝힌 혜산은 현재 북한에 있는 도시다. 일본은 1933년 조선에 위안소를 둔 바 없다. 당시 조선은 일본의 일부였고, 일본은 일본 바깥 해외 주둔지에만 군 위안소를 허가했다.

게다가 라디카 쿠마라스와미는 어쨌든 정옥순을 직접 만난 일도 없었다. 정옥순이라는 이름의 이 여성은 북한에 살았고, 라디카 쿠마라스와미는 북한에 간 적이 없다. 대신에, 한 활동가 단체('인권센터Center for Human Rights'라는 이름으로 알려져 있다)의 회원들이 그녀를 대신해서 북한에 갔다. 정옥순의 진술서는 그들이 북한에서 가져온 것이다.[90]

7. 두 번째 유엔 보고서(게이 맥두걸)

1998년에 유엔은 위안부 문제로 두 번째 보고서를 발표했다. 이 보고서에서 작가이며 활동가인 게이 맥두걸Gay McDougall 변호사는 라디카 쿠마라스와미보다 훨씬 더 과격한 입장을 밝혔다. 위안소는 단지 "성 노예제"일뿐만 아니라 "강간센터rape center"였다는 것이다.[91]

> 제2차 세계대전 당시 일본 정부와 일본군이 아시아 전역에 강간센터를 설립하는 데 직접 관여한 사실이 이제 분명해졌다. 이 센터에서 일본군에 의해 노예가 된 여성들—그녀들 대부분은 11세에서 20세 사이였다—(……) 매일 여러 차례 강간을 당했고, 심각한 신체적 학대를 겪었다. (……)

게이 맥두걸의 설명에 따르면 고액의 임금 때문에 그 직업을 택한 여성은 없었다. 대신에 게이 맥두걸은 "'위안부'를 확보하려고 일본군은 신체적 폭력, 납치, 강요, 속임수를 사용했다"고 적었다.[92]

이런 서술에 대해서 게이 맥두걸은 "제2차 세계대전 중에 강간센터를 설립, 감독, 유지하는 데 당시 일본 관료들이 개입했다는 일본 정부의 자체 검토를 통해 확인된 사실에 전적으로 근거했다"고 썼다. 그러나 게이 맥두걸 본인은 그런 사실을 직접적으로 확인하는 작업을 한 적이 없고 고노담화만 계속해서 인용했을 뿐이다.[93] 대신 그녀는 자신의 터무니없는 주장들(상당히 많다)을 뒷받침하기 위해 활동가인 카렌 파커Karen Parker가 한 학생의 도움을 받아서 작성한 법률 리뷰 논문을 출처로 제시한다.[94] 카렌 파커와 그를 도운 학생은 이미 폐기된 요시다 세이지의 회고록에 근거하여 요시다 세이지 학파의 노선을 추종하는 논문을 썼다.[95]

제2차 세계대전 당시 20만 명의 여성이 사기를 당하거나 또는 납치되어 일본제국군을 위한 성노예가 되었다. 일본군은 조선, 중국, 네덜란드 동인도 제도, 대만, 말레이시아, 버마, 그리고 필리핀의 가정집에서 12살 정도의 어린 여성들과 소녀들을 납치했다. 그녀들은 일본이 점령한 아시아 전역으로 보내졌고, '위안소'라고 알려진 시설에 수감되었으며 매일 군인들에게 강간당했고, 고문과 학대를 견디도록 강요당했다. 이러한 상황에서 살아남은 여성은 약 25%에 불과했다.

8. 여성국제전범법정Women's International Tribunal

요시다 세이지의 초창기 사기극의 실체가 드러날 무렵, 이를 은폐하려는 목적으로 여러 활동가 단체들이 '성노예' 문제와 관련해서 일찍이 사망한 전시 일본 지도자들의 책임을 묻는 모의법정 쇼를 개최했다. 2000년도 말 도쿄에서 열린 이 모의법정에서는 쇼와昭和 천황 및 전시 총리였던 도조 히데키東條英機를 비롯해 다른 몇몇 고인故人들에게 유죄를 선고했다. 역사학자인 알렉시스 더든도 열광했던 이 모의법정의 주최자들은 자신들의 모의법정을 '인민재판소people's tribunal'라고 불렀다. 이 모의법정은 옛 매춘부들에게 "노예 생활에 대해 증언할 수 있는 기회"를 제공했다.[96] 미국의 일문학자인 노마 필드Norma Field는 이 모의법정에서 있었던 쇼와 천황에 대한 유죄 판결이 "결정적인outstanding" 순간이었다고 말한다. 그녀는 "일본을 아는 사람들이라면 공개적으로 들을 수 있다고는 생각하지 못한 발언에 청중들이 자리에서 일어났던 순간이었다"고 말했다.[97]

이 모의법정의 보고서는 전후 도쿄전범재판 결과와 요시다 세이지의 인간사냥 주장 모두를 액면 그대로 받아들였다. 보고서는 "일본의 조선 지배는 조선 땅과 그 사회에 대한 길고 잔혹한 경제적, 사회적 착취"라고 쓰고 있다. 동시에 "수만 명의 조선인 소녀들이 기만과 무력 등의 수단에 의해서 강제로 성노예가 되었고, 그 후 그녀들은 비인간적인 조건하에서 강간, 그리고 다른 형태의 성폭력을 당하면서 '위안 comfort' 시설에 감금되었다"고도 썼다.[98]

여기서 이런 모의법정을 누가 주관했는지를 보더라도 독자들은 놀라지 않을 것이다. 조직위원회의 핵심 멤버 중에 마츠이 야요리(松井や より, Yayori Matsui)와 윤정옥이 있었다. 마츠이 야요리는 기자 우에무라 다카시의 직장 내 상사로서, 요시다 세이지의 거짓 회고록을 일본에 대한 국제적 분노로 탈바꿈시킨 「아사히신문」의 고위 간부였다. 윤정옥은 한국정신대문제대책협의회(정대협)의 창립자였다(4절 참조). 정대협은 적어도 비공식적으로 북한과 연계되어 있었고, 한국 내 반일 감정을 부추기고 일본과의 화해를 차단하기 위해 위안부 문제를 끊임없이 조작하는 데 앞장서 온 단체다.[99] (역주: 여성국제전범법정에서 한국 측 검사역은 박원순 변호사(후일 서울특별시장)가 맡았다. 북한 측 검사역은 황호남黃虎男 조선 종군위안부·태평양전쟁 피해자 보상대책위원회 서기장과 정남용鄭南用 조선국제법학회 상무위원이 맡았는데, 이들은 북한에서 파견한 인물들이었다. 황호남과 정남용은 이후 북한 공작원으로 확인돼 일본 정부로부터 입국이 금지됐다.)

C. 주장

1. 개요

요시다 세이지의 선동이 이어지고 있을 무렵, 일부 옛 위안부들은 일본군이 자신들을 총으로 위협해서 끌고 갔다고 주장하기 시작했다.

다시 강조하지만, 옛 위안부들이 이런 주장을 시작한 시점은, 요시다 세이지가 자신의 '회고록'을 출판한 후였고, 「아사히신문」이 아직 자신들의 과오를 인정하기 전이었다. 당시 옛 위안부들은 사람들의 관심을 끄는 증언을 하기는 했지만, 위안부 활동가들과 북미의 학자들이 그와 관련해서 해 왔던 주장을 모두 다 들려줬던 것은 아니다. 유명한 옛 위안부 여성 4명의 경우부터 먼저 살펴본 후 그다음 19명의 경우를 차례로 살펴보기로 한다.

2. 김학순

1989년 한국의 한 출판사가 요시다 세이지의 책을 번역해서 출판했다. 활동가들은 1990년에 '한국정신대문제대책협의회'(정대협, 후일 '정의기억연대'라는 이름으로 개칭했다)라는 단체를 조직했고, 이 단체를 통해 일본에 대한 소송을 진행하기 시작했다(4절에서 더 자세히 논의한다). 정대협은 일본군에 의해 인간사냥식으로 강제연행당했다고 주장할 여성들이 필요했다. 우에무라 다카시는 「아사히신문」에서 위안부 문제와 관련된 기사들을 다수 작성한 고위직 기자였다. 마츠이 야요리가 그의 상사였다. 우에무라 다카시는 또한 태평양전쟁과 관련하여 청구권 문제로 일본 정부에 소송을 제기한 한국의 주요 활동가를 장모로 둔 인물이기도 했다.[100]

1991년 8월, 우에무라 다카시는 위안부로 일하도록 강요당한 여성을 서울에서 찾아냈다고 밝혔다. 기사에서 그는 "전쟁터에 연행돼 일본 군인을 대상으로 매춘을 강요당한 '조선인 종군위안부' 중 한 명이 서울 시내에 생존한다"고 썼다.[101] 그전에 일본인 변호사들이 한국에 와서 제2차 세계대전과 관련해 일본 정부를 상대로 소송을 제기할 원고를 찾고 있었는데, 마침 한 여성이 자원했다. 정대협 측에서 그 여성의 발언을 녹음해 우에무라 다카시에게 들려줬던 것이다.

그 여인의 이름은 김학순이었다. 이어 다른 두 사람의 위안부가 김학순의 소송에 합류했다.[102] 일본의 하급심 재판소는 그녀들의 주장을 기각(각하)했다. 이들은 일본 최고재판소에까지 상고했고, 최고재판소는 상고를 기각했다. 이미 언급했듯이, 1965년에 한국은 일본의 병합과 전쟁으로 인해 발생한 행위에 대해 한국 정부와 한국 국민이 일본 정부나 일본 국민에 대해 제기할 수 있는 청구권을 포기했다. 그 반대급부로, 일본은 한국에 많은 '배상금reparations'을 지불했다. (역주: 앞서 역주에서 밝혔듯이, 이에 대한 일본 측 주장은 '배상금'이 아니라 '독립축하금'이다.) 해당 조약으로 인해, 일본의 재판소는 이 소송을 기각했다.[103]

「아사히신문」에 실린 우에무라 다카시의 기사에 따르면, 김학순은 자신이 "거기에 가면 돈을 벌 수 있다"는 은밀한 얘기를 들은 후 위안소로 가는 기차를 탔다고 한다.[104] 어떤 일을 하게 될지는 아무도 설명해 주지 않았다. 김학순은 한국 언론과의 인터뷰에서 어머니가 14세였던 자신을 평양 기생권번에 40원(당시 돈)에 팔아넘겼다고 말한 바 있다.[105] 일본의 게이샤에 해당하는 조선의 기생은 손님들 앞에서 춤을 추고 노래를 불렀으며 때로는 매춘도 했다. 김학순은 기생권번에서 3년간 배웠다.

다른 자리에서 김학순은 이에 대해 더 자세히 설명했다.[106] 날짜는 정확하지 않지만, 이야기는 대충 일치한다. 게다가 신뢰할 수 있을 정도의 디테일이 담겨 있다. 그녀의 증언집 내용은 다음과 같다.

어머니는 나를 기생을 기르는 집에 수양딸로 보냈다. 그때

내 나이가 열다섯 살이었다. 어머니와 함께 그 집에 가서 노래를 불러보고 합격했다. 그러고는 어머니가 수양아버지에게서 40원을 받고 몇 년 계약으로 나를 그 집에서 살게 했던 것으로 기억한다. (역주: 램자이어가 말하는 연계계약이다.)

(……) 그 집에는 나보다 먼저 온 양딸이 한 명 더 있었다. (……) 그 언니하고 나는 평양 기생권번에 같이 다녔다. 그 권번은 2층집이었는데 대문에 큰 간판도 있고 생도도 300명이나 있었다. 나는 2년 정도 권번에 다니면서 춤, 판소리, 시조 등을 열심히 배웠다.

권번에서 졸업증을 받게 되면 정식 기생이 되어 영업을 할 수 있었다. 그런데 나이가 열아홉 살이 되어야 관에서 기생 허가를 내주었다. 졸업하던 해 내 나이가 열입곱 살이라 졸업을 하고도 영업을 할 수 없었다. 그래서 양아버지는 나를 데리고 여기저기 쫓아다니면서 허가를 받아보려고 애를 많이 썼다. 내가 나이보다 몸이 성숙하여 양아버지는 나이를 늘려 이야기했지만 관에서는 실제 나이가 열일곱 살이라 안 된다고 했다.

국내에서 우리를 데리고 영업을 할 수 없었던 양아버지는 중국에 가면 돈을 벌 수 있을 것이라고 했다. 그래서 그 집에서 함께 기생 수업을 받았던 언니와 나는 양아버지를 따라 중국으로 가게 되었다. 그때가 1941년, 내가 열일곱 살 나던 해였다. 양아버지는 중국으로 떠나기 전에 어머니에게 연락을 하여 중국으로 가는 것을 허락받았다. 떠나는 날 어머니는 노란 스웨터를 사 가지고 평양역까지 나와서 배웅해 주

었다. (역주: 정대협이 출간한 증언집『강제로 끌려간 조선인 군위안
부들 I』에서 인용했다.)

우에무라 다카시는 김학순이 기생학교를 다녔다는 사실을 밝히기
는커녕, 김학순이 "연행"을 당했으며 매춘을 "강요"받았다고 썼다.[107]
김학순이 실제로 자신이 위안소로 끌려갔다고 증언하긴 했지만, 그녀
는 일본군에 의해 끌려갔던 것은 아니었다. 대신, 그녀는 양아버지(기
생학교 관리인)에 의해 위안소로 가게 됐던 것이라고 한국 언론을 통해
증언한 바 있다. 초기 증언에서 그녀는 기생으로서의 훈련이 끝날 무
렵, 양아버지가 그녀를 중국의 위안소로 데려갔다고만 했다.[108] 하지만
그녀는 그 후 정대협이 위안부 문제로 발간한 증언집에서는 일본군이
기생학교 관리인을 구금한 후에 자신을 위안소로 연행했다는 내용을
덧붙였다.

1991년 12월 도쿄지방재판소에서도 김학순은 여전히 자신을 위안
소로 데려간 기생학교 관리인을 비난하고 있었다. 소장 제출 당시만
해도 그녀는 일본군을 비난하지 않았다. 김학순은 자신을 3인칭으로
지칭한 소장에서 다음과 같이 썼다.[109]

> 어머니는 가정부 따위를 하였는데, 집이 가난했기 때문에
> 김학순도 보통학교를 그만두고, 아이 보기, 심부름꾼 등을
> 하고 있었다. 김태원이라는 사람의 양녀가 되어, 14세부터
> 기생학교에 3년간 다녔는데, 1939년, 17세(한국 나이) 봄, "거
> 기에 가면 돈을 벌 수 있다"는 설득에 따라, 김학순의 동료
> 로서 한 살 위인 여성(에미코라고 했다)과 함께 양부養父에 이끌

정대협이 1993년도에 최초로 출간한 옛 위안부 증언집 『강제로 끌려간 조선인 군위안부들 I』은 그 자체로 위안부 강제연행설을 반박하고 있는 내용이다.

려 중국으로 건너갔다. 트럭에 타고 평양역으로 가서, 거기부터 군인만 있는 군용열차를 3일간 타고 갔다. 몇 번을 갈아탔는데, 안둥安東과 베이징北京을 거쳐서 도착한 곳이 '북지北支' '호오루현ヵッヵ県' '철벽진鉄壁鎭'이라는 것밖에 몰랐다. 철벽진에는 밤에 도착했다. 작은 마을이었다. 양부와는 거기에서 헤어졌다.

김학순 등은 중국인 집에서 장교가 안내하여 방에 들어갔고, 밖에서 자물쇠를 채웠다. 그때 비로소 "아차" 했다. (……) 그해 가을 어느 날 밤, 군인들이 전쟁터로 떠나 병사들이 적을 때 한 조선인 남성이 김학순의 방에 몰래 들어왔다. 그가 자신도 조선인이라고 말하자, 김학순은 그에게 도망가는 것을 도와달라고 부탁해 한밤중에 무사히 빠져나올 수 있었다. 그 조선인 남성은 조원찬趙元讚이라는 사람으로, 은화

매매를 업으로 삼고 있었다. 김학순은 이 조 씨를 따라서 함께 난징, 쑤저우, 그리고 상하이로 도망쳤다. 상하이에서 두 사람은 부부가 되어, 해방될 때까지 프랑스 조계租界 안에서 중국인을 상대하는 전당포를 하면서 해방될 때까지 살았다. 김학순은 1942년에 딸을 낳았고 1945년에 아들을 낳았다. 1946년 여름, 그녀는 중국에서 동포 광복군과 함께 마지막 배를 타고 한국으로 돌아왔다.

아리마 테츠오는 한 연구에서 김학순이 위안부 시절의 임금을 군표military scrip로 받았기 때문에 일본 정부를 상대로 이 소송을 제기했다고 보았다. 전쟁이 끝나자 군표가 휴지 조각이 됐기 때문에 손해배상 소송을 제기했다는 것이다.[110]

일본의 한반도 지역 학자인 니시오카 쓰토무西岡力는, 1991년 우에무라 다카시가 쓴 「아사히신문」 기사는 김학순과 관련해 의도적으로 허위 사실을 보도한 것이라고 분석했다. 일본의 저널리스트 사쿠라이 요시코櫻井よしこ도 같은 지적을 했다. 우에무라 다카시는 2015년에 이 두 사람에 대해 출판물에 의한 명예훼손 혐의로 민사소송을 제기했다. 하지만 우에무라 다카시는 2019년 두 재판에서 모두 패소했고, 2021년에는 최고재판소에서도 최종 패소했다.[111]

도쿄지방재판소 판결 내용은 매우 인상적이다. 니시오카 쓰토무는 우에무라 다카시가 김학순이 일본군에 의해 인간사냥식으로 강제연행된 위안부가 아니라는 사실을 알면서도 마치 그렇다는 인상을 전달하는 방식으로 기사를 썼다고 비판했던 바 있다. 이에 대해 재판소는 다음과 같이 판결했다.[112]

우에무라 다카시는 본인의 1991년 8월 12일 기사에서 의식적으로 김학순을 일본군(또는 일본의 정부 관계 기관)에 의해 전쟁터로 강제연행된 종군위안부로 소개한 것으로 인정함이 상당하다. 즉 우에무라 다카시는 의도적으로 사실과 다른 1991년 8월 12일 기사를 썼음이 인정된다.

니시오카 쓰토무는 또한 우에무라 다카시가 자신의 장모가 진행하고 있는 소송에 도움을 주려는 목적으로, 김학순이 위안부가 된 경위에 대해 고의로 허위 사실을 썼다고 지적했다. 이에 대해서도 재판소는 다음과 같이 매우 간단한 결론을 내렸다.[113]

니시오카 쓰토무의 지적은 그 중요한 부분에 대하여 진실성의 증명이 되었다고 할 수 있다.

3. 이용수

지난 20여 년간, 여러 옛 위안부들 중에서 대중을 상대로 당사자의 목소리를 가장 크게 내 온 이는 이용수였다. 이용수는 초창기에는 한밤중에 친구와 함께 가출을 했다고 역사학자들 앞에서 증언했다. 당시 이용수의 친구가 "(집에서) 가만히 나오너라"고 재촉했고, 그래서 그녀는 "발걸음을 죽이고 살금살금" 자신의 친구를 따라갔다고 했다. 한 일본인 남성이 그녀에게 "빨간 원피스와 가죽구두"가 든 꾸러미(보통이)를 건네자 그녀는 너무 흥분해서 "선뜻", 그리고 "다른 생각도 못하고" 그 남성을 따라 나섰다.[114]

그 후 10년간 이용수가 사실상 정대협의 대중적 얼굴이 되면서(4절 참조), 그녀는 첫 증언과는 다른 증언을 하기 시작했다. 2002년에 그녀는 일본 국회를 방문하여 "14세의 나이에 총검으로 위협받아 끌려갔다"고 증언했다.[115] 2007년에는 미국 하원에 출석해서 "일본군에 의해 끌려갔다"고 증언했다. 미국을 다녀온 직후 도쿄에서 열린 기자회견에서는 "일본 군인들이 어머니를 부르지 못하게 내 입을 막고 집에서 끌고 갔다"고 증언했다.[116]

한국 내에서 이용수의 거짓 행각을 공적인 공간에서 최초로 고발한 이는 언론사 「미디어워치」의 대표이사이자 편집국장인 황의원이었다. 앞서 정대협과 윤미향은 황의원이 자신들에 대해 북한 추종 의혹을 제기하는 기사를 썼다는 이유로 명예훼손으로 민·형사 소송을 제기했다. 황의원은 형사에서 무혐의 처리되었으며, 민사에서도 최종 승소했다. 다만 민사의 경우 대법원 판결이 날 때까지 기나긴 법정 투쟁을 해야 했다.[117] 황의원은 이 법정 투쟁 도중에 이용수의 증언이 어떻게 바뀌었는지에 대해서도 보도하기 시작했다. 2018년에 그는 이용수가 1993년부터 했던 증언 20건을 상세히 기록한 표를 만들어서 보도했다. 이에 따르면 원래 이용수는 초기에는 자발적인 가출이었다고 증언하다가 나중에는 일본군이 총으로 위협해서 자신을 강제연행했다고 증언을 바꿨다. 이용수가 강제연행됐다고 주장하는 시점의 나이는 14세, 15세, 16세, 17세로 증언을 할 때마다 계속 바뀌었다. 1942년에 위안부가 되었다고 하더니 이 또한 1943년, 1944년으로 바뀌었다. 위안부로 일한 기간도 처음에는 10개월이라고 하다가 2년, 3년으로 계속 바뀌었다. 1944년도에 인간사냥식으로 끌려가 위안부 일을 시작했으며 3년간 그 일을 했다고 말한 적도 있다.[118]

황의원은 자신이 조사한 내용에 대해 다음과 같이 밝혔다.[119]

"(이용수 씨의 증언은) 앞뒤가 맞는 것이 하나도 없고, 내용도 모두 다릅니다. 기간만 해도 '1944년에 끌려갔다'고 하면서 '3년간 위안부 생활을 했다'고 말했습니다. 한국은 1945년 8월에 식민지에서 해방됐으므로 이는 말이 안 됩니다. 그러자 이 씨는 1944년을 다시 1942년으로 바꿔 말하고, 또다시 1944년으로 바꿔 말하면서 이번에는 기간이 '8개월'이라고 주장하기 시작했습니다. 이 씨는 2007년 2월에 미국 의회에서 증언했고 2018년 3월에는 프랑스 의회에서 증언했습니다. (……) 미국 의회에서는 '1944년에 끌려갔고 3년 동안 위안부를 했다'고 말했습니다. 이 증언 자체도 앞서 지적한 모순을 내포하고 있는데, (……) 프랑스 의회에서는 '일본군이 등에 칼을 찔러 납치했다'고 말했습니다. 1993년 당시 첫 증언은 "빨간 원피스와 가죽구두에 유혹되어 일본인을 따라갔다"였습니다. 처음에는 일본군에 의한 강제연행이 아니었는데, 점차 발언 내용이 과격해지고, 프랑스 의회에서는 완전히 일본군의 강제연행이라고 단정했습니다. 본인이 자백하지 않는 한 거짓을 완전히 증명할 수는 없겠지만, 도저히 이 씨의 이야기는 믿을 수가 없습니다. 위안부 증언은 물증이 없습니다. 제3자 증언도 없습니다. 오직 본인의 증언밖에 없는데, 그렇다면 본인 증언의 일관성 정도라도 있어야 하는데, 이 씨의 증언은 일관한 것이 하나도 없습니다. (역주: 본 논문에서 램자이어가 인용한 내용은 황의원이 유튜브 채널 '펜앤드마이크TV'에 출연해 「펜앤드마이크」 주필인 정규재와 대담하는 가운데 그가 한 발언을 니시오카 쓰토무가 정리한 것이다.)

4. 김순옥

김순옥의 경우 초기에는 자신의 증언을 들으러 온 사람들에게 "내게는 어린 시절이 없다. 나는 일곱 살 때부터 네 번이나 팔려갔다"고 말했다.[120] 그녀는 위안부 모집업자들이 "우리 집에 찾아와서 부모님을 구슬리곤 했다"고 회상했다. 또 그녀는 "나는 부모님께 아무 데도 가지 않겠다고 말했고 (……) 다시는 나를 팔지 말아 달라고 애원하기도 했다"면서, 실제로 "여러 가지 자살 방법을 고민하기도 했다"고 말했다. 그럼에도 불구하고 그녀의 부모는 그녀를 팔았고, 김순옥은 결국 만주 위안소로 가게 됐다.

하지만 정작 1996년 유엔 인권위원회가 위안부에 대한 청문회를 열었을 때 그녀는, "라디카 쿠마라스와미Radhika Coomaraswamy 유엔 보고관에게 (……) 자신은 일본군에 의해 납치됐다"고 증언했다.[121]

5. 김군자

김군자도 김학순과 마찬가지로 자신의 양아버지를 탓하면서 위안부 문제와 관련하여 정치 활동을 시작했다. 김군자는 양아버지가 자신을 "팔았다"고 회상했고, "일본인보다 아버지가 더 미웠다"고 말했다.[122]

하지만 2007년 미국 하원에서는 일본군이 자신을 납치했다고 말했다.[123] 자신이 "기차역 앞에 있는 집"에서 살았다고 설명했다. 17살 때, 함께 살던 가족이 그녀를 "밖으로 심부름을 내보냈다". 그곳에서 그녀는 기차에 실려 "붙잡혀서 끌려갔다". 김군자는 "기차에는 군인도 많았고 강제로 끌려온 여성도 많았다"고 말했다.

6. 1993년 정대협의 인터뷰

정대협은 1993년도에 위안부 생존자 19인의 증언을 정리해서 이를 책으로 출판했다(〈표 5-4〉 참조). 또 정대협은 1991년 소송에도 관여했다. 1992년도에 이 단체는 40명의 옛 위안부들을 인터뷰했다고 주장했다. 이들은 옛 위안부 중에 핵심적인 19인을 내세워 독자들을 설득하고자 했다.

〈표 5-4〉 위안부들의 증언

1992년에 정대협은 과거에 자신이 위안부였다고 밝히고 나선 여성 40명과 면담했다. 1993년에 정대협은 이 옛 위안부 19인의 증언을 요약해 책으로 펴냈다. 정대협은 40명의 여성 중 이 19명이 인터뷰를 제대로 완결할 수 있었던 여성들이라고 설명했다(페이지 번호는 증언집의 일본어 번역본에 해당된다).

1. (41페이지) 김학순: 그녀는 부모님이 싫었다. 부모는 그녀를 기생(노래, 춤, 매춘을 제공한다)으로 입양 보냈다. 이후 양아버지(기생학교 관리인)는 그녀를 중국으로 데려가서 일을 찾아보았지만, 도중에 그녀는 일본군에 의해 납치되어 위안소로 끌려갔다. 자세한 내용은 3절을 참조하라.

2. (57페이지) 김덕진: 그녀는 "공장의 일자리를 구해 주겠다"고 말하는 조선인 모집업자에게 속아서 상하이 인근의 위안소로 보내졌다.

3. (71페이지) 이영숙: 일본에서 일자리를 구해 주겠다는 조선인 모집업자에게 속아서 중국 광둥에 있는 위안소로 보내졌다.

4. (84페이지) 하순녀: 20~21세였을 때 정장 차림의 조선인과 일본인을 따라갔다. 그들은 오사카에서 급여가 높은 직장을 알선해 주겠다고 약속했지만, 그녀가 간 곳은 상하이의 위안소였다.

5. (95페이지) 오오목: 조선인 남성이 그녀에게 방직 공장에 취직시켜 주겠다고 약속했지만, 그녀가 간 곳은 만주에 있는 위안소였다.

6. (103페이지) 황금주: 마을 이장(일본인이었다)이 그녀에게 일본 군수품 공장의 높은 급여를 약속했지만, 그녀는 위안소로 보내졌다.

7. (117페이지) 문필기: 그녀가 살던 지역의 조선인과 일본인 순사가 많은 돈을 벌면서 공부까지 할 수 있는 직장을 약속하고는 만주의 위안소로 보냈다.

8. (131페이지) 이용수: 어느 날 이른 아침에 그녀의 친구가 창문 밖으로 와서 나오라고 했다. 그 친구는 일본인 남성과 같이 있었고, 빨간 원피스와 가죽구두 한 켤레가 든 꾸러미(보퉁이)를 이용수에게 건네주었다. 이용수는 그들을 따라갔고, 대만에 있는 위안소로 보내졌다. 자세한 내용은 본문을 참조하라.

9. (144페이지) 이옥분: 승마복을 입은 일본인 남성과 조선인 남성이 찾아와서 아버지가 그녀를 찾고 있다고 말했다. 그녀는 그들을 따라갔고, 납치된 다른 미성년 여성들과 함께 대만의 위안소로 보내졌다. 1942년에 카미카제를 위한 위안소로 보내졌다(그러나 카미카제는 1944년에야 만들어졌다).

10. (159페이지) 문옥주: 일본군에게 잡혀서 만주의 위안소로 보내졌

다. 자세한 내용은 존 마크 램자이어J. Mark Ramseyer의 논문 ‘"태평양전쟁에서의 매춘 계약": 비판에 대한 반론Contracting for Sex in the Pacific War: A Response to My Critics’(이 책의 제4장)을 참조하라.

11. (180페이지) 이순옥: 중국인 남성이 일본 견직공장에 취직시켜 준다고 했지만, 중국의 위안소로 보내졌다.

12. (195페이지) 이상옥: 일본인 민간인(군대와 연관 있다고 했다)이 일본 공장에서 일하게 해 준다고 했지만 팔라우의 위안소로 보내졌다.

13. (212페이지) 이득남: 만주의 다방에서 일하고 있었는데 한 일본 민간인이 돈을 더 많이 주는 다방을 소개해 주겠다고 제안했다. 그런데 한커우의 위안소로 보내졌다.

14. (227페이지) 이용녀: 처음에는 그녀의 아버지(이미 전차금을 받았다)가 경성(서울)에 있는 술집에서 일하라고 그녀를 보냈다. 술집 여사장은 일본에서 좋은 직장을 소개해 준다고 약속했고, 그녀가 동의하자 여사장은 많은 돈을 줬다. 그녀는 배를 탔고, 버마(미얀마)에 있는 위안소로 보내졌다.

15. (241페이지) 김태선: 일본인 남성(군복을 입고 있었는지 여부는 불분명하다)과 조선인 남성이 일본 공장에서 높은 월급을 받으며 일할 수 있다고 약속했다. 그녀는 배를 탔고, 버마(미얀마)에 있는 위안소로 보내졌다.

16. (253페이지) 박순애: 16세의 나이에 가난한 남성과 결혼했다가 도

망쳤고, 18세가 되어 돈 많은 조선인의 첩이 되었다. 아이를 낳았지만 그녀의 남편(이미 전차금을 받음)은 23세였던 그녀를 서울에 있는 모집업소로 보냈다. 모집업소에서 그녀는 일본군을 위한 간호 및 세탁 기술을 배운 뒤 징집에 응했다. 그녀는 파푸아뉴기니의 위안소로 보내졌다.

17. (269페이지) 최명순(김경순이라고도 알려짐): 마을의 이장이 그녀에게 돈을 많이 준다는 일본 직장을 제안했다. 일본에 도착한 후 일본군 장교의 첩이 되었다. 그녀가 집에 가고 싶다고 말하자 일본군은 그녀를 오사카로 보냈고, 그곳에서 여러 군인들에게 반복적으로 강간을 당했다.

18. (286페이지) 강덕경: 1944년에 징집되어 일본 항공기 공장에서 일했다. 어느 날 밤 도망치다 잡혔고, 군사시설로 끌려가서 계속 강간당했다.

19. (301페이지) 윤두리: 그녀가 부산 기차역을 지나가는데 순사(경찰)가 그녀를 멈춰 세웠다. 경찰은 그녀에게 좋은 직장을 약속했다. 그녀는 군용 트럭을 타고 항구로 갔고, 거기에서 일본으로 갔다. 일본에 있다가 조선의 한 섬에 있는 위안소로 보내졌다(하지만 당시 조선에는 위안소가 없었다).

출처: Kankoku teishintai mondai taisaku kyogikai(韓国挺身隊問題対策協議会, 한국정신대문제대책협의회) ed. Shogen-kyosei renko sareta Chosenjin gun ianfu tachi(証言─強制連行された朝鮮人軍慰安婦たち, 증언·강제연행된 조선인 군위안부들) 〈Testimonia-the Dragooned Korean Military Comfort Women〉(Tokyo: Akashi shoten[明石書店, 아카시쇼텐], 1993). (역주: 한국어 원본은 한국정신대문제대책협의회와 한국정신대연구소가 편집하여 1993년도에 한울출판사에서 출간한 『강제로 끌려간 조선인 군위안부들 증언집 I』이다.)

이들 19인의 여성들 중에 어느 누구도 요시다 세이지가 주장한 "위안부 사냥" 방식으로 끌려가지 않았지만, "위안부 사냥"은 정대협에 의한 위안부 운동의 핵심 명분이 되었다. 1993년도까지만 해도 19인 중에서 그 누구도 '위안부 사냥'을 통해 강제연행되었다고 증언하지 않았다. 김학순, 문옥주, 강덕경만이 자신이 강제연행되었다고 주장했다. 그런데 김학순은 이보다 2년 전 도쿄지방재판소에서는 기생학교의 관리인이 자신을 속여서 위안소로 보냈다고 말했다. 그리고 강덕경은 위안소에서 일한 적조차 없다.

정대협의 증언집에 소개된 여성들은 거의 한결같이 사기를 당했다고 주장했다. 일부는 조선인 모집업자들이 자신들을 속였다고 말했고, 일부는 일본인들에게 속았다고 말했다. 그리고 일부는 조선인과 일본인으로 구성된 모집업자들이 자신들을 속였다고 말했다. 그러나 그녀들 중 누구도 일본 정부가 성노예를 부리기 위한 계획의 일환으로, 인간사냥식으로 자신을 강제연행했다고 주장한 바는 없다. 대부분은 단순히 모집업자(일반적으로 민간인)가 자신에게 거짓말을 했다고 증언했다.

D. 동시대의 증거

1. 개요

명백한 사실은, 일본군이 조선의 여성을 총으로 위협해서 강압적이고 체계적으로 연행했다는 주장에 대한 유일한 근거는 (피해를 입었다는 이들 중에서도 일부) '증언'뿐이라는 점이다. 만약 일본군이 총을 겨누면서 상당수의 젊은 여성들을 납치했다면 그 증거를 확증하는 그 시대의 다른 증거도 있어야 한다. 활동가들과 서구 학자들은 옛 위안부들이 너무 부끄러운 과거였기에 차마 자신의 이야기를 꺼낼 수 없었다고 주장한다. 그러나 비록 위안부 본인이 이야기하는 것을 꺼렸더라도, 마을의 다른 사람들은 그런 사건에 대한 분노를 표출하는 데 주저하지 않았을 것이다. 그들은 일기장에라도 그 이야기를 썼을 것이다. 편지로라도 그 이야기를 남겼을 것이다. 그리고 신문사에도 이를 알렸을 것이다. 전쟁 당시에 신문이 일본의 감시를 받은 것은 사실이지만, 전쟁 후에는 그렇지 않았다. 전쟁 당시에 일본군이 "위안부 사냥"을 했다면, 1945년 바로 직후 몇 년 동안 신문, 수필가, 역사가가 그런 인간사냥 문제에 대해 상세히 기록했을 것이다. 하지만 실제로 그러한 기록은 대부분 요시다 세이지가 쓴 가짜 회고록이 출간된 이후(1983년)에야 등장했다.

2. 소정희

인류학자인 소정희는 전쟁 이후의 언론 보도를 상세히 추적했다.[124] 그녀는 1964년 이전까지 위안부에 대한 언급을 전혀 찾지 못했다. 그해 「한국일보」에서 그녀는 "일제시대 당시 동남아로 끌려갔다forcibly taken"는 위안부에 대한 기사를 1개 발견했다.[125] 이 여성은 1963년에 사망했다. 소정희는 그녀가 어떻게 위안부가 되었는지에 대해서는 언급하지 않았다.

다음은 소정희의 지적이다.[126]

> 위안부 문제에 관한 한국의 거의 모든 출판물들은 1965년 한일협정 이후에야 등장했다. 거의 모든 출판물들이 독립 이후의 민족주의적 관점을 제시하면서 일본이 조선의 '처녀'들을 (……) '위안부'로서 학대했다고 서술했다.

소정희는 한국에서 위안부에 대한 "공식 담론"은 1970년도의 한 기사에서 시작되었다고 본다.[127] 그녀는 해당 기사의 내용에 대해서는 자세히 설명하지 않지만, 위안부 문제에 대해 이따금씩 출판물이 나오기는 했다고 지적한다(센다 가코의 책 한국어 번역판『분노의 계절』포함).[128] 그리고 다음과 같이 주장했다.[129]

> 하지만 한국인이 집필한, 조선인 위안부 문제를 주제로 다룬 책은 1981년이 되어서야 출판되었다.

소정희는 이 책에 대해서도 자세히 설명하지 않았다. (역주: 김성종의 『여명의 눈동자』로 보인다.) 대신 다른 소설로 시선을 돌린다. 소정희는 이 소설에 나오는 위안부가 2,000원을 벌었다는 얘기가 나온다면서 이렇게 말했다.[130]

> 또한 배상 운동이 시작된 이후에는 여성들이 매춘에 대한 대가를 받았다고 말하는 것은 사회적으로 용납될 수 없었고 정치적으로도 당혹스러운 일이 되었기 때문에, 이 소설의 작가가 순이가 저축한 금액을 2,000원으로 묘사한 것은 주목할 만하다.

끝으로, 소정희는 한국 언론이 태국에 살고 있던 익명의 옛 위안부에게 대단한 관심을 기울인 사실에 주목한다.[131] 그 여성은 이렇게 주장했다.

나는 1942년 일본 경찰에 의해 강제연행되어 싱가포르로 보내졌고 거기서 3년 동안 위안부로 일했어요.

소정희가 시간 순서대로 나열한 사건 중에서 1963년 기사 이후로 "강제연행"됐다고 주장한 여성이 처음 등장한 것이다. 요시다 세이지의 책은 1983년에 나왔고, 「아사히신문」이 그 책을 정력적으로 홍보했다는 사실을 기억하라. 한국 언론은 이 여성의 이야기를 1984년에 보도했다. 이 이야기를 일본에서 보도한 신문사도 「아사히신문」이었다.[132]

3. 신문

한국에서 발행 부수가 가장 많은 두 신문은 「동아일보」와 「조선일보」다. 두 신문사는 1920년에 창간됐다. 해방된 1945년부터 요시다 세이지가 쓴 날조 회고록의 한국어 번역본이 나온 1989년까지 두 신문은 위안부 문제에 대해 이렇다 할 보도를 하지 않았다.

한국의 경제사학자 주익종은 램자이어의 요청에 따라 다음과 같이 한국의 두 신문사 기사들을 검색했다. 그는 〈그림 5-1〉에서 보듯이 「동아일보」그리고 「경향신문」지면에 "위안부"라는 용어가 실린 횟수를 추적했다. 「경향신문」은 1946년에 창간된 신문으로, 현재 한국에서 중도 좌파로 분류된다. 그리고 「동아일보」는 현재 중도 우파로 분류된다. 빗금을 칠한 막대는 일반적인 차원에서의 "위안부" 언급 횟수, 흰 막대는 미군 기지의 매춘부라는 의미로 "위안부"를 언급한 횟수, 먹으로 칠해진 막대는 일본군 기지의 매춘부라는 의미로 "위안부"를 언급한 횟수를 나타낸다. 1991년 이전까지 이들 두 신문에서 일본군을 위한 위안부에 대한 언급은 거의 없다는 사실을 확인할 수 있다.

〈그림 5-1〉「동아일보」와「경향신문」에 실린 "위안부" 언급 기사 개수

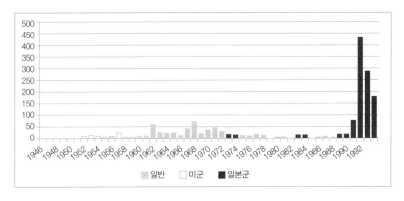

출처: 주익종의 조사 결과.

1982년, 1984년, 1989년에는 이들 신문이 "정신대"에 관한 기사를
최고 10건 가량 게재했다. 정신대는 일본 정부가 1944년 말부터 1945
년 전쟁이 끝날 때까지 국가총동원법에 따라 산업체로 동원하기 위한
근로 조직을 지칭하는 용어다. (역주: 일본 본토에서와 같이 여성을 산업체로
동원하는 여자정신근로령은 조선에서는 적용되지 않았다. 조선에서의 정신대 동
원은 교사 등 지인의 알선과 권유에 의해 이루어졌다.) 한동안 한국에서는 이
"정신대"가 "위안부"와 구분되지 않아 큰 혼선이 빚어졌다.[133] 정신대
라는 용어가 1970년대에 몇 번 등장했다는 사실은 주목할 만하다(하지
만 연간 6회를 넘지 않았다). 그러나 그 기사들은 대부분 다음 두 편의 영
화에 대한 내용이었다. 하나는 오키나와의 매춘부(강제연행된 경우가 아
니다)에 대한 일본 다큐멘터리였고, 다른 하나는 '여자정신대'라는 제
목의 에로 영화였다.[134]

주익종의 연구와는 별도로 저널리스트 최석영도「동아일보」를 대

상으로 유사한 연구를 수행했다. 〈표 5-5〉에 그 연구 결과가 있다. 예상했겠지만, 최석영의 연구 결과도 역시 주익종의 그것과 비슷하다. 1989년 요시다 회고록의 한국어판이 출판되기 전까지 「동아일보」는 일본군 위안부에 대해 거의 보도하지 않았다.

〈표 5-5〉「동아일보」에 실린 위안부 관련 기사의 수

	일본군 위안부 관련 기사	미군 위안부 관련 기사
1951~1955	1	17
1956~1960	0	36
1961~1965	0	56
1966~1970	1	118
1971~1975	5	39
1976~1980	0	20
1981~1985	4	9
1986~1990	5	8
1991~1995	616	3

출처: 최석영(崔碩栄, Che Suk-young)이 저술한 『한국인이 쓴, 한국이 '반일국가'인 진짜 이유(韓国人が書いた韓国が「反日国家」である本当の理由, The Real Reason behind "Anti-Japanese Nation")』(사이즈샤彩図社, 2012년)에 있는 내용으로, 여기서는 「세이론正論」 2015년 8월호에 게재된 하타 이쿠히코(秦郁彦, Ikuhito Hata)의 '3종 세트 한국의 위안부 사정 1945-2015(3点セット 韓国の慰安婦事情 1945-2015, Three-point Suite: The Facts About South Korea's Comfort Women, 1945-2015)'에서 재인용된 내용을 가져온 것이다.

일본 고베대학교 법학과 교수 기무라 칸(木村幹, Kan Kimura)은 「동아일보」의 라이벌인 「조선일보」에서 "위안부comfort women"와 "강제동원forced transport"이라는 단어로 검색을 해 보았다. 1945년부터 1990년 사이의 경우, 과거에 조선인이 강제동원되었다는 내용의 기사를 일부 찾아

냈지만('강제동원' 혹은 '징용'은 한국과 일본 사이에서 두 번째로 큰 역사적 논쟁이 벌어지고 있는 이슈다), 위안부 관련 기사는 전혀 찾을 수 없었다.

〈표 5-6〉 제목이나 내용에 "일본", "배상", "강제동원", "위안부"가 들어간
「조선일보」 기사의 수

	"일본"	"배상"	"강제동원"	"위안부"
1945~1949	1,236	47	0	0
1950~1954	936	13	0	0
1955~1959	3,250	24	0	0
1960~1964	4,534	22	2	0
1965~1969	3,535	7	3	0
1970~1974	5,620	8	2	0
1975~1979	4,643	5	0	0
1980~1984	5,133	4	2	0
1985~1989	4,748	4	11	0
1990~1994	17,539	344	150	3
1995~1999	28,121	357	186	459
2000~2004	34,943	286	44	349
2005~2009	35,867	215	27	366

출처: Kan Kimura, The Burden of the Past: Problems of Historical Perception in Japan-Korea Relations(Ann Arbor: University of Michigan Press, 2019)(Marie Speed, tr.), p.6, Fig. 1.1.

기무라 칸은 일본 일간지인 「아사히신문」에서도 "위안부"와 "강제동원"으로 검색을 해 보았다. 앞서 지적했듯이 「아사히신문」은 요시다 세이지의 주장을 최초로 대대적으로 보도한 언론사다.

〈표 5-7〉 "위안부", "강제동원"이 들어간 「아사히신문」 기사의 수

	"위안부"	"강제동원"
1945~1949	0	0
1950~1954	0	0
1955~1959	0	0
1960~1964	0	1
1965~1969	0	0
1970~1974	0	5
1975~1979	1	15
1980~1984	1	8
1985~1989	6	14
1990~1994	600	275
1995~1999	822	222
2000~2004	126	169
2005~2009	225	142
2010~2014	413	57

출처: Kan Kimura, The Burden of the Past: Problems of Historical Perception in Japan-Korea Relations(Ann Arbor: University of Michigan Press, 2019)(Marie Speed, tr.), p.26 Fig. 2.1.

여기서 기무라 칸은 헤드라인만 검색했다. 1980년 이전까지 위안부에 대한 기사는 단 1건만 검색되었다.

요점은 간단하다. 요시다 세이지의 날조 회고록이 한국어판으로 번역되어서 출판되기 전까지 한국의 신문들은 제2차 세계대전 당시의 위안부 문제에 대해 거의 언급하지 않았다. 그들은 매춘 산업에 대해 보도하면서 미군을 상대로 영업한 매춘업소와 매춘부에 관해서 주로 보도했다.

Ⅳ. 한국정신대문제대책협의회(정의기억연대)

A. 통제력 유지

위안부 분쟁의 중심에는 한 단체가 있는데, 이 단체는 한국과 일본의 화해를 가로막기 위해 끊임없이 분쟁을 조장하는 단체다. 이 단체의 이름은 바로 '한국정신대문제대책협의회'(줄여서 '정대협')다. 현재 이름은 '일본군 성노예제 문제해결을 위한 정의기억연대'(줄여서 '정의연')다. 이 단체는 서울에 있는 주한일본대사관 앞에서 매주 수요일마다 시위를 해 왔다. 전 세계에 위안부 동상을 설치하거나 그 설치를 위한 자금을 지원하기도 했다. 이 단체는 한국에서 일부 학자들이 위안부 문제에 대해서 회의적 발언을 할 경우, 그 사유로 그 학자들이 형사 입건되도록 하는 일을 주도해 왔다(아래 5절에서 자세히 설명한다). 그리고 이 단체는 옛 위안부들에게 일본의 어떠한 보상도 거부하도록 조직적으로 압력을 가해 왔다.[135]

위안부 지원 단체들은 옛 위안부들의 공개 증언을 대부분 통제하고 있다. 이 단체들은 '쉼터'나 '나눔의 집'이라는 집단거주시설 등을 운영하면서 그런 통제 권한을 갖게 되었다. 그래서 위안부 출신 여성들은 결국 이런 위안부 지원 단체들이 원하는 이야기만 하게 된다.[136] 한국의 정치학자인 이유진(Joseph Yi 2018)은 "위안부 납치와 관련된 서사는, 활동가 단체(예를 들어 나눔의 집이나 정대협)와 관련된 일부 소수 여성(1990년대에 등록한 생존자 238명 중 16명)의 구두 증언에만 기초한 것"이라고 지적한 바 있다.[137] 집단거주시설의 운영에 관여하는 식으로 위안부 지원 단체들은 학자들과 기자들이 만날 여성과 해당 여성이 말하는 내용을 통제한다.

옛 위안부들 중에서 상당수는 정대협에 대해 깊이 분노하고 있다. 2004년에는 몇몇 옛 위안부들이 자신들의 활동에 대한 결정권을 되찾기 위해 정대협에 소송을 제기하기도 했다.[138] 그러나 정대협은 계속해서 통제력을 유지하고 있으며, 옛 위안부들을 협박하는 데도 성공했다. 한국의 일문학자이자 위안부 지원 단체에 대해 강력한 비판을 제기해온 박유하는 한 위안부 지원 단체('나눔의 집')가 자신에게 옛 위안부에 대한 인터뷰를 허락해 준 것조차 의아한 일이라고 말한 바 있는데, 다음은 박유하가 밝혀 온 생각을 영문으로 정리한 한 웹사이트의 글을 옮긴 것이다.[139]

> 내가 2000년대 초 위안부 문제에 대해 다시 관심을 갖게 된 계기는 위안부 지원 단체가 생존 여성들을 '나눔의 집'이라는 한 집단거주시설에 보호하고 있다는 소식을 들었기 때문이다. 이 여성들이 외부인들과 대화할 수 있는 때는 위안부 지원 단체가 유엔 특별보고관이나 미국 정치인들을 위한 증언을 필요로 할 때뿐이었다. 하지만 어떤 이유에서인지, 2003년 어느 날 나는 그녀들과 대화를 할 수 있는 허락을 받았다.

박유하는 옛 위안부들이 위안부 지원 단체에 대한 불만이 상당히 크다는 사실을 확인했다. 다음 역시 박유하가 밝혀 온 생각을 영문으로 정리한 한 웹사이트의 글을 옮긴 것이다.[140]

> 나는 이분들이 이곳에 수용되어 있으면서 행복하지 않다는 것을 느낄 수 있었다. 그녀들 중에 한 분(배춘희)은 나에게 일

본 군인과의 로맨스를 회상한다고 말했다. 그녀는 자신을 팔아먹은 아버지가 싫다고 말했다. 그녀는 또한 그곳의 여성들은 거짓 증언을 하라는 위안부 지원 단체의 지시를 받는 것을 좋아하지 않았지만 그래도 위안부 지원 단체의 명령에 복종해야만 한다고 말했다.

B. 화해를 방해하다

애초부터 정대협의 목표는 일본과 한국의 화해를 방해하는 것이었다. 정대협이 위안부를 처음 인터뷰하기 시작했을 때, 서울대학교의 경제사학자인 안병직도 그들과 함께 일하고 있었다. 그는 결국 불쾌한 마음에 그 일을 그만두었다. 안병직은 "정대협은 위안부들을 돕기 위해서가 아니라 '반일'을 위해서 이 일을 하고 있다"고 비판했다.[141] 안 교수는 "이 연구의 결과로 사람들이 반일 운동에 동참하게 된다면 어쩔 수 없지만, 이 연구의 목적 자체가 반일이라면 그건 옳지 않다"고 지적했다.

일부 옛 위안부들이 일본 측과 화해를 하려고 하자 정대협은 그녀들을 위협했다. 일본이 1995년도에 처음으로 보상을 제공하자 정대협은 옛 위안부들에 대한 위협을 실제로 행사하고 나섰다. 정대협은 일본이 민간 기금을 통해 보상 프로그램을 가동하기 때문에 보상에 반대한다는 명분을 내세웠다. (역주: 정대협은 '일본 민간'이 아니라 '일본 정부'가, '보상'이 아니라—불법을 명확히 인정하고 사죄를 전제로 한—'배상'을 해야 한다고 주장했다.) 일본 정부는 1965년에 한국에 지불했던 돈의 반대급부로 한국 정부가 모든 청구권을 포기했다는 사실을 지적했다. 일본 측은 이런 입장을 유지하는 차원에서 새롭게 조직된 민간단체를 통해 기금을 출연한다는 것이었다. 일본 정부는 해당 단체가 일본 국민들로부터 추가 기금을 모금한 후 그 총액을 지급하는 방안을 생각했다.

그러나 정대협은 일본 정부가 책임을 부인하고 있다고 선언하고 옛 위안부들에게 보상을 거부하라고 지시했다. 하지만 옛 위안부들 중에서 상당수가 정대협의 이런 지시를 거부했다. 그녀들은 나이가 많고, 가난했으며, 돈이 필요했다. 일본 측에서 옛 위안부들과의 만남을 추진하자 정대협은 옛 위안부들에게 연락해 "우리가 돈을 줄 테니 사무실로 오세요"라고 말했다. 정대협은 옛 위안부들에게 일본의 보상 프로그램에 협조하지 않을 것을 서약하면 한국 돈 2,500만 원씩을 지급하겠다고 약속했다.[142]

정대협은 자신들의 요구를 따르지 않는 옛 위안부들에게 잔인한 모습을 보였다. 일본 정부는 옛 위안부들에게 각각 5백만 엔씩을 지원하기로 약속한 바 있다.[143] 다음은 박유하가 밝혀 온 생각을 영문으로 정리한 한 웹사이트의 글을 옮긴 것이다.[144]

일본이 1995년도에 아시아여성기금Asian Women's Fund을 통해 보상금을 제시하자, 61명의 옛 위안부들이 정대협 대표의 명령을 무시하고 보상금을 받았다. 그 61명의 여성들은 일본에 면죄부를 줬다는 비난을 받았다.

보상금을 수령한 옛 위안부들의 이름은 기밀이었음에도 불구하고, 그녀들 중 일부는 이름이 공개됐다.[145] 다음 역시 박유하가 밝혀 온 생각을 영문으로 정리한 한 웹사이트의 글을 옮긴 것이다.[146]

그녀들 중에 7명은 이름이 공개됐고 그녀들은 불명예의 여생을 보내야 했다.

이어 한국 정부는 일본으로부터 돈을 받은 여성들은 정부의 연금을 받지 못하고 공공 주택에서 살 권리도 잃게 될 것이라고 덧붙였다.[147]

인류학자 소정희도 박유하의 이런 지적을 재확인했다.[148] "다른 옛 위안부들은 정부의 인증을 위한 초기 조사 이후에는 더 이상의 관련 증언을 단호히 거부했다." 소정희는 "그녀들은 혹시 '말실수'로 인해 피해자 등록이 취소되고 이로 인해 복지 지원금 지급이 중단될까 봐 침묵을 지킨 것"이라고 설명했다.

2015년 말, 일본 정부와 한국 정부는 위안부에 대해 또 다른 합의를 했다. 당시 아베 신조 수상은 또다시 사과했다. 일본 정부는 보상금으로 800만 달러를 추가했고, 한국의 박근혜 정부는 더 이상의 요구를 하지 않기로 합의했다. 그 합의는 "최종적이고 불가역적인 것"이었다.[149] 옛 위안부들 46명 중에서 적어도 34명은 이 보상을 받아들였다.[150]

하지만 그것으로 "최종"이 아니었다. 한국 정부는 2015년 합의가 불만족스럽다고 선언했다.[151] 그리고 나서 새 대통령으로 뽑힌 문재인은 2015년 합의에 대해 "진실과 정의의 원칙에 어긋날 뿐만 아니라 지난 정부가 할머니들의 의견을 듣지 않았다"고 평가하며 합의 파기를 시사했다.

사실 이러한 일은 정대협이 어느 정도 의도적으로 만들어 낸 결과였다. 2020년 5월, 이용수는 정대협 대표(윤미향)가 고의로 그 합의에서 위안부들의 의견이 반영되지 않도록 했다는 의혹을 제기했다. 이용수는 "윤미향이 구체적인 합의 내용을 알고 있었으면서도 우리들에게는

그 내용을 알려 주지 않았다"고 말했다. 윤미향은 처음부터 그 합의를 방해할 계획이었다는 것이다.[152]

C. 북한과의 커넥션

정대협은 한국과 일본의 화해를 저지함으로써 북한의 중요한 정치적 목적을 직접적으로 구현하고 있다. 바로 이것이 핵심 포인트다. 정대협은 북한을 위해 끊임없이 활동하는 조직이다. 사회학자인 류석춘은 정대협이 "북한을 추종하고 있다"고 지적한 바 있다.[153] 일문학자인 박유하가 밝혀 온 생각을 영문으로 정리한 한 사이트에서는, "정대협은 한미일 안보 파트너십을 벌리는 쐐기를 박기 위한 정치적 목적으로 위안부 문제를 이용했다"고 적고 있다.[154] 이 웹사이트가 전하고 있는 박유하의 생각에 따르면, 한국 내 극좌파들에 의해 구성된 정대협은 일본과 한국의 화해를 고의적으로 방해하는, 근본적으로 북한과 연계된 조직이다. 그들이 일본과 한국의 화해를 방해하는 것은 북한의 의제를 진전시키기 위해서인 것으로 보인다.

정대협의 출발은 1987년 8월 히로시마와 나가사키에서 열렸던 원수폭금지세계대회原水爆禁止世界大会로 거슬러 올라간다. 일본 사회당의 시미즈 스미코清水澄子 의원은 조선총련(朝鮮總聯, 일본의 재일본북한대표부라고 할 수 있다) 공식기관지인 「조선신보朝鮮新報」에서 그 역사를 자세히 설명했다. 그해 8월 시미즈 스미코는 한국 교회 관련 단체(한국기독교교회협의회)의 부회장인 이우정을 만났다. 한국의 정보기관인 국가정보원(National Intelligence Service, NIS)의 전신으로 당시 국가안전기획부(National Security Planning Agency, NSPA)의 감시를 피하기 위해 그녀들은 나가사키 항구의 배 위에서 비밀리에 모임을 가졌다.[155] 시미즈 스미코는 "그녀(이우정)가 내 손을 꼭 잡고 말했다"며 "김일성 주석에 대해 말해 주세요. 북한에 있는 내 형제자매들에 대해 말해 주세요. 북쪽에 사는 내 누이인 여연구(북한 지배층에서 저명한 인물)를 만나게 해 주세요. 당신은 할 수 있습니다"라는 말을 했다고 밝혔다.[156]

배 위에서 시미즈 스미코와 이우정은 북한과 협력 사업을 시작할 수 있는 최선의 방법에 대해 논의했다. 좀 더 구체적으로 그녀들은 '조국통일민주주의전선'이라는 북한 단체와 공동 프로젝트를 계획하기 시작했다.[157] 결국 그녀들의 프로젝트는 정대협으로 발전하게 되었다.

시미즈 스미코와 이우정의 팀워크는 곧 '아시아 평화 및 여성의 역할에 관한 심포지엄Symposium on Peace and the Place of Women in Asia'으로 이어졌다. 1991년 5월 도쿄에서 열린 이 심포지엄에는 새로 결성된 정대협 대표가 참석했다. 여연구도 북한에서 왔다. 1992년이 되자 이 심포지엄은 평양에서 개최되었다.[158] 그곳에서 정대협 초대 대표 윤정옥이 김일성을 만났다.

정대협은 한국의 주요 기독교 인사들을 중심으로 결성됐는데, 윤미향은 간사로서 1991년도에 정대협에 합류했다. (역주: 윤미향은 1991년 1월에 정대협 간사로 시작하여 2002년 2월에 정대협 사무총장이 되었고, 2005년 2월에 상임대표 자리에 올랐다.) 1964년생인 윤미향은 한신대학교(한국의 기독교계열 대학교)와 이화여자대학교에서 공부했다. 이우정(배 위에서 시미즈 스미코를 만난 사람)이 바로 한신대학교 교수였다. 윤정옥(김일성을 만난 사람)은 정대협에 합류하기 전 이화여대 교수였다. 윤미향은 한국기독교장로회에서 일한 바 있다. (역주: 윤미향은 1989년 1월부터 3년간 한국기독교장로회에서 일했다.)

초창기 정대협에 내재된 계급 갈등 문제에도 주목해 보자. 이화여대는 20세기 중반 뉴욕 시민들이라면 '훌륭한 집안good families'이라고 불렀을 집안 출신의 여성들을 위한 학교다. 한국의 웰슬리대학Wellesley College이라고 보면 된다. 1930년대와 1940년대 당시 조선에서는 딸을 이화여대에 보낼 수 있는 수준의 집안을 상대로 모집업자들이 위안부를 충원할 일은 없었다. 모집업자들은 조선에서 가장 가난한 시골 빈민의 집안에서 위안부를 충원했다. 이화여대와 위안부 사이의 사회적 차이를 설명하자면, 뉴욕요트클럽에서 열리는 웰슬리 졸업생들을 위해 준비된 저녁 식사와, 펜타닐(마약)이 널부러진 애팔래치아(Appalachia, 미국 동부의 산악지방) 언덕의 허름한 식당에서 나오는 점심 식사를 떠올리면 된다.

북한에서 김일성을 가운데 두고 찍은 1990년대 당시 한국 여성계 최고위급 지도자들. 윤정옥을 비롯하여, 이태영, 이효재, 이미경, 이우정 등이 눈에 띈다. 사진은 정대협 측의 자료를 기초로 김병헌 국사교과서연구소 소장이 인물 식별 작업을 한 것이다. 1. 윤영애(尹永愛), 2. 윤정옥(尹貞玉), 3. 여연구(呂鷰九), 4. 이우정(李愚貞), 5. 이태영(李兌榮), 6. 이효재(李效再), 7. 조아라(趙亞羅), 8. (확인불가인물), 9. 안상님, 10. 조화순(趙和順), 11. 한명숙(韓明淑), 12. 권영자(權英子), 13. 이미경(李美卿)

윤미향은 한국의 관료적 교회 사회에 기반을 둔 사람이지만, 동시에 북한이 한국 내에 결성한 네트워크와도 깊은 유대를 갖고 있었다. 윤미향이 정대협에 간사로 합류한 지 2년여 쯤 지나서 한국 경찰이 그녀의 남편 김삼석과 그의 여동생 김은주를 북한 관련 간첩 혐의로 체포했다(남매간첩단 사건).[159] 두 사람은 일본에서 북한의 공작원(재일한국민주통일연합, 줄여서 '한통련' 관계자)을 만나 서류를 건네고 돈을 받았다. 이와 관련 한국의 법원은 국가보안법 위반 혐의로 윤미향의 남편에게는 징역 4년, 그 여동생에게는 징역 2년을 선고했다. 이 판결은 당시 대법원에서 확정됐다.[160]

김삼석은 2014년도에 재심을 청구했고, 새로운 재판에서 한국의 법원은 직접적 간첩행위 혐의(국가기밀 탐지·수집) 일부에 대해서는 유죄 판결을 취소했다. 그러나 법원은 그가 북한의 공작원에게 서류를 넘기고 돈을 받은 것은 객관적 사실임을 확인했으며, 특히 금품을 수수한 사실과 관련 국가보안법 위반 혐의 유죄를 확정했다(집행유예 2년 포함). 법원은 김삼석이 한국에서 저지른 범죄의 구성요건을 검찰이 완전히 증명하는 데는 실패했다고 판단했기에, 그는 "직접적 간첩 행위"와 관련한 혐의는 벗었다. 북한 측의 명확한 지시에 따라서 "국가 기밀"을 탐지·수집했다는 혐의는 벗게 된 것이다.[161] 사실, 2000년대 들어서 한국의 사법부는 계속 좌경화되고 있었다. 정대협은 그런 분위기에서 사법부를 활용하여 위안부 문제에 회의적 시각을 가진 여러 학자들을 침묵시키는 데도 성공했다. 한국의 대법원이 김삼석에 대한 국가보안법 위반 혐의 중에서 직접적 간첩행위 혐의와 관련 유죄 판결을 취소했던 때는 박근혜 대통령이 탄핵되고 20여 일 후다.[162]

윤미향의 집안은 북한과의 유대가 상당하다. 경찰은 2006년 윤미향의 시동생 김은주(김삼석과 함께 북한의 공작원을 만나고 서류를 전달한 혐의 등으로 유죄 판결을 받은 여성)의 남편인 최기영을 체포했다. 이는 별도의 간첩 사건과 관련한 수사였다(일심회 사건). 재판부는 윤미향의 시동생 남편인 최기영에게 징역 3년 6개월을 선고했다.[163]

최기영은 지금은 해산된, 북한 추종 성향 정당 통합진보당(통진당)의 고위 지도부에 속해 있던 인물이다. 몇 년 전 한국의 검경은 통진당 지도부가 한국 주요 시설을 대상으로 대규모 파괴 작전을 계획했던 사실을 적발하기도 했다. 정치학자 메러디스 쇼Meredith Shaw는 "그들의 비밀 녹취록 내용은 통진당 당원들이 북한의 한국 점령을 돕기 위해 음모를 꾸몄음을 드러냈다"고 말했다.[164] 아마도 그다지 비밀은 아니었는지 모른다. 한국을 오랫동안 관찰해 온 전문가인 조슈아 스탠튼Joshua Stanton은 통진당 의원들이 "북한의 침공을 지원하기 위해 한국의 기반 시설을 목표물로 공격하는 방안을 (……) 공개회의에서 논의했다"고 썼다. 한국 법원이 관련 피고인 중 한 사람에 대한 형량을 12년에서 9년으로 줄이자, 조슈아 스탠튼은 "한국의 법은 멍청한 양형 지침을 가지고 있다"고 지적하기도 했다.

한국의 헌법재판소는 2014년 통진당 해산을 명령했다. 사회학자 류석춘에 따르면, 통진당 지도부는 정대협 지도부와도 인적으로 얽혀 있다.[165] 류석춘은 위안부 문제 발언 이외에 저 발언 때문에도 현재 형사기소를 당한 상태다. 사실, 류석춘은 통진당 활동과 정대협 활동이 겹치는 이들이 정확히 누구인지까지도 특정할 수 있다. 그는 자신의 수업을 듣는 학생들에게 다음과 같이 말했다.[166] "정의기억연대가 정말로 정직하게 위안부 할머니들에게만 봉사하는 단체라고 생각합니까? 정의기억연대는 할머니들을 이용하고 있을 뿐입니다. 여러분과 같은 선의를 가진 사람들의 감성을 자극하는 것이죠. (……) 정대협의 핵심 간부들이 통진당 간부들인 건 알아요? 정대협 활동하고 있는 사람들하고 통진당 간부들하고 얽혀 있어요."

D. 중국 닝보의 열두 사람

2016년 4월, 중국 닝보寧波에 있는 한 북한 소유 식당(류경식당)의 점장이 식당 종업원 19명 중 12명을 데리고 한국으로 망명했다. 북한 정권은 100여 개의 식당 네트워크를 해외, 특히 아시아에서 운영하고 있다. 그곳에서 웨이트리스들은 노래하고 춤을 춘다.

북한 정권은 자신들의 공연 예술단을 위해 남녀 아이들을 어린 시절부터 선발해서 키운다.[167] 이 아이들이 자라 어른이 되면서 일부는 최고 예술단에 들 만한 재능이 없다는 사실이 드러난다. 북한 정권의 예술 분야에서 최고의 자리에 갈 수 없는 여성들은 결국 해외 식당들로 나가게 된다. 그곳에서 그녀들은 노래하고, 아코디언을 연주하고, 특별한 의상을 입고 춤을 추면서 고객들을 즐겁게 한다.[168]

그 식당들은 북한이 필요로 하는 외화를 마련하는 데 도움을 주기도 한다. 또한 그 식당들은 추가적인 이익도 제공한다. 그 식당들은 일단 현금 장사를 한다. 그렇기에 그 식당들은 북한 정권이 불법 시장에서 마약과 군사 장비를 팔아서 번 현금을 세탁하는 수단을 마련해 주는 것이다.[169]

그렇기에 북한 정권에 있어서 중국 닝보의 탈북은 공개적인 재앙이었다. 더구나 북한은 주로 엘리트 가정의 아이들을 예술단으로 모집해 왔다. 한때 주한미군 JAG 군단의 장교이자 오랜 기간 한반도 문제 평론가로 활동해 왔던 조슈아 스탠튼이 말한 대로, 그녀들은 "평양 엘리트 계층의 딸들"에 속하는 여성들이었다.[170] 그녀들이 집단 망명을 결정한 것이다. 이는 "정권의 안정에 대한 위협"이었다. 북한은 즉시 한국의 국가정보원이 그 젊은 여성들을 속이거나 납치한 것이라고 선전했다.

오늘날 한국 좌파의 기괴한 정치 양태가 드러나는 대목이 바로 이 지점이다. 이 시점에서 한국의 좌익 변호사들이 북한의 주장에 동조하고 나섰다. '민주사회를 위한 변호사 모임', 줄여서 '민변'은 한국 내 좌익 상층부의 화신이라고 할 수 있다. 조슈아 스탠튼은 "한국의 정치적 좌파 엘리트들의 특성을 민변만큼 모조리 갖춘 조직은 없다"고 지적한 바 있다.[171] 최근 한국의 대통령을 지낸 노무현과 문재인도 모두 민변 회원이었다.

민변은 자신들이 류경식당 여종업원 12명의 부모를 대변한다고 밝혔다. 민변이 어떻게 그녀들의 부모로부터 그런 위임을 받았는지는 명확하지 않다. 북한의 특성을 감안할 때 민변은 분명 북한 정권 그 자체를 위해 행동하는 단체다.[172]

민변은 저 12명의 탈북 여성들을 법정에 부르기 위해 '인신보호청원habeus corpus petition'(난민 심문 권리를 갖기 위한 법적 지위의 신청)을 제출했다. 민변은 그녀들이 자발적으로 왔는지 아니면 한국의 국가정보원에 의해 납치되었는지를 확인하기 위해 그녀들을 심문하고자 한다고 주장했다.[173] 이 심문은 '변호사의 고객에 대한 충성 의무 위반breach of loyalty'임이 명백하다. 명목상으로 민변은 탈북 여성 12명의 가족을 대표한다고 주장한다. 하지만 탈북 여성 12명을 법정에 세우면 결과적으로 북한에 있는 그녀들 가족의 신변이 위태로워지게 된다. 다음은 조슈아 스탠튼의 설명이다.[174]

만약 닝보에서 온 12명의 탈북자들이 자신들의 망명 신청을 공개적으로 재확인하라는 강요를 받게 된다면 민변은 자신들의 '의뢰인'이 굴락(gulag, 강제수용소)에서 서서히 죽음을 맞도록 만드는 데 성공하게 될 것이다. 만약 이런 문제를 알고서 두려움을 느끼는 12명의 탈북자들이 공개적으로 망명 신청을 포기한다면, 이들 탈북자들은 북한으로 돌려보내질 것이고 어둡고 불확실한 운명을 맞이할 것이다. 이처럼 북한이 겁에 질린 가족들을 마치 고양이 앞의 생선처럼 소송 원고 신분으로 내세울 때마다 민변이 이를 대리하여서 난민을 심문할 권리가 있다는 선례를 남기게 된다면, 앞으로 그 어떤 탈북자도 한국행을 할 엄두도 내지 못할 것이다.

여종업원들 중에서는 북한으로 돌아가고 싶어 하는 이가 없었지만, 지배인 허강일은 한동안 주목을 받았다. 그는 말을 여러 번 바꿨다. 때때로 그는 여성들이 자진해서 망명했다고 주장했고, 때로는 그 탈북이 한국의 음모였다고 말하기도 했다. 조슈아 스탠튼은 "지배인 허강일이 거짓말을 했다는 것은 의심의 여지가 없다. 유일한 문제는 그 거짓말을 언제 했느냐다."[175] 결국, 그와 몇몇 여종업원들은 신변 안전에 대한 우려로 제3국행을 선택했다.[176]

2018년도에 민변 변호사 여럿이 지배인 허강일과 접촉해 그를 윤미향과 남편 김삼석에게 소개하기도 했다. 이들은 정대협이 2012년에 매입한 서울 근교의 주택에서 정기적으로 만났다. 이 주택은 윤미향의 남편 김삼석의 좌익 활동가 지인으로부터 시가의 3배 이상을 주고 구입했다는 언론의 의혹이 제기되었던 곳이다. 그 집에는 아무도 살지 않지만, 윤미향의 아버지가 유급 관리인으로 일하고 있었다(Nishioka 2020).

윤미향과 남편 김삼석 및 민변 변호사들은 류경식당 지배인 허강일과 여종업원 세 사람을 여러 차례 그 집에서 만났다. 이들은 지배인과 여종업원들에게 북한으로 돌아가라고 강력하게 요구했다. 윤미향의 남편은 유명한 북한 혁명 가요를 불렀고,[177] 변호사들은 정대협(정의연)에서 주는 것이라고 하면서 지배인에게 여러 차례 현금을 전했다.[178]

E. 이용수와의 불화

1. 돈 문제?

앞서 언급했듯이 2010년대 들어서 이용수는 정대협이라는 맹렬한 '반일 십자군anti-Japanese crusade'의 상징이 되었다. 이용수는 원래 한밤중에 자기 친구와 함께 가출을 했고 "빨간 원피스와 가죽구두"를 건넨 일본인 남성을 만나 "선뜻", "다른 생각도 못하고" 따라갔다고 증언했다.[179] 또한 그녀는 2002년에 일본 국회를 방문하여 "14세의 나이에 총검으로 위협받아 끌려갔다"고 증언했다.[180] 2007년 미국 하원에서는 "일본군에 의해 끌려갔다"고 증언했다. 미국 방문 직후 도쿄에서 개최한 기자회견에서는 "일본 군인들이 어머니를 부르지 못하게 내 입을 막고 집에서 끌고 갔다"고 했다.[181]

이용수는 최근 2년 동안 위안부 운동을 둘로 분열시켰다. 공식적으로 이 분쟁은 돈과 관련이 있다. 정의기억연대는 거액의 정부 보조금과 민간 기부금을 받았지만 위안부 당사자들에게는 그 돈을 거의 지출하지 않았다. 거액의 자금은 의심스러운 용도로 사용되었다.[182] 관련 집단거주시설에서도 비슷한 일들이 많이 발생했다.[183] 이용수는 2020

년 5월에 윤미향을 공개적으로 비난했고, 검찰은 윤미향을 기소했다. 2022년 상반기 현재 윤미향의 사기 및 횡령 등 혐의에 대한 재판이 진행 중이다.

회계 공시에 따르면 2016년부터 2019년까지 '정의기억연대'는 49억 원의 기부금을 자체 조직(이 조직은 명목상 옛 위안부들을 대표한다) 명의로 모금했다. 또한 이전 단체의 이름, 즉 '한국정신대문제대책협의회'로도 2014년부터 2019년까지 30억 5천만 원을 추가로 모금했다.[184] 49억 원 중 9억 2천만 원이 옛 위안부들에게 지급됐다. 그런데 이 9억 2천만 원에는 2015년에 일본이 제시한 보상금을 받지 않은 옛 위안부 8명에게 각 1억 원씩 지급한 돈이 포함된다. 그러므로 2014년부터 2019년까지 일본의 돈을 거부한 옛 위안부들에게 지급한 것을 제외하면 정의기억연대가 그녀들에게 지급한 돈은 총 1억 2천만 원(모금한 49억 원의 2.4%)뿐이다. 기부금을 옛 위안부들을 위해 사용하지 않았다는 비판에도 불구하고, 정의기억연대는 이전 조직의 명의, 즉 정대협 이름으로 모금한 30억 5천만 원을 어떻게 사용했는지는 제대로 공개하지도 않았다. 이런 사실을 감안했을 때, 니시오카 쓰토무는 정대협이 모금한 돈을 옛 위안부들에게는 거의 지출하지 않았을 것으로 보고 있다.[185]

한국 언론은 윤미향과 그 남편의 재산에 대한 보도도 계속했다. 언론은 두 사람이 경기도 수원의 아파트 2억 2천만 원(윤미향 명의), 경남 함양군의 빌라 8천 5백만 원(김삼석 명의), 은행 예금 3억 2천만 원, 승용차 2대를 보유한 것으로 확인했다. 한국 언론은 또한 윤미향이 기부금 중에서 일부를 자신의 개인 계좌로 받은 사실도 확인했으며 윤미향과 그 남편이 자신들의 연소득을 고작 5천만 원 가량(5년간 납부 소득세 6백

4십만 원으로 추정)이라고 세무서에 신고한 사실도 확인했다.

집단의 결속력이 붕괴되면서 (아마도 예상치 못한 일이었겠지만) 진실이 드러났다. 이용수가 윤미향을 상대로 공개적으로 횡령 혐의를 제기하자, 윤미향은 이용수의 거짓말 혐의를 은근하게 공개하면서 맞대응했다. 이용수의 거짓말 혐의에 대해서, 윤미향은 여러 관찰자들(그리고 이 분야 대부분의 학자들)이 오래전에 결론 내렸던 대로 '이용수가 자신의 삶에 대해서 거짓을 말하고 있다'는 진실을 폭로함으로써 보복했다. 윤미향은 이용수와의 첫 만남을 페이스북에 올렸다. 윤미향은 이용수의 전화를 자기가 받았다고 회상했다. 윤미향에 따르면 당시에 이용수는 "저는 피해자가 아니고, 제 친구가요. (……)"라고 말했다고 한다. 이는 중요한 문제이므로 주목해야 한다. 일본으로부터 돈과 사과를 받아내기 위한 악질적이고 오랜 캠페인을 벌였던 단체의 수장(윤미향)이, 그 캠페인의 핵심인 옛 위안부(이용수)를 향해 인생사 전체를 조작한 사람이라고 공개적으로 비난한 것이다.[186]

이용수는 "나는 30년 동안 이용만 당했다"고 말했다. 윤미향은 이용수와 다른 위안부들을 "성노예"라고 불렀는데, 이에 대해 이용수는 "내가 왜 성노예냐? 말도 안 되는 소리다"라고 반박했다.[187]

2. 아니면, 위안부 운동에 대한 신뢰가 침몰 중인가?

니시오카 쓰토무는 이용수와 윤미향의 대립은 돈 때문이 아니고, 거기에는 이용수가 공격당할 때 윤미향이 도와주지 않았다는, 둘 사이의 근본적인 불신 문제가 도사리고 있다고 본다.[188] 한국 언론은 위안부 문제에 대한 비판을 오랜 기간 주저해 왔다. 일부 옛 위안부가 명백히 거짓 증언을 하고 있음에도 불구하고 언론은 아무 지적도 하지 않았다. 그러나 마침내 2014년부터 언론사 「미디어워치」의 젊은 대표이 사이자 편집국장인 황의원이 한국 언론의 금기를 깼다. 그는 정대협과 북한의 유대 관계(2014년), 그리고 이용수의 말이 얼마나 자주 바뀌었는지(2018년)에 대해 차례대로 보도했다.

니시오카 쓰토무는 윤미향과 이용수의 불화가 황의원의 탐사보도 때문이라고 본다. 윤미향과 정의기억연대는 황의원의 폭로에 직면한 이용수를 비호해 주지 않았다. 대신 그들은 이용수를 따돌리고 다른 위안부를 운동의 얼굴로 대체했다. 그러자 이용수는 "시키는 대로 증언을 해 왔는데 왜 나를 보호해 주지 않냐"고 불평했다.[189] 하지만 황의원이 이용수의 증언에서 나타난 근본적인 모순에 대해서 보도하기 시작하자, 이용수에 대한 신뢰가 무너졌다. 이용가치가 없다는 것을 깨달은 윤미향과 정의연(정대협)이 이용수를 버렸고, 이에 이용수가 보복한 것이다. 결국 이렇게 위안부 운동의 외관은 무너지게 됐다.

2002년도, 윤미향이 한국정신대문제대책협의회 사무총장 당시 북한 평양을 방문해 주체사상탑 위에서 옛 위안부로 알려진 문필기(왼쪽), 이용수(오른쪽)와 함께 찍은 사진이다. 윤미향 본인이 자신의 페이스북에 공개했다.

V. 학문

A. 일본 문헌

영어권에서는 이 모든 논란 중 어느 것도 뉴스가 되지 않았다. 사실, 일본 내에서는 오직 극소수의 운동가들과 극좌파 학자들만이 일본군이 조선의 여성들을 강제연행했다고 주장하고 있다. 이런 주장은 요시다 세이지의 저서에서 시작되었지만, 요시다 세이지는 결국 자신의 주장 전체가 꾸며낸 이야기임을 인정했다. 「아사히신문」은 요시다 세이지의 주장을 대대적으로 보도했다가, 2014년도에 이를 모두 철회했다. 거짓은 거짓일 뿐이다. 진지한 일본 학자들은 "총구를 겨누고 여성들을 잡아갔다"는 이야기를 폐기한 지 오래다.

한때 성노예설을 주장하는 운동가들의 중심에 있었던 일본 학자는 역사가 요시미 요시아키다. 1992년도에 그는 과거에 조선의 위안부를 조달하는 데 일본 정부도 관여했음을 입증하는 문서를 발견했다고 주장했다. 하지만 사실 요시미 요시아키가 발견한 유일한 문건은, 당시의 민간 모집업자들이 자기들이 마치 일본 정부를 위한 일을 하고 있다는 식으로 사칭을 하는 사기 행위에 대해서 일본 정부 역시 우려했음을 보여 주는 문건이었다. 물론 당시 모집업자들은 일본 정부를 대리했던 게 아니었으며 일본 정부도 이런 사칭 사기 행위가 근절되기를 바랐다.[190]

심지어 요시미 요시아키조차도 일본군이 인간사냥식으로 조선의 여성들을 강제연행했다고 주장하지는 않는다. 요시미 요시아키는 이미 1993년도에 요시다 세이지를 믿지 않는다고 밝힌 바 있다.[191] 요시미 요시아키는 「마이니치신문」과의 최근 인터뷰에서 일본군이 조선의

여성들을 강제연행했다고는 생각하지 않는다고 말했다.[192]

　　그렇다면 위안부는 어떻게 모이게 된 것인가. 대략 세 가지 형태가 있습니다. ① 군이 선택한 업자가 여성의 친족에게 돈(전차금)을 빌려주는 대신 여성을 위안소에서 사역하는 '인신매매' ② 업자가 술자리 도우미라든가 간호사 같은 일이라고 속여서 데려가는 '유괴' ③ 관헌이나 업자가 협박이나 폭력으로 강제연행하는 '약취' 등입니다. 식민지인 조선반도에서는 ①이나 ②가 많았습니다. ③은 중국과 동남아시아 등지의 점령지에서 관헌에 의한 강제연행이 이루어졌음을 보여 주는 재판 자료와 증언이 있습니다.

　　요시미 요시아키는 "모집책들과 정부 관계자들이 중국과 동남아시아에서 여성들을 강제로 납치했을 가능성이 있다"고 설명했다. 그는 조선의 경우에는 여성들이 민간 모집업자들에게 속았거나, 돈 때문에 그 직업을 선택했다고 말했다.

　　서구의 역사학자들은 인간사냥식 위안부 강제연행설에 대한 회의론자들에게 요시미 요시아키와 소정희의 논문을 읽으라고 추천한다.[193] 역사학자 테사 모리스-스즈키Tessa Morris-Suzuki는 "요시미 요시아키, 소정희, 다나카 유키田中由紀, 행크 넬슨Hank Nelson 등 많은 학자들이 이미 제시한 풍부한 증거와 함께 위안부들의 증언을 살펴봐야 한다"고 주장한다.[194] 전적으로 동의한다. 요시미 요시아키는 일본군이 조선의 여성을 위안부로 삼으려고 강제연행을 한 바는 없었다고 분명히 말했다. 또한 소정희는 일본의 매춘과 관련한 필자의 초기 연구에 대해 다음과

같이 언급했다.[195]

램자이어는 공창제 아래 매춘부에 대해서 "다른 좋은 대안이 있었던 여성들이 아니었다"고 평하면서, "매춘은 돈이 잘 벌리는 분야"라고 말했다. 그의 연구에 따르면 전쟁 전 일본의 여성들은 6년의 연계年季계약을 체결하여 공창 매춘부가 되었으며 "실제로 대부분의 매춘부는 노예가 된 바 없었다"고 강조한다. 오히려 그녀들 대부분은 계약이 만료되었을 때 일을 그만두었으며, 어떤 여성들은 3~4년 만에 빚을 갚고 더 일찍 일을 그만두기도 했다.

이어 소정희는 다음과 같은 결론을 내렸다.[196]

일부 조선인 위안부 여성들의 실제 경험은 램자이어의 연구 결과를 입증하고 있지만, 그녀들의 개인사個人史는 오늘날의 정치에서 전략적으로 '억압된 지식subjugated knowledge'의 일부가 되었다.

B. 한국의 문헌

1. 정치

한국 내에서는 점점 더 많은 학자들이 용기를 내서 '위안부 강제연행' 주장에 대해 공개적으로 이의를 제기하고 있다. 여기에는 매우 당파적인 문제가 있다. '반일' 적대 감정은 한국 좌파의 중요한 무기이다. 정치학자 메러디스 쇼가 말했듯이, 반일주의는 여전히 한국 좌파의 필수적인 무기다.[197] 한편으로 한국에서는 누군가가 일본과의 역사적 유대를 드러냈다가는 정부가 그 개인의 재산을 몰수할 수도 있다. 2004년과 2005년에 한국에서 제정된 한 법률('친일반민족행위자 재산의 국가귀속에 관한 특별법')의 경우, 정치학자 메러디스 쇼의 설명에 따르면, "일본 제국주의의 식민통치에 협력하고 우리 민족을 탄압한 반민족 행위"에 대해서 정의하면서 "이의 협조자로부터 재산을 몰수해서 독립운동 세력의 후손들에게 재분배"할 수 있도록 하고 있다.[198] 다른 한편으로 위안부 문제로 일본을 공격하는 활동가들은 간접적이기는 하지만 동시에 한국 보수층도 함께 공격한다. 현재 한국의 보수 정당은 1960년대 박정희 정권까지 그 역사가 이어지며, 1965년 일본과의 외교협정은 보수 정당 계보의 주요 업적 중 하나이다. 따라서 위안부 문제를 거론한다는 것은 당시에 이 문제를 다루지 않았던 1965년 한일협정을 격하하는 의미도 있다. 결국 오늘날 한국 정치에서 위안부 문제는 한국 보수 세력에 대한 공격의 수단도 되는 셈이다. 메러디스 쇼의 지적에 따르면, 그것은 "박정희 정권의 핵심 유산을 공격하고 이를 통해 오늘날 보수 정당의 후계자를 공격하는 것"이기도 하다.[199]

한국 정부와 정대협이 위안부 강제연행설에 대한 비판적 주장을 그간 얼마나 무자비하게 단속해 왔던가. 한국에서 위안부 강제연행에 이의를 제기하는 학자들은 직업을 잃을 수 있음은 물론이거니와 신체적 자유까지 박탈될 수 있다. 한국의 법률에서는 명예훼손이 형사상 범죄로 규정되어 있으며, 윤미향과 정대협은 '위안부 성노예'설에 의문을 제기하는 것은 위안부의 명예를 훼손하는 범죄를 저지르는 일이라고 주장한다. 윤미향 일당이라고 할 만한 사람들의 지도에 따라 검찰이 '위안부 성노예'설에 대해 비판적 목소리를 내는 학자들을 법원에 기소한 사례는 여럿이다. 대부분의 한국 학자들은 직장을 잃고 감옥에 갈 수 있다는 이유로 위안부 문제에 대해서 제대로 목소리를 내지 못한다.

2. 박유하

인간사냥식 위안부 강제연행설에 대해 의문을 제기한 한국 학자들 중 서구에서 가장 잘 알려진 학자는 일문학자 박유하일 것이다. 박유하는 이용수와 같은 유명 옛 위안부의 증언만 살펴본 것이 아니다.[200] 박유하는 의도적으로 세상의 이목을 피한 옛 위안부들도 인터뷰했다. 그녀는 세심하게 논증을 전개한 저서(『제국의 위안부』)에서 위안부는 위안소를 운영하는 개인사업자의 의뢰로 민간 모집업자에 의해 모집된 여성이라는 사실을 서술했다.[201] 일본군이 직접 위안부를 고용하거나 모집한 게 아니라는 것이다. 박유하는 위안부 중 일부는 민간 모집업자에게 속았을 수 있지만, 또 다른 일부는 무슨 일을 하는지 알면서도 (가부장제의 압력 속에서) 그 직업을 선택한 것이라고 썼다.[202]

한국 카이스트KAIST의 교수인 전봉관은 박유하의 책에 대해서 다음과 같이 평했다.[203]

> 책에서 기술된 사실 자체는 전혀 새롭지 않아 오히려 실망스러웠다. 위안부는 일본군이 '직접' 강제연행한 것이 아니었다. 일본군은 업자와 포주들에게 위안소 설치와 운영을 위탁했는데, 그들 중 상당수는 조선인이었다. 조선인 위안부들은 이 업자들과 포주들에게 인신매매당하거나 속아서 끌려간 경우가 대부분이었다.

이는 상식적으로 들린다. 전봉관은 "아시아, 태평양 전역을 무대로 전쟁을 치르던 300만 일본군이 최후방에 해당하는 조선에서 한가하게 여성들이나 강제연행하고 있지는 않았을 것"이라고도 말했다.

그러나 한국의 검찰은 이 책을 집필한 박유하를 명예훼손 혐의로 기소했다. 조 필립스, 이원동, 이유진은 이 사건을 다음과 같이 설명했다.[204]

> 2013년도에 세종대 교수 박유하는 위안부 피해자들의 다양한 경험을 알리고, 그녀들 중에 일부 증언의 진실성을 문제 삼는 책을 출간했다. 위안부 운동에 적극적인 옛 위안부 9명이 박유하에게 명예훼손 민형사 소송을 제기했고, 형사 쪽에서는 검찰이 재판 과정에서 징역 3년을 구형했다. 민사 쪽에서는 서울동부지방법원이 1심 재판이 끝난 후 박유하의 책에 대해 부분적으로 검열을 하고서는 명예훼손에 대한 민사적 손해배상금 9천만 원(미화 7만 4천 달러)을 선고했다. 형사 쪽에서는 서울동부지방법원의 1심은 명예훼손 혐의와 관련하여 박유하에게 무죄를 선고했지만, 문재인 대통령이 당선된 후인 2017년 10월 27일에 서울고등법원의 항소심이 박 교수의 무죄 선고를 파기하고 형사적 벌금 1천만 원(미화 8천 8백 4십 8달러)을 선고했다. 항소심 재판 과정에서도 3년형을 구형했기에 검찰은 이 결과(벌금)에 대해서도 불복하고 대법원에 상고했다.

이 사건은 현재 한국 대법원에서 5년째 계류 중이다. (역주 : 박유하

사건은 2023년 11월 대법원에서 무죄취지 파기환송되었다.)

3. 이영훈

이와 비슷하게 역시 한국과 일본에서 잘 알려진(물론 서구에서는 그렇지 않지만) 또 다른 사례는 서울대학교의 경제사학자 이영훈의 경우이다. 이영훈은 위안소를 군대를 위해 통제된 매춘 장소로 묘사했는데 그의 구체적인 주장은 다음과 같다.[205]

> 위안부 제도는 민간의 공창公娼 제도를 군사적으로 편성한 것이었다. (……) 위안부는 성노예가 아니었다. (……) 조선인 위안부는 전차금, 그리고 노골적인 사기 수법 등에 의해서 모집업자들에 의해 충원되었던 것이다. (……) 조선인 위안부가 20만 명이었다는 증거는 없으며, 그 숫자는 약 5천여 명 가량이었다.

2004년도에 이영훈 교수는 한 텔레비전 토론회에 출연해서 위안부의 역사를 설명했다. 그는 학자들 중에서 과거 일본 정부가 위안부를 강제로 동원했으리라고 생각하는 이는 거의 없을 것이라는 취지의 발언을 했다.

이 발언이 나오기가 무섭게 정대협이 이영훈을 공격했다. 정대협은 이영훈의 교수직 사퇴를 촉구했다. 이영훈이 사퇴를 거부하면 서울대학교가 그를 파면해야 한다고까지 했다. 이영훈은 일단 자세를 누그러뜨리고 나눔의 집의 옛 위안부들을 찾아갔다. 그가 잠시 자신을 소개하려고 하자 옛 위안부들이 격분하는 모습을 보였다. 보도에 따르면 옛 위안부들은 40분 동안 이영훈을 나무랐다고 한다. 한 옛 위안부는 "동두천에서 몸 파는 여자랑 우리를 어떻게 같이 취급하느냐"고 말했다. 김군자는 물 잔을 집어던진 뒤 "당신이 일본 놈 앞잡이가 아니면 그런 말을 할 수 없다. 당신의 근본이 의심스러우니까 호적등본을 떼와라"고 말했다. "우리는 나라가 없는 상황에서 강제로 끌려갔다." 이영훈은 무릎을 꿇고 사과해야 했다.[206]

하지만 이영훈은 2010년대 후반에 두 권의 베스트셀러를 출간했다. 『반일 종족주의』(2019년)와 『반일 종족주의와의 투쟁』(2020년)이었다.[207] 오늘날 한국의 역사적 반일감정 문제를 다룬 이 책들에서 이영훈과 공동저자들은 위안부 문제 분석에 상당한 분량을 할애했다. 위안부 제도는 일본 및 조선에서의 공창제를 해외로 확장한 것이라는 게 그 요지였다. 조선에서 온 여성들 중 일부는 민간 모집업자들에게 속아서 그 일을 하게 되었다. 그 여성들 중 다른 일부는 가족의 압력으로 위안부가 되었다. 그리고 나머지는 많은 돈을 원했기 때문에 그 일을 선택했다. 그녀들 중에서 상당수가 정말로 아주 큰돈을 벌었다. 그녀들은 1년 또는 2년 동안 일한 후에 집으로 돌아왔다.

『반일 종족주의』는 한국에서 11만 부가 팔렸고, 베스트셀러에 올랐다.[208] 그러자 문재인 정부의 집권 여당 싱크탱크에서는 이런 종류의 책에 대해서는 범죄시할 것을 정부에 촉구했다. 정치학자 메러디스 쇼는 그렇게 만들어질 수 있는 법안에 대해서 "식민지 지배를 정당화하고자 하는 일본의 조직체들에 대해 '찬양, 선동, 동조'하는 사람들은 모두 형사처벌을 할 수 있다"고 설명하고 있다.[209] 『반일 종족주의』는 연말에 일본어 번역본 40만 부가 팔리면서 일본에서도 베스트셀러 1위에 올랐다.[210]

2020년, 이용수와 몇몇 다른 이들이 이영훈을 형사상 명예훼손 혐의로 고소했다.[211]

4. 류석춘

연세대학교 사회학과 교수인 류석춘도 최근 옛 위안부에 대한 명예훼손 혐의로 기소되었고, 현재 재판이 진행 중이다. 2019년 9월 연세대 수업 중에 류석춘은 일본군이 위안부를 강제연행한 것은 사실이 아니라고 말한 후에 위안부는 "자의반 타의반으로 그 일을 하게 된 것" "위안부는 매춘의 일종"이었을 뿐이라고 설명했다.[212] 그는 정대협과 통합진보당, 그리고 북한 사이의 커넥션에 대해서도 설명했다. 검찰은 그에게 징역 1년 6개월을 구형했고, 재판은 지금도 끝나지 않았다.

「월스트리트저널」이 이 재판을 기사화했다. 하지만 류석춘에 따르면, 「월스트리트저널」은 사건의 중요한 역사적, 정치적 맥락인 요시다 세이지의 사기극에 대한 논란 문제는 물론, 북한에 우호적인 성향인 정대협이 그 사기극을 증폭시켰다는 류석춘의 상세한 설명은 빠뜨렸다. 류석춘은 자신이 인터뷰 때 말한 그 내용을 기자인 티모시 W. 마틴 기자와 윤다슬 기자가 모두 생략했다고 페이스북에 밝혔다.[213]

> 월스트릿저널이 내 문제를 제법 크게 다뤘네요. 외견상 찬반 적절히 섞어서 균형이 있는 듯이 보이긴 하지만 (……) 내가 인터뷰에 응하면서 엄청 자세히 설명해 준 위안부 증언의 변화, 유엔 쿠마라스와미 보고서가 허위로 판명난 요시다 세이지의 책 『나의 전쟁범죄』에 의존하고 있는 사실, 그리고 무엇보다 정대협과 윤미향이 횡령 등의 혐의로 재판받

고 있는 사실 등을 모두 빠뜨려서 찜찜합니다. (……) (역주: 페이스북 원문을 인용했다.)

사실 류석춘은 그래도 이 상황을 완곡하게 전한 것이다. 「월스트리트저널」 기자들은 류석춘의 설명을 단지 생략한 데 그치지 않았다. 「월스트리트저널」 측은 요시다 세이지의 날조 주장을 사실이라고 규정하는 식의 기괴한 내용을 덧붙여서 류석춘이 당한 형사상 기소를 정당화했다. 「월스트리트저널」은 위안부에 대해서 "일본군에 의해 성노예로 강제연행되었다"고 설명하면서 "수십 년 간의 연구 결과는 류석춘의 역사 해석과 충돌한다"는 구절을 기사에 넣었다. 반면 정대협에 대해서는 "서울에 기반을 둔, 옛 위안부를 위한 지원 단체"라고만 전했다. 「월스트리트저널」은 위안부 문제로 도쿄와 서울 사이에 남은 주된 의견 불일치란 "일본 정부가 법적 책임을 져야 하는지에 관련된 것뿐"이라고도 썼다.

5. 이우연

2021년 11월 경제사학자인 이우연은 아시아 문제에 특화된 공공외교 관련 잡지 「디플로매트The Diplomat」에 위안부의 역사에 관한 글을 기고했다.[214]

> '위안부'라는 직업은 '고위험·고소득high risk, high return' 직군에 해당하는 것이었고, 거액을 번 사람도 종종 발견된다. 계약 기간 등 고용 계약에 따라 퇴직한 후 조선으로 귀환하거나 재취업한 경우도 매우 많다. 일상의 자유에 대한 제한을 받

았던 것은—전장戰場이라는 특수한 환경 때문에—군인·군속·간호부 등도 마찬가지였다. 결론적으로, 위안부는 '성노예'가 아니라, 지금의 성산업 노동자와 근본적으로 동일한, '성노동자'였던 것이다.

이우연은 미국 하버드대학에서 방문학자로 연구했으며, 일본 규슈九州대학에서도 방문학자로 지냈다. 그는 이영훈이 편집한 책(『반일 종족주의』, 『반일 종족주의와의 투쟁』)의 공동저자 중 한 사람이다. 이용수는 이우연에 대해서도 형사고발했다.[215]

6. 주익종

주익종도 이영훈과 마찬가지로 이용수로부터 고소당했다.[216] 주익종은 이 논문의 앞부분에서 언급한, 전후 몇 년간 위안부 관련 신문 보도 자료를 제공해 준 학자다. 그 역시 하버드대학의 방문학자 경력을 갖고 있으며, 이영훈의 『반일 종족주의』와 『반일 종족주의와의 투쟁』의 공동저자다.

7. 윤소영

한신대학교 경제학과 교수인 윤소영은 수업 도중 "역사를 자기 마음대로 날조하기 시작하면 망하는 거야. 위안부 할머니, 아무런 근거가 없다"라며 "어떻게 보면 우리는 끊임없이 역사를 날조하고 있다. 그 날조한 게 국내에서는 통하는데 해외에서는 안 통해"라고 말했다. 이 발언은 재직 중인 대학은 물론, 언론에서도 큰 논란이 되었고 학교 학생회와 정대협으로부터 사과 요구를 받는 등 큰 비판을 받았다.[217]

(역주: 한신대학교 교수 윤소영의 설화 사건은 2018년도의 일이다. 이전에도 서울 지역에서만 위안부 문제와 관련해 두 건의 대학 수업 설화 사건이 있었고 이는 당시 언론에도 크게 보도됐다. 먼저 2015년도에 고려대학교 경제연구소 연구교수인 정안기(『반일 종족주의』, 『반일 종족주의와의 투쟁』 공저자)는 '동아시아 경제사' 수업 중 "거기에 갔던 위안부들은 노예가 아닙니다, 그 일을 하고 싶지 않다면 그만둘 수 있었고 조선에 돌아올 수 있었어요"라는 발언을 했다는 이유로 고려대 학생회로부터 공개적으로 해임 요구에 시달려야 했다. 2016년도에는 한양대학교 정치외교학과 교수인 이유진도 수업 중에 "위안부 피해자들의 말을 무조건 신뢰할 수 없고, 일본 정부만의 책임으로 볼 수 없다"는 말을 했다는 이유로 역시 한양대 사회과학대 학생회로부터 공개 사과 요구에 시달렸고, 결국 해임되었다. 2023년도에는 경희대학교 철학과 최정식 교수가 전년도 수업 중에 "대부분의 조선인 위안부들은 주로 가난이 원인이 되어 위안부가 되었던 것이며, 일본군이 총칼을 겨누고 위안부를 강제연행했다고 하는 통념은 사실이 아니다"라는 발언을 했다고 하여 학내외 정치단체로부터 격한 비난을 당해야 했다. 최 교수는 형사고발을 당했고, 학교징계 위기에 놓였다.)

8. 지만원

한국의 사회비평가이며 경영학 박사인 지만원은 위안부였다고 자처하는 이들 중에 상당수가 사실은 진짜 일본군 위안부가 아니었다고 주장했다. 그는 종군위안부 중에서 대부분은 "살림이 극히 어려워 스스로 군표를 받고 몸을 팔아 생계를 유지한 창녀"라고 주장했다. 이어 그는 정의연(정대협)에 대해서도 북한에 추종적인 성향("종북從北")을 보이고 있다고 분석했다. 정의연은 이런 지만원의 분석을 형사상 명예훼손으로 규정하고 검찰에 고소했다. 한국의 법원은 지만원에게 징역 6개월에 집행유예 1년을 선고했다.[218]

9. 송대엽

국립 순천대학교 물리학과 교수인 송대엽은 2017년 4월 수업 도중 "내가 보기엔 그 할머니들(위안부)이 상당히 알고 갔어"라고 말했다. 검찰은 송 교수를 옛 위안부들에 대한 명예훼손 혐의로 기소했다. 순천 대학교는 이 발언을 포함해 다른 발언도 문제 삼아 송 교수를 파면했고, 법원은 징역 6개월을 선고했다. 항소심 법원도 송 교수에 대해서 "위안부 할머니에 대해 폄하 발언을 하고, 적절하지 않은 역사관을 표현한 사실이 인정된다"고 한 1심 판결을 지지하는 판결을 내렸고, 대법원도 이를 확정지었다.[219]

C. 서양 문헌

1. 소정희

현재까지 영어권에서 조선인 위안부 문제에 대한 가장 사려 깊은 연구는 인류학자인 소정희에 의해 이뤄졌다.[220] 소정희는 옛 위안부들의 증언이 "틀에 박힌paradigmatic" 증언에 수렴하고 있다고 지적하면서, 관련 연구를 진행했다. 그녀는 옛 위안부들의 증언을 주의 깊게 살펴보고 시간이 지남에 따라 증언이 어떻게 변했는지 검토했다. 소정희에 따르면, 옛 위안부들은 초기에는 부모의 압력이나 높은 급여 때문에 그 직업을 택했다고 증언했지만, 시간이 지나면서 일본군이 총검으로 위협해서 인간사냥식으로 강제연행했다는 증언으로 변모했다.

다음은 소정희의 분석이다.[221]

> 그녀들(옛 위안부들)의 개인적인 서사는, 사랑하는 부모로부터 경찰이나 군인이 소녀를 강제연행했다는 이미지와는 전

혀 다른 그림을 그려내고 있다. 그녀들은 자신도 모르게 활동가들의 '패러다임적 이야기'를 방해하고 있는 셈이다. (……) 초국가적 여성인권운동과 한국인의 종족적 민족주의, 둘 다 일본군 위안부를 군에 의해 강제연행된 성노예 패러다임 이야기로 고착화하는 데에만 몰두하고 있다.

소정희는 자기 자신에 대해서 "위안부 제도를 가장 격렬하게 비판해 온 일본, 한국, 미국 등의 지식인들은 그간 밝혀내지 못했던, 은폐됐거나 설명되지 못한 불편하고 불미스러운 사회적 사실들을 탐구하는 데 전념하고 있다"고 소개했다.[222] 그리고 그녀는 결국 요시미 요시아키의 책을 검토한 한 비평가의 다음과 같은 발언을 인용했다.[223]

나는 잠재적인 독자들에게 이 주제에 신중하게 접근하라고 충고한다. 당신이 어느 편에 서건, 그 때문에 당신을 히스테릭할 정도로 미워할 사람들이 있을 것이다. 중간 입장을 취하려고 하면 양쪽 모두의 적이 될 것이다. 왜냐하면 양측 모두 자신들이 믿고 있는 **모든 것**이, 명백히 그렇지 않음에도 불구하고, **진실**이라고 생각하기 때문이다. (……) 결과적으로, 이 논의는 매우 정치적이고 인종 지향적인 논의가 된다. 그리고 이로 인해 이 논의는 당신의 하루를 수도 없이 망칠 것이다.

2. 캐롤 글럭

소정가가 지적한 "틀에 박힌" 주장을 고집하는 서구 학자들 중에서 가장 두드러진 사람은 역사학자인 캐롤 글럭Carol Gluck이다. 그녀는 위안부의 증언을 검증하려는 모든 시도에 반대하는데, 전문 역사학자가 이런 입장을 취한다는 것은 기괴한 일이다.[224]

> 강제연행을 부정하는 주장을 하기 위해서 (……) 일본 정부와 국가주의 성향의 일본 정부 지지자들은 옛 위안부들의 증언이 주관적이고, 일관성이 없고, 모호하고, 신뢰할 수 없으며, '혼란스러운 기억'에 불과하다고 폄하했다.

그녀는 관련 문헌 검증의 필요성을 "현대적 자만심modern conceit"이라고 일축한다.[225] 위안부 문제와 관련해 일본의 저명한 역사학자인 하타 이쿠히코는 옛 위안부들의 주장을 확인하려고 노력했고, 캐롤 글럭은 하타 이쿠히코에 대해서 "일본의 보수 역사부정론자들"이 선호하는 학자라고 매도했다.[226] 캐롤 글럭은 다음과 같이 결론짓는다. "일본의 보수 국가주의자들을 제외하고는, 거의 모든 사람들은 위안부가 사실을 말하고 있다고 믿고 있음이 명백하다."[227]

3. 기타[228]

학자들은 계속해서 위안부 문제를 다루고 있다. '구글 스칼라Google Scholar'에서 "위안부comfort women"를 검색하면 놀랍게도 200만 건의 문건이 확인되는데, "칼 마르크스Karl Marx"를 검색해도 177만 건 뿐이라는 사실을 감안하면 이는 엄청난 숫자다. 일본에 대한 전문가들로서 영어로 논문을 작성하는 이들은 최근에 학술지 「아시아 태평양 저널: 일본 탐구Asia-Pacific Journal: Japan Focus」에 많은 논문을 투고하고 있다. 예를 들어

대니얼 슈마허Daniel Schumacher는 2021년에 이 학술지에 논문을 게재했는데, 요시다 세이지 또는 「아사히신문」의 날조 스캔들에 대해서는 아무 언급도 하지 않고, 일본어나 한국어로 쓰인 거의 모든 자료를 무시하면서, 위안부가 20만 명이었다는 주장을 반복하며 위안부 제도를 "일본제국의 전시 성노예 제도"라고 말했다.[229]

호주국립대학 교수인 테사 모리스-스즈키는 같은 학술지에 논문을 기고하면서 위안부의 잠재적 숫자를 40만 명으로 늘렸고(참고로 당시 해외에 주둔한 일본군은 300만 명에 불과했다), "총구를 겨누고서 강제로 연행했다"는 일부 옛 위안부들의 주장을 되풀이했다. 그녀는 1996년 유엔 보고서를 인용하면서 일본군에 의해 강제로 연행된 후 소위 '위안소'에 감금되어 강간 혹은 다른 형태의 성적 학대를 당한 여성들에 대해 언급한다.[230] 알렉시스 더든은 같은 학술지에서 "결국 일본군은 약 10~20만 명의 여성들을 노예화해 위안부로서 강제 성노동을 시켰고, 그중에서 조선인과 중국인이 가장 많은 수를 차지했다"고 썼다.[231]

이들의 논문에서 가장 문제가 되는 부분은, 서구의 일본 전문가들이 위안부 논란의 역사적 맥락을 인정하지 않는다는 사실이다. 위안부 논란이 1983년의 한 날조 회고록에서 시작됐다는 사실은 일본에서는 상식으로 통한다. 「아사히신문」이 요시다 세이지의 거짓말을 부풀리면서 띄워 줬다는 것도 그만큼 잘 알려져 있는 사실이다. 유명한 옛 위안부들 중에 몇 사람이 증언을 뒤집었다는 사실도 마찬가지다. 그리고 그 옛 위안부들 상당수가 북한과 매우 가까운 관계를 가진 여성(윤미향)과 관련된 집단거주시설에 살고 있다는 사실도 중요하다. 오늘날 교양 있는 일본인들에게 이런 사실은 그야말로 상식이지만, 서구 학자들만이 (소정희를 제외하고는) 이런 사실을 거의 언급하지 않고 있다.

VI. 북한과의 커넥션

다음의 역사 연대기를 검토해 보자.

1983년에 요시다 세이지가 날조된 내용으로 회고록을 출판했다. 요시다 세이지는 과거 자신이 군인들과 함께 조선으로 가서 200명의 여성들을 총칼로 위협하여 강제연행하고 위안부로 삼았다고 주장했다.

1987년에 일본의 한 사회주의자가 북한과의 공동회의를 기획하기 위해 한국의 인사와 만났다. 이들은 1991년에 3자 회의를 했고, 1992년에는 평양에서 3자 회의를 했다.

1991년에 김학순이 일본을 상대로 소송을 제기했다. 활동가들은 1990년도부터 이미 위안부 운동을 하는 정대협이라는 단체를 결성한 상태였다. 윤미향은 1991년도에 간사로서 정대협 지도부에 발을 들였고, 북한 정권에 강력하게hard-core 우호적인 면모를 보였다.

1995년에 일본은 옛 위안부들에 대한 보상을 제안했다. 그러자 윤미향은 일본이 제시한 돈을 거부하라고 옛 위안부들을 압박했다. 그럼에도 불구하고 여러 옛 위안부들이 일본의 제안을 수락하자, 정대협 측은 공개적으로 그녀들에 대해 "자원해서 나간 공창公娼이 되는 것", "일본에 면죄부를 주는 것"이라고 비난했으며,[232] 그녀들이 "불명예의 여생을 보내도록" 저주를 퍼부었다.

일본 정부는 2015년에 또 다른 보상을 제안했다. 당시 한국 정부는 이 제안을 받아들였고 위안부 문제를 다시 거론하지 않겠다고 약속했다. 그것은 "최종적이고 불가역적인 것"이었다. 그러나 윤미향과 정의연은 격렬하게 항의했고, 문재인은 윤미향과 연대했다. 대통령에 새로 취임한 문재인은 2018년도에 일본 정부가 "진정성"이 부족하다는 이유를 들며 그 합의를 사실상 파기했다.

• • •

이제 두 번째 연대기를 살펴보자.

1991년은 북한에 있어 힘든 한 해였다. 북한 정권은 오랫동안 자신들의 안보문제를 느슨한 힘의 균형에 맞춰 두고 있었다. 한국은 미국과 일본의 지원에 의지했고, 북한은 중공과 소련에 의존했다. 그 두 나라 중에서 소련이 특히 북한에 우호적이었다.[233]

하지만 1991년에 소련이 붕괴됐다. 그와 동시에, 한반도의 힘의 균형은 극적으로 북한에 불리한 방향으로 전환되었다. 북한 정권은 그 전환을 교정하기 위해 핵무기 프로그램을 확대했다. 그들은 이미 1950년대에 화학무기를 개발했다. 그리고 1960년대에 핵 개발을 시작했다. 소련과 중공이 북한의 핵무기 개발을 돕지는 않았지만 소련은 적어도 명목상 비군사적 기술은 제공했다.

소련이 사라지자 북한 정권은 핵무기 개발에 더욱 박차를 가했다. 하지만 북한은 이 과정에서 일본과 한국이 핵 개발을 결사적으로 저지하지 못하도록 해야 했다. 북한은 국제연합UN 및 국제원자력기구IAEA와 술래잡기를 했다. 북한은 파키스탄으로부터 기술을 획득했고, 2006년 첫 번째 지하 핵실험을 했다. 그들은 2009년, 2013년, 2016년(두 차례), 2017년에 꾸준히 더 강력한 추가 핵실험을 했고, 동시에 핵탄두를 운반하기 위해 점점 더 정교한 미사일을 개발했다.

1991년에 일본 정부는 북한이 일본인을 납치해 북한 간첩에게 일본어를 가르치도록 강요해 왔다는 사실을 밝혔다. 일본 정부는 1970년대부터 이를 의심해 왔다. 1987년도에 북한 공작원이 방콕으로 향하던 대한항공 858편을 폭파했다. 당시 한 폭탄테러범 생존자(김현희)가, 자신의 아이를 무척 그리워하며 울던 '리은혜'라는 이름의 여성으로부터 일본어를 배웠다고 말했다. 1991년 일본 사이타마의 경찰은 '리은혜'가 바로 1978년에 실종된 '다구치 야에코田口八重子'라고 결론 내렸다.²³⁴

이 사실은 엄청난 발견이었다. 북한에 의한 일본인 납치설이 결국 사실임을 일본 경찰이 구체적으로 입증한 것이다. 실제로 북한은 오랜 세월에 걸쳐서 최소한 수백여 명의 한국인들을 납치했다. 일본 사이타마의 경찰이 리은혜를 다구치 야에코라고 판단함에 따라, 북한은 이제 일본과 한국이 함께 납북자들을 돌려보내도록 압력을 가할 수도 있다고 예상했다. 북한으로선 이를 멈춰야 했다.

• • •

윤미향은 한국과 일본의 화해를 방해하면서 북한의 오랜 이익을 촉진하는 역할을 하고 있다. 한국과 일본은 북한 핵무기의 명백한 표적이며, 북한의 핵 개발을 중단시켜 가장 큰 이익을 볼 수 있는 국가들이다. 그들은 북한의 납치 프로그램의 명백한 표적이기도 하다. 북한 입장에서 핵 개발을 계속하기 위해서는 한일 양국이 협력하지 못할 정도의 상호 적대가 필요하다. 북한은 한국과 일본이 핵 문제에 집중하는 것을 원하지 않는다. 북한은 한국과 일본 양국이 상호 적대감에 정신이 팔려서 북한의 핵미사일 프로그램을 방해하지 못하도록 하려는 것이다.

북한은 정신적으로 불안정한 소시오패스가 이끌고 있는 불량 정권이며, 한국과 일본 입장에서는 바로 이웃의 불량 정권이 핵무기를 보유하고 있는 셈이다. 두 나라는 핵 프로그램을 중단시키기 위해서 필사적으로 협력할 필요가 있다. 그리고 그런 협력을 통해서 북한에 대한 대응을 조율할 필요가 있다.

윤미향과 정대협은 그런 양국의 협력을 성공적으로 저지해 왔다. 한국과 일본은 1995년도에 위안부 문제와 관련한 갈등을 거의 해소했고, 2015년에도 또 그런 기회가 있었다. 그때마다 윤미향이 양국의 화해를 방해했다. 윤미향의 방해 공작은 옛 위안부 본인들에게도 도움이 되지 않았다. 옛 위안부들은 늙고, 가난했으며, 그녀들에겐 일본이 제시한 보상금이 필요했다. 윤미향의 방해 공작이 한국의 국익을 증진시킨 것도 아니다. 오늘날 한국에 필요한 것은 1940년대식 일본과의 투쟁이 아니라 북한에 대한 압박이다.

우리는 윤미향과 정대협이 북한의 어떤 명시적 지시에 따라서 움직였다는 증거를 갖고 있지 않다. 다만 우리는 동시기에 겹치는 타임라인을 확인했다. 우리는 또한 일본에 대한 윤미향의 강경한 접근이 훨씬 더 굳건한 신념에 의해서 이루어졌다는 사실도 알고 있다. 그러면서도 윤미향은 (한국 검찰에 따르면) 개인 계좌로도 상당한 액수의 자금을 모았다. 그녀는 돈을 위해서라도 그렇게 행동할 이유가 있었다.

하지만 보다 결정적으로 윤미향은 북한 추종 성향 운동가들로 이루어진 인맥의 중심에 있다. 그런 위치에서 윤미향은 북한이 공격적으로 핵무기를 개발한 30년 동안 한국과 일본의 주의를 산만하게 했던 것이다. 윤미향은 누구보다도 열심히 한국의 반일 적개심을 부추기는 종족적 민족주의ethno-nationalism에 불을 질러 왔다. 이런 과정에서 그녀는 한국과 일본의 화해를 막았다. 사실상 윤미향이 북핵 프로그램에 대한 양국의 협력과 조율을 막았다. 그리고 그렇게 함으로써 그녀는 북한 정권이 해야 할 일을 정확히 해냈던 것이다.

〈제5장 부록〉

위안부 계약에 관한 정보

(역주: 이 정보는 앞의 '태평양전쟁에서의 매춘 계약: 비판에 대한 반론' 논문에 수록된 〈제4장 부록 Ⅲ〉과 동일한 내용으로, 다음의 자료 P와 자료 Q가 추가되었다.)

P. Nakazawa, Ken'ichi(長沢健一, 나가사와 켄이치) Hanko ianjo(漢口慰安所, 한커우 위안소) 〈The Hankou Comfort Stations〉 (Tokyo: Tosho shuppan sha[図書出版社, 토쇼슈판샤] 1983).

- 빚이 있는 여성의 경우에는 위안소와 위안부가 수익을 60:40으로 분할했고, 위안부가 전차금을 다 상환해서 빚이 없는 경우에는 위안소와 위안부가 수입을 50:50으로 분할했다(p.64).

- 1944년 9월에 조선에서 온 한 여성은 "나는 매춘이 아니라 다른

일을 약속받고 왔다"고 항의했다. 이에 해당 지역 위안소를 담당한 일본군 장교는 그녀에게 매춘이 아닌 다른 일을 하게 하라고 지시했다(p.221).

Q. Hirota, Kazuko(広田和子, 히로타 카즈코) Shogen kiroku: Jugun ianfu, kangofu(証言記録 従軍慰安婦・看護婦, 증언 기록: 종군위안부·간호사) 〈Statements and Records: Military Comfort Women and Nurses〉 (Tokyo: Shin jinbutsu orai sha[新人物往來社, 신진부츠오라이샤] 1975).

• 키쿠마루라는 18세 여성이 아버지의 반대에도 불구하고 1942년에 일본군 장교들을 위한 위안부 계약에 사인했고, 트럭섬으로 왔다. 그녀는 게이샤 출신이며, 모집업자는 1년에서 1년 반 계약을 대가로 그녀의 빚 4,000엔을 전차금 명목으로 탕감해 주기로 했다. 수익 배분은 해군(직영 위안소)과 키쿠마루가 60:40이었다. 그녀는 1943년에 귀국하면서 전차금 4,000엔을 상환했고 10,000엔을 추가로 모았다(p.18, p.19, p.24). 전쟁이 끝난 후에 키쿠마루는 그 돈을 자신이 만든 사창 매춘업소에 투자하고서 4명의 여성을 고용했다. 그러나 고용한 여성들이 도망가면서 투자금을 잃게 됐다(pp.89-90).

• 스즈키 후미라는 18세 여성은 해군 부사관 및 병사를 위한 위안부 계약에 사인했고, 트럭섬으로 갔다. 키쿠마루와 마찬가지로 그녀는 게이샤 출신이었고, 1942년에 트럭섬에 도착했으며 1943

년에 일본으로 돌아갔다. 그녀는 2,300엔의 전차금을 상환했고 10,000엔을 추가로 모았다(pp.42-43, p.69).

• 오사카와 고베에서 40명가량의 여성들이 위안부 일을 하기 위해 트럭섬에 왔다. 그녀들은 모두 전차금을 신속하게 상환했다(p.44).

• 간사이 출신의 한 게이샤가 위안부 일을 하기 위해 트럭섬에 왔다. 그녀는 500엔의 전차금을 3개월 만에 상환했다(p.52).

• 자료에 따르면 트럭섬에 도착한 여성들 중 일부는 위안부 일을 하게 된다는 사실을 몰랐다고 한다. 그녀들은 고향으로 돌려보내졌다(p.53).

1 Zaisan oyobi seikyu ken ni kansuru mondai no kaiketsu narabi ni keizai kyoryoku ni kansuru Nihon koku to Dai kan minkoku to no aida no kyotei(財産及び請求権に関する問題の解決並びに経済協力に関する日本国と大韓民国との間の協定, 재산 및 청구권에 관한 문제 해결 및 경제협력에 관한 일본국과 대한민국 간의 협정) 〈Agreement between Japan and the Republic of Korea Concerning the Economic Cooperation and the Resolution of Problems Involving Property and Claims〉, Treaty n. 27, 1965, at arts. 1, 2.

2 (No names given) v. Koku, 1879 Hanrei jiho(判例時報, 판례시보) 58 (Sup. Ct. Nov. 29, 2004). 다른 소송도 몇 건 제기되었지만, 모두 일본 최고재판소에서 패소했다. 앞의 1965년도 협정문을 참조하라.

3 Digital Museum. N.D. The Comfort Women Issue and the Asian Women's Fund, available at: http://www.awf.or.jp/e2/foundation.html

4 United Nations Commission on Human Rights, Report on the mission to the Democratic People's Republic of Korea, the Republic of Korea and Japan on the issue of military sexual slavery in wartime, E/CN.4/1996/53/Add.1, Jan. 4, 1996(report by Radhika Coomaraswamy).

5 Columbia Law School, Center for Korean Legal Studies, available at: https://kls.law.columbia.edu/content/lawsuits-brought-against-japan-former-korean-comfort-women

6 Protecting the Human Rights of Comfort Women, Hearing before Subcom. on Asia, the Pacific, and the Global Environment, of Com. Foreign Affairs, House of Rep. Feb. 15, 2007.

7 Choe Sang-Hun, Japan and South Korea Settle Dispute Over Wartime "Comfort Women", N.Y. Times, Dec. 28, 2015.

8 Choe Sang-Hun, Deal with Japan on Former Sex Slaves Failed Victims, South Korean Panel Says, N.Y. Times, Dec. 27, 2017; Choe Sang-Hun & Rick Gladstone, How a World War II-Era Reparations Case is Roiling Asia, N.Y. Times, Oct. 30, 2018.

9 위안소 제도는 일본이 자국의 공창 제도를 일본 바깥으로 확대한 것이라는 사실은

이미 여러 학자들이 말한 바 있다. 이를테면 소정희(Sarah Soh)의 책『위안부: 한국과 일본의 성폭력과 식민지 이후의 기억The Comfort Women: Sexual Violence and Postcolonial Memory in Korea and Japan』(Chicago: University of Chicago Press, 2008)의 117페이지를 참조하라.

10 Kako Senda(千田夏光, 센다 가코), Jugun ianfu(従軍慰安婦, 종군위안부) 〈Military Comfort Women〉 pp. 16-17(Tokyo: Futaba sha[双葉社, 후타바샤], 1973).

11 존 마크 램자이어의 '일본제국의 매춘 연계年季계약: 상업적 매춘 시장에서의 신뢰할 만한 약속Indentured Prostitution in Imperial Japan: Credible Commitments in the Commercial Sex Industry'(7 J. Law, Econ. & Org. 89)(1991, 이 책의 제1장)을 참고하라.

12 Takao Fukumi(福見武雄, 후쿠미 다카오), Teito ni okeru bai'in no kenkyu(帝都に於ける賣淫の研究, 제국 수도에서의 매음 연구) 〈A Study of Prostitution in the Capital〉 pp. 26-28, p. 32, pp. 50-56, p. 178(Tokyo: Hakubunkan[博文館, 하쿠분칸], 1928).

13 Chuo shokugyo shokai jimukyoku(中央職業紹介事務局, 중앙직업소개사무국), Geishogi shakufu shokaigyo ni kansuru chosa(芸娼妓酌婦に関する調査, 예창기 작부에 관한 조사) 〈An Investigation into the Placement Industry for Geisha, Prostitutes, and Bar Maids〉 (1926), reprinted in Ken'ichi Taniguchi(谷川健一, 타니가와 켄이치), ed., Kindai minshu no kiroku(近代民衆の記録, 근대 민중의 기록) 〈A Report of the Modern Populace〉 pp. 381-382(Shin jinbutsu orai sha[新人物往來社, 신진부츠오라이샤]); Yasoo Kusama(草間八十雄, 쿠사마 야수), Jokyu to baishofu(女給と売春婦, 여급과 매춘부) 〈Waitresses and Prostitutes〉 pp. 27-30, p. 36(Tokyo: Hanjin sha[汎人社, 한진샤], 1930).

14 Fukumi 1928, 앞의 문헌 p. 70.

15 Chuo shokugyo(中央職業, 중앙직업) 1926, 앞의 문헌 pp. 414-415; Kusama 1930, 앞의 문헌 p. 211.

16 Shun'ichi Yamamoto(山本俊一, 야마모토 슌이치), Nihon kosho shi(日本公娼史, 일본공창사) 〈A History of Licensed Prostitution in Japan〉 p. 388(Tokyo: Chuo hoki shuppan(中央法規出版, 주오호키슈판), 1983). Hidekichi Ito(伊藤秀吉, 이토 히데키치) Kotoka no kanojo no seikatsu(紅燈下の彼女の生活, 홍등 아래 그녀의 생활) 〈The Lives of Womn under the Right Lamps〉 pp. 211-213(Tokyo: Jitsugyo no Nihon sha[実業の日本社, 지츠교오노니혼샤], 1931)(reprinted, Tokyo: Funi shuppan[不二出版, 후지슈판], 1982)에 따르면 1년에 13,500명이 등록을 했고, 11,000명이 등록을 취소했다. 다만 이토Ito는 수년간의 데이터를 임의로 결합하는 방식의 연구를 했기에 신뢰성이 상대적으로 떨어진다. 램자이어의 1996년도 논문(p. 124)은 오사카의

데이터를 소개하면서 "신규 등록자의 1/3은 진정한 신규 매춘부가 아니라, 한 도시에서 다른 도시로 이주하거나 새로운 계약을 맺고 다시 등록한 매춘부였다"고 명시하고 있다. 따라서 1996년 램자이어의 논문은 각주 45번에서 "야마모토에서 18,800명의 등록자 중 1/3이 진정한 신규가 아니라고 가정하면, 당시 이 산업의 연간 이직률은 25% 정도였을 것이다"라고 지적한다. 또한 "갚아야 할 전차금이 남은 상황에서 매춘부를 그만둔 경우는 1%에 불과했다"는 구절도 주목하라.

17 J. Mark Ramseyer, Odd Markets in Japanese History: Law and Economic Growth 125 tab. 6.3 (Cambridge, U.K.: Cambridge University Press, 1996).

18 Ramseyer Odd, 앞의 문헌 p.115, tab. 6.2.

19 Ramseyer, Odd, 앞의 문헌 p.116, n.17.

20 Keishi cho sokan kanbo bunsho ka(警視庁官房文章課, 경시청 장관 관방 문서과), Showa nananen keishi cho tokei ichi ippan(昭和何年警視庁統計値一般, 쇼와 하년 경시청 통계치 일반) 〈An Outline of Police Agency Statistics for 1932〉 p.143, p.144(Sokan kanbo bunsho ka[長官官房文章課, 장관 관방 문서과], 1933); Kusama 1930, 앞의 문헌 p.288, p.291; Fukumi 1928, 앞의 문헌 p.93, p.168, p.169; Chuo 1926, 앞의 문헌 pp.433-435.

21 Rhee Younghoon(이영훈) ed., Hannichi shuzoku shugi(反日種族主義, 반일 종족주의) 〈Anti-Japanese Tribalism〉 p.284(Tokyo: Bungei shunju[文藝春秋, 분게이 순주], 2019).

22 Saiichiro Doke(道家斉一郎, 도케 사이이치로), Baishunfu ronko(売春婦論考, 매춘부 논고) 〈A Study of Prostitutes〉(Shishi shuppan[史誌出版, 시시슈판], 1928), reproduced in Yuko Suzuki(鈴木裕子, 스즈키 유코), et al., Nihon gun "ianfu" kankei shiryo shusei(日本軍'慰安婦'関係資料集成, 일본군 "위안부" 관계 자료 집성) 〈Collection of Materials Related to the "Comfort Women" of the Japanese Military〉(Tokyo: Akashi shoten[明石書店, 아카시쇼텐], 2006), v.1, pp.786-820.

23 Lee Dong-Jin(이동진), Minzoku, chiiki, sekushuaritii: Manshukoku no chosenjin "seibaibai jujisha" wo chushin to shite(民族、地域、セクシュアリティ―満洲国の朝鮮人「性売買従事者」を中心として―, 민족, 지역, 섹슈얼리티: 만주국의 조선인 '성매매 종사자'를 중심으로) 〈Nationalism, Localism and Sexuality: The Case of Korean "Prostitutes" in Manchukuo〉, 22 Quadrante, 39, 47 tab. 5 (2020). 매춘부를 완곡하게 표현하기 위해 "작부(shakufu, 酌婦)"라는 단어를 널리 사용했다는 점을 감안하면 오해의 여지는 없을 것이다. (역주: 이동진의 논문 한국어판의 서지정보는 다음과 같다. '민족, 지역, 섹슈얼리티: 만주국의 조선인 '성매매종사자'를 중심으로Nationalism, Localism and Sexuality: The Case of Korean Prostitution in 'Manchuguo'(정신문화연구

2005 가을호 제28권 제3호 통권 100호, pp. 25-59).

24 Ikuhiko Hata(秦郁彦, 하타 이쿠히코), Ianfu to senjo no sei(慰安婦と戦場の性, 위
안부와 전쟁터의 성) 〈Comfort Women and Sex on the Battlefield〉 p. 51 (Tokyo:
Shincho sensho[新潮選書, 신초센쇼], 1999) (역주 : 2022년에『위안부와 전쟁터의
성性』이라는 제목으로 미디어워치 출판사에서 출간됐다.)

25 끈질기게 이어져 내려오는 '전설' 중에 하나는, 일본군이 위안부의 3/4을 학살했다
는 것이다. 이 소문의 기원은 일본 자민당 정치인 아라후네 세이주로荒船清十郎의 발
언이다. 1965년도에 아라후네 세이주로는 일본군이 위안부의 3/4을 학살했다고 자
신의 유권자들에게 말했다. 그해 일본은 한국과의 국교정상화를 위해 한국 측에 3
억 달러를 지급하고 추가로 5억 달러를 대출해 주었다. 아라후네 세이주로는 이제
일본 국민들에게 이 거대한 지원을 설득할 필요가 있었다. 이런 보상금 지급을 지
지하는 자신의 입장을 설명하기 위해 그는 일본군이 전쟁 말기에 조선인 위안부
의 3/4을 죽였다고 선언했던 것이다. 하지만 이는 아라후네 세이주로가 완전히 꾸
며낸 이야기였다. 원래도 그는 제멋대로 이야기를 지어내는 것으로 유명했는데 이
위안부 학살 이야기 역시 그랬다. 일본군이 위안부를 학살했다는 증거는 어디에
서도 나오지 않았다. 다음 참조. Josei no tame no Ajia heiwa kokumin kikin, "Ianfu"
mondai to Ajia josei shikin(女性のためのアジア平和国民基金, 여성을 위한 아시
아평화국민기금) 〈The "Comfort Women" Issue and the Asian Women's Fund〉,
pp. 10-12(2004). Available at https://www.awf.or.jp/pdf/0169.pdf.

26 Gunsei kanbu bisaya shibu(軍政幹部ビサヤ支部, 군정감부 필리핀 비사야 지부),
Ianjo kitei sofu no ken(慰安所規定送付の件, 위안소 규정 송부의 건) 〈Regarding
Transmittal of Comfort Station Regulations〉, Nov. 22, 1942, reprinted in Josei no
tameno Ajia heiwa kokumin kikin(女性のためのアジア平和国民基金, 여성을 위한
아시아평화국민기금), ed., Seifu chosa: "Jugun ianfu" kankei shiryo shusei(政府調
査: '従軍慰安婦'関係資料集成, 정부조사: '종군위안부' 관계자료집성) 〈Government
Investigation: Documents Relating to the "Military Comfort Women"〉(Tokyo:
Ryukei shosha[龍渓書舍, 류케이쇼샤], 1997), v. 3, p. 187; Shina haken gun(支那派
遣軍, 지나파견군), Showa 17 nen 9 gatsu fukukankai doseki jo iken(昭和17年7月
副官会官階, 쇼와 17년 7월 부관회관계) 〈Opinions Expressed at the July 1942 Vice
Officers Meeting〉, Oct. 3, 1942, reprinted in Josei(女性, 여성) 1997, 앞의 문헌 v. 3,
p. 7; Minami Shina hakengun(南支那派遣軍, 남지나 파견군), Eisei junpo(衛生旬
報, 위생순보) 〈Sanitation Dispatch〉, Aug. 1939, reprinted in Josei(女性, 여성), 앞
의 문헌 v. 2, p. 79; Morikawa butaicho(森川部隊長, 모리카와부대장), Morikawa
butai tokushu iangyomu ni kansuru kitei(森川部隊特殊慰安業務に関する規定, 모

리카와부대 특수위안업무에 관한 규정) 〈Morikawa Detachment Rules Regarding Special Comfort Industry〉, Nov. 14, 1939, reprinted at Josei(女性, 여성), 앞의 문헌 v.2, p.327; Mandalay command, Ianjo kitei(慰安所規定, 위안소 규정) 〈Comfort Station Rules〉, May 26, 1943, reprinted at Josei(女性, 여성), 앞의 문헌 v.4, p.281; U.S. Interrogation Report, No name, No number, 1943, reprinted in Josei(女性, 여성), 앞의 문헌 v.5, p.113; Hito gun seikanbu(比島軍政監部, 필리핀군정감부), Ianjo kitei sofu no ken(慰安所規定送付の件, 위안소 규정 송부의 건) 〈Case Regarding the Transmition of Comfort Station Rules〉, Nov. 22, 1942, reprinted in Yuko Suzuki(鈴木裕子, 스즈키 유코), et al., eds., Nihongun "ianfu" kankei shiryo shusei(日本軍'慰安婦'関連資料集成, 일본군 "위안부" 관계 자료집성) 〈Collection of Materials Relating to the Japanese Military "Comfort Women"〉(Tokyo: Akashi shoten[明石書店, 아카이시쇼텐], 2006), v.1, p.383.

27 Keisho cho 1933, 앞의 문헌 pp.93-98.

28 SCAP, Amenities in the Japanese Armed Forces, Nov. 15, 1945, in Josei(女性, 여성) 앞의 문헌 v.5, p.139.

29 일본 내 도쿄 시장에서 매춘부들이 벌어들인 수입을 보여 주는 초기의 숫자들은 1920년대 자료다. 일반 물가는 1930년대 후반까지 안정적이었지만 1940년대에 폭등했다. 도매물가지수wholesale price index는 1921년에 1.296, 1926년에 1.157, 1931년에 0.748, 1936년에 1.036였다. 1939년에는 1.466까지 상승했고, 1941년에는 1.758를 기록했으며, 1943년에는 2.046까지 폭등했다. 다음을 참조하라. Yoshio Ando(安藤良雄, 안도 요시오), Kindai Nihon keizai shi yoran(近代日本経済史要覧, 근대 일본 경제사 요람) 〈Overview of Early Modern Japanese Economic History〉 (Tokyo: University of Tokyo Press, 1987) 2d ed. pp.2-3(Tokyo: University of Tokyo Press, 1987) 이렇게 20여 년이 흐르면서 매춘부 지망생들의 '그림자 임금 shadow wage'은 하락했다. (역주: '그림자 임금'이란 기회비용이 반영된 임금을 말한다. 예를 들어 매춘부의 그림자 임금은 매춘부로 일하지 않고 다른 직업을 선택했을 때 얻을 수 있는 최고 임금이다.) 이 여성들은 매춘을 하지 않았다면 공장이나 농장에서 일했을 것이다. 여성이 공장에서 받는 임금은 1930년대가 1920년대보다 낮았다. 표준적인 경제사 참고문헌(Ando 1987, 앞의 문헌 p.12)에서 여성의 1일 제조업 임금을 확인할 수 있으며, 이는 다음과 같다. (단위는 sen=1/100yen). 1920년—96, 1925년—103, 1930년—92, 1935년—67, 1939년—82. 이 표는 1939년에서 끝난다. 농업 분야의 여성 1일 임금은 변동 폭이 더 컸다. 1920년—94, 1925년—131, 1930년—86, 1935년—70, 1939년—131).

30 회계에 대한 자세한 영문 설명을 참조하려면 SCAP Research Report 1945, 앞의 문

헌 151-153페이지를 보라.

31 예를 들어 Naimusho(内務省, 내무성), Shina toko fujo(支那渡航婦女, 지나 도항 부녀) ⟨Women Passage to China⟩, Feb. 18, 1938, in Suzuki(鈴木, 스즈키), 앞의 문헌, v.1, p.130; SCAP Research Report 1945, 앞의 문헌 Josei(女性, 여성) 앞의 문헌 v.5, p.151.

32 Ikuhito Hata(秦郁彦, 하타 이쿠히코), Ianfu to senjo no sei(慰安婦と戰場の性, 위안부와 전쟁터의 성) ⟨Comfort Women and Sex on the Battlefield⟩ p.394(Tokyo: Shincho sensho[新潮選書, 신초센쇼], 1999) 여기에 전투 수당이 추가되었다.

33 Rhee Younghoon(이영훈) ed., Hannichi shuzoku shugi(反日種族主義, 반일 종족주의) ⟨Anti-Japanese Tribalism⟩(Tokyo: Bungei shunju[文藝春秋, 분게이슌주], 2019), p.261.

34 Rhee 2019, 앞의 문헌 p262

35 Lee, Wooyoun, Anti-Japan Tribalism on the Comfort Women Issue, The Diplomat, Nov. 14, 2021. Available at alternative site: https://archive.ph/20211115071637/https://thediplomat.com/2021/11/anti-japan-tribalism-on-the-comfort-women-issue/#selection-1231.547-1231.1052.
이우연의 이 글에 대해 역사학자인 데이비드 앰버러스, 에이미 스탠리, 사야카 차타니는 2021년 11월에 잡지사(「디플로매트The Diplomat」) 측을 협박해서 검열을 강요한 바 있다. 이 사건에 대해서는 존 마크 램자이어J. Mark Ramseyer의 논문 '태평양전쟁에서의 매춘 계약: 비판에 대한 반론Contracting for Sex in the Pacific War: A Response to My Critics'(Harvard Olin Center DP 1075, SSRN WP 4000145)(이 책의 제4장)을 참조하라.

36 Lee, Wooyoun, Ramseyer's Paper, Criticism Against It, and Counter-Criticism for It, Naksundae Institute of Economic Research, Working Paper 2022-02, Jan. 2022, p.8.

37 Seikichi Yamada(山田清吉, 야마다 세이키치), Bukan heitan(支那軍派遣慰安婦係長の手記武漢兵站, 지나군 파견 위안부 계장의 수기, 우한병참) ⟨Wuhan Logistics⟩ p.77, p.84(Tokyo: Tosho shuppan[図書出版, 토쇼슈판], 1978).

38 Rhee 2019, 앞의 문헌 p.320.

39 U.N. Report 1996, 앞의 문헌, para.69.

40 Hata 1999, 앞의 문헌 pp.402-406.

41 Hata 1999, 앞의 문헌 p.410.

42 Yoshiaki Yoshimi(吉見義明, 요시미 요시아키), Jugun ianfu(從軍慰安婦, 종군위안부) ⟨Military Comfort Women⟩ pp.78-80(Tokyo: Iwanami shoten[岩波書店, 이와

나미쇼텐], 1995).

43 Rhee 2019, 앞의 문헌 pp. 268-269.

44 Song Youn'ok(宋連玉, 송연옥), Nihon no shokuminchi shihai to kokkaiteki kanri baishun(日本の植民地支配と国家的管理売春, 일본의 식민지배와 국가적 관리 매춘) 〈Japan's Colonial Control and the National Management of Prostitution〉, 32 Chosenshi kenkyukai ronbun shu(朝鮮史研究会論文集, 조선사연구회논문집) p. 37, p. 51(1994); Yoshie Yamashita(山下英愛, 야마시타 영애), Chosen ni okeru kosho seido no jisshi to so no tenkai(朝鮮における公娼制度の実施とその展開, 조선의 공창 제도의 실시와 그 전개) 〈The Realization and Development of the Licensed Prostitution System in Korea〉(2006), in Suzuki(鈴木, 스즈키), 앞의 문헌. v. 2, p. 675; Keijo [Seoul] nippo(京城日報, 경성일보), June 12, 1918 (evening ed.), quoted in Takeshi Fujinaga(藤永壯, 후지나가 다케시), Shokuminchi Chosen ni okeru kosho seido no kakuritsu katei(植民地朝鮮における公娼制度の確立過程, 식민지 조선의 공창 제도의 확립 과정) 〈The Establishment Process for the Licensed Prostitution System in Colonial Korea〉, Nijusseiki kenkyu(二十世紀研究, 20세기 연구), Dec. 2004; Kako Senda(千田夏光, 센다 가코), Jugun ianfu(従軍慰安婦, 종군위안부) 〈Military Comfort Women〉(Futaba sha[双葉社, 후타바샤], 1973), p. 89; Toa nippo(東亞日報, 동아일보), Nov. 5, 1937, Shojo yuin dan kyukei(處女誘引団求刑, 처녀유인단 구형) 〈Gang to Entrap Young Women Sentenced〉, in Suzuki(鈴木, 스즈키), 앞의 문헌, v. 1, p. 829; Toa nippo(東亞日報, 동아일보), Mar. 7, 1939, Shinpan momoiro hakuku kyo(新版 桃色白白教, 신판 도색백백교). in Suzuki(鈴木, 스즈키), 앞의 문헌, v. 1, p. 829.

45 Tetsuo Arima(有馬哲夫, 아리마 테츠오), "Ianfu" ha mina goi keiyakuwo shiteita('慰安婦'は皆合意契約をしていた, '위안부'는 모두 합의 계약을 했다) 〈The "Comfort Women" Had All Agreed to Contracts〉 ch. 11 (Tokyo: WAC, 2021).

46 Arima 2021, 앞의 문헌, p. 180; Naimu sho 1938, 앞의 문헌, v. 1, p. 124.

47 Arima 2021, 앞의 문헌 ch. 11; Wooyoun Lee, Ramseyer's Paper, Criticism Against It, and Counter-Criticism for It, Naksundae Institute of Economic Research, Working Paper 2022-02, Jan. 2022., at 14; Tetsuo Arima, Read the Endnotes! Comfort Women Paper was Based on Wealth of Historical Facts, Japan Forward, July 2, 2022; Tetsuo Arima, What Happened to Comfort Women Recruitments: Facts, Not Conjectures, Japan Forward, July 3, 2022.

48 예를 들어 Martin Fackler, Rewriting the War, Japanese Right Attacks a Newspaper. N. Y. Times, Dec. 2, 2014; Mindy Kotler, The Comfort Women and Japan's War on

Truth, N.Y. Times, Nov. 14, 2014.

49 Martin Fackler, Japan, Seeking Revision of Report on Wartime Brothels, Is Rebuffed, N.Y. Times, Oct. 16, 2014.

50 요시다 세이지가 그의 본명인지도 불분명하다. 제이슨 모건Jason Michael Morgan이 번역한 하타 이쿠히코의 영문판『위안부와 전쟁터의 성Comfort Women and Sex in the Battle Zone』(Lanham, MD: Hamilton Books, 2018)의 190페이지를 참조하라.

51 「아사히신문」에서 인용한 것.

52 Seiji Yoshida(吉田清治, 요시다 세이지), Watashi no senso hanzai(私の戦争犯罪, 나의 전쟁범죄) ⟨My War Crimes⟩(Tokyo: San'ichi shobo[三一書房, 산이치쇼보], 1983).

53 Yoshida 1983, 앞의 문헌 p.108.

54 "Yoshida shogen" yoyaku torikeshi……(吉田証言ようやく取り消し…… "요시다 증언" 드디어 철회) ⟨At Last, the "Yoshida Testimony" Withdrawn……⟩, Yomiuri shimbun(読売新聞, 요미우리신문), Aug. 6, 2014; Ikuhiko Hata; Ikuhiko Hata 1999, 앞의 문헌 ch. 7.

55 Tsutomu Nishioka(西岡力, 니시오카 쓰토무), Ianfu mondai no haikei ni……(慰安婦問題の背景に……, 위안부 문제의 배경에……) ⟨In the Background of the Comfort Women Problem……⟩, Kin'yu fakushimirii shinbun(金融ファクシミリ新聞, 금융팩시밀리신문), Nov. 17, 2014. 「아사히신문」에서 우에무라 다카시의 상사는 마쓰이 야요리였는데, 그는 주류 기독교 목사의 딸이었고 일본공산당과 관련 있는 반핵단체의 이사이기도 했다.

56 우에무라 다카시는 기사에서 그 여성이 "정신대"의 이름으로 징집(연행)되었다고 전했다. "정신대"는 전쟁 물자 제조를 위한 일본 정부의 필사적인 시도의 일환으로, 모든 일본인을 공장 작업에 동원하는 광범위한 프로그램을 지칭한 용어였다. 그 프로그램에 따라 일본 정부는 심지어 어린이들까지 징집했다. 하지만 분명한 것은 "정신대"는 위안소 일에 투입된 바가 없었다는 것이다. 그럼에도 불구하고 우에무라 다카시는 기사에서 "정신대"라는 용어를 마치 매춘과 관련된 용어인 것처럼 오용하면서, 한국에서도 엄청난 혼란을 일으켰다. 결과적으로 우에무라 다카시의 기사는 어린 소녀를 위안부로 일하게 했다는 대중적 인식에 불을 붙였다. Nobuo Ikeda(池田信夫, 이케다 노부오), Asahi shmbun: Seiki no Daigoho(朝日新聞 世紀の大誤報, '아사히신문' 세기의 대오보) ⟨The Asahi Newspaper: Fake News of the Century⟩ pp.48-52(Tokyo: K.K. Aspekuto[アスペクト, 아스펙토], 2014).

57 Sec. xx, 뒤에서.

58 Ianjo he no gun kanyo shimesu shiryo(慰安所への軍関与示す資料, 위안소에 군

관여 가리키는 자료) 〈Documents Showing Military Involvement in the Comfort Stations〉, Asahi shimbun(朝日新聞, 아사히신문), Jan. 11, 1992. 요시미 요시아키가 찾은 자료는 다음과 같다. Rikugun sho(陸軍省, 육군성), Gun ianjo jugyofu to boshu ni kansuru ken(軍慰安所従業婦等募集に関する件, 군위안소 종업부 등 모집에 관한 건) 〈Regarding the Solicitation of Employees, etc., for the Military Comfort Stations〉, Rikugun sho(陸軍省, 육군성), Mar. 4, 1938, in Suzuki(鈴木, 스즈키) 2006, 앞의 문헌 v.1, p.103.

59 Hata 1999, 앞의 문헌 p.238.

60 Jiyu wa ubawareta kyoseisei atta(自由を奪われた強制あった, 자유를 빼앗긴 강제였다) 〈There was Coercion in the Sense that They Lost Their Freedom〉, Asahi shimbun(朝日新聞, 아사히신문), Aug. 5, 2014.; "Saishuto de renko" shogen("済州島連行"証言, "제주도 연행" 증언) 〈"Forced to Accompany in Jeju" Testimony〉, Asahi shimbun(朝日新聞, 아사히신문), Aug. 5, 2014.; Asahi shimbun moto kisha(朝日新聞元記者, '아사히신문' 전 기자) 〈Former Reporter for Asahi Shimbun〉, Zakzak, Aug. 5, 2014.

61 "Saishuto de renko" shogen("済州島連行"証言, "제주도 연행" 증언) 〈"Forced to Accompany in Jeju" Testimony〉, Asahi shimbun(朝日新聞, 아사히신문), Aug. 5, 2014.

62 Hata 1999, 앞의 문헌에서 ch. 7; Hata 2018, 앞의 문헌에서 ch. 7.

63 Hata 2018, 앞의 문헌 p.185.

64 Hata 2018, 앞의 문헌 p.185.

65 "Saishuto" 2014, 앞의 문헌; Hata 2018, 앞의 문헌 p.189.

66 Hata 1999, 앞의 문헌에서 ch. 8; Hata 2018, 앞의 문헌에서 ch. 8.

67 Hata 2018, 앞의 문헌 p.201; Hata 1999, 앞의 문헌 p.252.

68 Hata 1999, 앞의 문헌 p.252.

69 Hata 2018, 앞의 문헌 p.201; Lee 2022 앞의 문헌 p.11("거의 대부분의 사람들이 피해자 및 가해자의 증언을 믿고 있는 데다가 군 관련 문건도 나온 상황에서 일본 정부가 압박을 느꼈기 때문에 고노담화가 나온 것이다. 하지만 1992년 이후, 문제의 군 관련 문건은 강제연행과는 무관하다는 것이 입증됐다. 그 이후 다른 문건은 나오지 않았다.")

70 Ianfu mondai wo meguru Nikkan kan no yaritori no keii(慰安婦問題を巡る日韓間のやりとりの経緯, 위안부문제를 둘러싼 일한 교섭의 경위) 〈The Course of the Exchanges Between Japan and South Korea on the Comfort Women Problem〉, Asahi shimbun(朝日新聞, 아사히신문), June 21, 2014.

71 고노 관방장관이 1993년 8월 4일에 발표한 '고노담화' - 출처는 https://www.mofa.go.jp/a_o/rp/page25e_000343.html

72 Hwang v. Japan, 172 F. Supp. 2d 52(D.D.C. 2001), aff'd, 332 F.3d 679(D.D.Cir. 2003), remanded, 413 F.3d 45(D.C. Cir. 2005), cert. den'd, 2006 U.S. Lexis 1691(2006). Protecting the Human Rights of Comfort Women, Hearing before Subcom. on Asia, the Pacific, and the Global Environment, of Com. Foreign Affairs, House of Rep. Feb. 15, 2007.

73 Carol Gluck, What the World Owes the Comfort Women, in J.H. Lim & E. Rosenhaft, eds., Mnemonic Solidarity, Entangled Memories in the Global South p.80(2021).

74 Yong-Shik Lee, Natsu Taylor Saito & Jonathan Todres, The Fallacy of Contract in Sexual Slavery: A Response to Ramseyer's "Contracting for Sex in the Pacific War," 42 Mich. J. Int'l L. p.291, p.294, n.11(2021).

75 Rumiko Nishino(西野瑠美子, 니시노 루미코), Forcible Mobilization: What Survivor Testimonies Tell Us, in Rumiko Nishino, Kim Puja & Akane Onozawa, eds., Denying the Comfort Women: The Japanese State's Assault on Historical Truth p.40, pp.43-44 (London: Routledge, 2018).

76 Kuni v. (Unnamed parties), 1642 Hanrei jiho(判例時報, 판례시보) 24 (Shimonoseki Br. Off. Apr. 27, 1998), rev'd, 1759 Hanrei jiho(判例時報, 판례시보) 42 (Hiroshima High Ct. Mar. 29, 2001), aff'd, (Sup. Ct. Mar. 25, 2013).

77 (No names given) v. Kuni, (Tokyo D.Ct., Mar. 26, 2001), aff'd, 1843 Hanrei jiho(判例時報, 판례시보) 32 (Tokyo High Ct. July 22, 2003), aff'd, (Sup. Ct. Nov. 29, 2004); Song v. Kuni, 1741 Hanrei jiho(判例時報, 판례시보) 40 (Tokyo D. Ct. Oct. 1, 1999) (appendix), aff'd, 1741 Hanrei jiho(判例時報, 판례시보) 40 (Tokyo High Ct. Nov. 30, 2000), aff'd, (Sup. Ct. Mar. 28, 2003). 여기서 티모시 웹스터 Timothy Webster는 도쿄 판결에서 도쿄지방재판소가 "요시미 요시아키의 견해를 반영하는 사실적인 발견"을 했다고 주장했는데, 이는 이용식 및 캐롤 글럭과 똑같은 실수를 저지른 것으로 보인다. 티모시 웹스터가 인용한 구절 바로 앞에서 도쿄지방재판소는 관련 사실관계는 다툼의 대상이 아니었다고 분명히 언급했다. Timothy Webster, The Minds Behind the Movement: The Role of Academics in East Asia's War Reparations Litigation, 54 Case Western Reserve J. Int'l L. p.1, p.14(2022).

78 U.N. Report, 앞의 문헌

79 Soh 2008, 앞의 문헌 p.154.

80 George Hicks, The Comfort Women: Japan's Brutal Regime of Enforced

Prostitution(New York: W.W. Norton & Co., 1994).

81 Ustinia Dolgopol & Snehal Paranjape, Comfort Women: An Unfinished Ordeal(Geneva, Switzerland: International Commission of Jurists, 1994).

82 예를 들어, Hicks, 앞의 문헌 '감사의 말Acknowledgements'.

83 서문preface 및 연대기chronology 참조.

84 U.N. 1996, 앞의 문헌 중에서 para. 55

85 U.N. 1996, 앞의 문헌 중에서 para. 56.

86 J. Mark Ramseyer, Social Capital and the Problem of Opportunistic Leadership: The Example of Koreans in Japan Int'l Rev. L. & Econ. n.2(2021).

87 Michael Chwe, Letter by Concerned Economists Regarding "Contracting for Sex in the Pacific War" in the International Review of Law and Economics (2021), available at: http://chwe.net/irle/letter/; J. Mark Ramseyer, Contracting for Sex in the Pacific War, 65 Int'l Rev. L. & Econ. ___ (2021).

88 U.N. 1996, 앞의 문헌 중에서 para. 54.; Chwe(2021), 앞의 문헌; Ramseyer 2021.

89 Hata 1999, 앞의 문헌 p.273.

90 Hata 1999, 앞의 문헌 p.326, p.327; U.N. 1996, 앞의 문헌 중 para. 2, 47, 66.

91 Gay J. McDougall, Systematic Rape, Sexual Slavery and Slavery-like Practices During Armed Conflict, U.N. Economic & Social Council, June 22, 1998, para. 7.

92 McDougall, 앞의 문헌 중에서 App. para. 7.

93 McDougall, 앞의 문헌 중에서 App. para. 1.

94 Karen Parker & Jennifer F. Chew, Compensation for Japan's World War II War-Rape Victims, 17 Hastings Int'l & Comp., L. Rev. p.497(1994).

95 Parker & Chew, 앞의 문헌 1994, p.498, p.499

96 Alexis Dudden, "We Came to Tell the Truth": Reflections on the Tokyo Women's Tribunal, 33 Critical Asian Stud. p.591(2001).

97 Norma Field, The Courts, Japan's 'Military Comfort Women,' and the Conscience of Humanity: The Ruling in VAWW-Net Japan v. NHK, 5 Asia-Pac. J: Japan Focus n.2, pp.1-2(2007).

98 '일본군 성노예제 재판을 위한 여성국제전범법정The Women's International War Crimes Tribunal for the Trial of Japan's Military Sexual Slavery', Jan. 31, 2002, para. 124, 189. https://archives.wam-peace.org/wt/wp-content/uploads/2020/03/Cover-Page_Judgement.pdf.

99 Christine M. Chinkin, Women's International Tribunal on Japanese Military Sexual Slavery, 95 Am. J. Int'l L. pp.335-336(2001).

100 Tsutomu Nishioka(西岡力, 니시오카 쓰토무), Ianfu mondai no haikei ni……(慰安婦問題の背景に……, 위안부 문제의 배경에……) ⟨In the Background of the Comfort Women Problem……⟩, Kin'yu fakushimirii shinbun(金融ファクシミリ新聞, 금융팩시밀리신문), Nov. 17, 2014.

101 Omoidasuto ima mo naimida……(思い出すと今も涙…… 떠올리면 지금도 눈물……) ⟨Even Now, When I Remember I Cry……⟩, Asahi shimbun(朝日新聞, 아사히신문), Aug. 11, 1991.

102 Nobuo Ikeda(池田信夫, 이케다 노부오), Asahi shmbun: Seiki no Daigoho(朝日新聞 世紀の大誤報, '아사히신문' 세기의 대오보) ⟨The Asahi Newspaper: Fake News of the Century⟩ pp. 48-52(Tokyo: K.K. Aspekuto[アスペクト, 아스펙토], 2014). 우에무라 다카시의 분쟁과 관련해서는 다음을 참고하라. (No names given), 1479 Hanrei taimuzu(判例タイムズ, 판례타임스) 217 (Tokyo D. Ct. June 26, 2019), aff'd, (Tokyo High Ct. Mar. 3, 2020), aff'd, (Sup. Ct. Mar. 11, 2021); (No names given), 1477 Hanrei taimuzu(判例タイムズ, 판례타임스) 57 (Sapporo D. Ct. Nov. 9, 2018), aff'd, 1477 Hanrei taimuzu(判例タイムズ, 판례타임스) 48 (Sapporo High Ct. Feb. 6, 2000), aff'd, (Sup. Ct. Nov. 18, 2020).

103 (No names given) v. Koku, 1879 Hanrei jiho(判例時報, 판례시보) 58 (Sup. Ct. Nov. 29, 2004). 제기된 소송이 최고 2건 더 있지만 모두 최고재판소가 기각했다. Zaisan oyobi seikyu ken ni kansuru mondai no kaiketsu narabi ni keizai kyoryoku ni kansuru Nihon koku to Dai kan minkoku to no aida no kyotei(財産及び請求権に関する問題の解決並びに経済協力に関する日本国と大韓民国との間の協定, 재산 및 청구권에 관한 문제 해결 및 경제협력에 관한 일본국과 대한민국 간의 협정) ⟨Agreement between Japan and the Republic of Korea Concerning the Economic Cooperation and the Resolution of Problems Involving Property and Claims⟩, Treaty n. 27, 1965.

104 Moto ianfu Kim Hak Sun san(元慰安婦金学順さん, 옛 위안부 김학순 씨) ⟨For Comfort Woman Kim Hak Sun⟩, Asahi shimbun(朝日新聞, 아사히신문), Dec. 25, 1991.

105 Ikeda 2014, 앞의 문헌 p. 25, p. 51.

106 Seok-choon Lew(류석춘), Hensen wo kasaneta "Ianfu shogen" no uragawa('慰安婦証言'はなぜ二転三転？, '위안부 증언'은 왜 오락가락하나) ⟨What Lies Behind the "Comfort Women Testimonies" that Have Changed Multiple Times⟩, Shukan shincho(週刊新潮, 슈칸신초), June 2, 2022, pp. 44-48, p. 45.

107 "Moto ianfu, hatsu no shogen" kiji ni jijitsu no nejimage nai("元慰安婦、初の証言"

記事に事実の捻じ曲げない, "옛 위안부, 첫 증언" 기사에 사실의 왜곡 없다)〈"The First Testimonial of a Former Comfort Woman," Truth Not Twisted in Article〉, Asahi shimbun(朝日新聞, 아사히신문), Aug. 5, 2014; Omoidasu 1991, 앞의 문헌.

108 (No names given), 1479 Hanrei taimuzu(判例タイムズ, 판례타임스) 217 (Tokyo D. Ct. June 26, 2019), aff'd, (Tokyo High Ct. Mar. 3, 2020), aff'd, (Sup. Ct. Mar. 11, 2021).

109 Sojo 〈Complaint〉, Park v. Nihon koku, Dec. 6, 1991, available at: https://www.awf.or.jp/pdf/195-k1.pdf, pp. 51-52.

110 Tetsuo Arima(有馬哲夫, 아리마 테츠오), Koshite rekishi mondai ha netsuzo sareru(こうして歴史問題は捏造される, 이렇게 역사문제는 날조된다)〈This is How Fraudulent History Is Written〉106 (Tokyo: Shincho sha[新潮社, 신초샤], 2017); Ikeda, 앞의 문헌 p. 25.

111 (No names given), 1479 Hanrei taimuzu(判例タイムズ, 판례타임스) 217 (Tokyo D. Ct. June 26, 2019), aff'd, (Tokyo High Ct. Mar. 3, 2020), aff'd, (Sup. Ct. Mar. 11, 2021); (No names given), 1477 Hanrei taimuzu(判例タイムズ, 판례타임스) 57 (Sapporo D. Ct. Nov. 9, 2018), aff'd, 1477 Hanrei taimuzu(判例タイムズ, 판례타임스) 48 (Sapporo High Ct. Feb. 6, 2000), aff'd, (Sup. Ct. Nov. 18, 2020). 보다 훌륭한 배경 설명으로는 Arima 2017, pp. 108-109.

112 (No names given), 1479 Hanrei taimuzu(判例タイムズ, 판례타임스) 217 (Tokyo D. Ct. June 26, 2019).

113 (No names given), 1479 Hanrei taimuzu(判例タイムズ, 판례타임스) 217 (Tokyo D. Ct. June 26, 2019).

114 다음을 보라. Soh 2008, 앞의 문헌 pp. 12-13, pp. 99-100; Keith Howard, ed., True Stories of the Korean Comfort Women 89(London: Cassell, 1995); Joseph Yi, Confronting Korea's Censored Discourse on Comfort Women. The Diplomat, Jan. 31, 2018.

115 Moto "ianfu" e hosho wo(元慰安婦へ補償を, 옛 "위안부"에게 보상을)〈Compensation for Former "Comfort Women"〉, Akahata(赤旗, 아카하타) June 26, 2002.

116 Martin Fackler, No Apology for Sex Slavery, Japan's Prime Minister Says. N.Y. Times, March 6, 2007.

117 Tsutomu Nishioka(西岡力, 니시오카 쓰토무), Saikin no Kankoku no anchihannichi no ugoki ni tsuite(最近の韓国のアンチ反日の動きについて, 최근 한국의 안티반일 움직임에 대해서)〈Regarding the Recent Anti-Anti-Japanese Movement in South Korea〉, 8 Rekishininshiki mondai kenkyu(歴史認識問題研究,

역사인식문제연구) p.71, p.83(2021).

118 Tsutomu Nishioka(西岡力, 니시오카 쓰토무), Kankoku no ianfu undo no "naifun"(韓国の慰安婦運動の"内紛", 한국 위안부 운동의 "내분") 〈The "Internal Dispute" of the Comfort Women Movement〉, 7 Rekishininshiki mondai kenkyu(歷史認識問題硏究, 역사인식문제연구) p.95, pp.103-105(2020a).

119 Nishioka(2020a), 앞의 문헌 p.105. 「미디어워치」 대표이사 겸 편집국장인 황의원과의 이메일을 통한 소통, 2022년 2월 27일.

120 Soh 2008, 앞의 문헌 p.101.

121 Maija Rhee Devine, Are Comfort Women Lying? Korea Times, June 8, 2016. Available at: http://www.koreatimes.co.kr/www/news/opinon/2016/06/162_206538.html(quoting Soh).

122 Soh 2008, 앞의 문헌, p.11; Korea Institute of History (KIH), "The Comfort Women" by Professor C. Sarah Soh, Apr. 29, 2016a, available at http://scholarsinenglish.blogspot.com/2014/10/the-comfort-women-by- chunghee-sarah-soh.html.

123 Protecting the Human Rights of Comfort Women, Hearing before Subcom. on Asia, the Pacific, and the Global Environment, of Com. Foreign Affairs, House of Rep. Feb. 15, 2007, p.30.

124 Soh 2008, pp.159-169.

125 Soh 2008, 앞의 문헌 p.159.

126 Soh 2008, 앞의 문헌 p.160.

127 Soh 2008, 앞의 문헌 p.160.

128 Senda 1973, 앞의 문헌.

129 Soh 2008, 앞의 문헌 p.161.

130 Soh 2008, 앞의 문헌 p.166.

131 Soh 2008, 앞의 문헌 p.166, p.167.

132 Tetsuo Arima(有馬哲夫, 아리마 테츠오), Koshite rekishi mondai ha netsuzo sareru(こうして歴史問題は捏造される, 이렇게 역사문제는 날조된다) 〈This is How Historical Problems Give Rise to Fraud〉 pp.104-111(Tokyo: Shincho shinsho[新潮新書, 신초신쇼], 2017). 그 여성의 주장에 대한 동시대의 증거나 증언은 없었다. 이 문헌에서 언급되는 기자는 마츠이 야요리다.

133 Hata 1999, 앞의 문헌 pp.366-376.

134 Soh 2008, 앞의 문헌 p.162.

135 Korea Institute of History (KIH), "Comfort Women of the Empire" by Professor

Park Yuha, Apr. 30, 2016d, available at http://scholarsinenglish.blogspot.com/2014/10/summary-of-professor-park-yuhas-book.html

136 Soh 2008, 앞의 문헌 p.96.

137 Joseph Yi, Confronting Korea's Censored Discourse on Comfort Women. The Diplomat, Jan. 31, 2018.

138 Moto ianfu tachiga Kankoku Teishintai mondai……(元慰安婦たちが 韓国挺身隊問題……, 옛 위안부들이 한국정신대문제……)〈Comfort Women, to the CDH……〉, Bunshun Online(文春オンライン, 분슌온라인), Dec. 27, 2018.

139 KIH 2016d.

140 KIH 2016d, 앞의 문헌.

141 Hajime Imanishi(今西一 이마니시 하지메), Kaihogo, Kankoku chishikijin no ayumi(解放後、韓国知識人お歩み, 해방 후, 한국 지식인의 흐름)〈The Path of a South Korean Intellectual After Liberation〉, 67(Otaru shoka daigaku(小樽商科大学, 오타루상과대학)) Shogaku token(商学討究, 상학토구) p.239, pp.244-245(2017).

142 Shin'ichiro Akaishi(赤石晋一郎, 아카이시 신이치로), "Okane wo ageru kara……"(お金をあげるから, "우리가 돈을 줄 테니까……")〈We'll Pay You Money so……"〉, Bunshun online(文春オンライン, 분슌온라인), June. 16, 2020b, https://bunshun.jp/articles/-/38366

143 Shin'ichiro Akaishii(赤石晋一郎, 아카이시 신이치로), Firipin no ianfu mondai……(フィリピンの慰安婦問題は……, 필리핀의 위안부 문제는……)〈The Philippines' Comfort Women Problem……〉, Bunshun online(文春オンライン, 분슌온라인), June 29, 2020a, https://bunshun.jp/articles/-/38632

144 KIH 2016d, 앞의 문헌. 236명의 등록된 위안부들 중 61명이었다. Nishioka 2020a, 앞의 문헌 p.96. Akaishi 2020a, 앞의 문헌; Akaishi, 2020b, 앞의 문헌.

145 Akaishi 2020a, 앞의 문헌.

146 KIH 2016d, 앞의 문헌.

147 Akaishi 2020a, 앞의 문헌.

148 Soh 2008, 앞의 문헌 p.101.

149 Choe Sang-Hun, Japan and South Korea Settle Dispute Over Wartime "Comfort Women", N.Y. Times, Dec. 28, 2015.

150 Ianfu zo no seisakusha fufu……(慰安婦像の制作者夫婦……, 위안부상의 제작자 부부……)〈The Couple Who Made the Comfort Women Statue……〉, News Posuto sebun(NEWSポストセブン, 뉴스포스트세븐), Mar. 7, 2017, https://www.

news-postseven.com/archives/20170307_498048.html/2

151 Choe Sang-Hun, Deal with Japan on Former Sex Slaves Failed Victims, South Korean Panel Says, N.Y Times, Dec 27, 2017.

152 Kankoku ga Nihon no shinrai wo ushinatta……(韓国が日本の信頼を失った, 한국이 일본의 신뢰를 잃었다……) 〈South Korea Lost the Trust of Japan……〉, Bunshun online(文春オンライン, 분슌온라인), May. 14, 2022, https://www.jiji.com/jc/bunshun?id=54320

153 Tsutomu Nishioka(西岡力, 니시오카 쓰토무), Ianfu mondai wo kogi de furete……(安婦問題を講義で触れて……, 위안부 문제를 강의에서 언급하다가……) 〈Discussing the Comfort Women Problem in a Lecture……〉, Oct. 19, 2021. www.moralogy.jp/salon211019-1/

154 KIH 2016d, 앞의 문헌.

155 Kankoku gekishin……(韓国激震、支援団体真の目的, 한국격진, 지원 단체의 진짜 목적) 〈Massive Shock in South Korea……〉, Japan In-depth, May 26, 2020.

156 Teitaikyo no shotai(慰安婦問題, 정대협의 정체) 〈The Truth about the Korean Council〉, May 2020, http://daishi100.cocolog-nifty.com/blog/2020/05/post-77ade9.html

157 Kankoku gekishin 2020, 앞의 문헌.

158 Ianfu mondai: Nikkan ayumi yori wo bogai suru……(慰安婦問題：日韓歩み寄りを妨害する韓国の親北勢力と北朝鮮, 위안부문제: 일한 교섭을 방해하는 한국의 친북세력과 북조선) 〈The Comfort Women Problem: Blocking Rapprochement Between S. Korea and Japan……〉, MSN Sankei Nyusu(MSN 産経ニュース, MSN 산케이뉴스), Sept. 23, 2012; JID 2020, 앞의 문헌.

159 Kim Ji-yu(金自由, 김지유), Pyonyan de hannichi wo sakenda……(平壌で反日を叫んだ……, 평양에서 반일을 외치다……) 〈Shouting Anti-Japanese in Pyongyang……〉, Daily Shincho(デイリー新潮, 데일리신초), June. 23, 2020; Ruriko Kubota(久保田 るり子, 쿠보타 루리코), Oshu de kita supai to renkei……(欧州で北スパイと連携 尹美香氏を取り巻く「従北人脈」, 구주에서 북스파이와 연대 윤미향을 둘러싼 '종북인맥') 〈Collaboration with North Spy in Western Europe……〉, Sankei News(産経ニュース 산케이뉴스), May. 30, 2020a.

160 Ruriko Kubota(久保田 るり子, 쿠보타 루리코), Giwaku zokushitsu no Yoon Mee-hyang shi……(疑惑続出の尹美香氏、北朝鮮人脈との怪しい取引, 의혹 속출의 윤미향 씨, 북조선 인맥과의 수상한 거래) 〈Doubts Grow over Yoon Mee-hyang……〉, Sankei News(産経ニュース 산케이뉴스), May. 23, 2020b; Kim Ji-yu,

앞의 문헌; Ri 2020, 앞의 문헌 p. 53.

161 「미디어워치」 대표이사 겸 편집국장 황의원과의 이메일을 통한 소통, 2022년 1월 25일.

162 Sotetsu Ri(李相哲, 리소데츠), Hannichi shuzoku no tabu(反日種族のタブー, 반일종족의 터부)〈The Taboos of Anti-Japanese Tribalism〉pp. 112-113(Tokyo: Takarajima sha[宝島社, 타카라지마샤], 2020).

163 Ruriko Kubota(久保田 るり子, 쿠보타 루리코), Oshu de kita supai to renkei……(欧州で北スパイと連携 尹美香氏を取り巻く「従北人脈」, 구주에서 북스파이와 연대 윤미향을 둘러싼 '종북인맥')〈Collaboration with North Spy in Western Europe……〉, Sankei News(産経ニュース 산케이뉴스), May. 30, 2020a; Ri 2020, 앞의 문헌 p. 53.

164 Meredith Shaw, Godzilla vs Pulgasari: Anti-Japanism and Anti-Communism as Dueling Antagonisms in South Korean Politics, 22 J. E. Asian Stud. pp. 201-203, p. 211(2022).

165 Nishioka 2021, 앞의 문헌; Kubota 2020a, 앞의 문헌; Ri 2020, 앞의 문헌 pp. 53-56.

166 Tsutomu Nishioka(西岡力, 니시오카 쓰토무), Kankoku ni okeru gakumon no jiyu no kiki ni tsuite(韓国における学問の自由の危機について, 한국에서의 '학문의 자유'의 위기에 대해서)〈Regarding the Crisis in Academic Freedom in South Korea〉, 10 Rekishi ninshiki mondai kenkyu(歴史認識問題研究, 역사인식문제연구), pp. 79-91, p. 85(2022).

167 Patrick Winn, Why North Korean Peace Talks May Hinge on 12 Singing Waitresses," The World, Sept. 15, 2017; Joshua Stanton, Minbyun's Frivolous Lawfare Terrorizes 12 Young N. Korean Refugees & Endangers Lives, Free Korea, July 5, 2016, available at: https://freekorea.us/2016/07/minbyuns-frivolous-lawfare-terrorizes-12-young-n-korean-refugees-endangers-lives/; Joshua Stanton, The N. Y. Times, the Ninbpo 12, Minbyun & Yoon Mee-hyang: The Story Behind the Story, FreeKorea, June 8, 2020, available at: https://freekorea.us/2020/06/the-n-y-times-the-ningpo-12-minbyun-yoon-mee-hyang-the-story-behind-the-story/

168 Winn 2017, 앞의 문헌.

169 Winn 2017, 앞의 문헌; Stanton 2020, 앞의 문헌.

170 Stanton 2016, 앞의 문헌.

171 Stanton 2016, 앞의 문헌.

172 Stanton 2016, 앞의 문헌.

173 Stanton 2016, 앞의 문헌; Stanton 2020; Minbyun Efforts May Be More Harm Than Help for Defector Group, Daily NK, June 28, 2016, available at https://www.dailynk.com/minbyun-efforts-may-be-more-harm-t/; J.H. Ahn, S. Korean Lawyers to Again Request Meeting with 12 Restaurant-worker Defectors, June 19, 2017, available at: Lawyers to Again Request Meeting with 12 Restaurant-worker Defectors)', June 19, 2017, https://www.nknews.org/2017/06/s-korean-lawyers-to-again-request-meeting-with-12-restaurant-worker-defectors/

174 Stanton 2016, 앞의 문헌.

175 Stanton 2020, 앞의 문헌.

176 Dappokusha ni kikoku susumeru……(脱北者に帰国勧める……, 탈북자에게 귀국 권하다……) 〈Encouraging Refugees from the North to Return……〉, Asahi shimbun(朝日新聞, 아사히신문), May. 23, 2020; Ri 2020, 앞의 문헌 pp.113-115.

177 아마도 https://www.youtube.com/watch?v=Usi-YZH5gWw

178 Nishioka(2020a), 앞의 문헌 p.107. Dappokusha 2020, 앞의 문헌; Ri 2020, 앞의 문헌 pp.113-115; Stanton(2016, 2020).

179 Soh 2008 앞의 문헌 pp.12-13, pp.99-100; Keith Howard, ed., True Stories of the Korean Comfort Women 89(London: Cassell, 1995); Yi 2018, 앞의 문헌; Joseph Yi, Illiberal Means for Liberal Ends: Low-Road Challenge to Liberal Public Discourse and International Relations(2020), available at: https://preprints.apsanet.org/engage/apsa/article-details/5f52aa1a9277460012015626; Hata 2018, 앞의 문헌 p.235.

180 Moto 2002, 앞의 문헌; Hata 2018, 앞의 문헌 p.235.

181 Fackler 2007, 앞의 문헌; Soh 2008를 보라. 앞의 문헌 pp.100-101; Protecting the Human Rights of Comfort Women, Hearing before Subcom. on Asia, the Pacific, and the Global Environment, of Com. Foreign Affairs, House of Rep. Feb. 15, 2007, p.17; Hata 2018, 앞의 문헌 p.236.

182 Ri 2020, 앞의 문헌 pp.88-103(Kitamura).

183 Ri 2020, 앞의 문헌 pp.122-126(Kitamura).

184 재정 자료에 관해서는 Nishioka 2020a 앞의 문헌 p.98 참조.

185 Nishioka(2020a), 앞의 문헌 pp.98-102.

186 Tetsuhide Yamaoka(山岡鉄秀, 야마오카 테츠히데), Ianfu harumoni……(慰安婦ハルモニ、すべて、真っ赤な嘘だったのですか？, 위안부 할머니, 모조리 다 새빨간 거짓말이었나?) 〈The Comfort Women Grandmothers……〉,

Gekkan Hanada purasu(月刊Hanada plus, 겟칸하나다프러스), 2020년 5월 26 일; Katsumi Murotani(室谷克實, 무로타니 카츠미), Kihonteki na daigimon(根本的な大疑問…… 告発女性は本当に「従軍慰安婦」だったのか！, 근본적인 큰 의문…… 고발 여성은 진짜로 "종군위안부"였는가!?) ⟨A Basic, Major Doubt……⟩, Zakzak(Yukan Fuji(夕刊フジ, 유칸후지)), June. 11, 2020. 이용수 본인은 처음 상대하는 사람에게 자신을 위안부라고 소개하기가 부담스러웠기 때문에 "친구"를 대신해서 전화했다는 말을 했었다고 설명했다. 이용수에 대해 비판적인 니시오카 쓰토무도 이런 설명을 이해할 수 있다고 본다(Nishioka 2020, p.109 n.2).

187 Moto ianfu "zettai ni yurusenai"(元慰安婦「絶対に許さない」, 옛 위안부 "절대로 용서할 수 없다") ⟨Former Comfort Woman "It's Absolutely Unforgivable"⟩, Asahi shimbun(朝日新聞, 아사히신문), May. 26, 2020, p.11.

188 Nishioka(2020a), 앞의 문헌 pp.102-106.

189 Nishioka(2020a), 앞의 문헌 p.103.

190 Naimusho(内務省, 내무성), Shina toko fujo(支那渡航婦女, 지나 도항 부녀) ⟨Women Passage to China⟩, Feb. 18, 1938, in Suzuki(鈴木, 스즈키) et al., 앞의 문헌 v.1, p.124; Arima, 앞의 문헌 chs. 5, 11.

191 Saishuto 2014, 앞의 문헌; Hata 1999, 앞의 문헌 ch. 7.

192 Riki Yoshii(吉井理記, 요시이 리키), "Hyogen no fujiyu" ko: "Jugun ianfu ha dema" to iu dema, rekishigakusha, Yoshimi Yoshiaki shi ni kiku(表現の不自由考：「従軍慰安婦はデマ」というデマ 歴史学者、吉見義明氏に聞く, 표현의 부자유에 대해 생각한다: "종군위안부는 선동"이라는 선동, 역사학자 요시미 요시아키 씨에게 묻다) ⟨Thoughts on the "Lack of Freedom of Expression": Yoshiaki Yoshimi about the False Rumor that "Military Comfort Women Were a False Rumor"⟩, Mainichi shimbun(毎日新聞, 마이니치신문) Aug. 15, 2019.; Webster 2020, 앞의 문헌 pp.12-16를 보면 요시미 요시아키가 1995년 저서에서 인간사냥식 위안부 강제연행 주장은 포기했다는 사실이 누락된 것 같다.

193 예를 들어 Tessa Morris-Suzuki, You Don't Want to Know About the Girls? The 'Comfort Women,' the Japanese Military and Allied Forces in the Asia-Pacific War, 13 Asia-Pacific J. Japan Focus, Aug. 3, 2015; 보다 일반적으로는 다음을 참조하라. Mark R. Frost & Edward Vickers, Introduction: The 'Comfort Women' as Public History—Scholarship, Advocacy and the Commemorative Impulse, 19 Asia-Pacific J. Japan Focus, Mar. 2, 2021.

194 Morris-Suzuki 2015, 앞의 문헌.

195 Soh, 앞의 문헌 p.114.

196 Soh, 앞의 문헌 p. 114.

197   Shaw, 앞의 문헌 p. 202.

198 Shaw, 앞의 문헌 p. 212.

199 Shaw, 앞의 문헌 p. 213.

200 Park Yu-ha(박유하), Teikoku no ianfu(帝国の慰安婦, 제국의 위안부) 〈Comfort Women of the Empire〉(Tokyo: Asahi shimbun shuppan[朝日新聞出版, 아사히 신문출판], 2014).

201 Park 2014, 앞의 문헌 p. 28.

202 이 책의 일본어판이 있다; 현재 한국어판은 검열을 거친 버전만이 있다. 단, 이 책의 영어 위키백과 항목은 이 책과 사실상 아무런 관련이 없으니 유의하라.

203 Korea Institute of History, "Comfort Women of the Empire" Reviewed by Professor Jun Bong Gwan, Apr. 21, 2016e, available at: http://scholarsinenglish. blogspot.com/2014/10/comfort-women-of-empire-reviewed-by.html.

204 Joe Phillips, Wondong Lee & Joseph Yi, Future of South Korea-Japan Relations: Decoupling or Liberal Discourse, 91 Political Quarterly p. 448, pp. 452-453(2020).

205 Nishioka 2017, 앞의 문헌; Seoul University Prof. Lee Yong-hoon "Comfort women=Sex slave" is an illusion., Oct. 10, 2016, at http://staff.texas-daddy. com/?eid=502

206 Rhee Young-hoon Seoul dai kyoju "jugun ianfu ha baishungyo"(李栄薫ソウル大教授「從軍慰安婦は売春業」, 이영훈 서울대 교수 "종군위안부는 매춘업") 〈SNU Professor Rhee Young-hoon "Comfort Women Were Prostitutes"〉, Chosun Online, Sept. 3., 2004, https://web.archive.org/web/20070517204644/http:// www.chosunonline.com/article/20040903000051; Ianfu 2004, 앞의 문헌.

207 Rhee 2019, 앞의 문헌; Rhee, Younghoon(이영훈) ed., Hannichi shuzoku shugi to no toso(反日種族主義との鬪爭, 반일 종족주의와의 투쟁) 〈The Battle Against Anti-Japanese Tribalism〉(Tokyo: Bungei shunju[文藝春秋, 분게이슌주], 2020).

208 Shin'ichiro Akaishi(赤石晋一郎, 아카이시 신이치로), Besuto seraa "Han Nichi shuzoku shugi" he no hanbatsu 〈The Reaction to the Best-selling "Anti-Japanese Tribalism〉(ベストセラ I『反日種族主義』への反発……韓国は「言論の自由」を受け入れられるのか?, 베스트셀러 '반일 종족주의'에 대한 반발…… 한국은 '언론의 자유'를 받아들일 수 있는가?), Bunshun online(文春オンライン분슌온라인), Nov. 28, 2019.

209 Akaishi 2019, 앞의 문헌; Shaw, 앞의 문헌 p. 24.

210 Akaishi 2019, 앞의 문헌.

211 Nishioka 2022, 앞의 문헌 p. 79.

212 Timothy W. Martin & Dasl Yoon, Professor's 'Comfort-Women' Lecture Gets Him Indicted--And Sparks Debate on Academic Freedom, Wall. St. J., Aug. 21, 2021.

213 Uooru sutoriito jaaneru ni kansuru Lew kyoju to media uocchi no hanno(ウォールストリートジャーナルに関する柳教授とメディアウォッチの反応, 월스트리트저널에 대한 류교수와 미디어워치의 반응) 〈The Reactions of Professor Lew and Media Watch to the Wall Street Journal〉, Rekishi ninshiki mondai kenkyu kai(歴史問題研究会, 역사인식문제연구회) Aug. 23, 2021, harc.tokyo/?p=2275.

214 Lee 2021, 앞의 문헌 https://japan-forward.com/no-debate-the-diplomats-cancellation-of-my-comfort-women-article/

215 Tsutomu Nishioka(西岡力, 니시오카 쓰토무), Kankoku ni okeru gakumon no jiyu no kiki ni tsuite(韓国における学問の自由の危機について, 한국에서의 '학문의 자유' 위기에 대해서) 〈Regarding the Crisis in Academic Freedom in South Korea〉, 10 Rekishi ninshiki mondai kenkyu(歴史認識問題研究, 역사인식문제연구), pp. 79-91, p. 79(2022).

216 Nishioka 2022, 앞의 문헌 p. 79.

217 「미디어워치」 대표이사 겸 편집국장 황의원과의 이메일을 통한 소통, 2022년 2월 22일. 추가로 Hannichi 2014, 앞의 문헌; Ianfu 2018, 앞의 문헌; Jitsuwa 2018, 앞의 문헌; Kankoku 2018, 앞의 문헌 참조.

218 Ji Man-Won shi "nise no ianfu"……(池萬元氏「偽の慰安婦」, 지만원 씨 "가짜위안부") 〈Ji Man-Won "Fraudulent Comfort Women"……〉, Chuo Nippo(中央日報, 중앙일보), Apr. 14, 2005, https://japanese.joins.com/article/j_article.php?aid=62513&sectcode=400&servcode=400 (reporter's words); Gunji hyoronka no Chi Man-won……(軍事評論家の池萬元……, 군사평론가 지만원……) 〈The Military Commentator Chi Man-won……〉, Sept. 29, 2013, https://s.webry.info/sp/92971510.at.webry.info/201309/article_88.html

219 Lee 2018, 앞의 문헌; 「미디어워치」의 기자 요시다 켄지吉田賢司와의 이메일을 통한 소통, 2022년 2월 17일; 「미디어워치」의 대표이사 겸 편집국장 황의원과의 이메일을 통한 소통, 2022년 2월 22일.

220 Soh 2008, 앞의 문헌.

221 Soh 2008, 앞의 문헌 xiii.

222 Soh 2008, 앞의 문헌 xiv.

223 Soh 2008, 앞의 문헌 p.248.

224 Carol Gluck, What the World Owes the Comfort Women, in J-H Lim, E. Rosenhalf, eds., Mnemonic Solidarity pp.84-85(2021).

225 Gluck 2021, 앞의 문헌 p.81.

226 Gluck 2021, 앞의 문헌 p.77, n.3.

227 Gluck 2021, 앞의 문헌 p.86.

228 여기서는 일본과 조선에서 모집된 위안부들에 대해서만 논의하고 있다는 것을 명심하자. 조선은 당시 일본의 일부였으며, 일본 병사들이 자국민 여성을 교전 지역의 여성과 동일하게 다뤘을 것이라고 보기는 어렵다. 그렇기에 페이페이 치우Peipei Qiu, 쑤 즈량Su Zhiliang, 천 리페이Chen Lifei가 공동집필한 『중국인 위안부Chinese Comfort Women』(Univ. British Columbia Press, 2013) 등의 책은 이 논문이 다루는 주제의 범위 밖이다.

229 Daniel Schumacher, Asia's Global Memory Wars and Solidarity Across Borders: Diaspora Activism on the "Comfort Women" Issue in the United States, Asia Pacific Journal: Japan Forum, v.19, Mar 1, 2021.

230 Tessa Morris-Suzuki, Japan's "Comfort Women": It's Time for the Truth (in the Ordinary, Everyday Sense of the Word), Asia Pacific Journal: Japan Forum, v.5, Mar. 1, 2007.

231 Alexis Dudden, The End of Apology, Asia-Pacific Journal: Japan Forum, v.3, Feb. 15, 2005.

232 KIH 2016d, 앞의 문헌.

233 Tomokazu Shigemura(重村智計, 토모카즈 시게무라), Kita chosen no rachi, tero, kaku kaihatsu, yuji no kokusai kankei(北朝鮮の拉致,テロ, 核開発,有事の国際関係 북조선의 테러, 핵개발, 유사의 국제관계) 〈North Korea's Abductions, Terrorism, Nuclear Development, and International Emergency〉, 3 Waseda daigaku shakai anzen seisaku kenkyujo kiyo(早稲田大学社会安全政策研究所紀要, 와세다대학 사회안전정책연구소 기요) 181(2011); Patrick M. Morgan, Deterrence and System Management: The Case of North Korea, 23 Conflict Management and Peace Science p.121, p.123(2006).

234 Tomokazu Shigemura(重村智計, 토모카즈 시게무라), Kita chosen no tero, joho kosaku senso to Nihon no anzen(北朝鮮のテロ, 情報工作戦争と日本の安全, 북조선의 테러, 정보공작 전쟁과 일본의 안전) 〈Japan's Safety and North Korea's Terrorism and Misinformation War〉, 9 Waseda daigaku shakai anzen seisaku kenkyujo kiyo(早稲田大学社会安全政策研究所紀要, 와세다대학 사회안전정책연

구소 기요.)(2016); James T. Laney & Jason T. Shaplen, How to Deal with North Korea, 82 Foreign Affairs 16(2003); 일반적으로는 다음을 보라. Keishi cho(警視庁, 경시청), Kitachosen ni yoru rachi yogi jian(北朝鮮による拉致容疑事案, 북조선에 의한 납치용의사안) ⟨Cases with Suspicions of North Korean Abductions⟩, Sept. 21, 2021, https://www.keishicho.metro.tokyo.lg.jp/jiken_jiko/ichiran/ichiran_10/rachijian.html

위안부 성노예설 부정-나를 향했던 공격의 전모
慰安婦性奴隷を否定 私に向けられた攻撃の全て

[편집자 주] 본 부록은 2021년 초 미국 학계에서 벌어진 필화 사건인 이른바 '램자이어 교수 위안부 문제 논문 논란'을 주제로 하여, 하버드대학 로스쿨 교수인 존 마크 램자이어John Mark Ramseyer 본인과 일본 와세다대학 사회학과 교수인 아리마 테츠오有馬哲夫, 일본 레이타쿠대학 국제학부 교수인 제이슨 모건Jason M. Morgan이 진행한 3자 대담이다. 일본의 시사 잡지인 「위루WiLL」 2022년 4월호에 게재된 것으로, 「위루」 측의 허락을 얻어 내용 전체를 번역, 소개한다.

제이슨 모건(이하 모건) 저는 학생 때부터 램자이어 교수님의 책을 읽었고, 와세다대학 유학 시절 아리마 테츠오 교수님의 책도 접할 기회가 있었습니다. 이렇게 두 분과 대담을 하게 된 것이 꿈만 같습니다.

아리마 테츠오(이하 아리마) 감사합니다. 램자이어 교수님은 일본어가 유창하신데 어디서 배우셨는지요?

존 마크 램자이어(이하 램자이어) 저의 일본어 실력은 아버지의 직업과 관련해 1950~1960년대 일본 미야자키 현에서 생활했던 것이 큰 영향을 미쳤습니다. 소학교(초등학교) 때 일본 미야자키의 공립학교를 다녔고 중고등학교도 도쿄에 있는 크리스천 아카데미라는 미국인 학교에서 기숙사 생활을 했습니다. 이후 미국에서 하버드로스쿨을 졸업한 후에 스티븐 브라이어(Stephen Gerald Breyer, 2021년 현재 미국 연방대법원 대법관)의 로클럭(재판연구관)으로 1년간 일했고, 법률사무소에서 2년 동안 일했습니다. 그 후 풀브라이트fulbright 연구생으로 다시 도쿄에서 연구 생활을 한 뒤, UCLA, 시카고대학, 그리고 하버드대학에서 일본 관계와 미국의 회사법을 전문으로 가르치고 있습니다.

아리마　연구의 일환으로 전쟁 당시 위안부의 실체를 다룬 '위안부=성노예'설을 부정하는 논문 '태평양전쟁에서의 매춘 계약'(이하 램자이어 논문)을 2020년도에 발표하셨습니다.

모건　위안부가 당시 일본 정부의 규제 아래 인정되었던 일본 내 매춘부의 연장이자, 또한 매춘업소와 기간제의 계약 관계에 있었다는 사실을 이론적 및 실증적으로 증명한 매우 획기적인 논문이었습니다.

아리마　논문은 큰 반향을 일으켰는데 특히 학자들로부터의 비난 목소리가 엄청났습니다.

램자이어　힘든 1년이었습니다. (쓴웃음) 일본 「산케이신문」이 제 논문을 요약하여 게재(웹 버전은 2021년 1월 26일 자, 지면은 같은 해 같은 달 31일 자)했습니다. 다음 날 아침 커피를 마시며 메일을 확인해 보니 저를 비방하고 중상하는 헤이트 메일이 도착하기 시작했습니다. 송신한 이들을 확인해 보니 대부분 한국계였습니다.

아리마　한국 언론은 곧바로 「산케이신문」의 기사를 토대로 램자이어 논문을 다뤘죠.

램자이어   헤이트 메일은 2월 1일 하루만에 70통 정도 왔습니다. 그 모
든 것이 적의에 찬 반일적인 내용이었고, 그중에는 살해 예고까지
있었습니다.

모건   심각한 상황이었군요!

램자이어   이런 대량의 헤이트 메일이 두 달이나 이어졌습니다. 또한 동
료 학자들로부터도 비판 메일이 대량으로 도착했습니다. UCLA의
한국계 미국인 정치학자인 마이클 최Michael Chwe 교수의 경우 저의 논
문 철회를 요구하는 서명운동을 정치학자와 경제학자 사이에서 조
직하여 최종적으로 3,000명이 넘는 서명을 모았습니다.

아리마   서명한 사람은 어떤 분들입니까?

램자이어   헤이트 메일과 마찬가지로 주로 한국계였습니다. 다만 그들
은 일본이나 한반도(당시 조선반도)의 역사에 대해 그렇게 깊은 지식
을 갖고 있는 이들이 아니었습니다. 학자라면 자신들이 잘 모르는
주제에 대해서 불필요한 참견은 하지 말아야 하는 것입니다. 그런데
서명을 하다니…… 저는 큰 충격을 받았습니다. 또한 에이미 스탠리
(노스웨스턴대학교에서 일본사를 가르침), 한나 셰퍼드(예일대학교에서 일
본사를 가르침), 사야카 차타니(싱가포르국립대학 준교수), 데이비드 엠
버러스(노스캐롤라이나주립대학교 교수), 첼시 센디(아오야마가쿠인대학
교 교수)가 학술지 측에 제 논문 게재 철회를 요구하는, 실로 30쪽 이
상이 되는 요청서를 공동으로 제출했습니다. 나아가 다른 비판가들
은 학술지 편집인에게도 공격을 개시했습니다. 다른 몇 군데 출판사

가 위안부 주제 외에 다른 주제의 제 논문을 게재할 예정이었습니다만, 비판가들은 그 논문에 대해서도 게재 중지를 요구했습니다.

이지메로 이어지다

아리마 실제로 미국인 교수들이 램자이어 교수님을 '이지메'했다고 들었습니다.

램자이어 저는 몇몇 학술 그룹에서 이사를 지내고 있습니다. 그런데 비판가들 중에서 한 사람이 저를 이사회에서 제외하라며 이사회에 압력을 가하기도 했습니다.

모건 참 이상한 일이었습니다. 램자이어 교수님의 논문 한 건으로 미국 학계가 얼마나 폐쇄적이고 배타적인지, 그리고 좌파 세력에 장악당하고 있는지 잘 알 수 있었습니다.

아리마 램자이어 교수님은 길고 고통스러운 비판의 폭풍을 맞아야 했습니다. 그리고 최근에야 램자이어 교수님이 반박 논문을 집필했고 후쿠이 요시타카(福井義高, 아오야마대학 교수)에 의해서 「산케이신문」에 해당 논문의 요약문이 게재됐습니다(2022년 1월 23일). 이번의 반박 논문은 특히 하버드대학의 동료인 앤드루 고든와 카터 에커트를 향한 것이 아닙니까.

램자이어 앤드루 고든은 일본근대사 전문, 카터 에커트는 조선사 전문입니다. 그들은 저의 논문이 잘못됐다면서 게재가 철회되어야 마땅하다는 요청서를 학술지 쪽에 제출했습니다.

아리마 여러 비판적인 글들도 공개됐습니다.

램자이어 맞습니다. 하버드 대학에는 일본연구프로그램(전 주일대사이면서 하버드대학 교수였던 에드윈 라이샤워의 이름을 따서 '라이샤워 일본연구소(Reischauer Institute of Japanese Studies)'라고 불린다)이 있는데, 저는 거기 위원회의 멤버입니다. 일본 연구를 하고 있는 다른 교수들이 제 논문을 비판하는 앤드루 고든과 에이미 스탠리의 비판 문헌을 해당 연구소의 웹사이트에 게재했습니다.

모건 이러한 사태는 실제로 반년 가까이 이어졌다고 들었습니다.

램자이어 저도 눈을 의심했습니다. 저는 위안부와 위안소의 관계를 경제학적으로 분석했는데, 앤드루 고든과 카터 에커트는 "램자이어는 실제로 위안부 계약서 실물을 보지 못했다"고 주장하며, 이는 학문에 있어 대대적인 부정행위라고 비난했습니다. 그러나 그들의 비판은 적절하지 않습니다. 물론 위안소의 경영자가 소유하고 있던 계약서는 사라졌을 것으로 보입니다. 그도 그럴 것이, 종전 후 위안소가 있던 동남아에서 철수할 때 방대한 서류들까지 챙겨서 돌아갈 일은 없으니까요. 그러나 계약서의 존재를 시사하는 정보는 여러 사료를 조사하다 보면 나옵니다.

아리마 예컨대 일본 정부의 문서, 회상록, 신문광고, 위안소 경리 담당자의 일기 등이 있습니다.

램자이어 네, 이를 통해 알 수 있는 것은 일본 정부는 자국 내 공창 제도의 연장선에서 위안부 제도를 정비했다는 것입니다. 즉, 계약 내용은 도쿄의 창기 제도와 비슷했습니다. 도쿄 창기의 경우, 1920년대 중반의 전차금은 1천 엔부터 2천 엔까지로 무이자였습니다. 일반적인 계약 기간은 6년으로 매출의 2/3에서 3/4을 매춘숙이 챙겼습니다. 나머지를 매춘부에게 지급했는데, 이 중 60%가 전차금 변제로 쓰였고, 40%는 위안부가 챙겼습니다.

아리마 열심히 일해서 수입이 늘면 3년만 일하고 그만두는 창기도 있었습니다.

램자이어 그렇다면 (군과 관계된) 위안소 계약의 내용은 어땠을까요. 데이터는 많지 않지만 기본적으로 연계年季는 2년입니다.

모건 그건 왜 그런가요?

램자이어 위안소는 동남아 각지의 전쟁터 근처에 있었으므로 당연히 위험 지대에 있었습니다. 또한 노동환경도 가혹했습니다. 도쿄 공창의 경우 하룻밤 손님은 1~2명, 많아도 3명이었으나, 전쟁터의 위안소는 매일 밤 4~5명을 상대했습니다. 그렇기 때문에 전쟁터의 위안부 보수는 도쿄의 창기보다도 수배 이상 높았습니다. 따라서 많은 위안부가 1년 반 정도 일하고 귀국할 수 있었던 것입니다.

아리마 가혹한 노동 조건에 상응한 대가가 있었던 것은 틀림없습니다.

오로지 흠집만 잡을 뿐

램자이어 그런 의미에서 앤드루 고든과 카터 에커트의 비판은 틀렸습

니다. 애초 2003년도에 앤드루 고든은 조지 힉스의 책 『위안부: 일본제국의 성노예The comfort women:sex slaves of the Japanese imperial forces』를 토대로 위안부와 위안소 관련 논문을 썼습니다. 위안부는 10~20만 명이 있었으며, 강제연행당한 여성이 많았다는 내용으로 말이지요. 그러나 조지 힉스의 책은 요시다 세이지의 책 『나의 전쟁범죄私の戰爭犯罪』(1983년)에 의거한 것입니다.

아리마　요시다 세이지는 자신이 속해 있던 군의 병사들과 함께 조선으로 건너가서 위안소로 보낼 "여성사냥"을 했다고 썼습니다. 이 책을 계기로 한국은 조선의 여성들이 일본군에 의해 강제연행을 당했다고 주장하며, 일본 정부에 금전과 사죄를 요구하기 시작했습니다. 하지만 2003년 시점에도 요시다 세이지의 책 내용은 전부 엉터리였다는 것이 이미 밝혀진 상황이었습니다. 앤드루 고든은 조지 힉스의 책 외에 다른 자료는 검토하지 않았던 것일까요.

램자이어　그렇다고 볼 수 있습니다. 하버드대학의 일본 연구 전문가가 그런 책을 토대로 논문을 썼다는 것이 놀라움을 넘어 어처구니가 없습니다.

모건　앤드루 고든에게는 "위안부"가 이데올로기화 되어 있는 것 같습니다. 그 두 사람 외에도 비판 기사를 쓴 동료가 있었다고 들었습니다.

램자이어　석지영 씨인데, 이름을 보면 알 수 있듯이 부모님이 한국에서 미국으로 이민을 갔던 것 같습니다. 그녀는 「뉴요커」에 비판 기사를 투고했습니다. 애초에 석지영은 하버드대학 로스쿨 교수로서 순수 법률 전문가일 뿐이며, 일본사나 한국사에 대해서는 문외한입니다.

아리마 그럼에도 불구하고 비판 기사를 썼다니 믿기지 않습니다.

램자이어 석지영의 주장은 한국 내에서 유포되었던 설을 반복하는 것에 불과합니다. 심지어 그녀는 저를 비판하고 있는 다른 학자에게 연락해 그들의 논리를 기반으로 칼럼을 썼습니다. 내용은 전혀 없고, 그저 저의 논문 곳곳이 틀렸다고 지적할 뿐이었습니다.

아리마 흠집 잡기에 몰두하고 있었군요.

램자이어 8페이지의 논문 '태평양전쟁에서의 매춘 계약' 내용 중 인용 과정에서 페이지 숫자의 오류 등을 제외하고 세 군데에 기술적인 오류가 있었던 것은 인정합니다. 하지만 이는 논문의 핵심 논지와 관련된 것이 아닙니다. 하지만 그들이 쓴 30페이지가 넘는 비판문을 읽어 보면 독자를 호도하는 내용으로 넘쳐 납니다.

모건 방식이 너무 비겁합니다.

램자이어 예를 들어, 논문에서 언급한 문옥주라는 한 위안부에 대한 내용인데, 대구 출신 문옥주는 1942년 버마(미얀마)의 랑군으로 건너가 위안소에서 일하기 시작했습니다. 그녀는 인기가 많았고 벌어들인 돈을 저축하거나 친정에 생활비로도 보냈습니다. 전차금을 모두 변제해서 귀국 허가도 받았습니다. 그녀는 조선으로 돌아가기 위해 항구에서 배를 기다리고 있었는데, '조선으로 돌아가기보다 위안소로 돌아가서 돈을 좀 더 벌자'라고 생각을 바꿔 자발적으로 돌아가기까지 했습니다.

아리마　이 이야기는 버마와 싱가포르의 위안소에서 일한 '박 씨'(위안소 관리인)의 일기에도 나옵니다.

램자이어　이러한 내용을 논문에 다 썼는데 앤드루 고든과 에이미 스탠리 등은 그런 사실을 무시하고 단순히 저의 논문이 틀렸다고만 했습니다. 그럴 만도 한 것이, 그들은 "위안부는 성노예였고, 강제연행되어 맘대로 그만둘 수도 없었다"는 주장을 근본으로 하고 있기 때문에 절대로 이런 사실을 인정하지 않습니다.

위안부 문제의 이데올로기화

모건　저는 미국 남부 출신으로 흑인 노예제도가 있었던 지역에서 태어났습니다. 예전에 저의 가계도를 조사해 본 적이 있는데, 제 조상이 뉴올리언스(루이지에나 주)에서 노예 매매에 관여했었다는 사실을 확인하게 되어 큰 충격을 받은 적이 있습니다. 역사를 돌이켜 보면, 노예는 인간성이 부정되고 가축처럼 취급되는 것이 대전제로 되어 있습니다. 노예는 그런 존재였으며 계약 관계를 맺는다는 것은 있을 수 없습니다. 만약 "위안부＝성노예"라고 주장하려면 위안소 계약의 사실을 무겁게 받아들여야 할 것입니다.

아리마　앤드루 고든 등도 계약의 존재 자체는 부정하지 않습니다. 계약의 존재를 인정하면서도 위안부는 "성노예", "인신매매"라고 주장하겠다면, 그 근거를 제시해야 합니다. 또 한 가지, 전차금이 있었다는 사실에 대해 그들은 "이는 인신매매된 여성에 대한 대가"라고 주장하고 있으나, 이는 그런 대가가 아니라 말 그대로 전차금입니다. 따라서 합법인 것입니다. 실제로 램자이어 논문의 각주에는 다양한 사료가 기재되어 있습니다만, 석지영은 "아무것도 기재돼 있지 않았다"며 말도 안 되는 주장을 했습니다. 램자이어 교수에 대한 비판가들은, 논증이나 실증을 할 의도가 없고, 단순히 자신들의 주장만 관철하려 할 뿐입니다. 하지만 그들의 주장에 반박할 수 있는 역사적 사실은 많습니다. 예를 들어, 실제로 위안소에서 도망간 위안부가 있었던 사실도 판명됐습니다. 가령, 오사키의 경우 처음 일했던 곳에서 도망쳐 싱가포르까지 갔습니다. 도쿄의 창기 중에도 이런 비슷한 패턴이 있었습니다. 제가 그런 사실을 SNS에 게시하자 "그런 일은 있을 수 없다"며 많은 비판을 받았습니다.

모건 만약 이러한 내용이 사실이 아니라면 학문적인 반론을 듣고 싶습니다. 이번에 아리마 테츠오 교수님도 「위루WiLL」 2022년 3월호에 게재된 '위안부 성노예설 논파 매뉴얼「慰安婦＝性奴隷説」論破マニュアル'에서 지적한 바와 같이, 적어도 계약서 견본이 존재한다는 것은 엄연한 사실입니다. 애초에 계약 관계가 없다면 군이 공인하는 위안소 등은 존재할 수 없습니다.

아리마 일본 국내에서도 램자이어의 논문을 거세게 비판한 학자들이 있습니다. 그 대표적인 사람이 요시미 요시아키(吉見義明, 주오대학 명예교수)입니다.

램자이어 요시미 요시아키는 "한국의 여성은 유괴된 케이스가 많았다"고 주장하고 있습니다. 다시 말해 "유괴＝강제연행"이라고 말하고 싶어 하는 것 같은데, 이는 용어의 정의定義에 관한 문제에 지나지 않습니다. 하지만 요시미 요시아키는 "유괴란 사기를 가리킨다"며 궤변만을 늘어놓고 있습니다.

아리마   건강부회에 지나지 않습니다.

램자이어   그 누구도 조선인 위안부 모집에 있어 사기가 없었다고는 말하지 않습니다. 문제는 사기의 유무가 아니라, (일본군에 의한) 강제연행이 있었느냐의 여부입니다. 요시미 요시아키는 그 점을 얼버무리고 있습니다. 이 점에 대해서는 이번 반론문에서 명확히 설명했습니다.

아리마   요시미 요시아키는 "인신매매"를 자의적으로 정의하고 있습니다. 또한 그는 일본의 옛 메이지헌법에 결함이 있었다고 주장합니다. 하지만 그렇다고 해서 램자이어 논문이 잘못되었다고는 할 수 없습니다. 요시미 요시아키는 자신의 도덕 및 규범을 기본으로 하여 그로부터 벗어난 것은 모두 악이라고 단정하고 있는 것입니다. 이는 페미니스트의 논리와 동일합니다. '여성의 성을 착취하는 매춘은 도덕적으로 나쁘다, 일본군은 매춘을 알선했으니 악이다'라는 식으로 시작부터 단정해 버리죠. 거기서부터 한 발짝도 움직이려 하지 않습니다.

모건   바로 이데올로기 그 자체입니다. 어떻게든 일본과 위안부 제도는 잘못됐다고 하고 싶은 거죠.

아리마   그런 방식으로 램자이어 논문을 비판해본들 의견의 접점을 찾을 수는 없습니다. 학자로서의 스탠스가 너무 다르니까요. 어떠해야 하는가가 아니라, 1차 사료를 살펴보고 과연 사실은 어떠했는가를 검증하는 것이 학자가 해야 할 일입니다.

램자이어   맞습니다. 미국 대학의 인문학 학과 사람들은 대부분 중도좌파거나 극좌파입니다. 위안부에 관한 극단적인 민족주의 한국 이야기도 바로 그런 정치적 사고와 일치합니다.

학문의 장에서의 스탈린주의

아리마   제이슨 모건 씨는 위안부 문제에 어떻게 관심을 갖게 되었습니까?

모건   8년 전 와세다대학에 유학했을 때 처음 관심을 갖게 됐습니다. 그
때까지 저도 역시 "위안부는 20만 명이 강제연행됐다"는 고정관념
에 묶여 있었습니다. 그러나 일본에 와서 야마타이국邪馬台国에 대해
연구하는 선생님이 주최하는 세미나에 참가하고서 저의 의식이 변
했습니다. 거기서 학자분들이 친절하게 사료를 해독하여 그 당시의
사실에 대해 하나하나 해명해 주었습니다. 이러한 일본 측의 노력에
도 불구하고 한국에서는 "니시오카 쓰토무西岡力 교수 등이 터무니없
는 주장을 펼치고 있다"면서 비난을 이어 갔습니다. 그러던 중 '한국
쪽 주장은 아무리 생각해 봐도 틀린 것 같다'고 생각하게 되어 저도
독자적으로 연구를 시작했습니다. 거기서 알아낸 것은 '위안부 문제
는 정치적 도구 중 하나로 이용되고 있다'는 것이었습니다. 미국 학
자들조차 어떠한 논거도 없이 니시오카 쓰토무 교수 등의 주장을 전
면 부정해 왔습니다.

아리마   그러던 와중에 램자이어 논문이 등장한 것이죠.

모건   그때 저는 '오! 미국 학계에도 이런 양심적인 사람이 있구나'라고
생각했습니다. 그 이전에 하타 이쿠히코 씨의 『위안부와 전쟁터의
성Comfort Women and Sex in the Battle Zone』 영역英譯 프로젝트에도 참가한 바
있어서 램자이어 논문의 요지를 금방 이해했습니다. 학자라면 신뢰

성이 높은 자료를 토대로 쓰인 램자이어 논문을 그리 간단히 부정할 수는 없습니다. 하지만 반론하는 학자들은 역사적 사실을 모조리 무시하고 정치와 감정으로 공격을 합니다. 아리마 테츠오 교수님도 SNS를 통해서 고노담화를 파기해야 한다고 주장해서 많은 공격을 받은 적이 있습니다. 이렇듯 위안부 문제는 "역사 문제"가 아닌 "정치 문제"로 번지고 있어서 복잡합니다.

아리마 램자이어 논문은 위안소에서 법경제학 모델이 성립한다는 것을 증명했으나, 이에 대해서는 아무도 반론하지 않았습니다. 안 했다기보다는 못한 것이죠. 그래서 각자가 본인들이 잘 아는 분야로 이 문제를 강제로 끌고 가서 맘대로 해석하고, 램자이어가 논문에 쓰지도 않은 내용을 썼다고 우기는 겁니다. 말 그대로 "허수아비 논법"(상대방의 주장을 왜곡해 인용하고 그 왜곡된 주장에 대해 반론하는 잘못된 논법)입니다.

램자이어 참 곤란한 상황입니다. (쓴웃음)

모건 램자이어 교수님은 「슈칸신초週刊新潮」(2022년 2월 3일호)의 기고문을 통해 위안부 문제와 관련한 미국 학계의 상황을 두고 "학문의 장에서의 스탈린주의"라고 매우 엄격하게 비판했습니다. (역주: 이 기고문은 램자이어의 논문 '태평양전쟁에서의 매춘 계약: 비판에 대한 반론'에서 〈부록 I〉과 내용이 대부분 겹친다.) 램자이어 논문의 출판 금지 요청, 철회 요구, 그리고 아리마 테츠오 교수님에 대한 해임 요구 등이 바로 그런 점을 보여 주고 있습니다. "역사적 사실=헤이트"라고 목청 높여 말하는 행위는 그야말로 스탈린주의 그 자체입니다. 한국에서도 위안부 문제 등 역사적 날조에 대해 비판적, 그리고 객관적으로 연구하고 있는 학자가 있습니다. 예를 들어 『반일 종족주의』와 『반일 종족주의와의 투쟁』을 집필한 이영훈 교수가 그렇습니다. 하지만 좌파 입장에선 이영훈 교수 같은 존재는 성가시기 때문에 그를 철저하게 탄압합니다.

아리마 제가 '나의 한류 언론 봉쇄와의 투쟁我が韓流言論封殺との闘い'(「위루」 2021년 12월호)에도 썼지만, 일본의 온라인 서명 사이트 'change. org'에서 램자이어 교수님의 해임 요구에 대한 서명이 3만 명, 저의 경우에는 1만 명이 모였습니다(2022년 2월 14일 시점).

램자이어 한번 경쟁해 보시죠. (웃음)

아리마 램자이어 교수님의 경우는 명백히 반크(VANK, 정보 선전공작 활동을 목적으로 하는 한국의 민간 조직)가 관여하고 있습니다. 저의 경우에는 정체불명의 학생 단체 '무빙비욘드헤이트Moving Beyond Hate'가 중심이 되어 움직이고 있습니다. 아무래도 외국인 유학생이 관여하고 있는 듯합니다.

모건 주로 한국계 학생이 아닐까요?

아리마 아마 그럴 것 같습니다. 하지만 저의 기사를 통해 그들의 수법이 알려졌기 때문에 이제는 동일한 수법을 쓸 수는 없을 것입니다. 한국의 공영 방송국인 KBS가 램자이어 논문에 대해서도 보도하고, 저에 관해서도 「조선일보」와 「중앙일보」가 보도했는데, 그 이후로 눈에 띄는 움직임은 없었습니다. 램자이어 교수님이 던진 돌이 큰 파문을 일으켜 일본과 한국에 영향을 준 것으로 생각됩니다.

램자이어 짧은 논문이었는데 말이죠. (쓴웃음) 위안부에 대한 사실이 더 널리 알려진 것만으로도 일단 매우 기쁜 일이기는 합니다.

아리마 실제로 한국에서는 위안부 문제에 대한 의식에 변화가 생기고 있습니다. 한국의 보수 세력이 일본과의 화해를 방해해 온 위안부 지원 단체인 '정의연(구 정대협)'을 규탄하고 있습니다. 이런 흐름이 더 커졌으면 좋겠습니다. 한편, 이 문제에 있어 무엇보다 중요한 것은 일본에서 오히려 '고노담화'를 아직도 철회 및 파기하지 못하고 있다는 것입니다. 이것을 하지 않으면 다음 단계로 나아가지를 못합니다. 하시마탄광이나 사도광산 같은 전시노동 문제도 같습니다. 더 많은 일본인이 램자이어 논문을 정독하여 자학사관으로부터 탈출해야 합니다.

모건 지금이야말로 역사 왜곡에 종지부를 찍어야 합니다.

아리마 그러고 보니 램자이어 교수님의 반론문이 발표된 후 사야카 차타니와 에이미 스탠리가 또 코멘트를 남겼는데, 거기에는 반론도 무엇도 없었습니다. 드디어 항복한 것일까요?

램자이어 그럴지도 모르죠.

모건 제발 물러났으면 좋겠습니다. 다만 아직 포기하지 않는 세력도 존재하므로 방심은 금물입니다. 다음 타깃은 제가 아닐까 생각됩니다만. (웃음)

램자이어 하하하, 함께 힘냅시다.

하버드대 교수의 위안부 논문,
위안부 문제에 대한 본격적 토론의 계기로 삼아야!

[편집자 주] 이 성명은 램자이어 교수의 위안부 문제 논문 논란이 한국에서 본격적으로 촉발되기 시작한 시기인 2021년 2월 9일에 발표된 것으로, 영어판과 일본어판으로도 별도 공개됐다. 원문은 미디어워치와 이승만학당에 게재됐다.

미국 하버드대 로스쿨 존 마크 램자이어John Mark Ramseyer 교수의 위안부 문제를 다룬 '태평양전쟁 당시 성性계약Contracting for sex in the Pacific War' 제하 논문을 둘러싸고 국내 언론이 또 한번 마녀사냥을 벌이고 있다. 현지에서 하버드대 한국인 유학생회라는 이름으로 램자이어 교수를 비난하고 그의 사과와 논문 철회를 요구하며 연판장을 돌리는 일이 벌어지고, 국내 언론은 이를 중계방송 하듯 전하며 램자이어 교수의 학술논문을 '망언'으로 매도하고 있다.

일본군 위안부 문제에 관해서는 그간 정대협 등 운동단체가 중심이 되어 위안부 성노예설을 널리 유포시켜 왔다. 그에 대한 학술적 토론과 검증은 국내에서 박유하 교수, 이영훈 교수, 류석춘 교수 등이 시도했지만, 이는 반일 민족주의에 충만한 언론, 운동단체와 그에 동조한 사법부에 의해서 늘 좌절돼야만 했다. 우리는 이번 램자이어 교수 논문에 대한 논란 또한 그와 같은 전철을 밟을까 하는 깊은 우려를 표명하지 않을 수 없다.

1.

먼저 분명히 해 두고 싶은 것은 램자이어 교수는 이번에 정식으로 법경제학 국제학술지인 「인터내셔널 리뷰 오브 로 앤드 이코노믹스 International Review of Law and Economics」에 논문을 투고하여 동료 심사 등 적절한 평가를 거쳐 게재 승인을 받았다는 사실이다. 국제 학계의 전문가들 사이에서 논문의 독창성을 인정받고 나아가서 논쟁의 대상이 될 만한 가치가 있다고 평가받은 사안에 대해서, 왜 학문과는 무관한 외부 세력이 망언 운운하며 토론 자체를 막으려고 하는가.

국내 언론의 호들갑과는 달리, 램자이어 교수의 논문은 실은 '위안부=매춘부'를 입증하고자 하는 내용의 논문이 아니다. 논문은 성노예설의 시각에서는 설명할 수 없는 위안소 업주와 위안부 간의 독특한 계약 형태 및 계약 조건을 게임이론의 '신뢰할 만한 약속credible commitments' 개념으로 설명한 것이다. 논문은 일본과 조선의 국내 매춘업에서 업주와 여성 간에 왜 거액의 전차금前借金을 주고받는 연한年限 계약을 맺었는지, 업주와 여성 간의 독특한 수익 분배 방식은 왜 생겼는지를 법경제학적 관점에서 구명하였다. 더욱이 위안부의 경우는 그 상대가 평시 군인도 아닌 전시의 군인이기에 선금, 임금, 기간 등 모든 조건이 민간인을 상대하는 기존 매춘부와는 다른 존재였음도 논증하였다.

램자이어 교수가 위안부의 계약을 일단 자발적인 것으로 전제한 것은 경제학적 관점에서는 이해할 만하다. 경제학에서는 강제연행과 같은 강제성이 있는 조치는 시장거래보다 비용이 훨씬 많이 드는 비합리적 선택으로 보기 때문이다. 다만, 논문은 일본 내 공창제하 창기들의 노동 조건에 관한 설명은 물론, 식민지 조선의 여성이 위안부가 되는 과정과 일본 본토의 여성이 위안부가 되는 과정에 차이가 있다는 설명도 구체적으로 하고 있다. 조선에서는 특히 매춘업자의 횡포가 심했다는 구체적인 자료도 제시하고 있다.

램자이어 교수 논문의 논증이 과연 철저하였는지, 또는 그 어떤 학문적 결함이 있는지는 후속 논문과 관련 학술 토론을 통해 앞으로 차근차근 가려질 것이다. 상아탑은 사회와는 일정 부분 독립되어 '위안부 문제'처럼 사회가 터부시하고 있는 주제에 대해서도 치열한 토론을 할 수 있어야 한다. 그러한 과정 자체가 사회 전체의 지적 수준을 끌어올리는 역할을 하기 때문이다. 공개적이고 엄밀한 논쟁은 필경 건전한 학구적 과정의 반석이다.

2.

그런 점에서 우리는 이번 램자이어 교수의 논문 논란과 관련 하버드 한국계 학생들을 중심으로 한, 램자이어 교수의 사과와 학술지 측에 느닷없이 논문 철회부터 요구하고 나선 반학문적 망동에 특히 경악하며, 마치 중국의 '문화대혁명'을 연상시키는 이러한 행태에 대해서만큼은 굳이 지목해서 비판을 하지 않을 수 없다는 입장을 밝힌다.

'논문 철회retraction'는 논문에서 심각한 부정행위가 발견되었을 때에나 학술지가 자체 조사 후 최종적으로 취하는 제재 조치다. 아직 논문 내용과 관련 학문적 공동체에서 어떤 본격적인 논의도 이뤄지기 전에 단순히 의견, 관점이 다를 뿐인 문제를 두고 학생들이 학문의 자유라는 상아탑 지고의 가치를 짓밟으려 하는 모습을 국제 학계와 선학들이 과연 어떻게 볼 것인가.

사실, 하버드 교내 학생지인 '하버드 크림슨Harvard crimson'에 게재된 한 한국계 학생의 비판 기사 정도를 제외하고, 현 시점 해외 언론에서는 램자이어 교수 논문 관련 문제를 다루고 있는 기사를 찾아보기란 쉽지 않다. 전문적인 주제이기도 하지만, 이 사안은 기본적으로 학문의 관례와 논리로 정리되어야 하는 사안이라는 점을 해외 언론들은 암묵적으로 동의하고 있기 때문이다.

그런 점에서 오히려 이번 하버드 한국계 학생들의 반학문적 행태야말로 해외 언론들의 심각한 비판적 기삿거리가 되고 이에 또 다른 '코리아 디스카운트'의 빌미를 주지 않을지 고민이 필요하다. 만약 학생들을 그렇게 이끈 불온한 어른들이 있었다면 먼저 통렬한 반성을 촉구한다.

3.

한편, 우리는 이번 램자이어 교수 논문 논란이 그의 논문 내용보다는 그의 신상에 더욱 관심을 기울이고 있는 상황도 경계하고자 한다. 주로 유년 시절 그가 일본에서 장기간 체류했다는 것, 미쓰비시 기금교수라는 것, 일본으로부터 훈장을 받았다는 것 등등과 관련한 이야기다.

사회적 함의가 담긴 주장을 하는 학자와 관련해 이해관계 충돌conflict of interest 등 보다 넓은 주제로 토론이 이뤄지는 것이 그 자체로 잘못된 것은 아니다. 하지만 그런 검증은 반드시 램자이어 교수를 비난하는 쪽에 대해서도 공평하게 이뤄져야만 할 것이다.

'학문의 자유'란 모름지기 인기 없는 주장이나 불편한 주장을 펼치는 이에게도 공명정대한 대우, 절차를 보장받을 권리를 말하는 것이기 때문이다.

그런 차원에서 미국 최고 명문대 로스쿨 소속 학자로서 램자이어 교수의 학문적 업적이 학계에서 객관적으로 널리 인정받고 있다는 사실도 반드시 조명되어야 한다.

4.

국제 학계에서는 그동안 위안부 문제와 관련 '강제연행'이 있었는지,

없었는지 또는 '성노예' 개념이 적절한지, 적절하지 않은지 근본적인 쟁점에 대해서까지도 찬반의 다양한 논의가 있어 왔다.

오직 국내에서만 학문과는 무관하거나 거리가 있는 운동 단체와 시민 단체, 그리고 학술적 깊이 없이 일방적인 주장을 추수한 국제기구의 경직된 입장만이 주요한 권위가 되어 아예 이 문제에 대한 토론 자체를 가로막아 온 것이 어언 십 수년째다.

기왕에 벌어진 국제 학계에서의 위안부 문제 토론에 한국도 참여해 일정한 발언권을 얻고자 한다면, 무모한 실력 행사나 주제넘은 거짓 '팩트 체크' 따위가 아니라 이제는 엄정한 사실로부터 출발해 학문적 논리로 쌓아 올린 주장을 개발해 제시해야 할 것이다.

그러기 위해서라도, 그에 앞서 요구되는 것은 위안부 문제에 대한 그 어떤 성역도 두지 않는 토론이다. 일본군 위안부 성노예설이 무오류의 신성불가침 영역일 수는 없다.

관련 토론은 위안부 문제의 당사국인 대한민국에는 더더구나 요구되는 의무이다.

2021년 2월 9일

연명인(가나다순)

김기수(자유와 통일을 향한 변호사연대 공동대표, 변호사)

김대호(서울시장 자유연합당 예비후보)

김병헌(국사교과서연구소장)

김소연(한반도의인권과통일을위한변호사모임 대전지부장, 변호사)

류석춘(전 연세대 교수)

이동환(한반도의인권과통일을위한변호사모임 충청지부장, 변호사)

이영훈(이승만학당 교장)

이우연(낙성대경제연구소 연구위원)

정규재(부산시장 자유연합당 예비후보)

정안기(전 고려대 연구교수)

주동식(지역평등시민연대 대표)

주익종(이승만학당 교사)

최덕효(한국인권뉴스 대표)

한민호(공자학원 실체알리기 운동본부 대표)

황의원(미디어워치 대표)

학문·언론·표현의 자유 수호를 위해 싸우는 한국인들을 위하여

For Koreans Fighting to Protect Academic Freedom and Free Speech

[편집자 주] 이 '감사의 말씀'은 존 마크 램자이어 교수가 2022년 3월에 미디어워치 앞으로 보내온 동영상 입장문을 텍스트로 정리한 것이다. 해당 동영상에서 램자이어 교수는 자신이 언급하는 한국 지식인들의 이름과 한국어 발음을 일일이 직접 확인한 후에 호명하며 감사함을 전했다. 유튜브 동영상은 같은 제목으로 한국어본, 영어본, 일본어본이 올라와 있다.

안녕하십니까. 존 마크 램자이어 교수입니다.

저는 하버드 로스쿨에서 학생들을 가르치고 있습니다. 이렇게 한국 분들에게 제 입장을 알릴 기회를 준 미디어워치 황의원 대표이사에게 감사드립니다.

저는 연구를 하면서 일본에 관한 글을 정기적으로 씁니다. 제 연구의 대부분은 현대 일본법과 법적 절차에 관한 것이지만, 지난 몇 년 동안은 위안부 문제에 대한 연구도 했습니다. 다만 위안부 연구와 관련하여, 미국 대학 구성원들의 상당수가 지나치게 편협한 입장을 갖고 있다는 사실을 알게 되어서 괴로웠습니다. 그리고 솔직히 놀랐습니다.

미국에서는, 사람들 간에 의견의 차이는 대부분의 사안에서 존중받습니다. 논쟁이 격해질 수도 있지만, 자기와 다른 견해를 가진 사람들도 일단 그 주장을 펼칠 기회는 가져야 한다는 공감대가 확립되어 있습니다. 즉, 대부분의 문제에서, 미국의 학자들은 통설과 다른 주장이라 하더라도 일단 이를 발표할 기회를 가져야 하고, 또 이를 학술지에 게재할 기회를 보장받아야 한다는 입장을 갖고 있다는 것입니다.

그럼에도 불구하고, 상당수 미국 학자들이 위안부와 관련된 문제에서는 자신과 의견이 다른 사람의 견해도 존중하는 전통을 공유하지 않는다는 사실을 알게 됐습니다. 실은, 일부 미국 교수들은 이 위안부 문제에 관해서는 자신들과 의견이 다른 사람이 그 견해를 출판하는 것조차 허용하지 말아야 한다고 믿고 있는 상황입니다. 이것은 실제로 제가 겪은 일입니다. 저는 상당수 미국 학자들이, 위안부의 역사에 대한 제 연구 결과를 절대 출판해서는 안 된다는 입장을 갖고 있다는 사실을 확인했습니다.

이러한 '불관용intolerance'은 여러 형태로 나타났습니다. 저는 지난 2020년 말에 위안부(과거의 일본인 위안부와 조선인 위안부 모두)에 대한 고용계약과 관련하여 그 경제적 논리에 대한 아주 짧은 논문을 발표했습니다. 이 논문에 대한 기사가 나오자마자, 학자들을 포함한 많은 사람들이 제 논문을 철회하라면서 학술지 편집진을 압박했습니다. 그들은 제 논문을 철회할 것을 요구하는 탄원서 서명까지 모았습니다. 한국과 일본의 역사에 대해 전혀 모르는 학자들도 이에 동참했습니다. 이 소동은 몇 달 동안 지속되었습니다.

제 논문에 화가 난 사람들 중 일부는 언론에 보도된 저의 다른 논문들도 뒤지기 시작했습니다. 해당 논문들은 위안부 문제와는 무관했습니다. 그럼에도 불구하고 그들은 학술지 편집진에게 해당 논문들도 철회하라고 요구했습니다. 그들은 제가 했던 위안부에 대한 연구 때문에 저를 처벌하겠다는 생각을 가졌던 것입니다.

하버드 측에 저를 해임하라며 탄원서를 보낸 이들도 있었습니다. 이 중 한 탄원서에는 3만 명이 서명한 것으로 알고 있습니다. 다만 저는 그 3만 명 중 실제로 제 논문을 읽은 사람은 거의 없으리라 확신합니다.

그리고 제가 올 겨울에, 과거 위안부 문제로 저를 비판했던 이들에게 반박하는 논문을 하버드대 웹사이트에 올리자, 몇몇 교수들이 제 반박 논문을 삭제하라고 웹사이트 관리자에게 요구했습니다. 분명히 하자면, 그들은 제가 비판자들에게 쓴 반박 논문조차 누구도 읽지 않기를 원했던 것입니다.

이런 불관용은 분명 제대로 된 대학의 모습이 아닙니다. 학자가 통설과 다른 견해를 가졌다는 이유로 침묵해야 하는 상황에서, 대학에서의 업무를 계속하는 것은 불가능합니다. 근본적으로 말하자면, 이런 불관용적 행태는 우리 대부분이 살고 싶어 하는 자유민주주의 사회와는 전혀 양립할 수 없습니다.

우리는 여기에 맞서야 합니다. 다른 생각을 가진 사람들에게 침묵을 강요하는 자들을 상대로 싸워야 합니다. 언론의 자유, 그리고 다른 관점에 대한 관용이야말로 자유민주주의의 핵심이기에, 우리 모두가 자신의 자리에서 이를 지키기 위해 싸워야 할 것입니다.

다행히 저는 연구를 하는 동안 총명하고 용기 있는 한국의 학자들을 만나 위로를 받았습니다. 한국에 그런 학자들이 많이 존재한다는 사실을 저는 일본의 니시오카 쓰토무 교수를 통해 알게 되었습니다. 니시오카 쓰토무 교수는 전시戰時 일본에 대해 연구하는 저명한 역사학자 중 한 사람이며, 제 연구에도 상당한 도움을 줬습니다.

니시오카 쓰토무 교수와 다른 분들의 연구를 통해서, 저는 한국에 헌신적인 학자들이 많이 있다는 사실을 알게 되었습니다. 그분들은 고결한 연구에 전념하고 있으며, 또한 과격한 반대 세력, 또 심각한 개인적 위험에도 불구하고 자신들의 견해를 기꺼이 발언하고 출판하고 있습니다.

먼저, 한국 및 아시아 지역의 부동산법 문제와 관련하여 저명한 경제학자인 이우연 낙성대경제연구소 연구위원은 얼마 전 우리 하버드에서 방문학자로 머문 적도 있는 분입니다.

다음으로, 김병헌 국사교과서연구소 소장은 1930년대와 1940년대에 실제 일어났던 일을 알리는 데 상당한 기여를 했던 분입니다.

저는 이 두 학자가 학술 활동과 언론 활동뿐만 아니라 다양한 방법으로 한국의 학문적 자유와 언론의 자유 수호 운동에도 헌신해 왔다는 사실을 알게 되었습니다.

우리 모두 이분들에게 빚을 졌으며, 특히 저는 더욱 그렇습니다. 작년에 제가 미국인 교수들로부터 공격받고 있을 때, 한국의 놀랍도록 관용적이면서 용기 있는 학자들과 리더들이 상당한 개인적 위험을 무릅쓰고 저를 돕겠다고 제안해 왔습니다. 그분들에게 이렇게 감사의 말씀을 전할 기회를 준 미디어워치 황의원 대표이사에게 감사드립니다.

먼저, 한국의 학자들 중에서 이영훈 이승만학당 교장. 제가 일본어로 번역된 이영훈 교수의 훌륭하고 획기적인 연구를 읽을 수 있게 된 것은 행운이 아닐 수 없습니다.

류석춘 전 연세대학교 교수. 제 대학 시절에도 류교수처럼 정직하고 영감을 주는 사회학 교수가 있었다면 좋았을 텐데요. 반대 세력의 부당한 비판에도 불구하고 자신의 입장을 굽히지 않으면서 결국 위안부 문제에 대한 견해로 인해 불공정한 형사재판의 대상이 된 류석춘 교수에게 경의를 표합니다.

주익종 이승만학당 교수. 주 교수는 제가 비판자들에 대한 답변을 준비하고 있을 때 관대하게도 자신의 연구 내용을 저와 공유해 주었습니다.

정안기 전 고려대학교 교수, 조셉 이Joseph Yi 한양대학교 교수, 조 필립스Joe Phillips 연세대학교 교수. 이분들은 과격한 반대 선동에도 불구하고 학문의 자유를 강력하게 지지한다는 입장을 밝혀 주었습니다.

저는 법조인이고, 정확히는 은퇴한 법조인입니다. 어떻든 저 역시 법조인으로서, 다음 분들의 도움을 받게 되어 감사함을 전합니다.

자유와 통일을 향한 변호사연대 소속의 김기수 변호사
한반도 인권과 통일을 위한 변호사모임 소속(당시)의 이동환 변호사
한반도 인권과 통일을 위한 변호사모임 소속(당시)의 김소연 변호사

역시 제게 큰 도움을 주신 분들입니다.

정규재 자유연합 부산시장 후보(당시)
김대호 자유연합 서울시장 후보(당시)
주동식 지역평등시민연대 대표(당시)
한민호 공자학원추방운동본부 대표
최덕효 한국인권뉴스 대표

다음은 한국에서 학문의 자유와 언론의 권리를 지키기 위해 투쟁하면서 여러 가지 방법을 통해 간접적으로 저를 지지해 주신 분들입니다.

변희재 미디어워치 대표고문
김상진 김상진TV 대표
정희일 정희일TV 대표
곽은경 곽은경TV 대표
주옥순 엄마부대 대표
김용삼 펜앤드마이크 기자
박순종 펜앤드마이크 기자
정광제 한국근현대사연구회 고문

손기호 한국근현대사연구회 대표

송혜정 나쁜교육에분노한학부모연합 대표

이경자 전국학부모연합 대표

나수열 한국인권뉴스 기자

박세원 국사교과서연구소 간사

고현형 청년스피릿 대표

이동진 국민계몽운동본부 대표

이주천 원광대 명예교수

김영호 성신여대 정치외교학과 교수

이철순 부산대 정치외교학과 교수

김행범 부산대 행정학과 교수

복거일 작가

유광호 연세대학교 사회발전연구소 전문연구원

이상로 이상로의 카메라출동 대표

윤창중 윤창중의 칼럼세상TV 대표

조우석 전 KBS 이사

박상후 문명개화TV 대표

엄형칠 미디어워치 편집위원

오상종 자유대한호국단 대표

윤자영 반일동상진실규명공동대책위원회 간사

이강연 반일동상진실규명공동대책위원회 간사

이인규 위안부법폐지국민행동 간사

미야모토 후지코 위안부법폐지국민행동 해외협력 단장

진명행 작가

마지막으로 다시 한번, 이렇게 한국분들에게 감사의 말씀을 전할 기회를 주시고, 작년에 저를 지지해 준 분들에게 인사드릴 기회를 주신 미디어워치 황의원 대표이사에게 감사함을 전합니다. 또한, 용기 있고 깊은 원칙이 있는 역사 논의의 길을 열어 준 것에 대해 감사드립니다.

정직함honesty과 솔직함candor이야말로 대학의 근본입니다. 동시에 그것은 자유민주주의의 근본일 뿐 아니라 우리 모두가 살고 싶어 하는 사회의 모습입니다.

정직함과 솔직함으로써 구현되는 세상을 위해 노력하는 것은 힘들수도 있습니다. 하지만 제가 오늘 열거해 말씀드린 분들은 그런 세상을 향해 용기 있는 발걸음을 내디뎠고, 엄청난 개인적 위험을 감수하고 있습니다.

저는 이분들에게 엄청난 빚을 지고 있습니다. 좀 더 넓게 보면, 자유로운 세상에서 살기를 꿈꾸는 우리 모두가 이분들에게 빚을 지고 있습니다.

진심으로 감사드립니다.

2022년 3월 13일
존 마크 램자이어

* 이주천 원광대 명예교수 이하 인사들의 이름은 원 '감사의 말씀' 발표 당시 누락됐던 인사들의 이름을 램자이어 교수가 이번 출판 버전에서 특별히 덧붙인 것이다(2023년 8월 기준 재정리). 램자이어 교수가 호명한 인사들은, 2019년의 『반일 종족주의』 출간, 그리고 2021년 램자이어 교수 위안부 논문 논란 전후로, 한국 내에서 자신들의 실명을 걸고서 위안부 문제의 진실 투쟁과 학문·언론·표현의 자유 수호를 위한 투쟁에 함께 해 주었던 분들이다.

참고문헌

제1장

일본제국의 매춘 연계年季계약:
상업적 매춘 시장에서의 신뢰할 만한 약속
Indentured Prostitution in Imperial Japan:
Credible Commitments in the Commercial Sex Industry

- Chuo shokugyo shokai jimukyoku(中央職業紹介事務局, 중앙직업소개사무국) 1926. Geishogi shakufu shokaigyo ni kansuru chosa(芸娼妓酌婦に関する調査, 예창기 작부에 관한 조사) 〈An Investigation into the Placement Industry for Geisha, Prostitutes, and Bar Maids〉. Reprinted in Ken'ichi Taniguchi(谷川健一, 타니가와 켄이치), ed. 1971. Kindai minsha no kiroku(近代民衆の記録, 근대 민중의 기록) 〈A Report of the Modern Populace〉, v.3. Tokyo: Shin jinbutsu orai sha(新人物往來社, 신진부츠오라이샤).
- Cloud, Patricia, and David W. Galenson. 1987. "Chinese Immigration and Contract Labor in the Late Nineteenth Century," 24 Explorations in Economic History pp.22-42.
- Coase, R. H. 1960. "The Problem of Social Cost," 3 Journal of Law and Economics pp.1-44.
- Corbin, Alain. 1990. Women for Hire: Prostitutes and Sexuality in France after 1850. Cambridge: Harvard University Press.
- Dalby, Liza Crihfield. 1985. Geisha. New York: Random House.
- de Becker, Joseph Ernest. 1899. The Nightless City, or the "History of the Yoshiwara Yakwaku." Yokohama: Z. P. Maruya and Co.
- Emer, P. C., ed. 1986. Colonialism and Migration: Indentured Labour Before and After Slavery. Dordrecht: Martinus Nijhoff Publishers.
- Engerman, Stanley L. 1973. "Some Considerations Relating to

Property Rights in Man," 33 Journal of Economic History pp43-65. -. 1986. "Servants to Slaves to Servants: Contract Labour and European Expansion," in P. C. Emer, ed., supra, pp.263-294.

· Feeny, David. 1989. "The Decline of Property Rights in Man in Thailand, 1800-1913," 49 Journal of Economic History pp.285-296.

· Fishback, Price V. 1986a. "Did Miners 'Owe their Souls to the Company Store'? Theory and Evidence from the Early 1900s," 46 Journal of Economic History pp.1011-1029. -1986b. "Workplace Safety during the Progressive Era: Fatal Accidents in Bituminous Coal Mining, 1912-1923," 23 Explorations in Economic History pp.269-298, and Dieter Lauszus. 1989. "The Quality of Services in Company Towns: Sanitation in Coal Towns During the 1920s," 49 Journal of Economic History pp.125-144.

· Fruin, William Mark. 1973. "Labor Migration in Nineteenth-Century Japan: A Study Based on Echizen Han." Ph.D. Dissertation, Stanford University. Ann Arbor: University Microfilms.

· Fukumi, Takao(福見武雄, 후쿠미 타카오). 1928. Teito ni okeru bai'in no kenkyui(帝都に於ける賣淫の研究, 제국 수도에서의 매음 연구) 〈A Study of Prostitution in the Capital〉, Tokyo: Hakubunkan(博文館, 하쿠분칸).

· Fukuoka chiho shokugyo shokai jimu kyoku(福岡職業紹介事務局, 후쿠오카 지방직업소개사무국). 1928. Dekasegijoko ni kansuru chosa(出稼ぎ女工に関する調査, 타관벌이 여공에 대한 조사) 〈A Survey of Female Industrial Workers Employed away from Home〉, Fukuoka(福岡, 후쿠오카): Fukuoka chiho shokugyo shokai jimu kyoku(福岡職業紹介事務局, 후쿠오카지방직업소개사무국)

· Galenson, David W. 1984. "The Rise and Fall of Indentured Servitude in the Americas: An Economic Analysis," 44 Journal of Economic History pp.1-26.

· Gardiner, C. Harvey. 1975. The Japanese and Peru, 1873-1973. Albuquerque: University of New Mexico Press.

· Garon, Sheldon. 1991. "The World's Oldest Debate?: Prostitution and the State in Imperial Japan, 1868-1945," unpublished manuscript, Princeton University, Department of History.

· Grubb, Farley. 1985. "The Incidence of Servitude in Trans-Atlantic

Migration, 1771-1804," 22 Explorations in Economic History pp.316-338. 1988. "The Auction of Redemptioner Servants, Philadelphia, 1771-1804: An Economic Analysis," 48 Journal of Economic History pp.583-603.

· Hane, Mikiso(羽根幹三, 하네 미키소). 1982. Peasants, Rebels, and Outcastes: The Underside of Modern Japan. New York: Pantheon Books.

· Harsin, Jill. 1985. Policing Prdstitution in Nineteenth-Century Paris. Princeton, N.J.: Princeton University Press.

· Higuchi, Monta(樋口紅陽, 히구치 몬타). 1921. Geisha tetsugaku(芸者哲学, 게이샤 철학)〈Geisha Philosophy〉, Tokyo: Jitsugaku kan(宝学館, 지츠가쿠칸).

· Hobson, Barbara Meil. 1987. Uneasy Virtue: The Politics of Prostitution and the American Reform Tradition. New York: Basic Books.

· Ishijima, Kamejiro(石島亀治郎, 이시지마 카메지로). 1928. "Chikagoro no jiyii haigyo(近来の自由中止, 근래의 자유 중지)〈Recent Free Cessation〉," June Kakusei(郭清, 가쿠세이) p.24.

· Ito, Hidekichi(伊藤秀吉, 이토 히데키치). 1931. Kotooka no kanojo no seikatsu(紅燈下の彼女の生活, 홍등 아래 그녀의 생활)〈The Lives of Women under the Red Lamps〉. Tokyo: Jitsugyo no nihon sha(実業の日本社, 지츠교 오노니혼샤) Reprinted in 1982. Tokyo: Fuji shuppan(不二出版, 후지슈판).

· Kakusei(郭清, 가쿠세이). 1931a. "Shogi karyubyo cho(娼妓花柳病調査, 창기 화류병 조사)〈A Survey of Venereal Disease Among Licensed Prostitutes〉," March Kakusei(郭清, 가쿠세이) pp.20-21. 1931b. "Showa gonen kyfiseigun no haisho undo(昭和5年救世軍廃娼運動, 쇼와 5년 구세군의 폐창 운동)〈The 1930 Activities of the Salvation Army in Furtherance of the Abolition of Licensed Prostitution〉," June Kakusei(郭清, 가쿠세이) pp.29-31.

· Kanzaki, Kiyoshi(神崎清, 칸자키 키요시). 1953. Musume o uru machi(娘を売る町, 딸을 파는 마을)〈Towns that Sell Daughters〉, Tokyo: Shinko shuppan sha(新興出版社, 신코슈판샤).

· Kawashima, Takeyoshi(川島武宜, 가와시마 다케요시). 1950. "Jinshin baibai no rekishiteki seikaku(人身売買の歴史的性格, 인신매매의 역사적 성격)〈The Historical Character of the Purchase and Sale of Humans〉." Reprinted in Kawashima, Takeyoshi. 1982. Kawashima Takeyoshi chosaku shiu(川島武宜著作集, 가와시마 다케요시 저작집)〈The Collected Works of Takeyoshi

Kawashima〉, v.1, pp.80-96, Tokyo: Iwanami shoten(岩波書店, 이와나미쇼텐). 1951. "Jinshin baibai no horitsu kankei (1)(人身売買の法律関係 (1), (인신매매의 법률관계 (1)) 〈The Legal Status of the Purchase and Sale of Humans: I〉," 68 Horitsu kyokai zasshi(法律協会雑誌, 법률협회잡지) pp.699-712. 1955. "Jinshin baibai keiyaku no hoteki koryoku(人身売買契約の法的効力, 인신매매 계약의 법적 효력) 〈The Legal Effectiveness of Contracts for the Purchase and Sale of Humans〉," Sept. Horitsu jiho(法律時報, 법률시보) p.72.

- (Keishi cho) sokan kanbo bunsho ka([警視庁]総監官房文章課, [경시청]총감관방문서과). 1933. Showa nana nen keishi cho tokei ichi ippan(昭和何年警視庁統計値一般, 쇼와 하년 경시청 통계치 일반) 〈An Outline of Police Agency Statistics for 1932〉, Tokyo: Sokan kanbo bunsho ka(長官官房文章課, 장관관방문서과).

- Keishi cho(警視庁, 경시청). 1935. Tamanoi Kameido sekkyakufu honseki narabi zenshaku kin shirabe(玉の井亀井堂接客婦本籍並び前借金調べ, 타마노이 카메이도 접객부 본적 및 전차금 조사) 〈A Survey of the Indentures and Hometowns of Tamanoi and Kameido Hostesses〉. Reprinted in Nihon(日本, 일본)(1980), 뒤쪽을 보라.

- Klein, Benjamin, and Keith B. Leffler. 1981. "The Role of Market Forces in Assuring Contractual Performance," 89 Journal of Political Economy pp.615-641.

- Kusama, Yasoo(草間八十雄, 쿠사마 야수). 1930. Jokyi to baisho fu(女給と売春婦, 여급과 매춘부) 〈Waitresses and Prostitutes〉, Tokyo: Hanjin sha(汎人社, 한진샤). Kyookka no Tohoku noson(恐慌下の東北農村, 공황하의 도호쿠 촌손)(fukkoku ban)(復刻版, 복각판) 〈Reprint: The Northeast Farm Villages during the Panic〉. 1984, Toyko: Fuji shuppan(不二出版, 후지슈판).

- Lee, Tom K., and I. P. L. Png. 1990. "The Role of Installment Payments in Contracts for Services," 21 Rand Journal of Economics pp.83-99.

- Minami, Ryoshin. 1986. The Economic Development of Japan: A Quantitative Study. Houndmills, U.K.: The Macmillan Press, Ltd.

- Mnookin, Robert H., and Lewis Konhauser. 1979. "Bargaining in the Shadow of the Law: The Case of Divorce," 88 Yale Law Journal pp.950-997.

- Murakami, Nobuhiko(村上信彦, 무라카미 노부히코). 1971, Part II; 1972, Part

II. Meiji josei shi(明治女性史, 메이지 여성사) 〈A History of Meiji Women〉, Tokyo: Riron sha(理論社, 이론샤).

• Murphy, U. G. 1909. The Social Evil in Japan, 4th ed. Tokyo: Kyobunkan(教文館, 교분칸).

• Mustang Ranch, Inc. 1989. Common Stock Prospectus.

• Naikaku tokei kyoku(內閣統計局, 내각통계국). 1930. Rodo tokei yoran(労働統計要覧, 노동통계요람) 〈Outline of Labor Statistics〉, Tokyo: Tokyo tokei kyokai(東京統計協会, 도쿄통계협회).

• Nakamura, Saburo(中村三郎, 나카무라 사부로). 1954. Nihon baishun torishimari ko(日本売春取締考, 일본매춘단속고) 〈A Treatise on the Regulation of Japanese Prostitution〉, Tokyo: Nihon fuizoku kenkyti kai(日本風俗研究会, 일본풍속연구회).

• Nardinelli, Clark. 1982. "Corporal Punishment and Children's Wages in Nineteenth Century Britain," 19 Explorations in Economic History pp.283-295.

• Nihon fujin mondai shiryo shtisei(日本婦人問題資料集成, 일본부인문제자료집성) 〈Collected Materials on Japanese Women's Issues〉. 1980, Tokyo: Domesu shuppan(ドメス出版, 도메스슈판).

• Nishimura, Nobuo(西村信雄, 니시무라 노부오). 1939. "Zenshakkin keiyaku ni tsuite(前借金契約について, 전차금 계약에 대해) 〈Regarding Indenture Contracts〉," 7 Minsho ho zasshi(民商法雜誌, 민상법잡지) pp.418-434, pp.1022-1037.

• Nomi, Yoshihisa. 1980. "Case Comment," 97 Hogaku kyokai zassh(法学協会雜誌, 법학협회잡지) pp.577-585.

• O'Callaghan, Sean. 1968. The Yellow Slave Trade: A Survey of the Traffic in Women and Children in the East. London: Anthony Blond.

• Ohsato, Katsuma(大里勝馬, 오사토 카츠마) ed. 1966. Meiji iko honpo shuyo keizai tokei(明治以降本邦主要経済統計, 메이지 이후 우리나라 주요 경제 통계) 〈Principal Economic Statisticsfor our Nation since the Meiji Period〉, Tokyo: Bank of Japan.

• Okin, Susan Moller. 1990. "Feminism, the Individual, and Contract Theory," 100 Ethics pp.658-669.

- Okubo, Hanayuki(大久保葩雪, 오쿠보 하나유키). 1906. Kagai fizoku shi(海外風俗史, 해외풍속사) 〈A Record of the Customs of the Red-light District〉, Tokyo: Ryfibun kan(隆文館, 류분칸). Reprinted in 1983. Tokyo: Nihon tosho sentaa(日本図書センター, 일본도서센터).
- Oppler, Alfred C. 1976. Legal Reform in Occupied Japan. Princeton, N.J.: Princeton University Press.
- Pateman, Carole. 1983. "Defending Prostitution: Charges against Ericsson," 93 Ethics pp.561-565.
- Popkin, Samuel L. 1979. The Rational Peasant: The Political Economy of Rural Society in Vietnam. Berkeley: University of California Press.
- Radin, Margaret Jane. 1987. "Market Inalienability," 100 Harvard Law Review pp.1849-1937.
- Ramseyer, J. Mark. 1989. "Water Law in Imperial Japan: Public Goods, Private Claims, and Legal Convergence," 18 Journal of Legal Studies pp51-77.--and Minoru Nakazato. 1989. "The Rational Litigant: Settlement Amounts and Verdict Rates in Japan," 18 Journal of Legal Studies pp.263-290.
- Rodosho fujin shonen kyoku(労働省婦人少年局, 노동성부인소년국). 1952. Fujin rodo no jitsujo(婦人労働の事実, 부인노동의 사실) 〈The Reality of Female Labor〉, Tokyo: Rodosho(労働省, 노동성). 1953. Nenshosha no tokushu koyo syukan(年少者の特殊雇用習慣, 연소자의 특수고용 관행) 〈Special Employment Customs of Minors〉, Tokyo: Rodosho(労働省, 노동성).
- Rosen, Ruth. 1982. The Lost Sisterhood: Prostitution in America, 1900-1918. Baltimore: Johns Hopkins University Press.
- Rosenzweig, Mark R., and Oded Stark. 1989. "Consumption Smoothing, Migration, and Marriage: Evidence from Rural India," 97 Journal of Political Economy pp.905-926.
- Saito, Naoshi(齋藤尚志, 사이토 나오시). 1930. "Yuijo yiigei jin no uchimaku(遊女遊芸人の内巻, 유녀 유예인의 내막) 〈The Inside Story of Young Female Entertainers〉," 135 Jikei(自警, 지케) pp.67-69.
- Saxonhouse, Gary R. 1976. "Country Girls and Communication Among Competitors in the Japanese Cotton-Spinning Industry," in Hugh

Patrick, ed., Japanese Industrialization and Its Social Consequences, pp.97-125. Berkeley: University of California Press.

- Seiji keizai kenkyii sho(政治経済研究所, 정치경제연구소). 1951. Nomin to rodo sha no seikatsu suijun no hendo(農民と労働者の生活水準の変動, 농민과 노동자의 생활수준의 변동) 〈Changes in the Living Standards of Farmers and Workers〉, Tokyo: Seiji keizai kenkyi sho(政治経済研究所, 정치경제연구소).

- Shadwell, Arthur. 1911. "Prostitution," in Encyclopaedia Britannica, 11th ed., v.22, pp.457-464. New York: Encyclopaedia Britannica Co.

- Shakai jigyo kenkyi jo(社会事業研究所, 사회사업연구소). 1936. Shiro shonen shojo rodojijo chosa(就労少年少女労働事情調査, 취로소년소녀노동사정조사) 〈Survey of Working Conditions of Working Boys and Girls〉, Tokyo: Chiu shakai jigyo kyokai(中央社会事業協会, 중앙사회직업협회).

- Shakai kyoku(社会局, 사회국). 1935. Tohoku chiho noson hihei jokyo(東北地方農村疲弊状況, 도호쿠 지방 농촌 피폐 상황) 〈Poverty in the Northeast Region Farm Villages〉, dai ni hen(第2編, 제2편) 2nd ed. Reprinted in Kyokoka(復刻版 恐慌下の東北農村, 복각판 공황하의 동북농촌)(1984), 앞쪽을 보라.

- Shrage, Laurie. 1989. "Should Feminists Oppose Prostitution?," 99 Ethics pp.347-361.

- Sievers, Sharon L. 1983. Flowers in Salt: The Beginnings of Feminist Consciousness in Modern Japan. Stanford, Cal.: Stanford University Press.

- Smethurst, Richard J. 1986. Agricultural Development and Tenancy Disputes in Japan, 1870-1940. Princeton, N.J.: Princeton University Press.

- Somu cho tokei kyoku(総務庁統計局, 총무청통계국). 1987. Nihon choki tokei soran(日本長期統計総覧, 일본장기통계총람) 〈General Long-term Statisticsfor Japan〉, v.4. Tokyo: Somu cho(総務庁, 총무청).

- Stewart, Watt. 1951. Chinese Bondage in Peru: A History of the Chinese Coolie in Peru, 1949-1874. Durham, N.C.: Duke University Press.

- Suehiro, Itsutaro(末弘厳太郎, 스에히로 이츠다로). 1931. "Hanrei wo toshite mita jinshin baibai(判例を通して見た人身売買, 판례를 통해서 본 인신매매) 〈The Purchase and Sale of Humans, Viewed through Case Law〉," Sept.

Horitsu jiho(法律時報, 법률시보) pp.3-5.

- Symanski, Richard. 1981. The Immoral Landscape: Female Prostitution in Western Societies. Toronto: Butterworth and Co.

- Tamura, Goro(田村五郎, 다무라 고로). 1956. "Zenshakkin muko no hanketsu ni tsuite(前借金無効の判決について, 전차금 무효의 판결에 대해) 〈Regarding the Case Holding Indentures Void〉", 63 Hogaku shimpo(法学新報, 법학신보) pp.436-463.

- Uemura, Yukitada(上村行彰, 우에무라 유키타카). 1918. Urare yuku onna(売られゆく女, 팔려가는 여자) 〈Sold Women〉, Tokyo: Daito kaku(大鐙閣, 다이토카쿠). Reprinted in 1982. Kindai fujin mondai meichosaku sha zokuhen(近代婦人問題名著作集続編, 근대 부인 문제 명저작집 속편) 〈A Collection of Famous Authors on Women's Issues-Continued Series〉, v.5. Tokyo: Nihon tosho sentaa(日本図書センター, 일본도서센터). 1929. Nihon yiri shi(日本遊郭史, 일본유곽사) 〈A History of the Japanese Pleasure Quarters〉, Tokyo: Shun yo do(春陽堂, 순요도).

- Wagatsuma, Sakae(我妻栄, 와가츠마 사카에). 1923. "Hanrei yori miru 'ko no chitsujo zenryo no ffzoku'(判例よりみたる'公の秩序善良の風俗', 판례로 보는 '공의 질서 선량의 풍속') 〈'Public Order and Good Customs,' as Seen in the Case Law〉", 41 Hogaku kyokai zasshi(法学協会雑誌, 법학협회잡지) pp.904-946. 1955. "Zenshakkin muko no hanketsu(前借金無効の判決, 전차금 무효의 판결) 〈Case Holding Indenture Contracts Void〉," 93 Jurisuto(ジュリスト, 주리스트) p.23-25.

- Walkowitz, Judith R. 1980. Prostitution and Victorian Society: Women, Class, and the State. Cambridge: Cambridge University Press.

- Williamson, Oliver E. 1983. "Credible Commitments: Using Hostages to Support Exchange," 73 American Economic Review p.519-540.--1985. The Economic Institutions of Capitalism. New York: The Free Press.

- Yamamoto, Shun'ichi(山本俊一, 야마모토 슌이치). 1983. Nihon kosho shi(日本公娼史, 일본공창사) 〈A History of Licensed Prostitution in Japan〉, Tokyo: Chiu hoki shuppan(中央法規出版, 추호키슈판).

- Yonekura, Akira(米倉明, 요네쿠라 아키라) 1985. "Horitsu koi(法律行為, 법률행위) 〈Legal Acts〉," 59 Hogaku kyoshitsu(法律教室, 법학교실) pp.30-44; 60: pp.28-

42; 61: pp.118-133; 62: pp.30-45.

- Yoshimi, Shoko(吉見周子, 요시미 쇼코). 1984. Baisho no shakai shi(売春の社会史, 매춘의 사회사) 〈A Social History of Prostitution〉, Tokyo: Yusankaku(雄山, 유산가쿠).

제2장
위안부들, 그리고 학자들
Comfort Women and The Professors

- "Asahi shimbun moto kisha(아사히신문 전 기자, 朝日新聞元記者) 〈Former Reporter for Asahi Shimbun〉", Zakzak, Aug. 5, 2014.
- Bentley, Jerry H & Herbert F. Ziegler. 2011. Traditions & Encounters, 5th ed. (McGraw-Hill).
- Chi Man-Won shi "gi no ianfu"(지만원 씨 "거짓의 위안부", 池萬元氏「偽の慰安婦」) 〈Chi Man-Won "Fraudulent Comfort Women"〉, Chuo Nippo(중앙일보, 中央日報), Apr. 14, 2005, available at: https://japanese.joins.com/article/j_article.php?aid=62513&sectcode=400&servcode=400
- Choe, Sang-Hun & Rick Gladstone. 2018. How a World War II-Era Reparations Case Is Roiling Asia, N.Y. Times, Oct. 30.
- Choe, Sang-Hun. 2015. Japan and South Korea Settle Dispute Over Wartime "Comfort Women", N.Y. Times, Dec. 28.
- Choe, Sang-Hun. 2017. Deal with Japan on Former Sex Slaves Failed Victims, South Korean Panel Says, N.Y Times, Dec. 27.
- Choe, Sang-Hun. 2018. South Korean Court Orders Mitsubishi of Japan to Pay for Forced Wartime Labor, N.Y. Times, Nov. 29.
- Choe, Sang-Hun. 2019. Ex-Chief Justice of South Korea Is Arrested on Case-Rigging Charges, N.Y. Times, Jan. 23.
- Chosen no rodosha(朝鮮の労働者, 조선의 노동자) 〈Workers in Korea〉, Mar. 10, 1945, in Suzuki(鈴木, 스즈키), et al. (2006: v.2, p.563).
- Chosen sokaku fu tokei nempo(朝鮮総督府統計年報, 조선총독부 통계연보) 1906-1942 Zaicho kanren gyosha(在朝関連業社, 재조 관련업자) 〈Related Industry

Parties in Korea(1906-1942)〉 in Suzuki(鈴木, 스즈키), et al. (2006).

- Chosen sokaku fu(朝鮮総督府, 조선총독부) 1935. Chosen kokusei chosa hokoku(朝鮮国政調査報告, 조선국정조사보고) 〈Report of Korean Vital Statistics〉, Chosen sokaku fu(朝鮮総督府, 조선총독부).
- Chosen sokaku fu(朝鮮総督府, 조선총독부) 1944. Kokumin choyo no kaisetsu(国民徴用の解説, 국민징용의 해설) 〈Commentary on Citizen Mobilization〉, Oct. 1944, in Suzuki(鈴木, 스즈키), et al. (2006: v.2, p.597).
- Chuo shokugyo shokai jimukyoku(中央職業紹介事務局, 중앙직업소개사무국) 1926. Geishogi shakufu shokaigyo ni kansuru chosa(芸娼妓酌婦に関する調査, 예창기 작부에 관한 조사), 〈An Investigation into the Placement Industry for Geisha, Prostitutes, and Bar Maids〉(1926), reprinted in Ken'ichi Taniguchi(谷川健一, 타니가와 켄이치), ed., Kindai minshu no kiroku(近代民衆の記録, 근대 민중의 기록) 〈A Report of the Modern Populace〉, v.3, p.412. hin jinbutsu orai sha(新人物往來社, 신진부츠오라이샤).
- Columbia Law School. N.D. Center for Korean Legal Studies, available at: https://kls.law.columbia.edu/content/lawsuits-brought-against-japan-former-korean-comfort-women
- Devine, Maija Rhee. 2016. Are Comfort Women Lying?. Korea Times, June, available at: http://www.koreatimes.co.kr/www/news/opinon/2016/06/162_206538.html
- Digital Museum. N.D. The Comfort Women Issue and the Asian Women's Fund, available at: http://www.awf.or.jp/e2/foundation.html
- Dokuritsuzan hotei(独立法廷, 독립 법정). 1941. Jinchu nisshi(陣中日誌, 진중일지) 〈Diary in the Field〉, Apr. 1941, in Josei(女性, 여성)(1997: v.4, p.377).
- Dudden, Alexis, et al. 2015a. Standing with Historians of Japan, Perspectives on History, March 1.
- Dudden, Alexis, et al. 2015b. Response to Naoko Kumagai(Sept. 2015), Perspectives on History, Dec. 1.
- Fackler, Martin. 2007. No Apology for Sex Slavery, Japan's Prime Minister Says. N.Y. Times, March 6.
- Fujinaga, Takeshi(藤永壮, 후지나가 다케시). 1998a. Nichiro senso to Nihon ni yoru "Manshu" e no kosho seido ishoku(日露戦争と日本による'満州'へ

の公娼制度移植, 일러전쟁과 일본에 의한 "만주"에의 공창제도 이식) 〈The Russo-Japanese War and the Transplantation of the Licensed Prostitution System by Japan to "Manchuria"〉 in Mitsumasa Katsurakawa(桂川光正, 가츠라카와 미츠마사) ed., Kairaku to kei(快楽と規定, 쾌락과 규정) 〈Recreation and Regulation〉, Osaka daigaku sangyo kenkyujo(大阪産業大学産業研究所, 오사카산업대학 산업연구소).

- Fujinaga, Takeshii(藤永壯, 후지나가 다케시). 2000. Chosen shokuminchi shihai to "ianfu" seido no seiritsu katei(朝鮮植民地支配と'慰安婦'制度の成立過程, 조선 식민지 지배와 '위안부' 제도의 성립 과정) 〈Control over the Korean Colony and the Establishment Process of the "Comfort Women" System〉 In: VAWW-NET (Ed.), "Ianfu" senji seiboryoku no jittai, I("慰安婦" 戦時性暴力の実態 I, "위안부" 전시 성폭력의 실태 I) 〈The Reality of the "Comfort Women" and Sexual Violence in Wartime, I〉. Ryokufu shuppan(緑風出版, 료호쿠슈판), p.196.

- Fujinaga, Takeshi(藤永壯, 후지나가 다케시). 2001. Shokuminchi Taiwan ni okeru Chosenjin sekkyakugyo to 'ianfu' no doin(植民地台湾における朝鮮人接客業と'慰安婦'の動員, 식민지 대만의 조선인 접객업과 '위안부'의 동원) 〈The Korean Entertainment Industry in Colonial Taiwan and the Mobilization of the 'Comfort Women'〉 in Mitsumasa Katsurakawa(桂川光正, 가츠라카와 미츠마사) et al., eds., Kindai shakai to baishun mondai(近代社会と買春問題, 근대 사회와 매춘 문제) 〈Early Modern Society and the Prostitution Problem〉, Osaka sangyo daigaku sangyo kenkyu jo(大阪産業大学産業研究所, 오사카산업대학 산업연구소).

- Fujinaga, Takeshi(藤永壯, 후지나가 다케시). 2004. Shokuminchi kosho seido to Chosenjin josei(植民地公娼制度と朝鮮人女性, 식민지 공창제도와 조선인 여성) 〈The Colonial Licensed Prostitution System and Korean Women〉, in Niccho yuko sokushin(日朝友好促進, 일조우호촉진), Nihon to Chosen no kankei shi(日本と朝鮮の関係史, 일본과 조선의 관계사) 〈History of the Relations Between Japan and Korea〉(Agenda Project).

- Fujioka, Nobukatsu(藤岡信勝, 후지오카 노부카츠). 2015. Obei gakusha seimei ni igi: "Mochiage" ha ianfu de sazai saseru wanaka(欧米学者声明に異議 "持ち上げ"は慰安婦で謝罪させる罠か 藤岡信勝氏緊急寄稿, 구미 학자 성명

에 이의: "치켜세워주는 것"은 위안부 문제로 사죄를 끌어내려는 덫인가?) 〈Objection to the Declaration of Occidental Scholars: Is the "Raising" a Trap to Induce an Apology over the Comfort Women〉, Yukan Fuji(夕刊フジ, 유칸후지), May 23, available at https://www.zakzak.co.jp/society/domestic/news/20150523/dms1505231530004-n1.htm

- Fukumi, Takao(福見武雄, 후쿠미 다카오). 1928. Teito ni okeru bai'in no kenkyu(帝都に於ける賣淫の研究, 제국 수도에서의 매음 연구) 〈A Study of Prostitution in the Capital〉, Hakubunkan(博文館, 하쿠분칸).

- Gun'ianjo jugyofuto boshu ni kansuru ken(軍慰安所従業婦等募集ニ關スル件, 군 위안소 종업부 등 모집에 관한 건) 〈Regarding the Recruitment of Military Comfort Women〉, 1938. Army Ministry Infantry Bureau Proposal, to North and Middle China forces, dated March 4, Riku shimitsu(陸支密, 육지밀) n.745, v.10, 1938, in Josei(女性, 여성)(1997: v.2, p.5)

- Gunji hyoronka no Chi Man-won(軍事評論家の池萬元, 군사평론가 지만원) 〈The Military Commentator Chi Man-won〉, Sept. 29, 2013, available at: https://s.webry.info/sp/92971510.at.webry.info/201309/article_88.html.

- Gunjin kyuyo(軍人給料, 군인급여) 〈Military Pay〉, 1945, available at: http://tingin.jp/kyuyo_shi/gunjin-kyuyo.html.

- Gunsei kanbu bisaya shibu(軍政幹部ビサヤ支部, 군정감부 필리핀 비사야 지부). 1942. Ianjo kitei sofu no ken(慰安所規定送付の件, 위안소 규정 송부의 건) 〈Regarding transmittal of Comfort Station Regulations〉, Nov. 22, 1942, reprinted in Josei(女性, 여성)(1997: v.3, p.187).

- Hakken no gyosha ga godo(8件の業者が合同, 8개 업소 업자가 합동) 〈Eight Firms Merge〉, Keijo nippo(京城日報, 경성일보), Nov. 30, 1943, in Suzuki(鈴木, 스즈키), et al. (2006: v.2, p.579).

- "Hannichi" no kamen wo kabutta moto ianfu shien dantai('反日'の仮面を被った元慰安婦支援団体, '반일'의 가면을 쓴 옛 위안부 지원 단체) 〈The Support Organization for Former Comfort Women Wearing an "Anti-Japanese" Mask〉, March 22, 2014, available at: http://blog.livedoor.jp/aryasarasvati/archives/37077764.html;

- Hanto no kinro doin taisei(半島の勤労動員體制, 반도의 근로 동원 체제) 〈Labor Mobilization on the Peninsula〉, Keijo nippo(京城日報, 경성일보), Aug. 27,

1944, in Suzuki(鈴木, 스즈키), et al. (2006: v.2, p.595).

- Hata, Ikuhito(秦郁彦, 하타 이쿠히코). 1992. Showa shi no nazo wo tou(昭和 史の謎を追う, 쇼와사의 수수께끼를 좇다) 〈Investigating the Puzzle of Showa History〉, Seiron(正論, 세이론), June, p.328.
- Hata, Ikuhito(秦郁彦, 하타 이쿠히코). 1999. Ianfu to senjo no sei(慰安婦と戦場の性, 위안부와 전쟁터의 성) 〈Comfort Women and Sex on the Battlefield〉, Shincho sensho(新潮選書, 신초센쇼).
- Hata, Ikuhito. 2018. Comfort Women and Sex in the Battle Zone (Rowman & Littlefield), translated by Jason Morgan.
- Hatarakeru onna no hitoha hitori nokorazu hatarako(働ける女の人は一人 残らず働こう, 일할 수 있는 여자는 한 명도 빠짐없이 일하자) 〈Women Able to work Should All Work〉, Maeil Shinbo(毎日新報, 매일신보), Sept. 23, 1943, in Suzuki(鈴木, 스즈키), et al. (2006: v.2, p.568).
- Higuchi, Yuichi(樋口雄一, 히구치 유이치) 2005. Soryokusen taisei to shokuminchi(総力戦体制と植民地, 총력전체제와 식민지) 〈The Total War System and the Colonies〉 In: Hayakawa, Norio(早川紀代, 하야카와 노리오)(Ed.), Shokuminchi to senso sekinin(植民地と戦争責任, 식민지와 전쟁책임) 〈The Colonies and War Responsibility〉. Yoshikawa kobun kan吉川弘文館, 요시카와코분칸), p.53.
- Hito gun seikanbu(比島軍政監部, 필리핀군정감부) 1942. Ianjo kitei sofu no ken(慰安所規定送付の件, 위안소 규정 송부의 건) 〈Case Regarding the Transmition of Comfort Station Rules〉, Nov. 22, 1942, reprinted in Suzuki(鈴木, 스즈키), et al. (2006: v.1, p.383).
- Howard, Keith, ed. 1995. True Stories of the Korean Comfort Women (Cassell).
- Huang, Hua-Lun. 2012. The Mission Girls and Women of China, Hong Kong and Taiwan. (McFarland).
- "Ianfu ha jihatsuteki na baishun ga sekai no joshiki"("慰安婦は自発的 な売春が世界の常識", "위안부는 자발적인 매춘이 세계의 상식") 〈"The Standard Wisdom Around the World is that the Comfort Women Were Voluntary Prostitutes"〉, Livedoor News, Mar. 24, 2018, available at http://news. livedoor.com/article/detail/14479996/; "Ianfu hatsugen de butsugi"(慰 安婦発言で物議, 위안부 발언으로 물의) 〈"Trouble Over Comfort Women

Comments"〉, Chosun Online, Sept. 6, 2004, available at: http://www.chosunonline.com/article/20040906000060.

- Ianfu jugyoin(慰安婦従業員, 위안부 종업원) 〈Comfort Station Workers〉, Mainichi shinbun(毎日新聞, 마이니치신문), Aug. 7, 2013.
- Ito, Hidekichi(伊藤秀吉, 이토 히데키치) 1931. Sekitoka no kanojo no seikatsu(紅燈下の彼女の生活, 홍등 아래 그녀의 생활) 〈The Lives of Women Under the Red Lights〉, Jitsugyo no Nihon sha(実業の日本社, 지츠교오노니혼샤), reprinted Tokyo: Fuji shuppan(不二出版, 후지슈판), 1982.
- "Jitsuwa sono ki ga atte jugun shita"("実はその気があって従軍した", "실은 그런 뜻이 있어 종군했다") 〈"They Followed the Army Because They Wanted to"〉, Chuo nippo(中央日報, 중앙일보), Sept. 18, 2018, available at: https://japanese.joins.com/article/233/245233.htm;
- Jiyu wo ubawareta kyoseisei atta(自由を奪われた強制あった, 자유를 빼앗긴 강제였다) 〈There was Coercion in Sense that They Lost Their Freedom〉, Asahi shimbun(朝日新聞, 아사히신문), Aug. 5, 2014;
- Josei no tameno Ajia heiwa kokumin kikin(女性のためのアジア平和国民基金, 여성을 위한 아시아평화국민기금), ed. 1997. Seifu chosa: 'Jugun ianfu' kankei shiryoshusei(政府調査:'従軍慰安婦'関係資料集成, 정부조사: '종군위안부' 관계자료집성) 〈Government Investigation: Documents Relating to the Comfort Women Accompanying the Military〉, Ryukei shosha(龍渓書舎, 류케이쇼샤).
- Kankoku no daigaku kyoju "ianfu ha kyosei deha nai. Sono ki ga atta"(韓国の大学教授「慰安婦は強制ではない。その気があった, 한국의 대학교수 "위안부는 강제가 아니다. 그럴 뜻이 있었다") 〈Korean University Professor says "Comfort Women Weren't Coerced. They Were Intentional"〉, Share News Japan, Nov. 16, 2018, available at: https://snjpn.net/archives/78633.
- Keijo (Seoul) nippo(京城日報, 경성일보). June 12 1918 evening ed. quoted in Takeshi Fujinaga(藤永壮, 후지나가 다케시) Shokuminchi Chosen ni okeru kosho seido no kakuritsu katei(植民地朝鮮における公娼制度の確立過程, 식민지 조선의 공창제도의 확립 과정) 〈The Establishment Process for the Licensed Prostitution System in Colonial Korea〉, Nijusseiki kenkyu(二十世紀研究, 20세기연구), Dec. 2004.
- Keishi cho sokan kanbo bunsho ka(警視庁官房文章課, 경시청 관방 문서과)

1933. Showa nan nen keishi cho tokei ichi ippan(昭和何年警視庁統計値一般, 쇼와 하년 경시청 통계치 일반) 〈An Outline of Police Agency Statistics for 1932〉(Sokan kanbo bunsho ka(長官官房文章課, 장관관방 문서과).

- KIH 2016a. Korea Institute of History. 2016. "The Comfort Women" by Professor C. Sarah Soh, Apr. 29, available at: http://scholarsinenglish. blogspot.com/2014/10/the-comfort-women-by-chunghee-sarahセsoh. html.
- KIH 2016b. Korea Institute of History. 2016. "Korean Comfort Station Manager's Diary," Analyzed by Professor Choe Kilsung. Apr. 24, 2016, available at: http://scholarsinenglish.blogspot.com/2016/04/korean-comfort-station-managers-diary.html.
- KIH 2016c. Korea Institute of History. 2016. Former Korean Comfort Woman Mun Oku-chu, Apr. 20, 2016.
- KIH 2016d. Korea Institute of History. 2016. "Comfort Women of the Empire" by Professor Park Yuha, Apr. 30, 2016, available at: http://scholarsinenglish.blogspot.com/2014/10/summary-of-professor-park-yuhas-book.html.
- KIH 2016e. Korea Institute of History. 2016. "Comfort Women of the Empire" Reviewed by Professor Jun Bong Gwan, Apr. 21, 2016, available at: http://scholarsinenglish.blogspot.com/2014/10/comfort-women-of-empire-reviewed-by.html.
- Kim, Pu-ja(金富子, 김부자) & Yon Kim(金栄, 김영). 2018. Shokuminchi yu-kaku(植民地遊郭, 식민지 유곽) 〈Colonial Pleasure Quarters〉, Yoshikawa kobunkan(吉川弘文館, 요시카와코분칸).
- Kitashina haken jimukan(北支那派遣軍, 북지나 파견 사무관). 1938. Sainan yuki ryokaku no seigen(済南行き旅客の制限, 지난행 여객의 제한 철폐에 관한 건) 〈The Limitation of Passengers Bound for Jinan〉, Mar. 1, 1938, in Suzuki(鈴木, 스즈키), et al. (2006: v.1, p.143).
- Kitashina homen gun shireibu(北支那方面軍司令部, 북지나 방면군사령부). 1939. Kyosanto no waga guntai ni taisuru(共産党と我が軍隊に対する, 공산당과 우리 군대에 대해) 〈Regarding the Communist Party and Our Military〉, April 5, 1939, in Suzuki(鈴木, 스즈키), et al. (2006: v.1, p.148).

- Kumagai, Naoko(熊谷奈緒子, 쿠마가이 나오코). 2015. Letters to the Editor, Perspectives on History, Sept. 1.
- Kusama, Yasoo(草間八十雄, 쿠사마 야수). 1930. Jokyu to baishofu(女給と売春婦, 여급과 매춘부) 〈Waitresses and Prostitutes〉(Hanjin sha(汎人社, 한진샤)).
- Lee Young-hoon Seoul dai kyoju "jugun ianfu ha baishugyo"(李栄薫ソウル大教授「従軍慰安婦は売春業」, 이영훈 서울대 교수 "종군 위안부는 매춘업") 〈SNU Professor Lee Young-hoon "Comfort Women Were Prostitutes"〉, Chosun Online, Sept. 3, 2004, available at: https://web.archive.org/web/20070517204644/http://www.chosunonline.com/article/20040903000051
- Low, Morris. 2003. The Emperor's sons go to war: Competing Masculinities in Modern Japan, in Kam Louie & Morris Low, eds., Asian Masculinities 81(Routledge Curzon).
- Mainichi shimbun(毎日新聞, 마이니치신문). Feb. 26, 1944, in Suzuki(鈴木, 스즈키), et al. (2006: v.2, p.562).
- Mandalay command. 1943. Ianjo kitei(慰安所規定 위안소 규정) 〈Comfort Station Rules〉, May 26, 1943, reprinted at Josei(女性, 여성)(1997: v.4, p.288).
- Maree gun seikan(マライ軍政監, 말레이군정감). 1943. Ianjo shisetsu(慰安所施設, 위안소 시설) 〈Comfort Facilities〉, Nov. 11, 1943, in Suzuki(鈴木, 스즈키), et al. (2006: v.1, p.433).
- Michiya, Saiichiro(道家斉一郎, 미치야 사이이치로). 1928. Baishunfu ronko(賣春婦論考, 매춘부논고) 〈Studies in Prostitution〉, in Suzuki(鈴木, 스즈키), et al. (2006: v.1, p.786).
- Minami Shina hakengun(南支那派遣軍, 남지나 파견군). 1939. Eisei jun po(衛生旬報, 위생순보) 〈Sanitation Dispatch〉, Aug. 1939, reprinted in Josei(女性, 여성)(1997: v.2, p.79).
- Miwa, Yoshiro(三輪芳朗, 미와 요시로). 2014. Japan's Economic Planning and Mobilization in Wartime, 1930s-1940s(Cambridge University Press).
- Miyamoto, Archie(宮本アーチー, 미야모토 아치). 2017. Wartime Military Records on Comfort Women, 2d ed. (private pub.).
- Morgan, Jason. 2015. On "Standing with Historians of Japan," Perspectives on History, July 1.

- Morikawa butaicho(森川部隊長, 모리카와부대장). 1939. Morikawa butai tokushu iangyomu ni kansuru kitei(森川部隊特殊慰安業務に関する規定, 모리카와부대 특수위안업무에 관한 규정) 〈Morikawa Detachment Rules Regarding Special Comfort Industry〉, Nov. 14, 1939, reprinted at Josei(女性, 여성) (1997: v.2, p.327).
- Moto "ianfu" e hosho wo(元慰安婦へ補償を, 옛 "위안부"에게 보상을) 〈Compensation for Former "Comfort Women"〉, Akahata(赤旗, 아카하타), June 26, 2002.
- Moto ianfu tachiga Kankoku Teishintai mondai……(元慰安婦たちが韓国挺身隊問題……, 옛 위안부들이 한국정신대문제……) 〈Comfort Women, to the CDH……〉, Bunshun Online(분슌온라인), Dec. 27, 2018.
- Multiple Authors. 2015. On Standing With Historians of Japan, Perspectives on History, Dec. 1.
- Naimusho(内務省, 내무성). 1938. Shina toko fujo(支那渡航婦女, 지나도항부녀) 〈Women Passage to China〉, Feb. 18, 1938, in Suzuki(鈴木, 스즈키), et al. (2006: v.1, p.124).
- Nihon Kirisuto kyo fujin kyofu kai(日本キリスト教婦人矯風会, 일본 그리스도교 부인 교풍회) 1920. Kaigai shugyofu mondai, I(海外醜業婦問題 I, 해외추업부 문제 I) 〈The Overseas Prostitution, I〉 (Nihon kirisuto kyo(日本キリスト教, 일본그리스도교), reprinted (Jobundo[舒文堂, 죠분도], 2010).
- Nihon no shokuminchi shihai to kokkaiteki kanri baishun(日本の植民地支配と国家的管理売春, 일본의 식민지 지배와 국가적 관리 매춘) 〈Japan's Colonial Control and the National Management of Prostitution〉, Chosenshi kenkyukai ronbun shu(朝鮮史研究論文集, 조선사연구논문집), 32: p.3 (1994); Nihon yuran sha(日本遊覧社, 일본유람사) ed. 1932. Yukaku annai(遊郭案内, 유곽 안내) 〈Guide to Pleasure Quarters〉, Nihon yuran sha(日本遊覧社, 일본유람사).
- Nihongun "ianfu" kankei shiryo shusei(日本軍'慰安婦'関連資料集成, 일본군 "위안부" 관계 자료집성) 〈Collection of Materials Relating to the Japanese Military "Comfort Women"〉, Akaishi shoten(明石書店, 아카시쇼텐).
- Nishioka, Tsutomu(西岡力, 니시오카 쓰토무). 2017. Why Korean Professor Believes Comfort Women Were Not Sex Slaves, Japan-Forward, Nov.

24, 2017, https://japan-forward.com/why-korean-professor-believes-comfort-women-were-not-sex-slaves/
- Norma, Caroline. 2016. The Japanese Comfort Women and Sexual Slavery during the China and Pacific Wars(Bloomsbury).
- O'Brian, Suzanne. 2000. Translator's Introduction, in Yoshimi(2000).
- Odaka, Konosuke(尾高煌之助, 오다카 고노스케). 1975. Nihon tochika ni okeru Chosen no rodo keizai(日本統治下における朝鮮の労働経済, 일본 통치하 조선의 노동경제) 〈Korean Labor Economy Under Japanese Control〉, Keizai kenkyu(経済研究, 케이자이켄큐), 26: p.145.
- Ohsato, Katsuma(大里勝馬, 오사토 카츠마). ed. 1966. Meiji iko honpo shuyo keizai tokei(明治以降本邦主要経済統計, 메이지 이후 우리나라 주요 경제 통계) 〈Principal Economic Statistics for Our Nation Since the Meiji Period〉 (Bank of Japan).
- Okubo, Hanayuki(大久保葩雪, 오쿠보 하나유키). 1906. Kagai fuzoku shi(海外風俗史, 해외풍속사) 〈A Record of the Customs of the Reg-light District〉, Ryubun kan(隆文館, 류분칸), 1906, reprinted Nihon tosho sentaa(日本図書センター, 일본도서센터, 1983).
- Open Letter in Support of Historians in Japan. 2015. Available at https://networks.h-net.org/system/files/contributed-files/japan-scholars-statement-2015.5.4-eng_0.pdf;
- Park, Yu-Ha. 2014. Teikoku no ianfu(帝國の慰安婦, 제국의 위안부) 〈Comfort Women of the Empire〉, Asahi shimbun shuppan(朝日新聞出版, 아사히신문출판).
- Protecting the Human Rights of Comfort Women. 2007. Hearing before Subcom. on Asia, the Pacific, and the Global Environment, of the Com. Foreign Affairs. House of Rep., Feb. 15.
- Ramseyer, J. Mark. 1991. Indentured Prostitution in Imperial Japan: Credible Commitments in the Commercial Sex Industry. J. Law, Econ. & Org., 7: p.89.
- Romu kanri no kyoka e(労務管理強化へ, 노무관리의 강화로) 〈Toward Strengthening Labor Management〉, Keijo nippo(京城日報, 경성일보), Sept. 23, 1943, in Suzuki(鈴木, 스즈키), et al. (2006: v.2, p.567).

- SCAP. 1945. Research Report: Amenities in the Japanese Armed Forces, Nov. 15, 1945, reprinted in Josei(女性, 여성)(1997: v.5, p.139); "S. Korea Discloses Sensitive Documents," UPI, Jan. 17, 2005, available at: https://www.upi.com/Top_News/2005/01/17/SKorea-discloses-sensitive-documents/UPI-38131105952315/.
- Senda, Kako(千田夏光, 센다 가코). 1973. Jugun ianfu(従軍慰安婦, 종군위안부) 〈Military Comfort Women〉, Futaba sha(双葉社, 후타바샤).
- Senso he hanto romu wo gyoshu(戦争へ半島労務を凝集, 전쟁에서 반도 노무를 응집) 〈Focus Peninsular Labor on War〉, Keijo nippo(京城日報, 경성일보), Oct. 9, 1943, in Suzuki(鈴木, 스즈키), Yamashita(山下, 야마시타) & Tonomura(外村, 도노무라), 앞의 문헌, v.2, p.569(limiting employment of women in sekkyaku industry in Korea); Seoul University Prof. Lee Yong-hoon "Comfort women=Sex slave" is an illusion., Oct. 10, 2016, at http://staff.texas-daddy.com/?eid=502.
- Shakai jigyo kenkyu jo(社会事業研究所, 사회사업연구소). 1936. Shuro shone shojo rodo jijo chosa(就労少年少女労働事情調査, 취로소년소녀 노동 사정 조사) 〈Survey of Working Conditions of Working Boys and Girls〉, Chuo shakai jigyo kyokai(中央社会事業協会, 주오샤카이지교쿄카이).
- Shina haken gun(支那派遣軍, 지나파견군). 1942. Showa 17 nen 7 gatsu fukukankai doseki jo iken(昭和17年7月副官会官階, 쇼와 17년 7월 부관회 관계) 〈Opinions Espressed at the July 1942 Vice Officers Meeting〉, Oct. 3, 1942, reprinted in Josei(女性, 여성)(1997: v.3, p.7).
- Shina toko fujo no toriatsukai ni kansuru ken(支那渡航婦女の取扱に関する件, 지나 도항 부녀의 취급에 관한 건) 〈Regarding the Handling of Women Bound for China〉, Feb. 23, 1938, Home Ministry, Police Bureau, Hatsukei(発警, 발경) n.5.
- Soh, C. Sarah. 2008. The Comfort Women: Sexual Violence and Postcolonial Memory in Korea and Japan(University of Chicago Press).
- South Korea Says It Will Dissolve Japan-Funded "Comfort Women" Foundation, Japan Times, Nov. 21, 2018, available at: https://www.japantimes.co.jp/news/2018/11/21/national/politics-diplomacy/south-korea-says-will-dissolve-japan-funded-comfort-women-foundation/#.

XHs-eLaZOB5

- South Korea's Former Chief Justdice Yang Sung-tae Indicted in Abuse of Power Scandal, South China Morning Post, Feb. 11, 2019.
- South Korean Academic Convicted of Defaming "Comfort Women." The Straits Times, Oct. 27, 2017, available at: https://www.straitstimes. com/asia/east-asia/south-korean-academic-convicted-of-defaming-comfort-women.
- Suzuki, Yuko(鈴木裕子, 스즈키 유코). et al. 2006. Nihon gun "Ianfu" kankei shiryo shusei(日本軍'慰安婦'関係資料集成, 일본군 "위안부" 관계 자료집성) 〈Collection of Material Related to the Japanese Military "Comfort Women"〉, Tokyo: Akashi shoten(明石書店, 아카시쇼텐) Two volumes.
- Taiwan sotokufu(台湾総督府, 대만총독부). 1932 Sekkyaku gyosha su(接客業者数, 접객업자수) 〈Number of Entertainers〉, Dec. 1932, in Suzuki(鈴木, 스즈키), et al. (2006: v.1, p.858).
- Takei, Yoshimasa(武井義和, 타케이 요시마사). 2012. Nicchu senso ki Shanhai no chosen jin shakai ni tsuite(日中戦争期上海の朝鮮人社会について, 일중전쟁기 상하이의 조선인 사회에 대해) 〈Regarding the Korean Community in Shanghai During the Japan-China War〉, Nicchu senso shi kenkyukai(日中戦争研究会, 일중전사연구회), available at: http://iccs.aichi-u.ac.jp/archives/010/201205/4fc4385498c26.pdf;
- Thoma, Pamela. 2000. Cultural Autobiography, Testimonial, and Asian American Transnational Feminist Coalition. Frontiers 21: 9.
- Toa nippo(東亞日報, 동아일보). Mar. 7, 1939, Shinpan momoiro hakuku kyo(新版 桃色白白教, 신판 도색백백교). in Suzuki(鈴木, 스즈키), et al. (2006: v.1, p.829).
- Toa nippo(東亞日報, 동아일보). Nov. 5, 1937, Shojo yuin dan kyukei(處女誘引団求刑, 처녀유인단 구형) 〈Gang to Entrap Young Women Sentenced〉, in Suzuki(鈴木, 스즈키), et al. (2006: v.1, p.829).
- Togo, Kazuhiko(東郷和彦 토고 가즈히코). 2017. Park Yuha and the Uncomfortable Realities of South Korean Democracy, East Asia Forum, Nov. 22, 2017. Available at: http://www.eastasiaforum.org/2017/11/22/park-yuha-and-the-uncomfortable-realities-of-south-korean-

democracy/;

- U.S. Interrogation Report. 1945. No. 573, Fujita,M(藤田 M. 후지타, M.). Jan. 23, 1945, in Josei(女性, 여성)(1997: v.5, p.107).
- U.S. Interrogation Report. N.D. No name, No number, No date, reprinted in Josei(女性, 여성)(1997: v.5, p.111).
- U.S. Office of War Information. 1944. Interrogation Report No. 49, Oct. 1, 1944, in Josei(女性, 여성)(1997: v.5, p.203).
- Uemura, Kousyo(上村行彰, 우에무라 코우쇼). 1918. Urare yuku onna(売られゆく女, 팔려가는 여자) 〈Sold Women〉, Daito kaku(大鐙閣, 다이토카쿠), reprinted in Kindai fujin mondai meichosaku shu zokuhen(近代婦人問題名著作集続編, 근대 부인 문제 명저작집 속편) 〈A collection of Famous Authors on Women's Issues—Continued Series〉, v.5, p.57, Nihon tosho sentaa(日本図書センター, 일본도서센터), 1982.
- Uemura, Yukitada(上村行彰, 우에무라 유키타카). 1929. Nihon yuri shi(日本遊郭史, 일본유곽사) 〈A History of the Japanese Pleasure Quarters〉, Shun'yo do(春陽堂, 순요도).
- United Nations Commission on Human Rights. 1996. Report on the mission to the Democratic People's Republic of Korea, the Republic of Korea and Japan on the issue of military sexual slavery in wartime, E/CN.4/1996/53/Add.1, Jan. 4, 1996(report by Radhika Coomaraswamy).
- Watanabe, Manabu(渡邊勉, 와타나베 마나부). 2014. Dare ga heishi ni nattano ka (1)(だれが兵士になったのか(1), 누가 병사가 되었는가(1)) 〈Who Became a Soldier (1)〉. Shakai gakubu kiyo(社会学部木与紀要, 사회학부기요), 119: p.1.
- Yamada, Hiromichi(山田弘倫, 야마다 히로미치) & Sahashi Hirama(平馬左橘著, 히라마 사하시). 1923. Tokei yori mitaru karyubyo(統計より観たる花柳病, 통계로 보는 화류병) 〈Venereal Diseases Seen Through Statistics〉, Nanzan do(南山堂, 난잔도).
- Yamamoto, Shun'ichi(山本俊一, 야마모토 슌이치). 1983. Nihon kosho shi(日本公娼史, 일본공창사) 〈A History of Licensed Prostitution in Japan〉, Chuo hoki shuppan(中央法規出版, 주오호키슈판).
- Yamashita, Yoshie(山下英愛, 야마시타 영애) 2006. Chosen ni okeru kosho

seido no jisshi to so no tenkai(朝鮮における公娼制度の実施とその展開, 조선의 공창제도의 실시와 그 전개) ⟨The Realization and Development of the Licensed Prostitution System in Korea⟩, in Suzuki(鈴木, 스즈키), et al. (2006: v.2, p.675).

- Yamazaki, Tomoko(山崎朋子, 야마자키 토모코). 1972. Sandakan hachiban shokan(サンダカン八番娼館, 산다칸 8번 창관) ⟨Sandakan Number 8 Brothel⟩, Chikuma shobo(筑摩書房, 치쿠마쇼보).
- Yang, Hyunah. 1997. Revisiting the Issue of Korean "Military Comfort Women": The Question of Truth and Positionality. Positions, 5: p.51.
- Yasumura, Mitsutei(安村光亨, 야스무라 미쓰테이). 1941. Shisho no yurai oyobi genjo(私娼の由来及び現状, 사창의 유래 및 현황) ⟨The Source and Condition of Unlicensed Prostitutes⟩, Feb., in Suzuki(鈴木, 스즈키), et al. (2006: v.1, p.272).
- Yi, Joseph. 2018. Confronting Korea's Censored Discourse on Comfort Women. The Diplomat, Jan. 31.
- Yoshida, Seiji(吉田清治, 요시다 세이지). 1983. Watashi no senso hanzai(私の戦争犯罪, 나의 전쟁범죄) ⟨My War Crimes⟩, San'ichi shobo(三一書房, 산이치쇼보).
- "Yoshida shogen" yoyaku torikeshi……(吉田証言ようやく取り消し……, "요시다 증언" 드디어 철회) ⟨At last, the "Yoshida Proclamation" Withdrawn⟩, Yomiuri shimbun(読売新聞, 요미우리신문), Aug. 6, 2014; Yoshimi, Yoshiaki. 2000. Comfort Women: Sexual Slavery in the Japanese Military During World War II(Columbia University Press), translated by Suzanne O'Brien.
- Yoshimi, Yoshiaki(吉見義明, 요시미 요시아키). 2013. "Kono danwa" wo do kangaeru ka("河野談話"をどう考えるか, "고노 담화"를 어떻게 생각할 것인가) ⟨How to Think About the Kono Statement⟩, in Rumiko Nishino(西野瑠美子, 니시노 루미코), et al., eds., "Ianfu" basshingu wo koeta('慰安婦'バッシングを超えて, 위안부 두들기기를 넘어서) ⟨Beyond "Comfort Women" Bashing⟩, Otsuki shoten(大月書店, 오츠키쇼텐).
- Zai Jokai soryo jikan(在上海総領事館, 재상하이총영사관). 1937. Zai Jokai soryojikan ni okeru tokko keisatsu jimu jokyo(在上海総領事館における特攻警察事務状況, 재상하이총영사관의 특고경찰 사무 상황) ⟨Circumbstances of the Special Police Matters for the Shanghai Consulate⟩, Dec. 1937, in Suzuki(鈴木, 스즈키), et al. (2006: v.1, p.74).

- Zai Jokai soryo jikan(在上海総領事館, 재상하이총영사관). 1938. Showa 13 nenju ni okeru zairyo hojin(昭和13年おける在留邦人, 쇼와 13년의 재류 일본인) 〈Resident Japanese in 1938〉(1938), in Suzuki(鈴木, 스즈키), et al. (2006: v.1, p.118).
- "Zaishuto de renko" shogen(「済州島で連行」証言 裏付け得られず虚偽と判断, '제주도에서 연행' 증언 뒷받침 못하고 허위로 판단) 〈"Forced to Accompany in Jeju" Testimony〉, Asahi shimbun(朝日新聞, 아사히신문) Aug. 5, 2014.

제3장
태평양전쟁에서의 매춘 계약
Contracting for sex in the Pacific War

- Choe, Kilsung(崔吉城, 최길성). 2017a. Chosen shusshin no choba nin ga mita ianfu no jijitsu(朝鮮出身の帳場人が見た慰安婦の真実, 조선 출신의 조바帳場人가 본 위안부의 진실) 〈The Truth About Comfort Women, as Seen by a Korean Receptionist〉, Haato shuppan(ハート出版, 하트슈판), Tokyo. (역주: 서울대학교 명예교수 안병직이 일기 원문을 기초로 하여 2013년도 이숲출판사에서 『일본군 위안소 관리인의 일기』를 펴냈다. 최길성의 저서는 이를 참고한 것이다. '관리인'을 일본말로 '조바帳場'라고 한다.)
- Choe, Sang-Hun(최상훈). 2017b. Deal with Japan on Former Sex Slaves Failed Victims, South Korean Panel Says. N.Y Times, Dec. 27.
- Chosen, sokakufutokeinempo(朝鮮総督府年報, 조선총독부연보). 1906. 1906-1942. Zaicho kanren gyosha(在朝関連業者, 재조 관련업자) 〈Related Industry Parties in Korea〉(1906-1942), in Suzuki(鈴木, 스즈키), et al. (2006).
- Chosen, sokakufu(朝鮮総督府年報, 조선총독부). 1944. Kokumin choyo no kaisetsu(国民徴用解説, 국민징용의 해설) 〈Commentary on Citizen Mobilization〉, Oct. 1944, in Suzuki(鈴木, 스즈키), et al. (2006: v.2, p.597).
- Chosen, sokakufu(朝鮮総督府年報, 조선총독부). 1945. Chosen, norodosha(朝鮮の労働者, 조선의 노동자) 〈Workers in Korea〉, Mar. 10, 1945, in Suzuki(鈴木, 스즈키), et al. (2006: v.2, p.563).
- Chuo shokugyo shokai jimu kyoku(中央職業紹介事務局, 중앙직업소개사무

국). reprinted in Ken'ichi Taniguchi(谷川健一, 타니가와 켄이치), ed., Kindai minshu no kiroku(近代民衆の記録, 근대 민중의 기록) 〈A Report of the Modern Populace〉, v.3, p.412, Shin jinbutsu orai sha(新人物往來社, 신진부 츠오라이샤), 1926. Geishogi shakufu shokaigyo ni kansuru chosa(芸娼妓酌婦に関する調査, 예창기 작부에 관한 조사) 〈An Investigation into the Placement Industry for Geisha, Prostitutes, and Bar Maids〉, 1926.

· Fujinaga, Takeshi(藤永壯, 후지나가 다케시). 1998. Nichiro senso to Nihon ni yoru "Manshu" e no kosho seido ishoku(日露戦争と日本による'満州'への公娼制度移植, 일러전쟁과 일본에 의한 "만주"에의 공창제도 이식) 〈The Russo-Japanese War and The Transplantation of The Licensed Prostitution System by Japan to "Manchuria"〉 In: Katsurakawa, Mitsumasa(桂川光正, 가츠라카와 미츠마)(Ed.), Kairaku to kei(快楽と規定, 쾌락과 규정) 〈Recreation and Regulation〉, Osaka daigaku sangyo kenkyujo(大阪産業大学産業研究所, 오사카산업대학 산업연구소).

· Fujinaga, Takeshii(藤永壯, 후지나가 다케시). 2000. Chosen shokuminchi shihai to "ianfu" seido no seiritsu katei(朝鮮植民地支配と'慰安婦'制度の成立過程, 조선 식민지 지배와 '위안부' 제도의 성립과정) 〈Control over the Korean Colony and the Establishment Process of "the Comfort Women" System〉, In: VAWW-NET (Ed.), "Ianfu" senji seiboryoku no jittai, I("慰安婦"戦時性暴力の実態 I, "위안부" 전시 성폭력의 실태 I) 〈The Reality of the "Comfort Women" and Sexual Violence in Wartime, I〉, Ryokufu shuppan(緑風出版, 료호쿠슈판), p.196.

· Fujinaga, Takeshi(藤永壯, 후지나가 다케시) et al. 2001. Shokuminchi Taiwan ni okeru Chosenjin sekkyakugyo to 'ianfu' no doin(植民地台湾における朝鮮人接客業と'慰安婦'の動員, 식민지 대만의 조선인 접객업과 '위안부'의 동원) 〈The Korean Entertainment Industry in Colonial Taiwan and The Mobilization of the' Comfort Women〉, In: Katsurakawa, Mitsumasa(桂川光正, 가츠라카와 미츠마) (Ed.), Kindai shakai to baishun mondai(近代社会と買春問題, 근대사회와 매춘문제) 〈Early Modern Society and the Prostitution Problem〉, Osaka sangyo daigaku sangyo kenkyu jo(大阪産業大学産業研究所, 오사카산업대학 산업연구소).

· Fujinaga, Takeshi(藤永壯, 후지나가 다케시). 2004. Shokuminchi kosho seido to Chosenjin josei(植民地公娼制度と朝鮮人女性, 식민지 공창제도와 조선인 여성) 〈The Colonial Licensed Prostitution System and Korean Women〉 In: Niccho yuko sokushin(日朝友好促進, 일조우호촉진) (Ed.), Nihon to Chosen no kankei shi(日本と朝鮮の関係史, 일본과 조선의 관계사) 〈History of the Relations Between Japan and Korea〉(Agenda Project).

- Fukumi, Takao(福見武雄, 후쿠미 다카오). 1928. Teito ni okeru bai'in no kenkyu(帝都に於ける賣淫の研究, 제국 수도에서의 매음 연구) 〈A Study of Prostitution in the Capital〉, Hakubunkan(博文館, 하쿠분칸).
- Gun'ianjo jugyofuto boshu ni kansuru ken(軍慰安所従業婦等募集ニ關スル件, 군 위안소 종업부 등 모집에 관한 건) 〈Regarding the Recruitment of Military Comfort Women〉, 1938. Army Ministry Infantry Bureau Proposal], to North and Middle China forces, dated March 4, Riku shimitsu(陸支密, 육지밀) n.745, v.10, 1938, in Josei(女性, 여성)(1997: v.2, p.5)
- Gunsei kanbu bisaya shibu(軍政幹部ビサヤ支部, 군정감부 필리핀 비사야 지부). 1942. Ianjo kitei sofu no ken(慰安所規定送付の件, 위안소 규정 송부의 건) 〈Regarding transmittal of Comfort Station Regulations〉, Nov. 22, 1942, reprinted in Josei(女性, 여성)(1997: v.3, p.187).
- Hakken no gyosha ga godo(8件の業者が合同, 8개 업소 업자가 합동) 〈Eight Firms Merge〉, Keijo nippo(京城日報, 경성일보), Nov. 30, 1943, in Suzuki(鈴木, 스즈키), et al. (2006: v.2, p.579).
- Hanto no kinro doin taisei(半島の勤労動員体制, 반도의 근로동원체제) 〈Labor Mobilization on the Peninsula〉, Keijo nippo(京城日報, 경성일보), Aug. 27, 1944, in Suzuki(鈴木, 스즈키), et al. (2006: v.2, p.595).
- Hata, Ikuhito(秦郁彦, 하타 이쿠히코). June, p328 1992. Showa shi no nazo wo tou(昭和史の謎を追う, 쇼와사의 수수께끼를 좇다) 〈Investigating the Puzzle of Showa History〉, Seiron(正論, 세이론).
- Hatarakeru onna no hitoha hitori nokorazu hatarako(働ける女の人は一人残らず働こう, 일할 수 있는 여자는 한 사람도 빠지지 말고 일하자) 〈Women Able to work Should All Work〉, Maeil Shinbo(毎日新報, 매일신보), Sept. 23, 1943, in Suzuki(鈴木, 스즈키), et al. (2006: v.2, p.568).
- Higuchi, Yuichi(樋口雄一, 히구치 유이치). 2005. Soryokusen taisei to shokuminchi(総力戦体制と植民地, 총력전체제와 식민지) 〈The Total War System

and the Colonies〉, In: Hayakawa, Norio(早川紀代, 하야카와 노리오)(Ed.), Shokuminchi to senso sekinin(植民地と戦争責任, 식민지와 전쟁책임) 〈The Colonies and War Responsibility〉, Yoshikawa kobun kan(吉川弘文館, 요시카와코분칸), p.53.

· Hito gun seikanbu(比島軍政監部, 필리핀군정감부). 1942. Ianjo kitei sofu no ken(慰安所規定送付の件, 위안소 규정 송부의 건) 〈Case Regarding the Transmition of Comfort Station Rules〉, Nov. 22, 1942, reprinted in Suzuki(鈴木, 스즈키), et al. (2006: v.1, p.383). Ito, Hidekichi(伊藤秀吉, 이토 히데키치) reprinted (Tokyo: Fuji shuppan[不二出版, 후지슈판], 1982) 1931. Sekitoka no kanojo no seikatsu(紅燈下の彼女の生活, 홍등 아래 그녀의 생활) 〈The Lives of Women Under the Red Lights〉, Jitsugyo no Nihon sha(実業の日本社, 지츠교오노니혼샤).

· Josei no tameno Ajia heiwa kokumin kikin(女性のためのアジア平和国民基金, 여성을 위한 아시아평화국민기금) ed. 1997. Seifu chosa: "Jugun ianfu" kankei shiryoshusei(政府調査:'従軍慰安婦'関係資料集成, 정부조사 '종군위안부' 관계자료집성) 〈Government Investigation: Documents Relating to "the Comfort Women" Accompanying the Military〉, Ryukei shosha(龍渓書舎, 류케이쇼샤).

· Keijo (Seoul) nippo(京城日報, 경성일보). June 12 1918. quoted in Takeshi Fujinaga(藤永壮, 후지나가 다케시) Shokuminchi Chosen ni okeru kosho seido no kakuritsu katei(植民地朝鮮における公娼制度の確立過程, 식민지 조선의 공창제도의 확립 과정) 〈The Establishment Process for the Licensed Prostitution System in Colonial Korea〉, Nijusseiki kenkyu(二十世紀研究, 20세기연구), Dec. 2004, evening ed.

· Keishi cho sokan kanbo bunsho ka(警視庁官房文章課, 경시청 관방 문서과) 1933. Showa nan nen keishi cho tokei ichi ippan(昭和何年警視庁統計値一般, 쇼와 하년 경시청 통계치 일반) 〈An Outline of Police Agency Statistics for 1932〉, Sokan kanbo bunsho ka(長官官房文章課, 장관 관방 문서과).

· KIH, available at: 2016a. Korea Institute of History. 2016. Korean "Comfort Station Manager's Diary,Analyzed" by Professor Choe Kilsung. Apr. 24, 2016. http://scholarsinenglish.blogspot.com/2016/04/korean-comfort-station-managersɐdiary.html

- KIH, Apr. 20, 2016 2016b. Korea Institute of History. 2016. Former Korean Comfort Woman Mun Oku-chu.
- Kim, Pu-ja(金富子, 김부자), Kim, Yon(金栄, 김영). 2018. Shokuminchi yukaku(植民地遊郭, 식민지유곽) ⟨Colonial Pleasure Quarters⟩, Yoshikawa kobunkan(吉川弘文館, 요시카와코분칸).
- Kitashina, hakenjimukan(北支那派遣軍事務官, 북지나 파견군 사무관). 1938. Sainan yuki ryokaku no seigen(済南行旅客の制限撤廃に関する件, 지난행 여객의 제한 철폐에 관한 건) ⟨The Limitation of Passengers Bound for Jinan⟩, Mar. 1, 1938, in Suzuki(鈴木, 스즈키), et al. (2006: v.1, p.143).
- Kitashina homen gun shireibu(北支那方面軍司令部, 북지나 방면군사령부). 1939. Kyosanto no waga guntai ni taisuru(共産党と我が軍隊に対する, 공산당과 우리 군대에 대해) ⟨Regarding the Communist Party and Our Military⟩, April 5, 1939, in Suzuki(鈴木, 스즈키), et al. (2006: v.1, p.148).
- Kusama, Yasoo(草間八十雄, 쿠사마 야수). 1930. Jokyu to baishofu(女給と売春婦, 여급과 매춘부) ⟨Waitresses and Prostitutes⟩, Hanjin sha(汎人社, 한진샤).
- Mainichi, shimbun(毎日新聞, 마이니치신문). 1944. Feb. 26, 1944, in Suzuki(鈴木, 스즈키), et al. (2006: v2, p562).
- Mandalay, command, 1943. Ianjo kitei(慰安所規定 위안소 규정) ⟨Comfort Station Rules⟩, May 26, 1943, reprinted at Josei(女性, 여성)(1997: v.4, p.288).
- Maree, gunseikan(マライ軍政監, 말레이군정감). 1943. Ianjo shisetsu(慰安所施設, 위안소시설) ⟨Comfort Facilities⟩, Nov. 11, 1943, in Suzuki(鈴木, 스즈키), et al. (2006: v.1, p.433).
- Michiya, Saiichiro(道家斉一郎, 미치야 사이이치로). 1928. Baishunfu ronko(慰安婦論考, 위안부논고) ⟨Studies in Prostitution⟩, in Suzuki(鈴木, 스즈키), et al. (2006: v.1, p.786).
- Minami Shina hakengun(南支那派遣軍, 남지나 파견군). 1939. Eisei junpo (衛生旬報, 위생순보) ⟨Sanitation Dsipatch⟩, Aug. 1939, reprinted in Josei(女性, 여성)(1997: v.2, p.79).
- Miwa, Yoshiro(三輪芳朗, 미와 요시로). 2014. Japan's Economic Planning and Mobilization in Wartime, 1930s-1940s. Cambridge University Press.
- Morikawa butaicho(森川部隊長, 모리카와부대장). 1939. Morikawa butai tokushu iangyomu ni kansuru kitei(森川部隊特殊慰安業務に関する規定, 모리

카와부대 특수위안업무에 관한 규정) 〈Morikawa Detachment Rules Regarding Special Comfort Industry〉, Nov. 14, 1939, reprinted at Josei(女性, 여성) (1997: v.2, p.327).

· Naimusho(内務省, 내무성). 1938. Shina toko fujo(支那渡航婦女, 지나 도항 부녀) 〈Women Passage to China〉, Feb. 18, 1938, in Suzuki(鈴木, 스즈키), et al. (2006: v.1, p.124).

· Nihon yuran sha(日本遊覧社, 일본유람사) ed. 1932. Yukaku annai(遊郭案内, 유곽안내) 〈Guide to Pleasure Quarters〉, Nihon yuran sha(日本遊覧社, 일본유람사). Taiwan sotokufu(台湾総督府, 대만총독부) 1932. Sekkyaku gyosha su(接客業者数, 접객업자수) 〈Number of Entertainers〉, Dec. 1932, in Suzuki(鈴木, 스즈키), et al. (2006: v.1, p.858).

· Nihon no shokuminchi shihai to kokkaiteki kanri baishun(日本の植民地支配と国家的管理売春, 일본의 식민지 지배와 국가적 관리 매춘) 〈Japan's Colonial Control and the National Management of Prostitution〉, Chosenshi kenkyukai ronbun shu(朝鮮史研究論文, 조선사연구논문집) 32: p.37(1994).

· Nihon Kirisuto kyo fujin kyofu kai(日本キリスト教婦人矯風会, 일본 그리스도교 부인 교풍회). 1920. Kaigai shugyofu mondai, I(海外醜業婦問題, I, 해외추업부문제, I) 〈The Overseas Prostitution, I〉, Nihon kirisuto kyo(日本キリスト教, 일본그리스도교), reprinted Jobundo(舒文堂, 죠분도, 2010).

· Nihongun "ianfu" kankei shiryo shusei(日本軍'慰安婦'関連資料集成, 일본군 "위안부" 관계 자료집성) 〈Collection of Materials Relating to the Japanese Military "Comfort Women"〉, Akaishi shoten(明石書店, 아카이시쇼텐).

· Odaka, Konosuke(尾高煌之助, 오다카 고노스케) 1975. Nihon tochika ni okeru Chosen no rodo keizai(日本統治下における朝鮮の労働経済, 일본 통치하 조선의 노동경제) 〈Korean Labor Economy Under Japanese Control〉, Keizai kenkyu(経済研究, 경제연구), p.26, p.145.

· Ohsato, Katsuma(大里勝馬, 오사토 카츠마) ed. 1966. Meiji iko honpo shuyo keizai tokei(明治以降本邦主要経済統計, 메이지 이후 우리나라 주요 경제 통계) 〈Principal Economic Statistics for Our Nation Since the Meiji Period〉 (Bank of Japan).

· Okubo, Hanayuki(大久保葩雪, 오쿠보 하나유키). 1906. Kagai fuzoku shi (海外風俗史, 해외풍속사) 〈A Record of the Customs of the Reg-light District〉,

Ryubun kan(隆文館, 류분칸, 1906), reprinted Nihon tosho sentaa(日本図書セ
ンター, 일본도서센터, 1983).

- Park, Yu-Ha. 2014. Teikoku no ianfu(帝国の慰安婦, 제국의 위안부) ⟨Comfort
Women of the Empire⟩, Asahi shimbun shuppan(朝日新聞出版, 아사히신문
출판).
- Ramseyer, J.Mark. 1991. Indentured prostitution in imperial Japan:
credible commitments in the commercial sex industry. J. Law Econ.
Org. 7, 89.
- Romu kanri no kyoka e(労務管理強化へ, 노무관리의 강화로) ⟨Toward
Strengthening Labor Management⟩, Keijo nippo(京城日報, 경성일보), Sept.
23, 1943, in Suzuki(鈴木, 스즈키), et al. (2006: v.2, p.567).
- SCAP. 1945. Research Report: Amenities in the Japanese Armed Forces,
Nov. 15, 1945, reprinted in Josei(女性, 여성)(1997: v.5, p.139).
- Senda, Kako(千田夏光, 센다 가코). 1973. Jugun ianfu(從軍慰安婦, 종군위안부)
⟨Military Comfort Women⟩, Futaba sha(双葉社, 후타바샤).
- Senso he hanto romu wo gyoshu(戦争へ半島労務を凝集, 전쟁에 반도 노무를 응
집) ⟨Focus Peninsular Labor on War⟩, Keijo nippo(京城日報, 경성일보), Oct.
9, 1943, in Suzuki(鈴木, 스즈키), Yamashita(山下, 야마시타) & Tonomura(外
村, 도노무라), 앞의 문헌 v.2, p.569(limiting employment of women in sekkyaku
industry in Korea).
- Shakai, jigyokenkyujo(社会事業研究所, 사회사업연구소). 1936. Shuro shone
shojo rodo jijo chosa(就労少年少女労働事情調査, 취로 소년소녀 노동사정 조
사) ⟨Survey of Working Conditions of Working Boys and Girls⟩, Chuo
shakai jigyo kyokai(中央社会事業協会, 중앙사회직업협회).
- Shina toko fujo no toriatsukai ni kansuru ken(支那渡航婦女の取扱に関する件,
지나 도항 부녀의 취급에 관한 건) ⟨Regarding the Handling of Women Bound
for China⟩, Feb. 23, 1938, Home Ministry, Police Bureau, Hatsukei(発警,
발경) n.5.
- Shina haken gun(支那派遣軍, 지나파견군). 1942. Showa 17 nen 7 gatsu
fukukankai doseki jo iken(昭和17年7月副官会官階, 쇼와 17년 7월 부관회 관계)
⟨Opinions Espressed at the July 1942 Vice Officers Meeting⟩, Oct. 3,
1942, reprinted in Josei(女性, 여성)(1997: v.3, p.7).

- Taiwan, sotokufu(台湾総督府, 대만총독부). 1932. Sekkyaku gyosha su(接客業者数, 접객업자수) 〈Number of Entertainers〉, Dec. 1932, in Suzuki(鈴木, 스즈키), et al. (2006: v.1, p.858).
- Takei, Yoshimasa(武井義和, 타케이 요시마사). available at: 2012. Nicchu senso ki Shanhai no chosen jin shakai ni tsuite(日中戦争期上海の朝鮮人社会について, 일중전쟁기 상하이의 조선인 사회에 대해) 〈Regarding the Korean Community in Shanghai During the Japan-China War〉, Nicchu senso shi kenkyukai(日中戦争研究会, 일중전쟁사연구회). http://iccs.aichi-u.ac.jp/ arc hives/010/201205/4fc4385498c26.pdf.
- Toa, nippo(東亞日報, 동아일보). Nov. 5 1937. Shojo yuin dan kyukei(處女誘引団求刑, 처녀유인단 구형) 〈Gang to Entrap Young Women Sentenced〉, in Suzuki(鈴木, 스즈키), et al. (2006: v.1, p.829).
- Toa, nippo(東亞日報, 동아일보). Mar. 7 1939. Shinpan momoiro hakuku kyo(新版 桃色白白教, 신판 도색백백교). in Suzuki(鈴木, 스즈키), et al. (2006: v.1, p.829).
- U.S. Interrogation Report. N.D. No name, No number, No date, reprinted in Josei(女性, 여성)(1997: v.5, p.111).
- U.S. Office of War Information, 1944. Interrogation Report No. 49, Oct. 1, 1944, in Josei(女性, 여성)(1997: v.5, p.203).
- Uemura, Yukitada(上村行彰, 우에무라 유키타카). 1918. Urare yuku onna(売られゆく女, 팔려가는 여자) 〈Sold Women〉(Daito kaku(大鐙閣, 다이코카쿠), reprinted in Kindai fujin mondai meichosaku shu zokuhen(近代婦人問題名著作集続編, 근대 부인문제 명저작집 속편) 〈A collection of Famous Authors on Women's Issues—Continued Series〉, v.5, p.57, Nihon tosho sentaa(日本図書センター, 일본도서센터), 1982.
- Uemura, Yukitada(上村行彰, 우에무라 유키타카). 1929. Nihon yuri shi(日本遊郭史, 일본유곽사) 〈A History of the Japanese Pleasure Quarters〉, Shun'yo do(春陽堂, 순요도).
- Watanabe, Manabu(渡邊勉, 와타나베 마나부). 2014. Dare ga heishi ni nattano ka (1)(だれが兵士になったのか(1), 누가 병사가 되었는가(1)) 〈Who Became a Soldier (1)〉, Shakai gakubu kiyo(社会学部木与紀要, 사회학부목요기요) 119, p.1.

- Yamada, Hiromichi(山田弘倫, 야마다 히로미치). Hirama, Sahashi(平馬左橘著, 히라마 사하시) 1923. Tokei yori mitaru karyubyo(統計より観たる花柳病, 통계로 보는 화류병) 〈Venereal Diseases Seen Through Statistics〉, Nanzan do, (南山堂, 난잔도).
- Yamamoto, Shun'ichi(山本俊一, 야마모토 슌이치). 1983. Nihon kosho shi(日本公娼史, 일본공창사) 〈A History of Licensed Prostitution in Japan〉, Chuo hoki shuppan(中央法規出版, 주오호키슈판).
- Yamashita, Yoshie(山下英愛, 야마시타 영애). 2006. Chosen ni okeru kosho seido no jisshi to so no tenkai(朝鮮における公娼制度の実施とその展開, 조선의 공창제도의 실시와 그 전개) 〈The Realization and Development of the Licensed Prostitution System in Korea〉, in Suzuki(鈴木, 스즈키), et al. (2006: v.2, p.675).
- Yamazaki, Tomoko(山崎朋子, 야마자키 토모코). 1972. Sandakan hachiban shokan(サンダカン八番娼館, 산다칸 8번 창관) 〈Sandakan Number 8 Brothel〉, Chikuma shobo(筑摩書房, 치쿠마쇼보).
- Zai Jokai, soryojikan(在上海総領事館, 재상하이 총영사관). 1937. Zai Jokai soryojikan ni okeru tokko keisatsu jimu jokyo(在上海総領事館における特攻警察事務状況, 재상하이 총영사관의 특고 경찰 사무 상황) 〈Circumbstances of the Special Police Matters for the Shanghai Consulate〉, Dec. 1937, in Suzuki(鈴木, 스즈키), et al. (2006: v.1, p.74).
- Zai Jokai, soryojikan(在上海総領事館, 재상하이 총영사관). 1938. Showa 13 nenju ni okeru zairyo hojin(昭和13年おける在留邦人, 쇼와 13년의 재류 일본인) 〈Resident Japanese in 1938〉(1938), in Suzuki(鈴木, 스즈키), et al. (2006: v.1, p.118)

추가 참고문헌

- Suzuki, Yuko(鈴木裕子, 스즈키 유코) et al. Nihon gun "Ianfu" kankei shiryo shusei(日本軍‘慰安婦'関係資料集成, 일본군 "위안부" 관계 자료집성) 〈Collection of Material Related to the Japanese Military "Comfort Women"〉, Akashi shoten(明石書店, 아카시쇼텐) Tokyo.

제4장

태평양전쟁에서의 매춘 계약: 비판에 대한 반론
Contracting for sex in the Pacific War: A Response to My Critics

- Ando, Yoshio(安藤良雄, 안도 요시오). 1987. Kindai Nihon keizai shi yoran(近代日本経済史要覧, 근대 일본 경제사 요람)〈Overview of Early Modern Japanese Economic History〉, 2d ed. Tokyo: University of Tokyo Press.
- Arima, Tetsuo(有馬哲夫, 아리마 테츠오). 2021a. Ramseyer kyoju "ianfu ronbun" wo hihan suru Harvard daigaku kyoju ha bunken wo yomete inainodeha naika(ラムザイヤー教授'慰安婦論文'を批判するハバード大学教授は文献を読めていないのではないか, 램자이어 교수 "위안부 논문"을 비판하는 하버드대학 교수는 문헌을 읽지 못하는 게 아닐까)〈The Harvard Professors Criticizing Prof. Ramseyer's "Comfort Women Article" Seem Unable to Read the Documents〉, Daily Shincho(デイリー新潮, 데일리신초), Apr. 5, 2021(part 1) and Apr. 6, 2021(part 2).
- Arima, Tetsuo(有馬哲夫, 아리마 테츠오). 2021b. Harvard dai "Ianfu" ronbun wo hihan suru Kankokukei kyoju no rojikkuha goin dewa naika(ハバード大'慰安婦'論文を批難する韓国系教授のロジックは強引ではないか, 하버드대학 "위안부" 논문을 비판하는 한국계 교수의 로직이야말로 강제적인 것이 아닌가)〈The Logic of the Korean Professor Criticizing the Harvard "Comfort Women" Article Is Forced〉. Daily Shincho(デイリー新潮, 데일리신초), Apr. 13, 2021(Parts I & II).
- Arima, Tetsuo(有馬哲夫, 아리마 테츠오). 2021c. "Ianfu" ha mina goi keiyakuwo shiteita('慰安婦'は皆合意契約をしていた, '위안부'는 모두 합의 계약을 했다)〈The "Comfort Women" Had All Agreed to Contracts〉. Tokyo: WAC, K.K.
- Asahi shimbun moto kisha……(朝日新聞元記者……, 아사히신문 전 기자……)〈Former Reporter for Asahi Shimbun〉, Zakzak, Aug. 5, 2014.
- Chatani, Sayaka(茶谷さやか, 사야카 차타니). 2021. Ramseyer ronbun wa naze "jiken" to natta no ka(ラムザイヤー論文はなぜ「事件」となったのか, 램자이어 논문은 왜 "사건"이 되어 버렸는가)〈Why Did the Ramseyer Article Become an "Incident"?〉, Sekai(世界, 세카이), May 2021.
- Choe, Kilsung(崔吉城, 최길성). 2017. Chosen shusshin no choba nin ga

mita ianfu no jijitsu(朝鮮出身の帳場人が見た慰安婦の真実, 조선 출신의 조바帳場人가 본 위안부의 진실)〈The Truth About Comfort Women, as Seen by a Korean Receptionist〉, Tokyo: Haato shuppan(ハート出版, 하트슈판).

- Choe, Kilsung(崔吉城, 최길성). 2021a. "Ianfu nikki" kenkyusha ga akasu "kyosei renko" to wa kakehanareta jittai('慰安婦日記'研究者が明かす'強制連行'とはかけ離れた実態, "위안부 일기" 연구자가 밝히는 "강제연행"과는 동떨어진 실태)〈Research of "Comfort Women Diary" Shows Reality Far Different from "Forced Concription"〉, Daily shincho(デイリー新潮, 데일리신초), June 14, 2021.

- Choe, Kilsung(崔吉城, 최길성). 2021b. Genshiryo wa watashino "ianjo nikki" kenkyu(原資料は私の'慰安所'日記, 원자료는 나의 '위안소 일기' 연구)〈The Original Source Was My Research on the "Comfort Station Diary"〉, Shukan shincho(週刊新潮, 슈칸신초), June 10, 2021, p.46.

- Chwe, Michael. 2021. Letter by Concerned Economists Regarding "Contracting for Sex in the Pacific War" in the International Review of Law and Economics. Available at: http://chwe.net/irle/letter/.

- Coomaraswamy, Radhika. 1996. U.N. Commission on Human Rights: Report on the Mission to the Democratic People's Republic of Korea, the Republic of Korea and Japan on the Issue of Military Sexual Slavery in Wartime. E/CN.4/1996/53/Add.I.

- Curtis, Paula R. 2021a. Ramseyer and the Right-Wing Ecosystem Suffocating Japan. Tokyo Review, May 30, 2021.

- Curtis, Paula R. 2021b. Taking the Fight for Japan's History Online: The Ramseyer Controversy and Social Media. Asia-Pacific Journal: Japan Focus, 22: n.3, December 1, 2021.

- Devine, Maija Rhee. 2016. Are Comfort Women Lying? Korea Times, June 8, 2016. Available at: http://www.koreatimes.co.kr/www/news/opinon/2016/06/162_206538.html.

- Doke, Saiichiro(道家斉一郎, 도케 사이이치로). 1928. Baishunfu ronko (売春婦論考, 매춘부 논고)〈A Study in Prostitution〉, Shishi shuppan(史誌出版, 시시슈판), 1928, reproduced in Yuko Suzuki(鈴木裕子, 스즈키 유코), et al., Nihon gun "ianfu" kankei shiryo shusei(日本軍'慰安婦'関係資料集成, 일본군 "위안부" 관계

자료 집성) 〈Collection of Materials Relation to the "Comfort Women" of the Japanese Military〉, Tokyo: Akashi shoten(明石書店, 아카시쇼텐), 2006, v.1, pp.786-820.

- Dudden, Alexis, et al. 2015. Standing with Historians of Japan, Perspectives on History, Mar. 1, 2015.
- Eckert, Carter J. 1996. Total War, Industrialization, and Social Change in Late Colonial Korea. In Peter Duus, Ramon H. Myers, and Mark R. Peattie, eds., The Japanese Wartime Empire, 1931-1945. Princeton: Princeton University Press. pp. 3-39.
- Fackler, Martin. 2007. No Apology for Sex Slavery, Japan's Prime Minister Says. N.Y. Times, March 6, 2007.
- Fackler, Martin. 2014. Rewriting the War, Japanese Right Attacks a Newspaper. N.Y. Times, Dec. 2, 2014.
- Gluck, Carol. 2021. What the World Owes the Comfort Women. In J.H. Lim & E. Rosenhaft, eds., Mnemonic Solidarity, Entangled Memories in the Global South.
- Gordon, Andrew. 2003. A Modern History of Japan: From Tokugawa Times to the Present. New York: Oxford University Press.
- Gordon, Andrew & Carter Eckert. 2021. Statement. Feb. 17, 2021. Available at: https://perma.cc/8ZHY-RD5C. (주의: 이것은 학술지에 보낸 버전이 아니라 나중에 보다 확장된 버전이다.)
- Gunji hyoronka no Chi Man-won……(軍事評論家の池萬元……, 군사평론가 지만원……) 〈The Military Commentator Chi Man-won〉, Sept. 29, 2013, available at: https://s.webry.info/sp/92971510.at.webry.info/201309/article_88.html.
- Hasegawa, Shin(長谷川伸, 하세가와 신). 1990 Ikiteiru shosetsu(生きている小説, 살아 있는 소설) 〈A Living Novel〉, Tokyo: Chuo koro(中央公論社, 주오코론), 1990 reprint. (orig. pub. 1958).
- Hata, Ikuhiko(秦郁彦, 하타 이쿠히코). 2018. Comfort Women and Sex in the Battle Zone. Lanham, MD: Hamilton Books. Jason Michael Morgan, transl.(영문판)
- Hata, Ikuhito(秦郁彦, 하타 이쿠히코). 1999, Ianfu to senjo no sei(慰安婦と戦

場の性, 위안부와 전쟁터의 성) 〈Comfort Women and Sex on the Battlefield〉, Tokyo: Shincho sensho(新潮選書, 신초센쇼).

- Hicks, George. 1994. The Comfort Women: Japan's Brutal Regime of Enforced Prostitution. New York: W.W. Norton & Co.
- Hicks, George. 1996. The "Comfort Women." In Peter Duus, Ramono H. Myers & Mark R. Peattie, eds., The Japanese Wartime Empire, 1931-1945. Princeton: Princeton University Press.
- Hosoya, Kiyoshi(細谷清, 호사카 기요시). 2019. Nihon gunjin ga shogen susu senjo no hana: Chosenjin ianfu(日本軍が証言する戦場の花, 일본군이 증언하는 전장의 꽃) 〈The Flowers of War, Reported by Japanese Soldiers〉, Tokyo: Haato shuppan(ハート出版, 하트슈판), English translation at Mera & Hosoya, 2020.
- Howard, Keith, ed. 1995. True Stories of the Korean Comfort Women. London: Cassell.
- Ji Man-Won shi "gi no ianfu"「偽の慰安婦」(지만원 씨 "거짓의 위안부") 〈Ji Man-Won "Fraudulent Comfort Women"〉, Chuo Nippo(중앙일보, 中央日報), Apr. 14, 2005, available at: https://japanese.joins.com/article/j_article.php?aid=62513&sectcode=400&servco de=400.
- Jiyu wa ubawareta kyoseisei atta(自由を奪われた強制あった, 자유를 빼앗긴 강제였다) 〈There was Coercion in the Sense that They Lost Their Freedom〉, Asahi shimbun(朝日新聞, 아사히신문), Aug. 5, 2014.
- Josei no tame no Ajia heiwa kokumin kikin(女性のためのアジア平和国民基金, 여성을 위한 아시아평화국민기금) ed. 1997, 1998. Seifu chosa: "Jugun ianfu" kankei shiryo shusei(政府調査: '從軍慰安婦'關係資料集成, 정부조사: '종군위안부' 관계 자료집성) 〈Government Investigation: Materials Relating to the "Comfort Women" Accompanying the Military〉, Tokyo. 5 volumes.
- KIH 2016a. Korea Institute of History. 2016. "The Comfort Women" by Professor C. Sarah Soh, Apr. 29, available at: http://scholarsinenglish.blogspot.com/2014/10/the-comfort-womenby-chunghee-sarah-soh.html.
- KIH 2016b. Korea Institute of History. 2016. "Comfort Women of the Empire" by Professor Park Yuha, Apr. 30, 2016, available at: http://scholarsinenglish.blogspot.com/2014/10/summary-of-professor-park-

yuhasbook.html.

- Kim, Pu-ja(金富子, 김부자) & Yon Kim(金栄, 김영). 2018. Shokuminchi yukaku(植民地遊廓, 식민지유곽) 〈Colonial Pleasure Quarters〉, Tokyo: Yoshikawa kobunkan(吉川弘文館, 요시카와코분칸).
- Kimura, Kan(木村幹, 기무라 칸). 2014. Nikkan rekishi ninshiki mondai toha nanika(日韓歴史認識問題とは何か, 일한 역사인식 문제란 무엇인가) 〈What is the Japan-Korea History Recognition Problem〉, Tokyo: Mineruba shobo(ミネルバ書房, 미네르바쇼보).
- Kumagai, Naoko(熊谷奈緒子, 쿠마가이 나오코). 2015. On "Standing with Historians of Japan," Perspectives on History, Sept. 1, 2015.
- Lee, Dong-Jin. 2020. Minzoku, chiiki, sekushuaritii: Manshukoku no chosenjin "seibaibai jujisha" wo chushin to shite(民族、地域、セクシュアリティ―満洲国の朝鮮人「性売買従事者」を中心として―, 민족, 지역, 섹슈얼리티: 만주국의 조선인 '성매매 종사자'를 중심으로) 〈Nationalism, Localism and Sexuality: The Case of Korean "Prostitution" in Manchuguo〉, Quadrante, 22: pp.39-62(2020).
- Lee, Wooyoun. 2021a. Chosenjin gyosha to keiyaku shi ianjo wo tenten to shita ianfu no shogen(朝鮮人業者と契約し慰安所を転々とした慰安婦の証言, 조선인 업자와 계약하고 위안소를 전전한 위안부의 증언) 〈The Testimony of a Comfort Woman Who Contracted with a Korean Member of the Industry and Moved from Comfort Station to Comfort Station〉, Yahoo News Japan, Mar. 7, 2021(originally JB Press). Alternative translation available at Lee Wooyoun, Controversy over Harvard Article Can't Erase the Facts of Comfort Women Contracts, Japan Forward, Apr. 3, 2021.
- Lee, Wooyoun. 2021b. Anti-Japan Tribalism on the Comfort Women Issue. The Diplomat, Nov. 14, 2021. Censored under pressure from Ambaras, Stanley and Chatani, available at alternative site: https://archive.ph/20211115071637/https://thediplomat.com/2021/11/anti-japantribalism-on-the-comfort-women-issue/#selection-1231.547-1231.1052
- Lee, Wooyoun. 2021b. No Debate? The Diplomat's Cancellation of My Comfort Women Article. Japan Forward, Dec. 4, 2021.

· Lee, Yong-Shik, Natsu Taylor Saito & Jonathan Todres. 2021. The Fallacy of Contract in Sexual Slavery: A Response to Ramseyer's "Contracting Sex in the Pacific War." Mich. J. Int'l L. 42: p.291.

· Lee, Younghoon, ed. 2019. Hannichi shuzoku shugi(反日種族主義, 반일 종족주의) 〈Anti-Japanese Tribalism〉, Tokyo: Bungei shunju(文藝春秋, 분게이 슌주).

· Lee, Younghoon, ed. 2020. Hannichi shuzoku shugi to no toso(反日種族主義との闘争, 반일 종족주의와의 투쟁) 〈The Battle Against Anti-Japanese Tribalism〉, Tokyo: Bungei shunju(文藝春秋, 분게이슌주).

· Martin, Timothy W. & Dasl Yoon. 2021. Professor's 'Comfort-Women' Lecture Gets Him Indicted--And Sparks Debate on Academic Freedom. Wall. St. J., Aug. 21, 2021.

· Mera, Koichi(浩一目良, 고이치 메라) & Kiyoshi Hosoya(細谷清, 호소야 기요시), 2020. American Soldiers Witnessed Korean Korean Comfort Women- "Flowers of the War." Privately published(translation of Hosoya, 2019).

· Military Intelligence Service Captured Personnel & Material Branch. 1945. Composite Report on Three Korean Navy Civilians, April 24, 1945, reproduced in Mainichi shimbun, June 10, 2016.

· Morgan, Jason. 2021a. Waseda Professor Offers Evidence of Comfort Women Working Under Contract. Japan Forward, Oct. 15, 2021. Available at: https://japan-forward.com/wasedaprofessor-offers-evidence-of-comfort-women-working-under-contract-now-come-theattacks/

· Morgan, Jason. 2021b. The Comfort Women Issue: Bashing the Factfinders and Policing the Party Line. Japan Forward, Oct. 18, 2021. Available at: https://japan-forward.com/thecomfort-women-issue-bashing-the-factfinders-and-policing-the-party-line/

· Morgan, Jason. 2021c. Conform or Get Attacked: Bigots Use Comfort Women Issue to Assault Free Speech in Japan. Japan Forward, Oct. 20, 2021. Available at: https://japanforward.com/conform-or-get-attacked-bigots-use-comfort-women-issue-to-assault-freespeech-in-japan/

· Morgan, Jason. 2015. On "Standing with Historians of Japan,"

Perspectives on History, July 1, 2015.

- Moto "ianfu" e hosho wo(元慰安婦へ補償を, 옛 "위안부"에게 보상을) 〈Compensation for Former "Comfort Women"〉, Akahata(赤旗, 아카하타), June 26, 2002.
- Multiple Authors. 2015a. Response to Naoko Kumagai, Perspectives on History, Dec. 1, 2015.
- Multiple Authors. 2015b. On "Standing with Historians of Japan," Perspectives on History, Dec. 1, 2015. (50 Japanese academics).
- Mun, Ok-ju. 1996. Biruma sensen: Tateshidan no "Ianfu" datta watashi(ビルマ戦線 楯師団の「慰安婦」だった私, 버마전선 방패사단의 '위안부'였던 나) 〈The Burmese Front: I Who Had Been a "Comfort Woman" for the Tate Division〉, Tokyo: Nashi no kisha(梨の木舍, 니시노기샤), Machiko Morikawa(森川万智子, 모리카와 마치코), transl.
- Murotani, Katsumi(室谷克実, 무로타니 카츠미). 2021. Kihonteki na daigimon(根本的な大疑問, 근본적인 큰 의문) 〈A Basic, Major Doubt······〉, Zakzak, Yukan Fuji(夕刊フジ, 유칸후지), June 11, 2020.
- Nishino, Rumiko(西野瑠美子, 니시노 루미코). et al. 2013. "Ianfu" basshingu wo koeta('慰安婦'バッシングを超えて, 위안부 두들기기를 넘어서) 〈Beyond "Comfort Women" Bashing〉, Tokyo: Otsuki shoten(大月書店, 오츠키쇼텐).
- Park, Yuha. 2014. Teikoku no ianfu(帝国の慰安婦, 제국의 위안부) 〈Comfort Women of the Empire〉, Tokyo: Asahi shimbun shuppan(朝日新聞出版, 아사히신문출판).
- Phillips, Joe, Wondong Lee & Joseph Yi. 2019. Future of South Korea-Japan Relations: Decoupling or Liberal Discourse. Political Quarterly, 91: p.448.
- Protecting the Human Rights of Comfort Women. 2007. Hearing before Subcom. on Asia, the Pacific, and the Global Environment, of Com. Foreign Affairs, House of Rep. Feb. 15, 2007.
- Ramseyer, J. Mark. 1991. Indentured Prostitution in Imperial Japan: Credible Commitments in the Commercial Sex Industry, J. Law, Econ. & Org. 7: p.89(1991).
- Ramseyer, J. Mark. 1996. Odd Markets in Japanese History: Law and

Economic Growth. Cambridge, U.K.: Cambridge University Press.

• Ramseyer, J. Mark. 2021. Contracting for Sex in the Pacific War. Int'l Rev. L. & Econ., 65.

• Ruff-O'Herne, Jan. 2008. Fifty Years of Silence. North Sydney: William Heinemann.

• SCAP. 1945. Amenities in the Japanese Armed Forces, Nov. 15, 1945. In Josei(1988, v.5, pp.139-166).

• "Saishuto de renko" shogen("済州島連行"証言, "제주도 연행" 증언) 〈"Forced to Accompany in Jeju" Testimony〉, Asahi shimbun(朝日新聞, 아사히신문) Aug. 5, 2014.

• Senda, Kako(千田夏光, 센다 가코). 1973. Jugun ianfu(従軍慰安婦, 종군위안부) 〈Military Comfort Women〉, Tokyo: Futaba sha(双葉社, 후타바샤).

• Soh, C. Sarah. 2008. The Comfort Women: Sexual Violence and Postcolonial Memory in Korea and Japan. Chicago: University of Chicago Press.

• Stanley, Amy. 2021. On Contract, March 18, 2021. Available at: https://www.amystanley.com/blog-1/on-contract.

• Stanley, Amy, Hannah Shepherd, Sayaka Chatani, David Ambaras & Chelsea Szendi Schieder. 2021a. "Contracting for Sex in the Pacific War": The Case for Retraction on Grounds of Academic Misconduct. Asia-Pacific J., 19: n.13. Available at: https://apjjf.org/2021/5/ConcernedScholars.html.

• Stanley, Amy, David Ambaras, Hannah Shepherd. 2021b. Confronting Denialism on the "Comfort Woman" Issue, Global Lunchbox Podcast, Apr. 16, 2021. Available at: https://soundcloud.com/wccias/confronting-denialism.

• Suk-Gersen, Jeannie. 2021. Seeking the True Story of the Comfort Women. New Yorker, Feb. 26, 2021.

• Suzuki, Yuko(鈴木裕子, 스즈키 유코), 2006. Nihon gun "Ianfu" kankei shiryo shusei(日本軍'慰安婦'関係資料集成, 일본군 "위안부" 관계자료집성) 〈Collection of Material Related to the Japanese Military "Comfort Women"〉, Tokyo: Akashi shoten(明石書店, 아카시쇼텐) Two volumes.

- U.S. Office of War Information. 1944. Japanese Prisoners of War Interrogation Report n.49, in Josei(1998: v.5, p.203).
- Uooru sutoriito jaaneru ni kansuru Lew kyoju to media uocchi no hanno(ウォールストリートジャーナルに関する柳教授とメディアウォッチの反応, 월 스트리트저널에 대한 류교수와 미디어워치의 반응) 〈The Reactions of Professor Lew and Media Watch to the Wall Street Journal〉, Rekishi ninshiki mondai kenkyu kai(歷史問題研究会, 역사인식문제연구회) Aug. 23, 2021. Available at: harc.tokyo/?p=2275
- Yamada, Seikichi(山田淸吉, 야마다 세이키치). 1978. Bukan heitan(支那軍派 遣慰安婦係長の手記武漢兵站, 중국군 파견 위안부 계장의 수기, 우한병참) 〈Wuhan Logistics〉, Tokyo: Tosho shuppan(図書出版, 토쇼슈판).
- Yamaoka, Tetsuhide(山岡鉄秀, 야마오카 테츠히데). 2021. Ianfu harumoni······(慰安婦ハルモニ······, 위안부 할머니······) 〈The Comfort Women Grand-mothers······〉, Gekkan Hanada purasu(月刊Hanadaプラス, 겟칸하나다프러스), May 26, 2020.
- Yamazaki, Tomoko(山崎朋子, 야마자키 토모코). 1972. Sandakan hachiban shokan(サンダカン八番娼館, 산다칸 8번 창관) 〈Sandakan Number 8 Brothel〉, Tokyo: Chikuma shobo(筑摩書房, 치쿠마쇼보).
- Yi, Joseph & Joe Phillips. 2021. On "Comfort Women" and Academic Freedom. The Diplomat, Feb. 18, 2021.
- Yi, Joseph, Joe Phillips & Wondong Lee. 2019. Manufacturing Contempt: State-Linked Populism in South Korea. Society, 56: pp.494-501.
- Yi, Joseph. 2018. Confronting Korea's Censored Discourse on Comfort Women. The Diplomat, Jan. 31, 2018.
- Yi, Joseph. 2020. Illiberal Means for Liberal Ends: Low-Road Challenge to Public Discourse and International Relations. Available at: https://preprints.apsanet.org/engage/apsa/article-details/5f52aa 1a9277460012015626.
- Yi, Joseph. 2021. Debating Korea's Last Taboo: "Comfort Women." Asia Times, March 3, 2021.
- Yoshida, Seiji(吉田淸治, 요시다 세이지). 1983. Watashi no senso hanzai(私の戰爭犯罪, 나의 전쟁범죄) 〈My War Crimes〉, Tokyo: San'ichi shobo(三一書房, 산

이치쇼보).

• "Yoshida shogen" yoyaku torikeshi……(吉田証言ようやく取り消し……, 요시다 증언 드디어 철회……)〈At Last, the "Yoshida Testimony" Withdrawn……〉, Yomiuri himbun(読売新聞, 요미우리신문), Aug. 6, 2014.

• Yoshii, Riki(吉井理記, 요시이 리키). 2019. "Hyogen no fujiyu" ko: "Jugun ianfu ha dema" to iu dema, rekishigakusha, Yoshimi Yoshiaki shi ni kiku(表現の不自由考:「従軍慰安婦はデマ」というデマ 歴史学者、吉 見義明氏に聞く, 표현의 부자유에 대해 생각한다: "종군위안부는 선동"이라는 선동, 역사학자 요시미 요시아키 씨에게 묻다)〈Thoughts on the "Lack of Freedom of Expression": Asking Historian Mr. Yoshiaki Yoshimi about the False Rumor that "Military Comfort Women Were a False Rumor"〉, Mainichi shimbun(毎日新聞, 마이니치신문) Aug. 15, 2019.

• Yoshimi, Yoshiaki(吉見義明, 요시미 요시아키). 1995. Jugun ianfu(従軍慰安婦, 종군위안부)〈Military Comfort Women〉, Tokyo: Iwanami shoten(岩波書店, 이와나미쇼텐).

• Yoshimi, Yoshiaki. 2021a. Response to "Contracting for Sex in the Pacific War" by J. Mark Ramseyer. Emi Koyama, Norma Field, & Tomomi Yamaguchi, transl., 2021.

• Yoshimi, Yoshiaki(吉見義明, 요시미 요시아키). 2021b. Ramseyer ronbun no nani ga mondai ka(ラムザイヤー論文の何が問題か, 램자이어 논문 무엇이 문제인가)〈What's the Problem with the Ramseyer Article?〉, Sekai(世界, 세카이), May 2021.

■ 도표색인

■ 인명/용어색인

■ 언론/저작색인

지은이 존 마크 램자이어

하버드로스쿨Harvard Law School의 일본법연구Japanese Legal Studies를 위한 미쓰비시 기금 교수Mitsubishi Professor다. 1954년생으로 어린 시절에 선교사인 부모와 함께 18살까지 일본 규슈 미야자키 현에서 살았으며, 일본어에 능통하다. 미국으로 돌아온 후에는 고센 칼리지Goshen College와 미시건대학 University of Michigan, 그리고 하버드로스쿨을 졸업했다. 로스쿨 졸업 후에는 나중에 대법관이 되는 스티븐 브라이어Stephen Breyer 판사 밑에서 재판연구관으로 일했으며 이후 시카고 등에서 변호사 활동을 했다. 학계로 진출한 후에는 UCLA대학과 시카고대학에서 법학을 가르쳤고, 1998년부터 하버드대학에서 교편을 잡아 오늘에 이르고 있다.

지은이(제5장 논문 공저) 아리마 테츠오

와세다대학 사회학부 교수 재직하고 있으며, 매스미디어는 물론 미국과 일본의 방송사를 전공으로 하고 있다. 정부 공문서 연구의 전문가로도 잘 알려져 있다. 지은 책으로는 『위안부는 모두 합의계약을 했다「慰安婦」はみな合意契約をしていた』(2021년), 『NHK 수신료에 대한 연구NHK受信料の研究』(2023년) 등이 있다.

옮긴이 류석춘

전 연세대학교 사회학 교수로 2020년도에 정년 퇴임했다. 미국 일리노이대학교University of Illinois Urbana-Champaign에서 사회학 박사학위를 받았고, 전공 분야는 발전사회학, 경제사회학, 동남아시아연구 등이다. 「한국사회학」 및 「동남아시아연구」 편집위원을 역임했으며, 영국 옥스퍼드대학교, 일본 교토 도시샤대학 등에서 교환교수를 지냈다. 연세대 이승만연구원 원장(2010~2015년), 박정희연구회 회장(2016~2017년)을 역임했다. 최근 저서로는 『박정희는 노동자를 착취했는가』(2018년)와 『유교와 연고』(2020년)가 있다.

옮긴이 이우연

성균관대학교 경제학과에서 '조선시대-식민지기 산림소유제도와 임상의 변화에 관한 연구'로 박사학위(한국경제사 전공)를 받았다. 하버드대학교 경제학과 방문연구원, 규슈대학교 한국학연구센터 교환교수를 지냈고 현재 낙성대경제연구소 연구위원으로 재직 중이다. 지은 책으로는 『한국의 산림소유제도와 정책의 역사 1600~1987』(2010년), 『반일 종족주의』(2019년, 공저) 등이, 옮긴 책으로는 『날조한, 징용공 없는 징용공 문제』(2020년), 『위안부와 전쟁터의 성性』(2022년) 등이 있다.

하버드대학 교수가 들려주는 위안부 문제의 진실:
태평양전쟁에서의 매춘 계약
Contracting for Sex in the Pacific War

발행일	2024년 1월 3일
지은이	존 마크 램자이어 · 아리마 테츠오
옮긴이	류석춘 · 이우연
편 집	황의원
발행인	변희재
발행처	미디어워치
편집/디자인	하늘창
주소	서울시 마포구 마포대로 4길 36, 2층
전화	02 720 8828
팩스	02 720 8838
이메일	mediasilkhj@gmail.com
홈페이지	www.mediawatch.kr
등록	제 2020-000092호

ISBN 979-11-92014-09-8 03300

진실을 추구하는 독자가 좋은 책을 만듭니다.
미디어워치는 독자 여러분의 소리에 항상 귀 기울이고 있습니다.

• 가격은 뒤표지에 있습니다.
• 잘못 만들어진 책은 구입처에서 바꾸어 드립니다.